周镇宏作品集

散文杂文
SANWEN ZAWEN

IV

人民出版社

# 目 录

## Ⅰ 跑马东瀛

《跑马东瀛》之序 ......................................................... 3
日航机上"脑运动"
　　——甘苦之业 ......................................................... 4
访问"缪斯姆" ............................................................ 10
路遇"善男信女" ......................................................... 13
寻觅"对鹤馆" ............................................................ 16
惊看"艺星店" ............................................................ 18
夜游中华街 ................................................................ 20
眺望富士山 ................................................................ 22
试食学生餐 ................................................................ 25
广岛的心愿 ................................................................ 27
"国际人"并非语言时髦 ................................................ 29
车与路的咏叹 ............................................................. 31
"卡片时代" .............................................................. 34
"左行"阵营与"轴脚"理论 ........................................... 36
"菜篮子"扫描 ........................................................... 38
"5S"运动 ................................................................ 41
劳资关系三题 ............................................................. 43
企业儒风 ................................................................... 45
巨富不忘节俭 ............................................................. 49
中国国粹在东京 .......................................................... 51
快餐猛于虎 ................................................................ 53

繁华富裕的另一面 …………………………………… 55
"书眼"看东瀛 ………………………………………… 57
烟・米・国货观 ……………………………………… 64
分秒意识 ……………………………………………… 68
杂乱成章话"1号" …………………………………… 71
"代沟"与"新人类" ………………………………… 77
"校门命案"透视 ……………………………………… 82
阴阳大裂变 …………………………………………… 87
"白发浪潮"与"银色产业" ………………………… 94
"异文化"管窥 ……………………………………… 100
语言这玩意儿 ………………………………………… 106
朝花夕拾（12则） …………………………………… 108

## Ⅱ 第一印象

1993韩国大田EXPO ………………………………… 115
狮城闲笔 ……………………………………………… 125
"佛庙之都"曼谷行 ………………………………… 129
"天使之都"的咏叹 ………………………………… 131
北榄观鳄 ……………………………………………… 134
"东方夏威夷"印象 ………………………………… 137
南坎一日 ……………………………………………… 139
唐山：创造战胜了毁灭 ……………………………… 141
曲阜朝圣 ……………………………………………… 145
井冈山思绪 …………………………………………… 148
侃泰山 ………………………………………………… 152
松花湖掠影 …………………………………………… 154
美丽的军营新绿 ……………………………………… 156
鳄渡秋风 ……………………………………………… 158
初读春城 ……………………………………………… 160
大理不墨千秋画 ……………………………………… 162

| 孔雀之乡的"孔雀文化" | 165 |
| "太阳当顶"的"迷你"城 | 167 |
| "恐龙之乡"观恐龙 | 169 |
| 我看北海 | 171 |
| 南珠魂 | 174 |
| 湖光春色 | |
| ——序《湖光岩旅游览胜》 | 176 |

## Ⅲ 节律之歌

| 我赞美秋之落叶 | 181 |
| 螺旋颂 | 183 |
| 夜之精灵 | 186 |
| "0"的魅力 | 190 |
| 地球之音 | 192 |
| "看"音乐 | 194 |
| 节律之歌 | 197 |
| 阳光·月光·萤光 | 198 |
| 大自然的宠儿 | 199 |
| 宇宙美神——0.618 | 201 |
| 巧夺天工"数字诗" | 203 |
| 科学三字经 | 206 |

## Ⅳ 人生解码

| 序《人生的密码》 | 213 |
| 生命的"基砖" | 216 |
| "神童方案"质疑 | 220 |
| 我的日本"三同户" | 226 |
| 女博士风采 | 232 |
| 蔡育民印象 | 235 |

蓝永东的"人生印章" ………………………………… 240
天河有个东园 ………………………………………… 244
蓝永东的"温馨管理" ………………………………… 249
微笑的拼搏 …………………………………………… 253
一位西门子式的人物 ………………………………… 265
倪永佳的"专机待遇" ………………………………… 267
"磁粉明星"上升的轨迹 ……………………………… 269
杨宜民：微米范围天地宽 …………………………… 275
我从乡村来 …………………………………………… 277
一个小数点的故事 …………………………………… 279
我的假日非"业余" …………………………………… 280
我的"角色观" ………………………………………… 281
我的"文学观" ………………………………………… 283
圆我"博士梦"
　　——《时域参数介电谱学》后记 ……………… 285
"天书"的再版
　　——序《基本物理常数论》修订版 …………… 286
来点"庸人哲学"又何妨
　　——序《科学的咏叹》 ………………………… 289
象征暂停
　　——序《逗号集》 ……………………………… 291
"文心不死"
　　——序《绿色GDP》 …………………………… 293
铭刻忠心和赤诚
　　——序《国徽闪亮》 …………………………… 294
为时代而闪光
　　——序《闪光的轨迹》 ………………………… 296
"灵光一闪"般的"对接"
　　——《1.5次产业论》后记 …………………… 298

## V　"黑"话连篇

"黑"话连篇 …………………………………… 303
谈"笑"风生 …………………………………… 311
钻钻"孤独"的牛角尖 ………………………… 314
新春话"挑战" ………………………………… 318
创新之"意念" ………………………………… 319
聊聊"有意识聊天" …………………………… 322
原型启发 ……………………………………… 324
暗示的魔力 …………………………………… 327
机智的幽默与幽默的机智 …………………… 329
技术的危害 …………………………………… 332
知汝自身 ……………………………………… 334
大科学：孤军作战时代的结束 ……………… 336
"稚化"你的思维 ……………………………… 338
液化智力 ……………………………………… 340
"白痴天才" …………………………………… 342
第三个"苹果" ………………………………… 344
真理面前无权威 ……………………………… 346
在科学"群落"中选择最佳"坐标" …………… 348
"读书破万卷"别思 …………………………… 350
"共振"出奇迹 ………………………………… 352
科学需要"贝尔纳效应" ……………………… 354
"外行"的优势 ………………………………… 355
科学就像一把琴 ……………………………… 357
信任和期待产生"皮格马利翁效应" ………… 358
谨防"信息污染" ……………………………… 360
"人生三十"与"人生八十" …………………… 362
还是顺境成才好 ……………………………… 364
少谈"苹果落地"的老调 ……………………… 366

"摇篮"前的思考 …………………………………………… 368
假如爱因斯坦当总统 ……………………………………… 370
关于"失败奖" …………………………………………… 372
老九"恭喜发财"又何妨 ………………………………… 374
名人效应 …………………………………………………… 376
"鉴定会"之鉴定 ………………………………………… 378
从"糊涂案"看科技立法 ………………………………… 380
另一个"人口问题" ……………………………………… 382
也谈"表现自己" ………………………………………… 383
"马太效应"与"势利眼" ………………………………… 385
小议"让名" ……………………………………………… 386
"六〇六"、"六六六"之类 ……………………………… 388
科学"打架" ……………………………………………… 389
"不是丑闻" ……………………………………………… 391
"猫狗事件"及其他 ……………………………………… 393
图公轶事 …………………………………………………… 395
"盖公章服务公司"考 …………………………………… 397
如此"严肃处理" ………………………………………… 399
危险:全社会短期行为! ………………………………… 401
"龙热"与"蛇热" ………………………………………… 403
自费效应 …………………………………………………… 405
大学生"经商热"之我见 ………………………………… 407
双向选择与不平等竞争 …………………………………… 409
贬值的外延 ………………………………………………… 411

# I 跑马东瀛

《跑马东瀛》是本书作者首次访问日本所写的"观念游记"1991年8月由广东旅游出版社出版。

# 《跑马东瀛》之序

1990年金秋，我以广东省青联副主席的身份参加中国青年考察团，应日本国政府邀请赴日访问。回国后得暇就写，就寄，就陆续发表；发完就剪贴，就整理，就编排；然后就交出版社；然后就有这本小册子。

一个民族，一个社会，一个国家，信息浩瀚，经纬万端。区区小册子，秃笔所涉，不过东鳞西爪，难及九牛一毛。好在有道是："任凭弱水三千，我只取一瓢饮。"

里面的篇什算什么品种？

散文最宽容，就算散文吧。

写的都是所见所闻？

也写所思。也写所感。也由此及彼。也左连右挂。也饶舌议论。

还得声明：也引用"第二手材料"。

即便是亲见亲闻，也不敢担保字字真切。耳闻为虚，眼见也未必为实。凡夫俗子的肉眼不是激光不是B超不是风云一号卫星。视网膜中难保没有虚像，脑屏幕上难保没有幻影。

更何况匆匆过客。

更何况跑马观花。

一叶障目不见泰山，可能。

两豆塞耳不闻雷霆，可能。

见米堆以为粮仓，见树木以为森林，可能。

谬见谬论谬断谬误之处，文责自负不待言，还希望读者不吝指教。

末了，借本书付梓之际，向热情、友好、周到的接待我们的日本朋友们致意。

1991年7月18日凌晨于广州

# 日航机上"脑运动"
## ——甘苦之业

宇宙间除了超光速,最快的莫如那稍纵即逝神秘莫测的思维脉冲。

人世间除了植物人,最能证明生命不息的莫如那来去无踪飘忽不定的脑运动。

人体中除了眼睛,最不安分的莫如脑瓜里那一百四十亿个生蹦活跳的神经元。

神经元——脑运动——思维脉冲,不可思议的斯芬克司之谜。

北京——东京。搭乘日本航空公司班机的那几个钟头,不知吃错了哪味药,神经元上跳下蹿,脑运动如野马脱缰,见什么想什么,思维跟着感觉走了一程又一程……

第一个进入大脑的感思信息,是关于"笑"。

登机了。日航机组人员排成一列,逐一向乘客行45度鞠躬礼,一口一句"欢迎",个个脸上绽开可掬的笑容。习惯了冷脸孔的我们,突然受此礼遇,真有那么一点飘飘欲仙。感觉告诉我一个真理——笑脸比冷脸好。

放好行李,坐着无事。拿起报纸,竟发现一条消息:中国空中小姐一行十人,比我们早一天飞赴东京,前去接受"日本式微笑"的"特训"。《朝日新闻》评论:"过去人们总是批评中国空姐没有待客意识。但很快就能看到她们的日本式微笑了。"负责此次特训任务的原日本航空公司机上事务长藤濑文生发表谈话:"只要有顾客第一的信念,学习时就领会得快。"

嘿!中国人连"笑"也得留洋深造,乍听起来颇感滑稽,难道中国的空中小姐天生缺少笑的细胞?可转念一想,又觉"笑"确实大有学问。《大百科全书》用167厘米的纵栏篇幅解析"笑"。仅法国国立图书馆就有200多种"笑"的研究专著。国外还有"笑联盟"之类的组织呢。至于"笑"的种类和方法,据说多达180来种。谁敢说"笑"的学问不会发展成一门"新学科"?假若中国空姐留洋真能把甜而不腻的笑学回来,交点学费倒也值得。都说顾客至上，上帝光临时给个笑脸，实在是很应该的事。虽说学回来的"日本式微笑"很可能只是一种职业微笑。但毕竟是，"笑比哭好"。

机舱里有些闷热。乘客们纷纷脱下外衣外套。后座S君的西装上衣掉落在通道上，一位空姐见状，立即带着一把软毛刷子走过来，彬彬有礼要过S君刚刚捡起的上衣，细心地刷抹起来。虽说上衣其实并没弄脏，她还是刷了一遍又一遍。温馨服务暖人心。但愿中国空姐留洋学回来的不仅仅是"日本式微笑"。

广播响了。正是机票上标明的起飞时间。可广播小姐的声音充满歉意："……非常抱歉，我们的飞机因机械维修将延误三分钟起飞。请多多原谅，多多包涵。谢谢！谢谢！"

"日本人真微观，连三分钟也道歉。"有人喃喃自语。

是啊，我们这方面是够"宏观"的。三分钟算什么？就算"因故"误点晚点三刻钟或三个钟头，甚至一天半日，甚至"火车早已到站飞机尚未起飞"的事情也已发生过，可又何曾道歉！就算因此而误了奔丧误了考试误了比赛误了签协议误了天大的事，你那满肚怒火怨气除了自己多多"包涵"慢慢"消化"又能奈何？记得有书生在报纸上说，从法律角度看，运输部门与乘客之间是一种契约关系，车票船票飞机票便是契约，除非不可抗拒的因素，否则误点晚点即属违约，应负违约责任云云。只可惜此种做法就目前现状而言未免有些过于"书生气"、"理想化"了。

飞机滑行了一会儿，终于昂扬雷霆万钧之头，抖擞出浑身解数，腾空而起。升高，升高，再升高，直插茫茫苍穹……记得科技史书上讲，当初第一架飞机诞生的时候，主张天上有上帝的人，生怕飞机上天会像孙猴子大闹蟠桃会，打破天上的平静，惊扰上帝的酣睡。不知今天那些又信上帝又搭乘飞机的宗教界朋友对此有何评论？

要说飞机"打破天上的平静"，那首先是战争。七十年前出版的词典里，有"轰炸机"的条目而绝无"客运班机"这个词。英语里的Liner，仅仅是"班车"或"班轮"的意思。第一次世界大战结束后，许多轰炸机都被搁置，飞行员失业，从战争走向和平的人类才想到采用这些飞机来运送旅客。1919年8月25日，英国的空运公司以一架改装过的DH4A单引擎轰炸机担任了世界第一架民航机的处女航，从英国的洪斯罗经伦敦飞往巴黎，机上载着乘客载着贵妇人用的犬批面霜还载着后来成为法国大餐厅名菜的一群松鸡。这可是一个值得纪念的日子，不知为什么没被定为"世界民航日"？

"尊敬的顾客……"。空姐在报告飞行高度、速度、时间。真够快的，从北京到东京，只消三个多钟头。当年的民航机可没这么"威"，除了机场设备简陋，雨天泥泞不堪以致女乘客不得不由机组人员抱上飞机之外，航速也低得可怜。1928年6月1日，英国皇家航空公司的飞机与铁路特快车竞"跑"，从伦敦到爱丁堡全程，飞机差点儿得了"亚军"！

空姐在机舱里穿梭服务。用不着高声叫喊，她们能从你的眼光里读懂探询和呼唤，及时向你走来。望着她们的笑脸和倩影，我不知怎的竟琢磨起"空中小姐"这个称谓来。关于"小姐"本源意义并不美妙。清代赵翼《除余丛考》云："宋时闺阁女称小娘子，而小姐乃贱者之称。"钱惟演《玉堂逢辰录》曰："小姐之称起于荣酒官人韩小姐，是宫婢称小姐也。"苏东坡也有《成伯席上赠妓人杨小姐》诗。可见古代之"小姐"，一指宫女，二指娼妓。后来"小姐"成了雅称，据说是因为明人有过"帘前三寸弓鞋露，知是腰腰小姐来"的诗句。看来，语言和称谓的褒贬，实在是一种约定俗成。

至于"空中小姐"这种"蓝天职业"，算一算大约有60年的历史了。1930年5月15日，波音公司开始雇用8名护士随机服务，此举首开"空中小姐"的先例。此主意是该公司一位名叫史提夫·司汀浦森的职员提出的。他在建议书中写道："试想班机服务人员加入年轻女性，在心理方面收获必大。本人并非建议雇用奇装异服的轻浮少女，而认为一般护士学校毕业的少女，具有相当常识者较为适宜。"高见！真该给此君颁发个"诺贝尔合理化建议奖"什么的。

伸长脖子往窗外看，天是蔚蓝色。机翼下不时轻柔飘过的白云，永无停止地变幻身姿，绘写着神秘莫测的烟景云图。看着看着，腾云驾雾的感觉油然而生，自我意识的闸门洞开，种种观念、命题、联想又在脑际间跳跃、闪现……

我想到人的伟大和渺小。

一个声音说："人，伟大的万物之灵。"没错。人类从刀耕火种、穴居野处发展到航天登月、遨游太空，一个个美梦成真。难道还不够伟大？

另一个声音说："人，渺小的星核的孩子。"也没错。若以宇宙为参照系，以星际距离为尺度，地球村里的人类又算老几？简直渺小得可以塞回子宫里。就说我们搭乘的这个飞行物吧，在这无崖苍穹之中不是弱小如一只蝴蝶吗？更何况龟缩在"蝴蝶"腹中的我们。

说到蝴蝶，想起有个"蝴蝶效应"。说的是在南半球某地的一只蝴蝶偶然扇动翅膀所引起的微弱气流，几星期后可能在北半球某地形成一场龙卷风。一个不起眼的原因，经过一段时间，在其他因素的参与作用下，累积发展成令人震惊的后果。这种"蝴蝶效应"，难道仅仅是自然界所独有？

常听文化人感叹：你唱一支歌，写一首诗，发一篇豆腐块，说一个相声，出一本小书，又能对这个大千世界产生多大影响呢？

是啊！文化人贵有自知之明。世界太大我们太小；伟大太少凡人太多。在这信息爆炸、传播受体"众口难调"的年头，能真正引发心灵共振的立竿见影的"轰动效应"恐怕不多了。而尚未达到"只知耕耘不问收获"此等超脱境界的文化凡人们如我辈，看来只好指望文化界的"蝴蝶效应"了。

飞机在颠簸中进入了云层。四周除了无限的深灰，什么也看不到了。我索性合上眼睛，把头枕在靠垫上，思考起那个一直困扰着人类的命题来——

宇宙，到底有限还是无限？！

听半个多世纪以来宇宙学家、天文学家、哲学家们如何"理论"吧：

——A学派说："宇宙无界有限。""无界"的东西怎么可能"有限"呢？答曰："想想数学上的积分吧！一个从0至∞的无限域积分，不是可以收敛为一个有限的结果吗？"

想是想了，可纸上的积分运算毕竟"积"不出一个宇宙来。

——B学派说："宇宙有界有限。"那么那"有限"的宇宙之外又是什么呢？答曰："非宇宙或反宇宙。"

瞧！这还颇有几分"外面的世界更精彩"的意味。

——C学派，"人择原理"论者则顾左右而言他："可能存在许多不同类型的宇宙，而只有在物理参数取特定值的我们所处的这个宇宙，才能演化出有认识能力的生命。"

天！一个宇宙已够人类困惑的了，谁还管得了那些连认识主体都不存在的"宇宙"呢！

——现代宇宙物理学认为："宇宙具有特定的度。"

"最初的一次大爆炸催生了宇宙。现今的宇宙还在如馒头发酵般地不断膨胀。"据说这一"大爆炸理论"能对宇宙的有限发展问题作出或"开"或"闭"的可供选择的解，有人还居然能"算"出宇宙的"直径"、"质量"、"年龄"。按理这该是迄今最成功的"一家之说"了吧？

可是且慢！试问那"最初"之前又是什么情形呢？那大爆炸的"第一推动力"又是什么呢？但愿宇宙物理学家们不要抬出上帝来。

最简单最省事的办法是干脆承认宇宙无边无际、无界无限。但这有一种危险——重蹈"二维甲虫"覆辙。才高八斗的爱因斯坦曾讲过一个通俗易懂的故事：一只二维甲虫在一个巨大的球体表面爬行了几辈子而永无"边缘"，因此它用自己的亲身体验得出结论——我栖身的是一个无限的平面世界。我们祖先那"天圆地方"说和"地球中心"论，与"二维甲虫"的认识何其"异曲同工"！

偏见可怕。生活在偏见中而又意识不到偏见则是可悲。人类对地球的认识已经有了一次"甲虫的偏见"，谁能担保"宇宙无限"就不是另一种"甲虫的偏见"？

想到这里，我又突发奇念：假如爱因斯坦意念中的那只"二维甲虫"有机会乘一次飞机，它还会相信它爬了几辈子的那个球是"无限的平面世界"吗？

偏见和困惑，实在是视野局限所致。视野层次上升到某种高度，观念和思维方式必然随之突变。人类目前的视野远未达到"超宇观"的层次，对"宇宙"怎能不感到重重困惑呢？

宁愿困惑也不投入"甲虫"的怀抱。这就是今人的聪明之处。

空姐送来了口香糖。咀嚼"宇宙"远不如咀嚼口香糖轻松惬意。嘴巴舒服地运动着，脑中闪出一则趣闻：七八年前，从汕头飞往广州的民航班机上，一位初次搭乘飞机的山区老汉接过口香糖，好奇地询问此物何用，空姐答得严谨而且准确："这东西能减轻飞行降落时对耳朵造成的压力。"结果飞机降落后，那位山区老伯费了一个多小时才把口香糖从耳朵里抠了出来……

"啊——"机舱里的人们突然间不约而同有了动静。我蓦地睁开眼睛——原来飞机冲出了灰暗的边缘，万顷阳光送来了耀眼的金黄。我直了直腰，举目远眺。骤然而至的阳光引起的视觉扰动，一下子又激活了我的脑细胞，思维的流水线又忙碌起来……

同是眺望这轮红日，画家看到了线条和色调；诗人看到了热情和无私；化学家看到了太阳的元素组成，生物学家看到了光合作用的能源……而我——一个物理学工作者，看到的首先是热核反应！

同是面对一片森林，人类学家说那是人类的摇篮；历史学家说那是历史盛衰的象征；生态学家说那是生物的制氧机；水利学家说那是天然的蓄水池；能源学家说那是煤炭的始祖；灾害学家说那是防沙的长城……而我则认为那首先是太阳能的存储器。

　　同是发现一只黑羊，天文学家会说："有意思，这里的羊都是黑的。"物理学家却不敢苟同："这样的推断不可靠。我们只能说，这里有一些羊是黑的。"逻辑学家会立即纠正：准确的结论应该是："这里至少有一只黑羊。"

　　这就是"眼见为实"？

　　人的思维实在是一头怪兽！

　　认知结构的不同，导致了对同一事物的视角和判断标准的多元性。人们面对任何同一事物，都可作出许多或互不相干甚至大相径庭的判断，犹如一个精神迷宫，找不到"出口"。这，或许就是现代人的"思维怪圈"。

　　飞机开始降落了，飞机下面就是东京。据说这座现代化大都市的地下铁系统也颇像个迷宫，进去容易出来难，初次入"宫"者，难保不会晕头转向陷入"怪圈"出不来。不过我想，有形的物化的迷宫总比精神迷宫容易找到"出口"吧。

　　机舱的"出口"不用找。很快就要"脚踏实地"了。这片近乎传奇的土地，这个与我们有着不解之缘的东邻岛国，将给我们带来什么样的启示呢？

（原发1991年5月6日《羊城晚报》、1991年7月号《新世界》月刊）

## 访问"缪斯姆"

较之我们这个具有五千年历史的文明古国，日本的历史没有"远古"二字。

较之我们这个地大物博的泱泱大国，日本岛国的资源实在是"小巫见大巫"。

然而，日本却是一个"博物馆大国"！

"三条腿走路"——国立、公立、私立一起上，日本发展博物馆事业的这一政策，使其不足38万平方公里的国土上，耸立着林林总总近600家博物馆。

访问"博物馆大国"，自然少不了到博物馆开开眼界。我们驱车来到千叶县的佐仓城遗址，光顾日本国立历史民俗博物馆。它是1981年4月作为国立大学共同采用的研究机构而建成的。走进其综合展览馆，首先映入眼帘的是日本列岛的地理特色——海洋的基调。接下来，从第1展室到第3展室，大致按历史年代为序，分别设置了"日本文化的黎明"、"水稻和倭人"、"王朝文化"、"大航海时代"、"印刷文化"、"道路与旅行"等13个主题和3个副题。展品中，有作为国家文化遗产里有较高价值的实物，有在调查研究的基础上复制的模型，还有图书、照片等资料。漫步在展室中，那冲之岛5号遗址塑模，那宫中女官装束，那恪中恪外屏风图，那一碗一分钱卖茶人模型，那在道后平野使用的农具……均给人以强烈的历史感。第4展室则通过村民、山民、海民的生活画卷和南岛世界孕育的本土文化特征，图文并茂地向人们展现了日本人的民俗天地。

几个钟头的参观，我们不由得叹服日本人复活历史的匠心。该博物馆的成功之处，不在于建筑的豪华优美，也不在于所收集的文物广博稀珍。它不是简单地分几个展室把文物放进去了事，也不是只把文物当作孤零零的宝贝来陈列，而是依据展品的不同进行独特构思，努力拓展文物的背景，并充分利用电脑控制手段和电光声效应,创造出令人流连忘返的历史氛围和文化境界,给人以历史的、文化的、民俗的、社会的各方面的"博"的知识。

当然,日本那么多的博物馆并非都如此这般之"博"。有些名为博物馆,实则以专见长。如东京北区那家"纸张博物馆",就专门收集和展出各种各样的西洋纸和日本纸。涩谷区的"烟和盐的博物馆",则以烟的传入、日本烟、日本盐、世界上的盐为专题,利用布景及影像进行讲解。由于这类"专物馆"独具特色,因而也吸引了许多参观者。

在日本的"博物馆族"中,可谓无奇不有。私立的"半峰贝壳博物馆"中,除了光怪陆离、五彩缤纷的贝壳,别无他物。馆的主人半峰夫人不无自豪地介绍说:她收藏的贝壳已超过19万枚,其中不乏稀世珍品。就连牙签这么不起眼的小玩意儿,日本也有专门的博物馆。位于大阪府长野市的牙签博物馆,据说乃"世界第一家"。那里陈列的牙签来自伊朗、印度、中国、法国、意大利等世界上各个角落,有法国贵族作为首饰挂在颈上的银质牙签,也有中国清朝西太后使用过的纯金牙签。馆长稻叶修先生说:"牙签不单是牙齿的卫生工具,而且是一种文化的表现。"

及时反映科学技术的进展和成果,是日本博物馆建设的另一特点。东京目黑区学艺大学附近的"特殊照相印刷业博物馆",实际上是一所现代先进印刷技术的展览馆,人们可以在这里见识到如何在集成电路版、半导体基片、鸡蛋壳这些特殊材料表面上进行照相印刷的技术和资料。位于日本无线电广播发源地爱宕山的"NHK广播博物馆",收集和展示的是各种各样的收音机、麦克风、电视摄影机。这些已"进了博物馆"的东西,有的在不发达国家还远未普及。

"眼看手勿动"是博物馆、展览馆的常见规矩和警示语,但在东京千代田区须田町的"交通博物馆"却是个例外。那里展出陆、海、空各种交通工具的实物或模型,有1872年日本最早的火车机车,也有最新的交通系统,许多展品参观者都可以"进入角色"亲手操纵摆弄一番。

不难看出,历来注重历史教育的日本人,对博物馆建设是何等的卖力和煞费苦心。

虽然日本并非博物馆的发源地,但博物馆之所以被称为"博物馆",据说还是日本人的功劳。公元前283年,埃及托勒密王朝费拉台夫大帝在亚历山大城的宫殿里,建立了一个保存古代文物并设有动物园、植物园、研究院的学术机构。这被认为是世界上第一个博物馆,当时用古代希腊神话中主管文化艺术的女神的名字名之,称为"缪斯"(Muses)。此后,西欧各国陆续建立这种机构,"Muses"便演化为"Museum"(译音"缪斯姆")而成为博物馆的专门名词。现在在英文、法文、意大利文、西班牙文、俄文等等文字中关于"博物馆"一词的书写和读音都大体类似。而将"Museum"译为"博物馆",据记载是日本人田中芳男在明治初年翻译的,后来我国也采用这一译名。

　　行文至此,忽然想起报纸上报道的两件事。一件是北京有相当一部分学生不知道"9·13"林彪自我爆炸是怎么一回事,对"一月风暴"、"二月逆流"、"文攻武卫"、"红卫兵大串连"等等也浑然不知。另一件是唐山市某小学教师给学生讲长征中红军吃草根树皮的故事,学生居然反问:"红军为什么不吃巧克力?"

　　这真是历史教育的耻辱!

　　历史是现实的前身,现实是历史的继续。让国人尤其是年青一代熟悉历史这面"明镜",不是怀恋过去,而是为了更好地走向未来。"历史使人明智。"一个忽视历史和历史教育的民族不是明智的民族。

　　何谓历史?"活"的文物就是历史留下的生命细节;成功的博物馆就是最直观的历史教科书。它们不仅是一种证据,而且是一种诱发,一种启迪,一种"复活历史的启搏器"。

　　我国是个"文物大国"。但我国的博物馆事业却有愧于"文物大国"之称。文物无疑是宝贝,但这种宝贝的真正价值,却在于它对现阶段精神文化影响和教育功能的广度、深度和力度。试问沉睡在仓库里的文物与埋在地下的文物有何异?

　　加速发展我国的博物馆事业,让"缪斯姆"发挥其"复活历史的启搏器"的功能,则"红军为什么不吃巧克力"之类的"历史盲"将可望日少。

(原发 1991 年 5 月 21 日《现代人报》)

# 路遇"善男信女"

平成天皇明仁即位大典那一天，日本全民放假。我们考察团乐得一日空闲，纷纷上街"自主研修"。我和友人陈远文君等三人来到原宿，在地铁站附近突然被两位日本小姐彬彬有礼地拦住。未等我们反应过来，她们已递来一张纸片，只见上面写着：

"为了您的幸福和健康，愿为您祈祷三分钟。无料。"

"无料"者，免费是也。

本想一谢了之，走我们的路。但看她们近于恳求，不忍拂了人家的美意，只好"就范"。于是，我等笔直站立，两掌摊开相叠平放于胸前；日本小姐则面对我们作祈祷状，看她们两眼微闭双手合十，口中念念有词，脸上无处不虔诚。"标准姿势"好不容易坚持了三分钟，方获"自由"，如释重负。

显然，这是一种宗教活动。

我粗略算了算，在这个地铁站周围进行这种为路人"义务祈祷"的大概有八九人，有男有女，均是青年。好奇心使我索性请陈远文君充当翻译，对他们进行"即兴采访"。

以下为我这次的"采访"记录：

平贺优子小姐——刚刚为我祈祷的那一位，31岁，未婚，家住千叶县船桥市，供职于银座一家服装店，每天上下班得花三个多钟头。她一有节假日就来此处从事此道，乐此不疲。

荒木睦美小姐，29岁，单身，原是涉谷一家公司的电脑操作员，但自从接触这行当就如痴似醉，"走火入魔"，以致丢了职位，生活靠父母供养，几乎天天来这里"上班"。

川又先生，27岁，在著名的富士通公司当技师，不久前被朋友"拉"来一试，现已成为这种街头活动的积极分子。

当谈及社会评论时，他们七嘴八舌，显得有些愤愤不平：

"社会上有些人总说我们是怪人。这是偏见和不理解。"

"有人说我们这样的'业余爱好',太苦太累,但我们乐在其中。"

"我们不管别人怎么评论。我们自愿为众多人的幸福做事。"

"我们心中有观音神……"

我问他们:"这样做对大众有什么实际意义吗?"

平贺优子小姐居然举出了一个"实例":"有一老太太,眼睛失明多年,常常接受我的祈祷。诚心所至,忽然有一天,老太太的盲眼又重见光明!"

当然,"实例"姑且听之,但信不信由我。真有这等"信则灵"的事体,医生岂不都得丢饭碗?

后来我问"日本通"老A:"这些人应该都是信仰某种宗教的'善男信女'吧?"他头摇得像货郎鼓:"不,不一定。在日本,参加宗教活动与信仰宗教是两码事。这些人未必就是教徒。"见我困惑不解,老A向我"批发"起"日本人与宗教"的专题知识来——

日本全国总人口不足1.2亿,但1988年日本《宗教年鉴》却称全国"宗教人口"达2.2亿。个中原因在于,日本并非一神一教的社会,各种教派应有尽有。除世界有名的佛教、道教、伊斯兰教、基督教、圣教之外,还有不少"土特产",如神道教、大本教、天理教等。而且五花八门的新宗教层出不穷,驱邪降魔、外星人崇拜等无所不包,现今每年新增上百个新教。有趣的是,人们结婚往往先在家中的佛龛前告知先祖,再到基督教堂举行婚礼,度蜜月时却去游逛神社和佛庙。更多的人是新年期间参拜神社,8月参加盂兰盆舞会,12月欢庆圣诞节……这些活动完全不受宗教约束,也不具有排他性。大部分日本人家里既有神棚也有佛龛。这就是"日本特色"的宗教。

许多经常涉染带有宗教色彩的活动的日本人,其实哪一种教也不信。据有关方面问卷调查,日本的"宗教人口"中竟有65%以上的人明确回答自己"没有信仰"! 节日和各种惯例活动看起来大多与宗教有关;但参加者对宗教的信念非常淡薄,大都仅仅把它当作娱乐机会。日本的神社随处可见,城市里、乡村中、名胜古迹处,无处不有。人们路过时往往会"随喜"一番,扔上几枚硬币,合十为礼,默祷离去。但这只不过是"逢场作戏"。

老A举了两个例子:

一是一年一度的盂兰盆节庆典。那是日本民间最盛大的传统节日,又名"魂祭"、"鬼节"、"灯笼节"、"佛教万灵节"。这节日起源于梵文"avalambana"，原是佛教徒为追祭祖先之灵，祈祷冥福而举行的仪式，本应具有阴森的氛围。但现在的日本人实际上只把它当作一个家庭团聚、合村娱乐、仲夏休假的机会。

二是"舶来"的圣诞节。63%的日本人有过圣诞节的习惯，但真正到教堂参加弥撒者不足1%！大部分人只在家中欢聚，吃大蛋糕，为的不过是求得一时快乐。圣诞老人像只作为装饰品，圣诞节颂歌也仅仅是一种"应景音乐"。人们极少会去理会基督教的事，盼望的并非耶稣基督的平安诞生，而是分送礼品的专车尽快到来。

这就是现今大多数日本人的"宗教心"！

宗教本应使人淡泊名利物欲，淡薄现世憧憬来世。但大多数日本人之"信"教，并非看破红尘，而是以追求现世利益为目的。日本的神道原本就是祈祷丰收和部族社会安全而"设"的"许愿神"。生意兴隆财源广进，家族兴旺家人平安，比赛获胜考试合格，顺利产育母子平安……种种现世利益是日本人"信"教和祈祷的目的。至于"来世"如何，人们并不在乎。"失意时求助神灵"，"心诚则灵"等谚语，反映了日本人追求现实利益的"宗教心"的一个侧面。

话题回到原宿地铁站那群"无料"为路人祈祷的青年。老 A 以哲学家的口吻评论说："现在 30 岁左右的日本人非常孤独。他们在多年奋斗之后突然感到，需要到群体中寻求慰藉寻求心理力量去面对竞争社会。"

这，或许就是近些年日本青年"宗教热"的因由之一吧？

(原发 1991 年 6 月 28 日《羊城晚报》)

# 寻觅"对鹤馆"

动身去日本之前,我就有个心愿:到银座的"对鹤馆"去看看。

那天,日本庆应大学的直子小姐陪我和李君、郭君上街"体验日语"。我们几个不约而同:先去银座。

银座是东京的一条繁华街道,从京桥到新桥约有一公里长,属东京的市中心闹区。江户时代这里曾是银元铸造之所在地,因而得此名。这里世界一流的专门店云集,是商店的超密地带,五光十色的橱窗令人目不暇接。日本各地都有命名为"××银座"的当地繁华街道,以效仿银座为荣。

逛了一个多钟头的大街,光顾了大大小小的商店,见识了这繁华闹区的街头百态,大家都有点累了。直子小姐问还想看些什么?李君和郭君都摇了摇头,唯有我还"节外生枝",向直子小姐打听"对鹤馆"旅店,表示想去看看。

"对鹤馆?"直子小姐耸耸肩,手一摊,"没听说过。"

我有些失望。作为广东人,我多次到过孙中山先生的故乡和故居,对这位伟大的中国革命先行者怀有特殊的崇敬之情。孙先生原叫孙逸仙,后来为何又以日本的一个姓"中山"作为名字呢?我知道其中有一段与"对鹤馆"有关的缘由:

1896年秋,孙逸仙在伦敦蒙难脱险后,流亡到日本。他的日本朋友官崎海天和平山周把他安置在银座的"对鹤馆"旅馆。为了安全起见,不便公开孙先生的姓名和身份。平山周想起了来旅馆的途中曾经过一座姓"中山"的侯爵的府邸,于是就在旅馆登记簿上写下"中山"二字。由于"中山"只是一个姓,孙先生便信手添上一个"樵"字,并说:"我是中国的山野樵夫。"后来,孙先生就以"中山樵"为名在日本进行革命活动,同事遂以"中山"称之。据说,第一次把"中山"缀于"孙"姓之下的是章士钊。自此以后,"孙中山"这个名字便流传开了。这个伟大的名字,不仅仅是孙先生的"符号",而且是中日人民友谊的历史见证。

听了我结结巴巴连比带画好不容易才说清楚的这段缘由，直子小姐也对"对鹤馆"备感兴趣。她接连找了几位上了年纪的人询问，无人知晓；弄来一本砖头厚的电话号码簿，查遍旅业一栏，也不见"对鹤馆"三个字。最后一招，拨电话到据说无所不知无所不晓的一个电话咨询服务机构，得到的答复是：以前是有个"对鹤馆"旅店，后来拆除了；现今的银座较之过去已面目全非，因而说不清对鹤馆原址在何处。

唉！毕竟近一个世纪了。在光阴的年轮下，古址湮没遗迹更迭是很自然的事。

带着一丝遗憾离开银座。路过十字路口时，只见索尼公司巨大的玻璃橱窗内，有一座现代金属雕塑，一个不锈钢圆球在一个金属圈内作内切运动，各自又以不同的轨迹旋转，锃亮的球面上色彩不断变幻，映出附近的高楼、行人、车辆……

这景观，似乎向人们暗示着某种规律和哲理……

(原发 1991 年 6 月 30 日《南方日报》)

# 惊看"艺星店"

通过电话，知道我有几个钟头的"自由活动"时间，昔日同窗陈远文君从百里之外的丰桥专程来东京陪我逛大街。

到哪儿逛？陈君带我来到原宿的"艺星经商街"。

这里是东京一些红歌星、红影星和其他知名艺人开摊设店经商的集市。

迎面第一家是"三田宽子店"。三田宽子小姐出生于京都，芳龄26岁，属于那种"多栖型"艺人，既是红歌星，又是名影星，还是电视节目主持人，近些年大红大紫，崇拜者如云。她的商店卖的不外是一般化妆品、普通衣帽之类的凡物，但标价之高却令久居日本的陈君连连惊呼。我想，假若日本也实行物价检查制度的话，想必应有"货主知名度系数"的"弹性"吧。

与三田宽子店隔邻，是西村知美小姐的"领地"。相比之下，这位歌坛新秀更具发达的"商才基因"。你看"她"身贴广告，在店门口那"爬"满各种小玩意儿的铁丝货架旁亭亭玉立，笑脸迎客。假如你"盛情难却"走进去，肯定会大吃一惊：天！这里竟然在"拍卖总统"！货架上有里根，也有戈尔巴乔夫。两位总统的塑像脸部表情还算逼真，只是里根那鼻子挺拔得有些夸张。货架上贴着明码标签，两位总统"身价"相同——花680日元即可买走一个。

走出西村知美店，我突发奇想：要是里根和戈尔巴乔夫联名向国际社会起诉，指控西村知美侵犯了他们的"肖像权"并"索赔"，不知别出心裁的西村知美小姐能否吃得消？

来到日本电视观众熟悉的节目主持人和田小姐的商店，其惊人之举也令人瞠目。这位经常主持健身、猜谜和其他大众娱乐节目的荧屏明星，颇有男人"野气"，被人称为"假小子"。她商店里最引人注目的卖物，是她本人的漫画式橡胶塑像。本来还算俊美的她，把自己"塑"得面目全非，两片朱唇犹如切得很厚的带血猪肝片，有几分像猪八戒的尊容。大小不一的这些塑像，有的直立，有的横陈，有的悬挂，有的"高高在上"作俯冲状。而摆在货架旁的彩电，则反复播放着和田小姐主持节目的录像。荧屏里那青春勃发的"野美人"与那些形象如猪八戒的塑像，简直天壤之别。

和田小姐的这种"商战怪招"，不知是否为了迎合一些人的"审丑心理"？

继续往前走，是大门上贴着主人剧照的"中山美穗店"；再往前走，是……哎，不再一一为他人做"广告"了！反正这条街上的"艺星店"星罗棋布，而站柜台的明星却绝无仅有。他们经商，靠的是"名人效应"。

在"孔方兄"主宰一切的社会里，钱可买名，名可卖钱；艺术商品化，"知名度"也散发铜臭味。这，就是我逛"艺星经商街"的"逛后感"。

（原发1991年2月22日《南方周末》）

# 夜游中华街

早就听说日本横滨市是我国上海的姐妹城市,该市有条日本规模最大的"唐人街"——中华街。

百闻不如一见。抵达横滨市的当天晚上,我们便迫不及待,三五成群前往中华街,一睹异国之中的家乡街景。

中华街坐落在横滨市中区松影町、山下町,正好在山下公园附近。入口处,一座中国式五彩牌坊赫然矗立,上面书有正楷"中华街"匾额。我们纷纷在这里拍照留影。

进了五彩牌坊,极目向里望去,只见街道笔直,商店鳞次栉比,行人比肩接踵。大街两旁,尽是两三层高的中国式建筑,有的红檐绿瓦,款式精致;有的装饰华丽,光彩耀目;有的质朴典雅,古色古香。各式铺店的柱子、雨篷几乎一色朱红。"广东菜馆"、"上海面店"、"香港饭店","万珍楼"……大大小小的招牌或竖立或悬挂,竞呈异彩,交相辉映。

穿梭在星罗棋布的菜店、门市、摊档,中国各地的土特名产、珍品美食触目可见。餐馆食店的玻璃柜中,有北京烤鸭,有潮州肉丸、麻婆豆腐,也有牛腩面、炸酱面。土特产商店的货架上,摆着绍兴美酒、东莞腊肠、福建茶叶、广东鸡仔饼。工艺品商店里,杭州织饰、佛山剪纸、福建软木雕……琳琅满目。在店门口、柜台前、货架旁,乡音不绝于耳。这里的店员、侍应生大多都能讲些中国话。有的商店还贴着"中国语服务"的告示。真可谓乡情浓浓,乡风宜人。

一位熟悉日本的朋友介绍说,中华街现已成为日本的一个名胜,前来观光的各国客人络绎不绝。尤其值得一提的是这里的中华料理。不长的一条街,汇集着数以百计的中国菜馆。广东、上海、山东、四川风味俱全,且绝对正宗,做工精细。中国大使馆的厨师们经常来这里采购在东京买不到的中国食品和调料。许多日本人也以来这里品尝道地的中国菜为乐事。甚至许多来日本的西欧人，也不忘到中华街尝一尝"真正的中国饭菜"。

据说，居住在中华街的华侨约有4000人。从生活水准看，他们大多并不富裕。过去，这些华侨谋生主要靠"三把刀"——剃刀、厨刀、裁缝刀。而现今，华侨开的理发馆无法与日本人的"洋发馆"竞争，"剃刀"职业难以为继，几近绝迹。曾兴旺一时的华侨手工裁缝职业，也因日本社会成品服装的机械化、现代化垄断生产而陷入困境，行将消失。昔日华侨"三把刀"中，唯有厨刀至今方兴未艾，其中最主要的原因，无疑在于中华民族饮食文化之发达举世无双，在于中国菜花样之繁多、技术之独特无与伦比。

中华街华侨"三把刀"的兴亡盛衰颇耐人玩味。"越是民族的，就越是世界的。"这一文学评论的命题，难道仅仅限于文学领域吗？

# 眺望富士山

富士山，日本民族的象征和骄傲。

"怒吼吧！富士山！"曾是五十年代席卷日本列岛的反美斗争中最响亮的口号。

在日本，没有第二座山像富士山那样受宠爱受崇拜。诗歌歌唱"富士"，美术作品描绘"富士"，新闻广告颂扬"富士"，文艺书刊描写"富士"，无数的风景照片和图画，都以富士圣山为主题。日语中"富士"与"不二"同音，恐非巧合。

斗胆说：富士山之于日本，诚如万里长城之于中国。

"不到长城非好汉！"来华旅游的外国朋友都知道这名言。

"不上富士山，不算到过日本。"也算一句"准名言"。

接到访日通知，又听说有"旅行考察"一项，满以为会有机会上富士山开开眼界的。哪知抵日后，日方提出的行程安排表中根本没有"富士山"三个字。这使我们不由生出些许遗憾。

不过，在日本一个月中，总算还有与富士山"沾边"的机会。第十天的行程，是赴静冈县参观雅库乳特总公司的富士裙野工厂。那是一间专门生产乳酸饮料的厂家，正好坐落在富士山山脚下。日本朋友说，如遇好天气，山下看山，也是一趣。可惜天公不作美，那天恰好是阴天，云雾缭绕，富士山像娇羞的少女隐没在无边的灰白之中，一直不肯"赏脸"。虽说工厂的主人甚是善解人意，专门搬来一幅几米见方的巨型富士山彩照供我们这些过客观赏，但照片毕竟是照片。

"过了这村有那店。"来到静冈县御殿场市的"太阳绿"富士饭店，又与富士山"沾边"了。为什么叫"太阳绿"？太阳怎么会是"绿"的？不去管它。这饭店可谓得"山"独厚：无论乘观光电梯上下楼，还是坐在餐厅的临窗处，都可一睹富士山的风姿。

富士山确是大自然给日本人民的慷慨馈赠，确是美妙之山。其山体酷似一个被切去锥尖的圆锥，昔日火山爆发的造化使其顶峰呈平滑状。举目望去，只见一片云海之中，它冠于群山，高耸云际；山头那常年积聚的皑皑白雪与白云交织一起，映着红日，分外娇艳。

富士山不仅是日本列岛的植物标本库，而且是日本传说文学的摇篮。在日本民众中广为流传的故事，许多都与富士山"沾亲带故"。值得一提的是那则中国人徐福到富士山麓寻找长生不老药的故事。故事说，当年秦始皇为"长生不老"，派遣徐富率童男童女各五百人，到蓬莱国的"不二山"——日本富士山寻药。在灵山深处，徐福果真发现一种依靠山雾生长的名叫"滨梨"的植物，其红色果实具有延年益寿的神功。徐福为之大喜，正欲送回国去，却闻秦始皇已经去世。于是，徐福干脆自己吃下那"长生不老果"在环境优美的富士山麓定居下来，传播中国的文化。后来，徐福逝世，变成一只鹤，一直翱翔在富士山原野的上空……

透过这样的民间故事，我们似可窥见中日两国人民友好往来的历史文化渊源。

后来与几位友人聊天，我说起与富士山失之交臂而有些遗憾。没想见多识广的A君和B君却打消了我的顾虑。

A君说："老兄何必耿耿于怀，中国也有'富士山'，而且山形、积雪、高度均与日本的富士山一模一样！陕西眉县城南20公里处的秦岭主峰太白山拔仙台，山形也如切去顶尖的圆锥；山顶常年积雪，虽六月亦白雪晶莹，银光四射；山腰以下森林起伏，葱绿如碧，衬托出积雪悬于凌霄的绮丽绝景。从关中平原'陇海线'上遥观太白'雪浮'，与从富士山脚下远观富士悬雪，景致如出一辙，难分'富士'、'太白'。更绝的是，日本富士山的海拔是3776米，中国太白山拔仙台的海拔也是3776米！"

我孤陋寡闻，对此甚感惊奇。真有这般巧合，实在是地壳运动的神工鬼斧使然。

B君更有高见："以敝人经验，不上富士山才会觉得富士山很美，真爬上去感受却未必美妙。污染正无情地向富士山蔓延。坑坑洼洼的岩石上堆积着食品包装盒、易拉罐、空瓶子、塑料袋等废弃物。星罗棋布的餐馆、茶亭、厕所毁坏了自然景观。一直铺设到海拔2400米处的公路上汽车不断，田园诗般的风景区弥漫着有毒气体……富士山已不再圣洁。因此，富士山之美，宜远眺不宜近观。"

我相信B君的话。这或许就是审美的"距离效应"？

最近从报刊上获悉：一位叫田中的日本电脑业富商突发奇想，出价五亿美元，意欲买下屹立于纽约的自由女神像，将其搬到富士山下"落户"。消息传开，美国公众震惊、愤怒，舆论大哗。日本人可真是财大气粗得可以，刚刚买下美国音乐公司（MCA），如今又打起自由女神像的主意，须知那可是美国标榜"自由"的心肝宝贝呀！美国人会"为五斗米而折腰"，眼巴巴看着"自由女神"委身于富士山下吗？让我们拭目以待吧。

# 试食学生餐

我们中国青年考察团赴日的重要任务之一,是考察日本的学校教育。在这期间,我们访问了文部省,参观了各级各类学校,与日方进行教育问题研讨,与教育界人士合宿交流,启发良多,收获颇丰。给我留下深刻印象的见闻之一,是日本小学的午餐给食制度。

日本的教育管理部门明确规定:不论家庭贫富贵贱,离学校远近,小学生都要在学校吃午饭,而且不许从家中带饭,只能吃学校统一提供的份饭。现在,日本全国94.6%的小学都不折不扣实行这一制度。日本教育界认为,这既不是为了替学生家长排忧解难,也不是方便和照顾学生的福利措施,而是"学校教育的重要一环"。

我们在访问中了解到,日本小学午餐给食的历史可追溯到1890年,山形县鹤冈町的小学首创此举,其初衷是救济一些穷苦孩子。第二次世界大战后,日本食粮不足,食物奇缺,学校午餐给食在一定程度上起了给少年儿童以基本营养照顾的作用。而现在的日本坚持这一制度并制定了"学校给食法",则完全是出于他们实现教育培养目标的一种需要。

日本各地方政府和社会各界,对学生给食高度重视,普遍设有专管学校给食运营的专门机构。例如我们访问过的津山市,就设有以市政府教育委员会为事务局的"津山市学校给食会",该会下设由校长代表、教师代表、家长代表、学校营养师代表和教委职员组成的两个委员会——"菜谱制定委员会"和"给食研究委员会",定期开会讨论有关学校给食的问题,每月初向家长寄一份当月学生进食菜谱,给家长吃"定心丸"。

为了让我们有"感性认识",日方为我们安排了一次"试食会"——到津山市立高野小学与师生交流并共进"学生午餐"。我们一到,该校立即给我们分发了两份表格化资料,一份是津山市学校给食会制定的《平成2年11月学校给食规划》,一份是当天午餐菜谱。菜谱里面将哪些属于"赤色食品",哪些属于"绿色食品",每份食物内含多少热量多少蛋白,多少脂肪多少维生素……一目了然。

"学生午餐"送上来了:面包一个、鲜牛奶一瓶、橘子一个,鸡蛋汤一小碗,另有土豆煮肉片若干,看得出营养搭配很全面。当我们问及收费标准时,校方回答:主食及人工费有政府补贴,每位学生每月只需交 3300 日元。这大约相当于 140 元人民币,在日本算是相当便宜的了。

我们到过几处"进食现场"察看,只见学生各自领取饭菜后,回到自己的课室,一个个吃得津津有味,班主任老师也在学生中间,与他们吃同样的份饭。在我们询问过的学生中,大多数人表示乐意在学校吃午饭,也喜欢学校做的饭菜。

日本为何如此重视小学午餐给食并将其视为"教育的重要一环"呢?这样做又有哪些意义呢?在日本人看来此举一利进食指导,让学生从小就掌握正确的进食方法;二利培养同学情谊,增进人际关系;三利克服偏食不良习惯,防止营养结构失衡;四可抵御饮食"全盘西化"——让越来越喜爱西餐的小家伙们每天吃一顿日本传统饭菜。

至于不许学生从家中带饭来校,日本教育家们还有这样的理由:家庭贫富不均,让学生自己带饭,就会有吃好吃差之别,容易使一些孩子有优越感,一些孩子有自卑感,这对他们的成长和发展都不利。

(原发 1991 年 1 月 11 日《南方日报》)

# 广岛的心愿

我记忆犹新：在北京第 11 届亚运会的闭幕式上，吉祥物熊猫"盼盼"把一束鲜花献给来自广岛的下一届亚运会吉祥物"和平鸽小姐"；显示屏上出现最后一行大字——"1994 年广岛再见！"

无巧不成文。北京亚运歌声还在耳际回响，我们就来到下届亚运会的东道主城市——广岛。

素有"水上城市"之称的广岛，位于太田川三角洲，南临濑户内海。它风景优美，主要名胜古迹有日本三景之一的宫岛、岩国锦带桥、天守阁、和平纪念公园等。

汽车载着我们一行，也载着"白鸽衔来橄榄枝新芽，太阳撒下和平光华……"的亚奥理事会会歌，来到广岛和平纪念公园。

展现在我们面前的这个公园，四周花艳草绿枫叶红，广场上欢声鸟语白鸽飞，好一派美丽祥和的氛围。而在 45 年前的那个早晨，这里却作为人类历史上第一个遭受核劫难的城市而尸骨横陈，沦为焦土废墟。和平纪念公园就是当年的原子弹爆炸中心，自它建成以来，每年 8 月 6 日，这里都隆重举行祈求和平反对核战争的集会，追忆 1945 年原子弹爆炸那天的悲剧惨况，重新思考反战反核。公园里无数雪白纯洁、温驯可爱的和平鸽，代表了广岛人民祈望和平的心声。

在原子弹爆炸资料馆内，我们怀着沉甸甸的心情，观看了当年美军在广岛上空飞机中拍摄的录像片，详察了作为历史见证的一件件实物，一幅幅图景，一帧帧照片，一份份资料，不由感慨万千。本来，在美军秘密选定的四个原子弹打击目标中，京都名列第一，为何实施时首当其冲的却是广岛呢？拂去历史的尘埃，其中原因主要有：负责制定原子弹计划的美国陆军部长亨利·史汀生力"保"京都，认为京都是千年古都，又是最负盛名的宗教与文化城市，美国"应该考虑取胜以后的事"；广岛当时是日本第二陆军总部所在地，附近吴市又有军港，属军事城市，符合美军"攻击目标必须是有军事设施的城市"的方针；广岛人口密集，"能够达到大量杀伤的目的"，"足以显示原子弹的威力"；广岛当天气象情况理想，便于"天降死神"和拍录实况；最后决策的关键时刻传来情报——四个轰炸目标中唯独广岛没有盟军战俘！于是，广岛作为京都的替身而承受了核厄运。

走出原子弹爆炸资料馆，我们思绪难平。广岛的噩梦虽然已经成为历史，但历史的意义正是在于现实和未来。记取昨天为的是今天和明天。在战后的焦土和废墟上长出的第一叶生命新绿，给幸存的广岛人带来了希望、振奋和信心，经过近半个世纪的大规模重建，如今的广岛已是一座繁华美丽的现代化城市。同北京亚运会的筹备一样，目前广岛人民正在致力于亚运会场馆和配套设施的建设，明天的广岛会更美。

追昔抚今看未来，经历过原子弹洗礼的广岛人民更清楚"和平"两字的意义。正如广岛亚运会组委会发言人所说，他们之所以从雉鸡、鲤鱼、鲸鱼、枫叶等11种吉祥物的预选设计图案中选择了"和平鸽"，正是因为它是全世界公认的和平的象征，同时也是为了让更多的人们理解"广岛的心愿"。

和平鸽，广岛的心愿，又何尝不是亚细亚乃至全世界热爱和平的人们共同的心愿！

（原发1990年12月28日《南方日报》）

# "国际人"并非语言时髦

"当国际人","为国际社会做贡献",这是我们在日本考察访问期间听得最多的两句话。政府官员这样说,专家学者这样说,中小学教师、企业界人士也这样说,年轻人更是常常把"国际人"挂在嘴边。

这不是一种"语言时髦"现象,而是当今日本"大教育"——学校教育、社会教育乃至国民教育中一个值得我们关注和重视的新趋向。

早在几年前,日本就专门成立了"临时教育审议会"作为总理大臣的咨询机构。该审议会花了3年时间,对"面向21世纪教育的基本形态"等八大主要课题进行论证、审议、咨询,最终形成了"重视个性"、"向终生学习体系过渡"、"适应国际化信息化等变化"的教育改革三大原则,并获得内阁会议认可。在此基础上,日本文部省提出了一个带战略性的新方针——"日本教育面临的最主要的课题,是与国际化和信息化相适应,培养面向世界的日本人。"

我们在考察中发现,这一培养"国际人"的方针已辐射日本全国并得到积极反应。"幼儿园教育要领"及"小、初、高中学习指导要领"已作了重大修改,强调"培养学生在国际社会中生活的日本人的素质。"东京都教委以"培养都民在广阔国际社会中受到信任和尊敬"为目标,把"推进国际理解教育活动"列为该都1990年度学校教育的指导重点之一。我们访问过神奈川县、静冈县的多所中小学,在各校制定的教育目的、方针中,都可找到"培养符合新时代的国际人"之类的表述。就连在海外的日本人学校,日本也开始派去"国际交流辅导员",协助培养"国际人"。

引人注目的还有,日本文部省的经费政策已明显向培养"国际人"倾斜。该省1990年度可支配的经费为4兆7988亿日元,主要用于9大项目,其中"对国际化信息化的适应"独占一项。学校课程也在调整,原来高中阶段作为选修课、因"大学升学考试高于一切"而形同虚设的《世界史》,已被强化为必修课。理由是为了"培养学生综合理解和评价各国历史、地理、风俗和文化的能力。"据说施行这一方针以来拥有世界史知识或海外旅游经验的人才顿时身价百倍，连书店里有关世界史的书籍也很走俏。

日本培养"国际人"并不仅仅反映在学校教育上，社会也将其作为系统工程。东京都1990年青少年社会教育活动的首项，就是"青少年洋上研修友好之船"活动，组织青少年进行"海上集团研修"，到其他国家、地区的港口观光视察，与外国青少年开展"亲善交流"，以此来开阔青少年的"国际性眼界"。以民间色彩出现的日本"青年海外协力团"的活动近年来也异常活跃，大批大批的青年被派往亚洲、非洲、中近东、中南美等全球各角落的发展中国家工作或参加、援助各种国际活动，时间从一周半月到一年两年不等。在神奈川县，我们曾与日本青年进行了三天两夜的"合宿研修"，参加的20多位日本青年中，就有11位是"青年海外协力队员"。他们都有过出国经历。尽管到一些第三世界国家工作的工资生活待遇不如在日本国内，但众多的日本青年还是力争这种机会，以"试当国际人"为荣。

日本社会出现这种新趋向是很自然的。战后的日本能发展成"经济大国"，在很大程度上得力于教育。面对当今世界各个领域的日益国际化，日本要"为国际社会做贡献"，不能不在培养人的国际性素质上作出反应。致力于培养"国际人"，正是日本为适应国际社会新变革的一大战略对策。

（原发1991年6月4日《现代人报》）

# 车与路的咏叹

世上本无路,走的人多了,于是成了路。

世上本有路,人太多车太多,于是路将不路。

每个大都市,都有车与路的咏叹曲。

敢问路在何方?"路在脚下"固然正确,"路在头上"亦无谬误。马车的时代早已逝去,地铁、立交桥、高架桥标志着人类"衣食住行"之"行"进入了新的纪元——交通立体化。

一个现代化都市给人们最直观的印象是什么?是高楼大厦,是繁华商场,还是畅达无阻的交通,川流不息的车辆?从某种意义上说,交通几乎可以决定一个城市的结构、规模、发展趋向,甚至兴亡盛衰。

我的日本之旅,始终在频频移动几乎三天换一座城市,行程数千里。这个岛国的城市交通,值得说道说道。

东京,一个靠立体交通网络维系的流动世界。下有多层地铁纵横交错,四通八达;上有高架公路盘旋延绵,横空飞跃。

宽宽的马路,六排汽车在一起奔驰,车后并无滚滚烟尘。车轮与路面摩擦的沙沙声清晰可闻,却很少听到尖叫的喇叭声。十字路口没有交通指挥亭,更少见交通警察踪影;随着时差自动式红绿灯定时交替变换,人群车群轮流驻足于斑马线前。尽管绿灯亮时汽车如潮汹涌,但你走在斑马线或人行道上却真有一种进入"安全岛"之感。

这般秩序自然不是"无为而治"。据说,东京市交通管理当局的最高官员,"身不出官厅",却能对交通情况了如指掌,全局在胸。全市的交通网络上共有6200台车流探测器和100多台自动摄像机在全天候地工作,可将路面车辆行驶状况传至警视厅的22个电视屏幕上,并通过电脑分析将各路段车辆拥挤程度以不同色彩显示出来,使指挥中心一目了然,随时掌握全面情况,通过电台直接进行交通指挥。市区的1.2万个红绿灯大半已由微电脑控制,可视车流及拥挤程度自动调节红绿灯时间。

日本的大中城市，对汽车的排污和噪音有严格的规定和监控。常见大路旁或地铁出入口附近配设有电子数字显示的噪音监督器。仪表上的数字在不断地变化，每有汽车经过，读数便增加10～20分贝。许许多多的监督器联结形成全市的噪音监督网。

虽说日本公众中不少人拥有私家车，但计程出租汽车还是随处可见，挥手即停。笔者在东京曾搭乘过两三次这种"的士"。一上车便可看到一个牌子，上面贴着司机的彩色照片，还有其姓名、年龄、编号、开车工龄等。记得启程费在500日元左右，计程表每跳一次增80日元。有一次深夜回饭店迷了路，不得已拦了一辆"的士"权当"带路"，哪知报了饭店名之后那司机友好地大笑起来，并随即打开门跳下车，热情指点迷津——原来饭店就在几百米之内！真感谢那司机没有欺生而载着我"兜圈子"。

一般说来，日本的司机和公众大都很守交通规则，但"虎视眈眈"、"铁面无情"的"电脑交警"还是"捉"到不少违章者并施以罚款。这是报刊上刊载的一个案例：

几个中国留学生搭一位日本朋友的车游览市容，交谈甚欢时日本朋友一不留神驾车冲了单行线。几位中国留学生见路边没有警察，以为可以侥幸没事，但日本朋友却苦笑说："没那么简单。"果然，车行至前方不远的一个派出所处，一个警察很有礼貌地示意停车，并查阅了驾驶证。几个中国留学生忙下车解释。警察听说是中国客人，很友好地说："非常高兴和你们认识。但希望下次我们不要再在这种场合见面，今后请多注意。"留学生以为万事大吉了，哪知警察说完话，即从文件夹中抽出一张罚款单交给驾驶者。罚单上记录着：车型：×××，车牌×××，×年×月×日×时，在×××地点，违反了交通法规×章×条，课以罚款×××元，请车主于×天内到××银行缴纳罚金。

显然，这是"电脑交警"发现违章作出罚款决定并通知警察前来执行。日本各大城市主要交通干线和路口都装有"电眼"等各种监控设备，并与警署的交通管理中心的大型计算机系统联网。忠于职守的"电脑交警"一旦发现违章车辆，会马上记录在案，并迅速打印出罚款单电传给各派出所。即使警察来不及在路上拦住你，过不了几天罚款通知单也会送到你家里，通知你在限定时间内到指定的机构去交款。如果有人耍赖不去交怎么办？很简单，警察会找上门来，课以更多的罚款。

行文至此，假若有读者以为用电脑管理交通就可万事大吉，那就错了。日本的交通管理虽然自动化程度很高，但问题仍然严峻。在全日本总长3435公里的高速公路上，仅1983年就发生事故12806宗，故障16万3千多起。"新干线"电气化列车时速160多公里，最高时速可达240公里，全线由电脑控制运行，据说其准点率是足以令日本人自豪的。但我们于1990年11月20日乘"光"79号由横滨去冈山，却不知何故误点45分钟。

不过，电脑也有神经"搭错线"的时候。当年，日本"新干线"全线由电脑控制运行之初，有关方面曾得意洋洋地声称："我们提供了绝对安全的一流高速交通设备。"哪知话音刚落，就发生了两起使人目瞪口呆的事故。一次，明明前方道岔还未扳好，电脑却向理当停车等候的列车发出了"开车"的命令。在新大阪车站内，电脑竟命令列车以最高时速冲过月台。又有一次，东京车站以西52号道岔尚未与干线接通，而停在附近的列车却接到电脑"以时速70公里发车"的指令。幸好这些事故均未造成伤亡。

而最近，就在笔者撰写此文的时候，又从报上得知。1991年5月14日上午，日本滋贺县信乐町发生列车相撞严重事故，死41人，伤401人，原因是"线路上的信号机发生故障"，至于是否为"电脑之过"则不得而知。

还有，电脑毕竟是机器，不像人这种"万物之灵"那样点子多多。在日本时曾听说，有些出租汽车司机为防止被"电脑交警"发现超速行驶，已有"高招"：在驾驶台旁安一个反监视电子装置，凡有"电眼"或摄影机的地方，这种装置就自动鸣叫"报警"，通知司机放慢车速，待过了"关"之后再超速行驶。这就叫"你有政策，我有对策"吧。

（原发1991年6月18日《现代人报》）

# "卡片时代"

美国某报一位专栏作家访问日本，在短短五天里，竟然接收到上千张名片，有白色或彩色的传统名片，也有能散香、变色、播送音乐的"新潮名片"，甚至有每张价值六千日元的"纯金名片"！他惊愕之余，不禁对日本人的"名片意识"刮目相看。

据说，在日本社交场合，主动向初见面、新认识的人递送名片，并无炫耀自己身份之嫌。相反，不带名片的人却会给人以高傲或吝啬的印象。说"名片用光了"，则被认为有失礼貌。因此，许多日本人总是名片随身带。有关方面作过关于"走访客户时随身携带哪些必需品"的问卷调查，97.8％的人把名片列为"第一必需品"。据统计，日本全国每年名片的生产量约5亿张。

但这个数字相对贺年卡来说却是"小巫见大巫"。寄发贺年卡是日本人很重视的一种交际方法，收阅贺年卡则是新年第一天的一大乐事。日本1906年制定了贺年卡邮递制度，人们在年底一定期限内投寄的贺年卡，由邮局分地区集中保管，统一在新年第一天的早上同时分送各家各户。这项工作量之大面之广不言而喻。所以一到年底，日本邮局就必须雇佣上百万临时工，帮助整理分派那堆积如山的贺年卡。日本全国约1.2亿人口，1989年底共寄出祝贺1990年新年的卡片38亿张，连嗷嗷待哺的婴儿也计算在内，平均每人寄出30张以上！这使得家家户户新年伊始卡片"垃圾"成灾，以致日本报刊呼吁人们以后寄贺年卡应适可而止，减少不必要的污染。

名片、贺年卡毕竟是我们司空见惯的东西，多些少些没啥稀奇。而日本社会生活中那些五花八门的其他卡片，则多少有些让我们眼花缭乱。高度的电脑化、自动化，使得"卡片"成了日本人日常生活中不可或缺之物。上图书馆使用借书卡片，打公用电话靠电话卡片，自动售票机卖出的各种票证也是卡片。许多人还持有不用现金、支票就可购物的"优先卡片"，在全国任何地方都可通用的"银行卡片",无须其他凭证就可借钱的"借款卡片"……甚至年轻人择偶也离不开卡片——婚姻介绍所每次向每个问津者提供 100 张"约会卡片",让他们先从卡片中物色"候选对象"。

难怪日本传媒宣称:"卡片时代已经到来!"

信不信由你,日本人连喝酒抽烟也使用卡片——一种能降低酒精浓度和尼古丁含量的保健新产品——远红外线"健康金卡"。它由日本某公司制造,呈金黄色,形似普通信用卡。使用时,只需将酒或香烟放置在"健康金卡"上三分钟,通过远红外线的作用,就能明显降低酒中的酒精浓度,以及香烟中尼古丁与焦油的含量,减少这些有害物质对人体健康的影响。据说,经过健康金卡处理的酒,喝起来不但不易醉,酒味还特别香醇润喉呢。

日本社会生活中使用的卡片,有些其实就是高科技产品。在科幻电影中,我们曾见过这样的情景:人们通过说话对计算机和机器发出指令。现在,小小一张"声控信用卡"已使昔日的科幻变为现实。

"声控信用卡"能对主人的声音作出反应,当你得到自己的信用卡时,对它说一句暗语,信用卡中的计算机硅片就会以数字的形式录下你的声音,使声音变成数据储存。当你想使用这个信用卡时,也只需对信用卡说一句暗语,信用卡内的硅片就会把这声音与你原来储存的声音录音进行比较,如果两者"声纹"一致,该信用卡就可用于付款或从银行取款。不用担心有人偷听你的暗语,也不必担心信用卡丢失或被盗易主,没有人能"复制"你的"声纹",信用卡不会理睬不是你声音的任何指令。

独具匠心的日本人,甚至把卡片用于反战。海湾战争期间,世界各地的反战者以各种方式表达了他们对战争的不满。而在众多的反战活动中,最为新奇的首推日本人的"情人卡反战"。日本一家百货公司在"情人节"之前特设了一个"情人节角",那里出售的"情人卡"是专为伊拉克总统萨达姆和美国总统布什设计的。卡上写着:"请想想生命是多么的可贵。"

随着社会生活科学化、文明化程度的提高,卡片的角色和功能也将日新月异。

(原发 1991 年 7 月 16 日《现代人报》)

# "左行"阵营与"轴脚"理论

在日本访问期间，衣食住行诸事中，颇不习惯的是"行"。日本属交通规则中的"左行"阵营："行人靠左走，车辆靠左行。"这使得我们上街时常常在不知不觉中犯了"错误"。

关于交通规则，世界上有"左右分明"两个阵营。在人口最多的五个国家中，中国、美国和苏联"靠右行"，印度和印度尼西亚"靠左行"。其他各国有"左"有"右"，例如德国、古巴、加拿大等国属于"右行"阵营，而英国、泰国、日本等则属于"左行"阵营。

从历史上看，最早实行"靠左行"交通法规的是意大利人。1300年，罗马教皇卜尼法八世宣布举行第一个基督大庆纪念时声称"条条道路通罗马"，并发出布告命令赴罗马的朝圣者必须靠左行走。这一布告带有法律上的强制性，影响了西欧500多年之久。

直到18世纪后期，美国人才率先实行"靠右行"的交通法规。1792年，美国宾夕法尼亚州颁布条例规定：在兰开斯特市与费城之间的宾夕法尼亚公路上通车只能靠右行驶。为与"靠右行"相适应，美国生产的汽车均将方向盘置于前座左侧，以便于狭路相逢的车辆能左侧挨着左侧地错车。这使得成为美制汽车市场的南美、北美乃至欧洲的许多国家，纷纷"改弦易辙"，弃"左"从"右"。

我国车辆靠右行驶早在唐代已经施行。制定这项规则的是唐代初年的大臣马周。鸦片战争后，我国因受英、日等国的影响，汽车及各种人力车、畜力车又较长时间实行靠左行驶。1945年抗日战争胜利后，美式汽车大量进口，其方向盘及灯光装置，均适用于美国车辆靠右行驶的交通规则。如果要使这种车辆适用于我国当时靠左行驶的交通规则，必须进行车辆改装，改装费需增加车价的1/5。为节约经费，当时的国民党政府军事委员会战时运输管理局作出决定，自1946年元月1日零时起，全国一律实行车辆靠右行驶，并相沿至今。

有趣的是,在"靠左行"还是"靠右行"这个问题上,有些国家是几经"左右摇摆"的。比如法国,原来实行的是"靠右行"制度;到了法兰西革命时代改为"靠左行驶";不久后拿破仑一世又颁布"右行令"……

话题回到日本的交通规则上来。日本加入"左行"阵营是有其历史原因的。19世纪上半叶,坚定实行"靠左行"的英国把其左行法规"输入"新加坡、菲律宾、香港和上海国际租界。后来,维多利亚女王又专门派遣全权大臣罗斯福·阿尔考克爵士赴日"推销"左行法规。当时的日本非常仰慕英国,自然是言听计从下了"左行令"。第二次世界大战后,美国占领军曾试图让日本弃"左"从"右",但仅仅在冲绳岛取得成功,未能使日本的其他地方改变左行习惯。就是当年被迫右行的冲绳岛,也已于1978年花费了8000万美元,通过一场"八小时改革"恢复了靠左行的交通规则。那年的7月29日晚上10点钟起,2500多名警察封锁了该岛所有街道和公路,禁止通行八小时,一夜之间改变了所有交通标志、信号灯和停车站。到了次日早晨六点钟,一声信号解禁,大街和公路上的车辆已全部靠左行驶。

假若撇开历史、国情、民族习惯等因素,仅仅从科学角度看问题,那么"靠左行"与"靠右行"哪个更为合理呢?

一些科学家力主"靠左行"。他们认为,在现实生活中,多数人是"右撇子",三分之二的人其右手、右脚比左手、左脚灵活得多。因此,实行"靠左行",让灵活的右手和右脚置于外侧,更符合"人体工程学"原理。

以"脚板博士"著称的日本运动神经生理学教授平泽弥一郎,对人的脚板有过40年的研究。他根据"人在直立情况下左脚比右脚接触地面的面积更大"的实验结果,下了一个结论——左脚是天生的"轴脚"!按照他的"轴脚"理论,"靠左行"正是让左脚处于内侧充当"轴脚",可谓"天然合理"。

不过,这些毕竟还不是科学界一致认同的公论。再说任何规则说到底都是带强制性的"约定俗成"。谁要是想叫交通规则中的"左"、"右"两个阵营来个"大统一",恐非易事。

(原发1991年3月17日《南方日报》)

# "菜篮子"扫描

"三天不吃青,两眼冒金星"。芸芸众生中,离得开蔬菜的凡夫俗子能有几个?在人口爆炸、耕地锐减、污染成灾的当今"地球村",有哪个"角落"敢对"菜篮子"等闲视之?

到日本考察访问之初,笔者曾对东京人的"菜篮子"不胜惊讶。尽管东京的人口密度近于"世界之最",日耗蔬菜难以数计,但筵席餐桌上,百货杂店中,超级市场里,蔬菜品种琳琅满目,各个鲜嫩水灵质量上乘,而且不乏"怪异一族"。日本这个已经高度工业化的岛国,农业人口比例小,"菜农"比例更小,何来蔬菜供应的这般盛况?后来才知道,日本的"菜篮子工程",真真可谓"高技术密集型"。

## 工厂,源源输出"超级蔬菜"

"超级蔬菜"之"超级",一指栽培方式的超越传统;二指产量、生长速度的超越常规。

蔬菜的生产栽培方式,无论是传统的土栽法还是水栽法。都受到土地、水域的限制,而且难避农药、化肥的污染。因此,另辟蹊径已是势在必行。

日本在这方面已经"先走一步"。运用"气栽法"进行"立体生产"的"蔬菜工厂"源源不断地输出"超级蔬菜",使日本人大饱口福。

据介绍,像日本新技术开发集团、日本日立制作所经营的蔬菜工厂,不需要土壤,也不需要阳光,完全在人工控制环境条件下利用空气栽植蔬菜。在气栽系统中,用高压钠灯和金属卤化灯的混合光线取代太阳光,从工厂的房顶给蔬菜以明亮均匀、覆盖面广、漫射性大的照射;用空调设备调控生产基地的温度和湿度;用二氧化碳供气装置保证蔬菜进行光合作用之需;蔬菜生产必需的营养,由喷射系统向蔬菜根部喷射营养液;营养液的浓度、pH

值及供液循环速度由自动调节系统控制，使蔬菜处于最佳生长状态。

　　这样的蔬菜工厂生产蔬菜，只需要传统栽培时间的三分之一，例如色拉菜从种植起30天左右就可收获；而且不受自然季节的限制，可以全年连续生产。更重要的是，这可在有限的空间中进行"立体生产，以满足都市居民和环境恶劣地区的居民吃菜之需。

## 缩微"小蔬菜"大行其道

　　当今现代文明社会，人们对于蔬菜已不仅仅满足于鲜嫩和无污染，而且要求精巧美观赏心悦目了。在日本市场大行其道的各种"微型蔬菜"，正是反映了日本人的这种需求。

　　在日本的百货店和超级市场的蔬菜柜台上，笔者见识了各种各样的"微型蔬菜"：葡萄般大小的西红柿，手指般粗的黄瓜，寸把长的胡萝卜和玉米，拳头大的南瓜，还有比普通品种小得多的茄子、辣椒、蚕豆、青梗菜等等。这些"小蔬菜"已相当普遍地出现在一般饭店、餐馆以至市民家庭的餐桌上，我们在日本期间也时有食用。较之一般蔬菜，"微型蔬菜"的特点是残渣少，味道好。

　　"微型蔬菜"是美国人首先开发的。蔬果专家、美国星轨农场场主韦伯早在几年前就致力于栽培、推广各种各样的"微型蔬菜"。他在接受记者采访时说："蔬菜不应只是用来满足肚子，还应求得视觉享受，让人欣赏它小巧玲珑的美丽外表。"像许许多多技术一样，"微型蔬菜"的培育技术很快就被奉行"拿来主义"的日本人"引进"并快速地普及。观察家认为，日本市场"小蔬菜"的出现将影响到日本从国外的蔬菜进口。

　　"微型蔬菜"在日本受宠并不是偶然的。首先，日本是个善于"缩小"和偏爱小巧的民族。这可从日本产品普遍具有"短、小、轻、薄"的特点看出。"微型蔬菜"正好迎合了日本人的心理倾向。其次，日本大多数家庭的女主人都是"专职主妇"，她们选择一日三餐的"微型蔬菜"就像买小玩意儿，平添不少情趣。还有，现今日本盛行自助餐和份饭，"微型蔬菜"的出现使人省去切菜的程序，又便于分餐或配份饭，何乐而不为？

　　日本朋友告诉我们，"微型蔬菜"之后将出现"微型动物"。日本的科技人员目前正致力于"微型动物"的开发培育技术。不久的将来，日本人的餐桌上可望出现一盘整牛或一盘小牛犊。

## 音乐，为"菜篮子"立新功

漫步在日本的菜市场上，人们还会发现一些蔬菜被冠以稀奇古怪的名字，比如"莫扎特蕃茄"、"布拉姆斯生菜"之类。为什么用音乐家的名字来命名蕃茄、生菜？

这是日本"音乐产业"的新成就。日本人已将"音乐效用"应用于"菜篮子工程。"

科学家们早已发现，"对牛弹琴"如果弹的是巴哈的作品，乳牛的产乳量就会大增。"莫扎特蕃茄"、"布拉姆斯生菜"等"音乐蔬菜"的出现，再一次证明了音乐的"魔力"。

日本山形县天童市的东北拜欧尼尔公司，从1989年起就开始大量推销"音乐栽培温室"。这种利用音乐及磁场效用的蔬菜生产"基地"，入口处放置着一台大型汽车音响，并配有可放大3倍音量的筒状音箱，每天早中晚各播放15分钟的音乐。温室中为一列列纵向的发泡苯乙烯合成树脂制台面，微型蕃茄、黄瓜、生菜等则生机勃勃地生长在其上面。这种面积为1005平方米、售价600万日元的温室，推出的头个月就成交20宗。

关于把音乐引入菜篮子工程之举，东北拜欧尼尔公司开发部次长赤冢幸一郎解释说：因为音乐会刺激植物叶片上气孔的开合，也刺激其进行光合作用，所以可以增产并缩短收成期。植物体内有一种称为"叶波"的电流，会随着"听"到的音乐不同而产生变化，由此可测出哪种蔬菜喜欢"听"哪种旋律。例如，蕃茄和黄瓜对日本雅乐就"情有独钟"。

（原发1991年3月5日《现代人报》）

# "5S" 运动

在那段特殊的岁月，"运动"曾使中国人吃过不少苦头。除了极少数靠"吃运动饭"起家之辈对"运动"可能还心存怀恋之外，绝大多数国人对"运动"是心有余悸甚至闻"运动"而色变的。

奇怪的是，日本企业界人士却对"运动"颇为偏爱。他们常常为实现某一目标而搞"运动"。在日本企业参观，不时可以看到用大横幅、大标语广而告之的"运动口号"，如"扩大化运动"、"一流化运动"、"节能运动"，等等。

给笔者留下较深印象的，是日本一些企业中的"5S"运动。

我们考察过津山松下电器工厂。那是一间专门制造各种可变电阻器、音量调节器的厂家，在我国湖南省设有分厂，属著名的松下企业集团。该厂只有1万多平方米厂房，800名职工，年产值却达240亿日元之巨！更令我们赞叹不已的是其堪称一流的文明生产，车间环境、工作场所以至厂房周围，干净得一尘不染。向我们介绍情况的该厂制造管理课课长德野先生说，这得归功于"5S"运动。

德野先生挂着一块胸牌，上面写着："德野（推行'5S'运动负责人）"我们问何谓"5S"，他解释道"5S"即"整理、整顿、清洁、清扫、身美"。这是松下企业系列普遍推行的管理方法，头两项属生产管理和工作程序规范的强化，第三、第四项属环境的管理和优化，最后一项"身美"是对职工着装穿戴、个人仪容卫生的要求和检查标准。为什么把这些称为"5S"呢？原来，这5项的日语罗马拼音字母都是"S"——整理（SORI）、整顿（SOD-ON）、清洁（SINKETU）、清扫（SINSO）、身美（SINMI）。

有趣的是，同样推行"5S"运动的日本第一株式会社，其"5S"的内容却大不相同。它指的是"微笑"（Smile）、"效率"（Speed）、"真诚"（Sinceity）、"聪明"（Smartness）、"进修"（Stuay），因这5个英文词都以"S"为起首而名之为"5S"。该株式会社认为，"微笑"迎宾是员工最基本的服务态度；销售人员必须讲求"效率"才能让顾客满意；只有对客户"真诚"相待才能维持企业信誉；而"聪明"则是服务业销售人员的必备条件；为提高服务质量，员工必须定期"进修"以充实有关的专业知识。

据说日本企业中名目颇多的"运动"，大都取得良好效益。这恐怕与日本人讲求实效、不图形式、不做花样文章不无关系。在我国，人们对"文革"、"反右"之类的政治运动心有余悸自不必说，即便是对那些本来尚属好事情的"运动"也没多少好感，因为众所周知的历史容易使人把"运动"与"一窝蜂"、"形式主义"、"雷声大雨点小"联系起来。

不过话说回来，"运动"成灾的历史噩梦毕竟已经过去，我们似也无须因事废"词"而对"运动"二字忌讳莫深。对诸如"增产节约"、"造林绿化"之类利国利民的好事情，只要不搞形式主义，就算依照我们的语言习惯加上"运动"二字又何妨？假若有谁硬要给"爱国卫生运动"改个名堂，岂非形而上学得滑稽？

（原发1991年5月17日《现代人报》）

# 劳资关系三题

出访前，为做到"有备而访"，我接触了一些关于日本与欧美国家比较研究的资料。在收集、研读、整理这些资料的过程中，有三个问题一直在我脑子里打转：

第一，同是发达的资本主义国家，为什么欧美时有工潮爆发且往往一发而不可收，而日本却很少发生激烈的劳资冲突事件？

第二，同是生产社会化程度很高的国家，为什么欧美会发生某地区甚至全国同行业同工种的工人联合罢工，而日本工人却从未有过跨企业的"统一行动"？

第三，同是大量使用机器人，为什么欧美国家的工人对机器人讨伐之声四起，而日本工人却能与机器人"和平共处"？

在日本访问期间，我带着这些问题，考察了若干企业，请教了日本的社会学家、经济学家和企业管理界人士。

答案固然难以一言囊括之，但日本与欧美国家不同的劳资关系特征、不同的工会组织体制恐怕是问题的关键所在。

首先，从用工制度来看。

与欧美国家的"炒鱿鱼"制度形成鲜明对照，日本的企业实行终身雇用制。只要职工不触犯刑法，就不会被解雇；对因年纪大工作能力下降的职工，也让他们从事力所能及的工作而不是解雇。当经济萧条时，企业宁可削减包括总经理在内的全体职员的报酬也不解雇职工。另外，日本企业承担了本应由政府承担的社会保险，企业不仅向职工提供住房或住宅贷款，还通过企业年金、互助金等形式帮助职工安排生活。有的公司还优先录用本公司职工的子弟。因此，职工与自己所在的企业结成了利害相关的所谓"命运共同体"；职工甚至职工家属对企业具有较强的忠诚心和归属感。很多职工和代表职工的工会组织对经营者持妥协态度。这样的劳资关系，相对来说较易协调。以此回答上述第一个问题，想必八九不离十吧。

其次，从工会组织体制来看。

欧美国家的工会实行"职能别组合"，设有地域性乃至全国性的以行业划分的工会组织，即跨企业的"工种工会"或称"条状工会"。当劳资关系较为紧张时，同工种不同企业的工人就容易为了本工种的共同利益而联合行动对付资方。而日本工会实行的是"企业别组合"，通常是一个企业一个工会，各自相互独立，不存在跨企业的工会组织。日本之所以从未发生过不同企业的某工种的工人同时举行罢工的案例，撇开其他原因不说，恐怕与其工会组织有"块"无"条"的体制不无关系。

至于上述的第三个问题，似可从日本与欧美劳动市场和企业人才机制的差异来回答。

实行终身雇用制的日本，只在青年人中存在劳动市场。企业一般是在自身内部培养和选拔人才。这使企业必须对职工进行长期培训，甚至送往国外研修，以提高职工的基本素质和技术技能。职工在企业内部还经常调换工作岗位，以体验各种工种，熟悉生产流程的各个环节，积累从事各种工作的知识和经验。这样，某一工种引入机器人之后，该工种富余出来的职工可以很快调换岗位，转移到新的部门去从事新的工种。由于不存在被机器人"抢饭碗"之虑，所以日本的工人和工会组织一般并不反对使用机器人。

欧美的情况就不同了。欧美国家有各种职别、各种等级的劳动市场，既有体力工人劳动市场，也有管理干部、技术人才劳动市场，还有总经理劳动市场。企业需要的各种人才，尽可到劳动市场去要，用不着企业在内部自己培养。职工被严格定岗定位定工种，对哪怕是同一生产线上的其他生产环节的工作也一无所知。因此，哪一个工种引入机器人，就意味着哪个工种有人失业。仅以美国钢铁业和汽车业为例，由于大量使用机器人而被解雇的工人就达 33 万之多。这就不难理解欧美国家的工人和工会组织为什么对机器人"同仇敌忾"了。

最后必须指出，尽管日本的劳资关系较之欧美国家要缓和得多，但这种缓和只是相对意义上的。资本主义制度所固有的种种矛盾，日本也不能幸免，劳资矛盾亦然。每年的三、四月份，日本都有劳资"春斗"，即工会与资方就增加工资为主题进行交涉和谈判。只不过近些年来这种"春斗"的"火药味"并不太浓烈罢了。

（原发 1991 年 2 月号《新世报》月刊）

# 企业儒风

笔者一不是儒学研究者，二不是企业界中人，三不是日本通；以这样一个题目，写这样篇文章，纯属有感而发。

记得两年多前，"文化深层结构反思"成"热"的时候，一篇题为《全方位移植西方文化》的宏文使我大为困惑：对西方文化的"全方位移植"意味着对自身文化传统的"整体抛弃"，这不是历史虚无主义的滥调吗？

后来从报纸上看到一则消息：有位洋硕士不远万里来中国攻读管理学博士，为的是"更好地研究中国古代丰富的管理思想、管理理论和管理实践"。当时我不明白，被某些国人"全方位"否定的中国传统文化，为什么却对洋人有如此吸引力？

及至考察了一些日本企业，对日本的企业管理和企业文化有所了解有所认识之后，方才大彻大悟，不由感慨万千。我国的传统文化，具体如儒家思想，早已"中为洋用"。孔子的和谐哲学已成为日本企业的文化基因，成为推动日本企业发展的法宝。

日本企业中的儒家文化现象，给我们留下了深刻的印象。

"人即资本"。这是儒家思想的基本观点之一。日本现代的企业家深明此理，非常重视"人"的因素。且不说他们如何活学活用《三国演义》"举贤才""求"人才；也不说企业与企业之间如何"八仙过海""圈"人才，明争暗斗"挖"人才；只说他们如何调动人的主动性、积极性。标语、口号曾使我们吃了不少苦头，而日本企业家却很善于用它凝聚和调动职员的工作热情，挖掘人的精神潜能。松下公司宣称"本公司是培育人才的公司，兼而制造电器产品"。该公司每年都要提出一些新口号，并用巨大横幅挂在企业最显眼的地方。去年的口号是"热情、创造、挑战、自动化"。在我们去过的那些企业，标语、口号也随处可见，什么"以社为家"、"发挥主人翁精神"，什么"一流化运动"、"推行5S运动"……不一而足。鼓励职工提合理化建议，是日本企业重视"人"的因素的又一招。丰田公司的职工每年提出合理化建议40多万条，一经采纳，即有重奖。日本有家味精公司为扩大味精销售量，发动员工每人提一条以上的建议。有位女工从自己炒菜撒调味粉得到启发，提出了"扩大味精瓶口"的建议，实施后味精销量大增，获得了上司的"特别奖"。日本人对中国俗语——"三个臭皮匠，顶个诸葛亮"的理解并不亚于我们。

"中和"、"和为贵"、"仁者爱人"乃孔圣人的名言。可谓"和能生财"，"天时不如地利，地利不如人和"。这种典型的儒家观已深深植根于日本企业家的管理思想和日本企业内部的人际关系之中。日本企业内部的员工之间，有激烈竞争的严峻一面，也有人与人讲忍让、讲团结的一面。许多公司的领导人都很重视"协力精神"和"团队意识"的培育，倡导人与人之间真诚相待，尊重他人的存在价值。员工中如果有人获得诸如"合理化建议奖"之类的意外收入，一般都不会装入腰包了事，而是和同事们一起喝喝酒或到"卡啦OK"酒吧玩一玩，以协调同事关系，化解矛盾和摩擦。至于上司给下属买蛋糕贺生日之类，显而易见更是谋求"人和"的"感情投资"。

儒家的"忠君报国"思想和"道德自觉"观念对日本企业管理和企业文化的影响相当深远。过去的日本人非常赞赏那些为了主人可以毫不犹豫献出自己生命的武士。现在的日本企业家则要求员工为了企业的利益不惜牺牲"小我"。大部分日本职工也都信守"公司大家庭"的观念，认为个人与企业的命运密不可分，个人与企业的关系即"命运共同体"，应当"同舟共济"。员工对企业的这种忠心，在很大程度上源于"终身雇佣制"。日本职工大多"从一而终"，自就业至退休始终在一位雇主手下工作，不用担心自己会被解雇。因此，企业带有"家族式"色彩，老板与职工的关系折射出"父子关系"的虚像。

儒家文化中的"礼"使中国成为"礼仪之邦"。日本作为我国的文化输入国，其企业管理、企业文化中"礼"的分量非同小可。许多企业领导人认为，"人生是连续地与他人接触"，员工必须懂得礼仪，必须学会正确、礼貌的交际方式才能建立良好的人际关系，增强企业凝聚力，优化企业形象。因此，日本不少企业纷纷开设礼仪训练课程，专门培训那些有可能被录用的青年。培训课程通过深入浅出、图文并茂的漫画书刊和言传身教的录像带等教材，指导人们的行为规范。比如，在一套名为《公司职员的礼仪》的录像带中，就有一位部门主管亲身示范，介绍他的礼仪准则。其中包括：上班时间略为提前到位；衣着打扮清洁整齐，鞠躬姿态正确——对普通同事鞠躬15度，对直属上司鞠躬30度，对最高行政主管鞠躬45度；被呼唤时愉快回答；正确地寒暄和自我介绍；保持笑颜和愉快平稳的声音等。有的企业甚至有所谓"早礼"制度，给早晨上班的员工几分钟寒暄的机会。据说这是为了让"快活的一天始于寒暄"，创造"良好的职场氛围"。真是"儒雅"得可以！

有"工作狂"之称的日本上班族，其敬业精神是出了名的。他们工作时专心致志，不苟言笑，鲜有懒散现象。许多人从清晨就开始工作，一直干到午夜。有的连星期六、星期天也加班，根本不想休假，近乎"工作中毒"。他们崇尚的正是儒学中"君子以自强不息"的精神。日本人的时间观念、效率观念可谓有口皆碑。以前听说"日本工人上厕所带小跑"以为是笑话，访问了一些日本企业之后方知，"离开工作岗位五步以上者自觉小跑"。已成日本员工的习惯。"时间就是效益"在这里得到体现。用儒家语言表述就是"一寸光阴一寸金"。

被儒家文化视为美德的"艰苦奋斗"、"勤俭朴素"、"巨富不忘节俭"，在日本同样被视为美德。那些富可敌国的日本企业，少有讲排场、摆阔气、显派头的迹象，却有许多显示"抠"劲的"小家子气"。据说在丰田公司的卫生间里，每个抽水便桶的小箱中都放有几块红砖，为的是"缓解水流速度，节约冲水量"！有些企业甚至规定："一只手套破了只能换一只，另一只以后破了再换。""笔记用纸正面写完了应订成小册子，反面作便条纸用。"

儒家文化中的等级观念在日本企业中也有深深的烙印。日本职工的等级层次很分明：新进厂的叫"新入层"，3～5年的叫"一般层"，6～9年的为"中坚层"，10～14年的是"核心层"，15年以上的称"监督层"。企业选择领导人的第一条件，是先看年龄。在上下关系方面，"下级绝对效忠上级，上级对下级完全负责"，是日本公司系统中的道德准则。

列举就此打住。日本企业中的儒家文化现象，远不是一篇区区短文所能全息再现的。

日本企业的儒家文化现象，当然有其深层文化原因。最根本的一条，就是日本乃中国的文化输入国，即中日文化具有同源性。

早在公元285年，就有朝鲜百济国博士王仁赴日，献给日本应神天皇《论语》十卷和《千字文》一卷。随后《周礼》、《礼记》、《尚书》、《易经》、

《诗经》等儒学著作相继大量传入日本，与日本原有的神道和此前从中国传入的佛教，融汇成为日本社会的统治文化思想。13世纪至近代，经日本思想家长期传播中国理学，遂有"和魂汉才"的口号。这就是对中日两国千里同风文化同源最为简明的历史考察。

日本吸收、融合中国的传统文明使其近代和现代经济的发展获益殊深。有"近代企业之父"美称的涩泽荣一，积其毕生经验写出了一部《论语与算盘》，告诉人们《论语》中有算盘之理，有致富之道，并认为"忠、孝、仁、义、信的思想与经商谋利并不矛盾"。该书用儒学观点阐述了"重民"、"安民"、"富民"、"富国"、"求富"、"利人利己"等基本原则和思想方法，成为日本企业管理界人士的必读之书。

相反，生活在儒家文化发源地的我们，却有些"身在宝山不识宝"。且不说把儒家的人际关系学说、管理策略思想、控制决策意识、人才选拔使用原则等应用于企业管理的研究如何不足，即便是对前人的管理实践，如陶朱与猗顿的发家致富之路、白圭的经营艺术、先秦以来不断发展的市场管理等等，我们又借鉴了多少呢？

笔者写这篇拙文，揭示日本企业中的一些儒家文化现象，自问并无借炫耀祖宗妄自尊大的阿Q心态；也非认为儒家文化能"包治百病"，宣扬"厚古薄今"、"厚中轻洋"；更不是主张不顾国情对儒学色彩颇浓的日本企业管理和企业文化来个千年周期的"出口转内销"。笔者只想指出，任何国家和民族的文化，都是在扬弃与继承、吸取与创新这两个前提基础上发展的。对自身的文化传统妄自菲薄乃至"整体抛弃"而叫嚷"全方位移植"异族文化，是彻头彻尾彻里彻外的"文化洋奴"的心态。

（原发1991年5月号《新世报》月刊）

# 巨富不忘节俭

出访日本之前，我曾想：日本富得流油，日本人该是财大气粗、挥金如土的吧。及至到了日本，方知这"想当然"的想法大错特错了。单说"吃"，日本人的"抠"劲就着实令我们"大跌眼镜"。较之我们的"穷阔气"，日本人堪称"富小抠"。

在中国，别说招待国家邀请来访的外宾，就是一般的筵席，那"肉山无路，酒海横流，珍稀动物大会师"的"盛况"也是够"壮观"的。而日本的宴会，不是"分餐制"就是"自选式"。喝酒各自量力，吃菜各取所需。大家边吃边谈，餐桌上食物不够了再添加，看不出有任何浪费。日本人认为，宴会重在气氛和情感交流，不必追求排场和阔气。

我们多次见过，有头有面的日本官员吃最后一片面包时，把盘子里的残汤剩汁沾擦个精光。吃瓜果时，我们按照"中国习惯"特意不啃得太干净，而日本朋友却个个啃得只剩下一层薄皮。日本人对米饭的爱惜也使我们惊讶。在日本的饭馆、餐厅里，谁不把要来的米饭吃完，哪怕花的是自己的钱，也会令人侧目。而在我们这个目前还较贫穷的国家呢？吃剩整鸡整鱼扬长而去者有谁见怪？就连生活还靠父母供养的大学生，不也有人喜欢饭后多买几两米饭用于擦洗油腻的菜盆吗？到底谁更像"资产阶级生活方式"呢？

在我们的社会生活中，"穷阔气"、"斗阔气"已成一种社会病态。近些年，几乎没有哪个企业负责人不喊叫"银根紧，资金困难"的，但看一些人那大手大脚、挥霍浪费的"派头"，不知要比百万富翁还"阔"多少倍。这里请读者听一则"五千块钱买个鳖"的千古奇闻：某沿海城市两家旗鼓相当的企业同一天宴请"贵客"，两家的采购员同时来到一个个体海产品门市部买鳖。不巧当时那里只剩下一个鳖了。怎么办？双方的领导都发话：不管花多少钱，一定要将这鳖买回来。于是你100，我200，你1000，我2000地抬起价来，最后终于以一方用5000元将鳖买走而告终。那位买到鳖的采购员回去后被领导表扬"会办事",另一位则遭一顿臭骂。一些人斗阔的"病症"竟到底严重到这种程度!

对于国人中的这种"穷阔气",不用说人民群众深恶痛绝,就连比我们"阔"得多的外商也看不过眼。有件事很值得玩味:某镇一家工厂与外商洽谈合资经营项目,眼看各条款已基本谈妥,只待签订合同了,哪知吃晚饭时,外商一看那七大盘八大碗、山珍海味应有尽有的"阔"宴,立即拂袖而去,不辞而别。问及何故,外商答曰:"与此类'败家仔'为伍,金山也会被吃空!"

巨富者不忘节俭,本该"过紧日子"的却"穷阔气"。唉!我们这个以极其发达的饮食文化自诩于世的民族,是否应该有所自省呢?

(原发 1991 年 5 月 24 日《南方周末》)

# 中国国粹在东京

日本民族开发意识之强烈和创意神经之发达是有口皆碑的。即便是我们司空见惯，认为早已定型定档没有多少开发潜力的传统产品，日本人也能千方百计折腾出新名堂来。他们对堪称我国国粹的东西，尤其煞费苦心。许多源于我国而千百年一贯制的产品，正在日本"推陈出新"。

窥一斑而知全豹。这里只说豆腐、酱油及乌龙茶。

豆腐是我国食品史上的重大发明之一，可谓源远流长。李时珍在《本草纲目》中说："豆腐之法，始于汉淮南王刘安。"清朝人汪汲在《事物原会》中甚至认为春秋时期就已有豆腐。反正中国豆腐少说也有两千多年历史了吧。历代文人雅士视豆腐为席上珍，留下不少脍炙人口的"豆腐诗文"。宋代有朱熹的《豆腐诗》："种豆豆苗稀，力竭心已苦，早知淮南术，安得获帛布。"元代有王祯的《咏豆腐》："磨砻流玉乳，蒸煮结清泉。色比土酥净，香逾石髓坚。味之有余美，玉食勿与传。"明初有"景泰十才子"之一苏平诗云："一轮磨上流琼液，百沸汤中滚雪花。瓦缸浸来蟾有影，金刀剖破玉无瑕。个中滋味谁知得？多在僧家与道家。"清乾隆皇帝游江南吃了"菠菜豆腐"后赞其为"金镶白玉板，红嘴绿鹦哥"。还有苏东坡的"煮豆为乳脂为酥"以及陆游的"拭盘推进食，洗釜煮黎祁"……加之那炒、熘、烧、蒸、煎、炸、炖等"十八般武艺"全能用得上的豆腐烹调技术，加之那名闻遐迩的"麻辣豆腐"、"花样豆腐"、"五丁豆腐"、"四喜豆腐"、"八宝豆腐"、"镜箱豆腐"、"口袋豆腐"、"一品豆腐"……中国的"豆腐文化"堪称"世界一绝"！

然而，我们注重的仅仅是"吃"。日本近年来豆腐食品技术的发展已经使吃了两千多年豆腐的我们望尘莫及！

中国豆腐于唐代传入日本，但待到第二次世界大战后在日本才小有市场。1972年，日本的"中国名菜品尝团"访华。美食家们为中国豆腐所倾倒，回去后一张扬，日本公众对豆腐的兴致一发而不可收。日本人在吃豆腐的同时特别注重豆腐制作技术的现代化。我国传统的豆腐制作方法，多用石膏或盐卤作凝固剂，容易变质，不能久存。而日本人多采用葡萄糖内酯作凝固剂，不仅质地洁白、细嫩而且耐存。日本一家乳业公司制作的豆腐，先经超高温杀菌，再装入一种特殊的纸盒，可在常温下保存六个月，在冰箱中保存一年也不失新鲜。

不久前，日本人还别出心裁，在豆腐中加入新鲜蔬菜汁，推出了"绿色豆腐"，既使豆腐的营养更加丰富、全面，又利用"绿色效应"吸引消费者。

现今，日本人制作的豆腐大量出口外销，"走向世界。"据说在纽约的超级市场也可以买到包装精美的各种"日本豆腐"。

可我们中国豆腐在国际市场上却表现平平。

我们的祖先留传下来的酱油，在日本也已更新换代。日本人"仿中有创"推出的"七彩酱油"风靡市场。厂商的广告宣称："使用七彩酱油，将会使进餐变成视觉、嗅觉、味觉的一大新享受。"这种披上七彩外衣的酱油，具有红、黄、绿、蓝、紫、橙、无色透明等色别，能够适应所烹制菜肴的不同需要。日本民众有吃饭团的传统习惯，据说加入七彩酱油配制的饭团更能刺激人们的食欲。而把它放入粉面汤中，其缤纷色彩又使人赏心悦目，胃口大开。

再说说乌龙茶。茶是中国古老的文化之一，国人常引以为豪：不仅种茶、制茶、饮茶起源于中国，就连"茶"这一名称也是我们祖先创造的呢！更值得骄傲的还有中国乌龙茶，居然被日本人誉为"原子时代的饮料"。特别是1979年日本某某大红大紫的女明星在荧屏上为乌龙茶做广告，声称自己之所以苗条美丽是乌龙茶的功劳之后，乌龙茶更是身价大增，名声大振。但遗憾的是，占领日本市场的并不是袋装、盒装的中国乌龙茶叶，而是日本人制作的"乌龙茶罐头"！在日本的闹市郊区、大街小巷，只要往电脑售货的路边贩卖店投入100日元硬币，就可买到一瓶易拉罐乌龙茶，而且要冷要热的任君选购。这种乌龙茶罐头，使喜欢喝乌龙茶的人们省却了冲泡茶叶的麻烦，又不受时间场所的限制，特别适合于生活快节奏的现代社会，自然一推出就大受垂青。

"他山之石，可以攻玉。"从日本市场上的"绿色豆腐"、"七彩酱油"、"乌龙茶罐头"之类悟出点道理，得到些启迪，学习他人的"生意经"和创新意识，这大概不属于"崇洋"吧！

（原发1991年5月26日《南方日报》）

# 快餐猛于虎

日本不仅号称"经济大国",而且堪称"世界第一长寿国"。据1989年统计,日本男女平均寿命为75.91岁和81.77岁,超过了有"长寿三国"之称的爱尔兰、瑞典和瑞士。

正当日本民族迎来"高龄化社会"和"80岁时代",面对"白发浪潮"喜忧参半的时候,一本风靡日本社会的畅销新书——《41年的生命》却语出惊人:

"1959年以后出生的日本人半数只能活到41岁!余下的半数只有20%的人能活过50岁大关!"

这无异于一颗超重磅炸弹在日本社会轰响。日本官员纷纷发表谈话,指责该书哗众取宠,夸大其词,耸人听闻。日本公众则对该书持着一种好奇心态,趋之若鹜。

这本小书之所以有这种"轰动效应",不仅因为其预言令人震惊,而且因为其作出预言的根据令人意外。

该书作者、日本作家西丸新谷认为,导致当代日本青年必然短命的原因,不是战争、地震之类的天灾人祸,而是速冻食物、快餐、食品添加剂等对人体新陈代谢机能的搅乱和破坏。

第二次世界大战之前,日本人的日常食谱是米饭、蔬菜、鱼和其他海产品。1945年日本战败后,粮食不足,食物奇缺,美国人提供了大量的麦类、蛋白类食品养活饥饿的民众。到了20世纪50年代,含有丰富蛋白质的牛奶和其他乳制品成了日本人日常饮食的重要构成。传统的日本料理与营养丰富的西餐的结合使日本成为"寿星国"。今天日本老人的长寿,正是40年代末50年代初营养结构大为改善的结果。

然而,20世纪50年代末和60年代初出生的日本人,即现今30岁左右的年青一代,却正为日本经济的繁荣和生活的富裕付出代价。西丸新谷预言他

们是"短命的一代",主要基于下面几个因素:

首先是过去二三十年间,随着日本经济发展,原本由大自然赐予人们的食物像"工业品"一样被大量生产、销售起来。肉类、糖类、酒类、各种软包装饮料,高脂肪乳品的消费量大幅度增加。它们引起和诱发的心血管病和各种心脏病也必然随之增加。

其次是快餐大行其道。日本的快餐业非常发达、兴旺。仅麦克唐纳公司在日本就开了270家快餐食品店,包括世界上生意最兴隆的肯德基油炸鸡店、巴斯金一罗宾斯冰激凌店、炸面圈店及意大利烘馅饼店等等。快餐迎合了日本社会竞争激烈,生活快节奏的现实和职业妇女逐年增多的趋势,但影响了为生存而忙于奔命的日本人的健康。特别值得忧虑的是日本的少年儿童。他们中的许多人酷爱快餐和各种各样的夹肉面包,一有机会就跑到麦当劳快餐店或邓金多福饼店去大饱口福。结果,因甜食过量患了少儿糖尿病者有之,小小年纪就大腹便便的肥胖儿更是街头巷尾随处可见。

还有就是食品添加剂。为了长时间保存食品,人们生产了防腐剂;为了使食品更美观,人们生产了各种染色剂;为了迎合人们越来越苛刻的味觉要求,各种调味的食品添加剂又应运而生。过去谁也不敢入口的化学物质,现在却源源不断进入人体。日本战后实施了《食品卫生法》,允许使用的食品添加剂只有60种。而现今市场上的食品添加剂已多达347种,其中有些已被证实有致癌作用。比如,长期用邻苯酚作为进口柠檬、橙子等的防霉剂,用过氧化氢来进行干鱼子等的漂白和牛奶容器的消毒,以及长年食用干鱼粉等,都会引发癌症。专门从事致癌物研究的日本"同志社"的西冈一教授指出:"癌从口入,癌症的激增与人们日常饮食的激烈变化有关。癌症增长的时间同食物成为工业品的时期正好是一致的。"

西丸新谷的预言到底有多高的准确性和可信度,笔者不敢妄加评估。现在30来岁的日本人是否真的是"短命的一代",恐怕也只有让时间来回答。但不管怎么说,《41年的生命》尖锐地指出了一代人的健康危机,使日本人"居安思危",其积极意义是显而易见的。

(原发1991年6月28日《南方周末》)

# 繁华富裕的另一面

东京，高楼大厦鳞次栉比，车水马龙川流不息；街边的自动售货机，电脑管理的车站售票厅；应有尽有的超级市场，游客如云的迪尼士乐园……好一派繁华兴旺的景象。

一位好客健谈的日本人在谈及东京的繁华和日本人的富有时，甚至掩饰不住那几分骄傲，使用了绝对化语言：

"在东京，不，在日本，只有巨富与小康之别，没有穷人。"

出于礼貌，我对他的话未当面置评，只报以淡淡一笑。其实，在东京考察的短短几天里，目染耳闻，我对这个现代化都市那繁华兴旺背后的另一面已略有所窥。

在东京的繁华区，人们并不鲜见街头行乞者。那天我们第一次上街，到了游客如潮的浅草寺附近，就遇到身着黑旧装的日本老人，手捧盛放硬币的盒子，向过路人行乞，每有施舍者，少不了千恩万谢。

在我们住宿的东京西池袋大都会饭店附近，在新宿一带，我们常见一些衣衫破旧的人夜宿街头，蜷缩在避风的墙根下、拐角处或店铺门口，冻得浑身颤抖。一位中国留日研究生告诉我，这些"夜景"他们已司空见惯。1989年冬天，尽管日本的一些救济组织向无家可归的人分发了毛毡和大衣，也还是有300多人冻死在街头巷尾。有一年除夕，一个露宿在玉姬公园的年仅30多岁的穷苦工人，由于身体极度虚弱而死去，几十个露宿伙伴围着他致哀，有人轻声叹道，"明晚不知又将轮到谁。"

离开东京的前一个晚上，我去东京都立大学后友人送我回饭店，经过新宿地铁站时，又看到另一"景"：墙根处，一"间"以纸皮箱为"建筑材料"的棺材状小"屋"，里边睡着一个身盖报纸御寒的人。友人说：今晚不是"旺季"，有时候这里的纸皮箱小"屋"是成排的。这些人为什么不回家或去住旅馆呢？大概用不着叫醒他们问个清楚吧。

我与一位在日本居住多年的广东老乡谈起这些事时，他说："你是少见多怪。你还没看过贫民窟吧？东京山屋区的贫民窟住着9000多短工和流浪汉，大阪的贫民窟聚集了约2万人，其他日本城市如京都、神户、名古屋、横滨等，也有贫民窟。那里的穷人才惨呢，靠打散工为生，生活没保障，卖血还得受中间人剥削，生病或体弱的，想卖血也没人要。"

东京是个繁华的都市。日本是个发达富裕的国家。但那里毕竟不是"水龙头一拧就流出牛奶"的人人同乐的天堂。日本社会底层人的生活，反映了与一派繁华富裕景象相对照的另一个社会侧面。

(原发1991年1月25日《南日方报》)

# "书眼"看东瀛

"书籍是在时代的波涛中航行的思想之船,它小心翼翼地把珍贵的货物运送给一代又一代。"这是培根的话。

"人类的全部生活都依次在书本中留下印记。种族、人群、国家消逝了,书却依然存在。"这已记不清是哪位先哲的高见。

作为读书人和写书人,我对日本社会的考察自然更多地着眼于"书"。

记得香港某报有个专栏叫"钱眼看世界"。我图省事,仿而改之,于是本文有了这样一个标题。

"书眼"所及,自然是"书事"一、二、三……

## "书报刊大国":三个"世界之最"

日本不仅号称"经济大国",而且堪称"书报刊大国"。

数字最枯燥乏味;但数字又最权威最有说服力。因此,笔者还是不能不用一些数字来说明问题。

日本这个只有1亿多人的小小岛国,报纸的发行量之大令人咋舌。仅仅以日报计,每天就印刷6676.2万份,平均每1000人每天拥有584份日报。这个数字为世界之最。美国每1000人每天只拥有日报268份,较之日本望尘莫及。

日本的期刊杂志,无论种类还是数量,也都是世界之最。目前,日本共有周刊、月刊约4000种,并以每年新增300种左右的趋势发展。据统计,1980年以来,平均每年发行的期刊杂志达30亿册,平均每年每人阅读杂志21册。日本的杂志综合性的少,大部分是属于某一方面的。如女性杂志中,就有供小学和初中女生读的连环画,有供高中女生读的杂志,有供大学女生和20岁左右女职员阅读的刊物,有供30岁左右职业女性阅读的读物,还有专以中年家庭妇女为读者对象的，所以其内容大多具有很强的针对性。

再看图书。日本有大大小小 4000 多家出版社，每天平均出版新书 100 种以上。按人均计算，每年出版的新书比美国多一倍。据日本全国出版协会统计，日本国民平均每人每年购书 12 本，外加 10 本左右的连环漫画。这恐怕是近期其他国家难以打破的世界纪录。

日本成为世界上屈指一数的"书报刊大国"并不是偶然的。战后的"教育立国"使日本的文盲率降低到 1％以下。除了幼儿，几乎所有的日本人都有阅读能力。有半数以上的日本人有每天都要读报的习惯。这使日本成为世界上"读报人口"最多的国家之一。此外，科技和经济的高度发达使日本进入了信息时代，报刊图书深深地介入了人们的生活，成了大众化的"日常生活必需品"，恐怕也是不可忽视的原因。

## "车厢读者"何其多

在漫画家的笔下，日本人的形象常常是：短小、龅牙、着西装、戴眼镜。眼镜几近日本人的标志并不奇怪，因为日本人中近视眼的比例比其他国家高得多。而这可能与日本"车厢读者"众多，车上读书成风不无关系。

在日本，无论乘地铁还是搭公共交通汽车，"车厢读者"触目皆是。车上没有人大声喧哗，也没有人高声谈笑，人与人礼貌、客气、冷漠。许多人一上车坐定或站稳，就掏出报纸、杂志或书籍，旁若无人地看起来。有时车上拥挤不堪，也照看不误；即便站着摇摇晃晃，也眼不离书报。

据统计，日本的白领阶层平均每天读书看报 63 分钟，其中 31％的人是利用上下班乘车的时间进行阅读的。

日本是个快节奏的社会。日本人惜时如金。上班时间"满负荷工作"，即便是办公室工作人员，也绝无"一杯清茶一根烟，一张报纸看半天"的福分。他们大多都不甘心让上下班乘车这段属于自己的时间白白浪费。这使得车上"读书风"盛行不衰。这大概也是日本人中近视眼特别多的原因之一。

在由池袋开往新宿和由池袋开往银座方向的地铁上，我多次留意周围那些"站读"者手中的读物，发现既有文学作品，也有专业技术书籍，但最多的是体育报纸和连环漫画。

漫画书近些年在日本大行其道，不仅青少年喜欢看，中老年也喜欢看，销售量甚大。日本知识界一些人士对此颇有微词，认为人们尤其是青年人"只喜欢看漫画而不喜欢看内容严肃的书刊"是一种令人担忧的现象。

这种批评不一定很恰当。日本的"上班族"工作压力很大，上班时神经高度紧张，工余时间喜欢看些轻松、消遣的书刊是很自然的事。再说漫画书中也不乏"内容严肃"的。比如有一本解释日本经济状况的连环漫画，使许多艰深复杂的经济问题通俗化，变得简明易懂，就很受欢迎，连白领阶层也将其视为"严肃读物。"

## 神田：书店之街

作为一个"书报刊大国"，日本的书店星罗棋布，大街小巷无处不有。而最具盛名、书店最为密集的地方，首推东京的神田书店街。据说周恩来总理去世前曾向日本朋友探问起神田书店街的情况，并说那是他早年在日本留学时常去的地方，再访日本时一定要去看看。

笔者曾在庆应大学的三上直子小姐陪同下到神田书店街好一番游逛。那简直就是一个书的世界书的海洋。沿街走去，只见招牌林立，各具特色的书店一家紧挨着一家，选购图书者人头涌涌。这里新旧书籍之丰富，动辄以千万册计，在其他地区其他国家难以买到的书籍，在这里应有尽有。

在神田那些林林总总的书店中，有的专卖新书；有的专卖古旧书；有的新旧书籍兼营。有的是综合性书店，店内按书籍性质分成类别，分设柜台；有的是专业性书店，专营某一方面的书籍，比如专营佛学著作刊物等。有的拥有七八层甚至十几层楼房；有的则属小铺小档的"夫妻店"。所有的书店都开架售书，读者尽可自由自在浏阅各色书籍。

在神田书店街，几乎每周都有"书祭"活动，即我们所说的"书籍展销"。举办"书祭"时，在该街的空地上围上幛子，四周挂满花花绿绿的彩纸和彩灯，各家书店联合参加展销，往往"祭"到晚上八九点钟还人山人海，买客如云。

特别值得一提的是，神田书店街还有几家专营中国书刊的专门店，如内山书店、东方书店、燎原书店等。笔者曾在东方书店"泡"过，吃惊不小。几乎我国出版的所有书籍，无论政治类、经济类、科技类、文学艺术类，无论古籍、经典著作还是现代新书，这里都经营。我国出版发行的报纸、期刊，许多在这里也可看到。我国的文房四宝和字画，各地的食谱菜谱书，这里也有出售。书架上，从《毛泽东选集》到鲁迅、茅盾、巴金的全集，从我国领导人的传记到叶永烈的《姚氏父子》，应有尽有。甚至还可看到《中共党史知识手册》、《社会主义初级阶段与党的基本路线》以及《广州话分韵词林》、《广州人学讲普通话》！

## 海湾危机与"中东专柜"

日本生意人的精明机敏是出了名的。海湾危机爆发后，日本商人对国际时事分外关注，深怕稍有信息疏漏就会判断错误，招致经济损失。为此，商人们不仅天天盯着报刊上关于中东局势的新闻、述评、百家之见，还四处寻找有关中东问题的书籍，以期从中吸取有关中东方面的知识。神经敏感的日本书商，自然不会放过这发财的天赐良机。为了在这场波斯湾风云中捞一把，"中东专柜"在许多书店应运而生。

东京的八重洲书籍中心，早在1990年8月29日就挂出了"紧迫的中东专柜"招牌，陈列出140多种有关海湾危机的书籍和一些专门报道中东形势的杂志。每到黄昏下班时间，光顾者络绎不断。

神田的三省堂本店，日本桥的丸善本店、银座的旭屋书店等，也纷纷开设了"中东专柜"。

据悉，在各"中东专柜"，最畅销的书如《波斯湾》、《商社人在巴格达被囚608天》等，供不应求，出版商手忙脚乱张罗再版。此外，诸如《看中东形势的眼》、《支配石油者》之类的期刊，也很受人们垂青。

## "文库本"·"磁带书"·"快餐读物"

在日本的书刊市场，"文库"多如牛毛。什么"中央文库"、"讲谈社文库"、"新潮文库"、"岩波文库"……令人眼花缭乱，目不暇接。

假若顾名思义，"文库"本当是文集、文选之类，但在日本则不然。日本的书商把许多推理小说、普通小说、剧本、连环漫画，甚至译成日文的中国古典名著，都弄成所谓"文库本"。这些"文库本"按作者分类，或按题材、体裁分类，一套就是十几本甚至几十本，可以一次买一套，也可只买其中一本或几本。"文库本"的最大特点是简装廉价，袖珍印刷。其售价只为同样内容正本书的十几分之一，因而销路甚好。

与"文库本"同样受读者欢迎的还有近年来"挤"入书架的各种各样的"磁带书"。在日本，用耳朵"读"名作已经成为一种时尚。人们在上下班和旅途中以"听书"消磨时间比看书更为轻松。全日本现有磁带书籍发行公司约400家，许多大书商都加入了磁带书的出版行列。有的书店还开设"电话听读"服务，让书迷通过电话欣赏某书中的精彩章节。

"快餐读物"是另一种新型服务方式，实际上就是以最快的速度让顾客买到自己要买的书刊。发明这种方式的是一些靠近路旁或附有停车场的书店。他们在店前开辟一个"路边书刊区"并提供相应服务。开车或乘车而来的人，无须下车，坐着原位不动就可利用现成的目录选书、购书、付款，既快速又简便，就像在汉堡包店里买快餐一样。

为了在如林的书店业中立足，为了更有效地争取顾客，促进销售，日本的书商们实在是"书招百出"。

## 书店经营趋向多元化连锁化

为适应经济环境和生活环境的改变，善变的日本产业界不断地革新经营方式。书店经营也不例外，也出现一些新的趋向。

首先是多元组合书店正在勃兴。这种书店不仅卖书，而且兼营文具、出租录像带及出售出租录音带，甚至兼卖珠宝、化妆品和玩具等。有识之士认为，书店兼营其他商品，比新开专门店所需资本小，而且可有效利用空间；更重要的是，通过出售其他商品，可拓展新的购书顾客层，包括妇女和小孩，提高书店的潜在利润。

还有就是加盟连锁店大增。新入书店业者向大书店加盟，不需太多资本就可开一家书店。小书店和郊区边远书店向大书店加盟结成连锁店，可以借助大书店的经营优势和管理经验，提高自己书店的水平。日本的郊区书店一般拥有宽大的停车场，加入连锁店后书源充足，附近的住户顾客不必到市中心就可以买到所需的书，自然弃远图近。因此即便是较为偏僻的郊区书店，也是一派兴旺景象。

## "三国热"的背后

如众所周知，近些年"三国热"在日本方兴未艾。日本人中的"三国迷"急剧增加，"三国迷"同好会之类的组织层出不穷。孔明不仅成了企业界新的偶像，而且成了中学生心目中了不起的英雄。日本青少年研究所曾就高中生的英雄观做过一次调查，1990年初发表的调查结果表明，在高中生最为敬佩的十位人物中，孔明位居第九，超过了当今专红的电影演员成龙。

首当其"热"的是日本出版界。1989年学研出版社推出的《三国志》上、下册，一个半月就销售了40万部。横山光辉的漫画作品《三国志》出版三年来经久不衰，迄今已销售近3000万册。此外，《三国志人物事典》、《孔明的人生哲学》、《刘备的战略》、《三国英雄群像》等书籍，成了现今日本最为走俏的畅销书。

"三国热"现象不仅反映在书籍、漫画之中，而且反映在日本影视、木偶戏、电子游戏等各方面。福冈市放映电影《三国志》时，几乎场场爆满，座无虚席，喜煞了影院老板。光荣公司制作的模拟人才录用、施展权术的《三国志Ⅰ》、《三国志Ⅱ》游艺机软件，一下子就售出70万盘！

日本人到底要在《三国志》的世界里寻求什么？

一位日本社会评论家说：《三国志》的最大魅力是谋士们的活跃。而在今天的日本企业里，缺少的正是好的谋士。

作出重大决策之前征求干部们的意见，得到的往往是评论家式的语调，如"我认为成功率约有百分之六十"之类。而《三国志》里的谋士们，积极地献策、争论、劝诱，掉脑袋也不悔，这正是今天的日本所需要的。

一位企业家直言不讳：《三国志》是经营战略、人才管理的经典。读《三国志》，为的是把其中夺天下的争斗应用于现实的竞争社会。

三国沙龙"清流派"事务总长梅泽雅彦强调：应以《三国志》为尺度研究自我。他认为在社会生活方面，从《三国志》的人物身上可以得到许多启迪。

许多日本年轻人则认为，《三国志》能为他们提供"暂时忘却自己平庸无聊的人生，焕发斗志，燃烧起奋发向上之焰"的模拟体验。

看来，日本人是将《三国志》当作人生训、处世方、成功法、组织学、领导术、战略论等等来读的。

日本出现"三国热",固然有出于经营管理借鉴的一面,但作为一种文化现象,可能还有一个重要原因,那就是《三国志》中纵横捭阖、盘根错节的描写,容易引起文化同源的日本人的共识。

假若从社会学角度来考察,荡漾着书卷气息的日本"三国热"背后,是日本社会严酷的竞争现实。

还有一点需要提及:堪称我国国宝的《三国志》在日本已大大走了样,带上了"日味"。日本的文人和商贾为招徕更多的读者,弄出了许多"改造本",其中有三国其人其名,而其情其事却大相径庭。有一本《万事通三国师》,竟编造刘备和诸葛亮在日本吉原开川菜馆,司马懿赶来揭乱,诸葛亮巧施妙计把他赶走的荒诞故事。

这或许就是日本人颇为扬扬自得的"日本文化对外来文化的消化改造能力"吧。

## 色情暴力读物泛滥

这是本文不能不指出而又只能"点到即止"的一节。

日本是个"书报刊大国",同时又是色情暴力读物泛滥之国。街头巷尾的书店、书摊,宣扬色情、性、暴力的书籍、刊物、画册多如牛毛,随手可阅;"图文并茂",不堪入目。就连公共电话亭等公共场所,性暴露的色情印刷品也触目可见。至于以青少年学生为主要读者群的暴力漫画,如宣扬社会疏离、打架斗殴之类的《北斗神拳》、《魅!男塾》等等,更是大行其道。教育界人士对此忧心忡忡,但谁也无可奈何。

神田书店街有个专营淫秽书刊的老板,因"出售春画"、"宣扬性"而被拘捕,但他的书店却仍生意兴隆。

从这些,人们不难看到反映日本社会另一面的另一种"文化现象"。

(原发 1991 年 1 月 29 日《现代人报》)

# 烟·米·国货观

## 日本人问："这是什么烟？"

早就听人说过，在深圳蛇口工作的日本朋友，无论一般技术工人还是专家、管理人员，抽的都是从日本带来的香烟，甚至连毛巾、香皂、牙膏、牙刷等，也用他们自己的国产货。

乍一听，只觉得日本人近乎"小气"，竟连那么一点外汇也舍不得花。到日本考察了一番以后，才明白这与"小气"还是"阔气"不拉杆，里边有个国民的"国货观"和"国货意识"问题。

初到日本，在一个社交场合，"烟民"Z君掏出一盒从北京带去的"555"香烟，依照"中国式"礼貌，给邻座那位刚才也在"吞云吐雾"的日本朋友递上一根。只见这位日本"烟民"对Z君那合"555"盯了好久，好奇地问："这是什么烟？'555'是什么意思？哪个国家的产品？"

这使我们好些惊讶。一个生活在东京的日本"烟民"，竟然"有眼不识'555'"！

一段时间以后，才知道这没什么奇怪——外国烟在日本可没有像在中国那么受宠。

先说广告。外烟广告在中国真可谓"街头有牌，报纸有字，电台有声，荧屏有影。"男女老少谁不知道有个"万宝路的世界"？而在日本一个月时间，我们从未在这连"征求情夫情妇"也可借助传播媒介的"广告大世界"中发现"555"、"万宝路"们的踪影。

再看市场。在中国何处买不到"555"、"万宝路"、"云丝顿"、"总督"、"良友"？而在每日售出香烟1亿1千万支的日本，无论是商品应有尽有的百货大楼、超级市场，还是主售香烟、饮料的无人看管"贩卖店"，都很难见到外国烟。要买"555"之类，只能到国际机场等外国人来往较多的场所。日本香烟有7种滤嘴，5种烟草，64种牌子，质量未必就如何好，但日本人却奉行"抽烟要抽国产烟"。

## 日本人说："再贵也要国产米！"

日本原是个农业国，米饭深深地扎根于日本人的传统食谱之中。即使是在受到西方饮食文化四面包围和强劲冲击的今天，米饭也仍然是日本人餐桌上必不可少的主食，每月消费量达57600吨。这是"需"的一面。

然而，已经高度工业化了的日本，现今的农业人口只占全国总人口的17.4％，农业就业人口只占全国就业人口的8.1％，人均占有耕地面积大大少于其他国家，米价之高冠全球——每公斤432日元！这是"供"的一面。

就日本的农业成本而言，若仅仅从价格角度考虑，进口大米要比国产大米便宜、划算得多。但人人爱吃大米的日本，却有这样一条铁板一块的国策——一粒大米也不进口！

日本人的理由是："大米是具有战略意义的食品，再贵也要国产米，不能依赖别国。"

笔者写这篇文章的时候，又从报上得知：1991年3月12日，一年一度的"世界食品饮料展览会"在千叶县幕张展览厅举行。参展的美国大米协会人士在会上展出美国大米。日方以违反"粮食管理法"为理由，要求撤走出展的美国大米，并连日与美国驻日大使馆进行交涉。直到3月16日，离展览会闭幕前四小时，参展的美国人士才被迫撤走展出的美国大米，但声称等着瞧，要上告到美国国会。

日本政府这样做是有其难言之隐的。开放大米市场并非单纯的经济问题。它涉及日本农民的切身利益和政治家在农民中的选票。所以日本国会议员几乎全部赞成不进口大米的决议。他们强调"大米是日本的文化"，"是农产品中不能让步的最后圣地"。

## 抖一抖"资料袋"

就烟论烟，就米论米，未免囿于"微观"和呆板。这里来点"跳跃"，调动部分"知识积累",抖一抖"资料袋"——

中国"阔爸爸"宣言:"除了水,空气和水果,我儿子吃的穿的用的玩的全是洋家伙。"

美刊《福布斯》报道:《外国米籽喂养中国"小皇帝"》,亨氏公司扬言要占领15％的中国食品市场。

民间顺口溜卡片:"洋车满街跑,洋烟嘴上叼,电视充斥洋广告,不挂洋字不走俏。"

都市"假洋人"写真:上穿"袋鼠"T恤,下着"飞机"网球裤,脚蹬"Adidas"运动鞋,腰扎"花花公子"皮带,手拿24K金打火机……

北京亚运会组委会公布:亚运会募捐合1亿多美元。

有关方面统计透露:我国年进口外烟1亿多美元。

657个化妆品厂家联合呼吁:救救国货!"国产脸蛋"请用国产化妆品!

12家电冰箱压缩机厂异口同声:救救国货!我们的工厂面临倒闭!

……

天啊!这不是存心"搞活别人,搞垮自己"吗?

## "祥云"的旗帜

笔者断无"人人皆醉,唯我独醒"的自我感觉。泱泱大国,富于"国货意识"者,为国货鼓与呼者大有人在。

北京有家祥云公司,很值得在这篇文章里提一提。

"祥云"是一家"技工贸一体化"的新型企业,包括30多家公司,经营范围横跨九大行业。不久前,该公司通过分析市场,纵横比较,毅然决然地迈出了国人应为之肃然起敬的一步——在北京西单建立了第一家"国货精品商场",不但向国人推崇国货,也向洋人推销国货。

一不做二不休。北京亚运会前夕,"祥云"的第二家"国货精品商场"又在北京菜市口开业,商场经理还提出了"大国货意识",不仅经营大陆的产品,也直接从深圳进货,推销港澳台产品。

"祥云"的可敬可赞之处,就在于面对洋货滚滚而来,面对消费者中流行感冒般的"迷洋心态",敢于高高举起国货的旗帜。

但愿有更多的"祥云",以物美价廉的国货,去感召、呼唤消费者的"国货意识",去宣扬以爱国货、卖国货、买国货为荣的"国风"。

可能会有另一种声音:"土老帽儿!当今的开放世界是个大市场,国货洋货应一视同仁,在商品竞争中优胜劣汰。"

可惜国界还存在。可惜地球上迄今未见哪个国家有此"风格"。日本、美国、欧洲共同体够"开放"了吧,不也在为保护各自的利益而互相抵制"洋货"吗?

(原载1991年3月12日《现代人报》)

# 分秒意识

"它像奔腾澎湃的急湍,一去无还,毫不流连,贵胜黄金,珍若生命。"——说的是时间。

"有人用'分'计算它。有人用'时'计算它,前者比后者多拥有五十九倍的光阴。"——说的是时间的"分意识"。

"钟摆滴滴答答地响着。这滴答,是真正的实体,历史的细胞。人生从滴滴答答中走过;历史在滴滴答答地照抄。"——说的是时间的"秒意识"。

据说,举世闻名的奥斯卡金像奖的颁奖仪式有个老规矩:得奖人致答谢词只准发言四十五秒钟,一旦超时,便有红灯警告,同时乐队奏起"请君下台"的乐曲。这堪称"秒意识"的典范。

也是据说:我国某代表团访问日本,欢迎仪式上有双方致辞一项。我方团长事先写就了长达十几页的讲稿,准备"挥洒"一番。哪知日方送来的欢迎仪式程序表上,留给中方致辞的时间只有一分钟!团长索性扔掉讲稿,以寥寥几句代替洋洋万言,竟也赢得了掌声雷动。

"耳听为虚,眼见为实。"日本人时间观念中的"分秒意识",是我国访日期间议论最多的话题之一。

抵日伊始,就有感受。一到宾馆,日方就把房间的钥匙连同行程安排计划一起装进一个袋子交给我们。整个行程安排精确到"分"。几时几分从哪里出发,几时几分到达,某项活动耗时多长,从某地向某地徒步移动多少分钟的时间……详尽具体之至,严密得无懈可击,不教有一分钟的浪费。凡有中日双方集会,你早到三分钟,见不到一个日方人员;可时间一到,该来的不缺一个。

强烈的时效观念带来了社会生活的快节奏。东京的地铁口,人们小跑着进去,小跑着出来。站台上,从车厢里涌出的人群也是小跑着奔向转车的上客点,因为迟一步往往就得多等五分钟——日本的地铁车每五分钟一班。在一些街道闹区，常有女学生捧着贴有非洲难民图片的纸盒向行人要求募捐；有基督教徒向人们散发通知希望你去参加某日教堂里的活动；有画家把印有他代表作的画片塞给你请你去光顾他的画展……但谁也无暇顾及，一声"对不起"或"请原谅"便匆匆而过，很少有人停步。街头上偶尔出现喊着口号举着旗子的游行队伍，除了防暴警察奉命"陪行"之外，几乎没有市民驻足围观。人们总是步履匆匆，少有那种慢悠悠的四方步。

联合国有关组织对世界各大都市市民步行速度的调查表明：最快的数日本大阪人，秒速一点六米；东京、长野次之；纽约以秒速一点五一米而居第四位。前二十名里，除了纽约之外，只有巴黎以每秒一点四六米而与广岛并列第九位，其余全是日本的都市！

在日本，甚至说话、吃饭都是快节奏。说话快的人很受欢迎。NHK 广播电台播音员的标准速度是每分钟念三百字，念得最快的播音员久米宏每分钟为六百五十字。商店里的快速食品、随到随吃食品日趋畅销。一种无形的力量推动着社会生活加速运转。争分夺秒成为时尚。

过去听说"日本工人上厕所带小跑"以为是笑话，访问了一些日本企业方知，"离开工作岗位五步以上者自觉小跑"，已成为日本员工的习惯。一位人大代表亲眼目睹过这样一幕场景：中日联合施工的高楼脚手架上，一日本工人不慎摔落，中国劳工立刻不再干活，围起来看"热闹"。但日本工人只下来一个人，将摔落者扶起，走几步，发现没有摔坏，便又登上脚手架干开了。这位人大代表感慨：日本怎能不富？

在慢节奏中生活惯了的我们，实在堪称"时间富翁"，谁会在乎一分钟两分钟呢？殊不知每分钟全世界发生了多少事件。据有心人统计，在一分钟里，全世界至少有 30 处出现雷雨，至少有 250 万封信被扔入邮筒，至少有 5000 个婴儿诞生，至少有 3000 个人死亡，至少有 2000 人犯罪被捕，至少有 5 万个鸡蛋被人吃掉……而对创造者而言，分分秒秒皆效益。在短短的一分钟里，这个世界上有多少吨钢铁出炉？有多少石油炼成？有多少万米布匹织出？一分钟，汽车能行驶两公里，飞机能飞行五十多公里，导弹能飞越千余里，大型计算机能运算数百亿次！时间的价值在现代社会犹如核裂变。许多国家工厂流水线上的生产定额规定到每分钟，银行工作人员点钞票规定到每秒钟几张。争取时间就是创造价值。"一分钟效益"正在以几何级数增长！

然而，悲夫！看看我们的一些同胞如何在"岗位"上打发那无数个"一分钟"吧。这里摘录新华社记者发表的一篇报道中的几个段落：

"在河南一家制药厂的车间里，数十名工人上班时间围着几个初学自行车的人追逐、鼓劲。"

"在上海一家电视机厂，一班质检工每人开着一部电视机欣赏着各自喜爱的节目。"

"走进重庆一家印刷厂的车间，一大群人正在机器旁聚精会神地甩着老K。厂办主任解释：下午常会这样。"

"哈尔滨市一位副市长估算，全市大多数企业职工的有效工时只有三小时多一点。"

……

唉！"寸阴是金"这一源于中华民族的古训，何时才能成为全民族的自觉实践？

# 杂乱成章话"1号"

那天,日本朋友安排我们去游览观光。中途停车时,导游小姐招呼大家"这里有1号,要去1号的先生女士请下车。"

"1号"?什么是"1号"?

见我们个个茫然不解,导游小姐连忙笑语释疑:"1号"者,乃"化妆室"、"洗手间"、"厕所"是也。

乍一听,只觉日本人含蓄得可爱。称厕所为"洗手间"、"化妆室"难道还嫌太"露"?难道还不够隐晦文雅?

可一转念,又觉这"1号"之称妙不可言!"食"为民之"天",与"食"同等要紧的"拉"难道不也是"天字第1"的事情吗?

感谢导游小姐启迪了我的"灵感",拉开了我思绪的闸门,使我大脑中有关厕所——"1号"的种种信息片断和知识零件由杂乱走向有序,由杂乱集结成章。

## 一场特殊的"革命"

"革命不是请客吃饭,……革命是暴动,是一个阶级推翻一个阶级的暴烈的行动。"这是政治家定义的"革命"。

"新技术革命将极大地改变人们的生活方式,将引起'厨房革命'、'餐桌革命'乃至'饮食革命'。"这是关于"吃"的"革命"。

这里要说的是与"吃"相对的另一种"革命"——"厕所革命"。

人类从随时随地行"方便"进化到了有茅坑、厕所、马桶,是"拉"的第一次"革命"。

一百多年前,英国那位名叫克拉柏的自来水管修理工发明了坐厕,即俗称的"抽水马桶",引起了"拉"的第二次"革命"。

如今，在我国尚未普及的坐厕，又成为一些经济发达国家"厕所革命"的对象了。

在日本，厕所被政府和社会置于"舒适的环境设施"的地位。

1986年5月，日本厕所协会在"公共厕所先进地区"东京都江东区举行了"第一届厕所纪念讨论会"。世界手纸收藏家、庆应大学名誉教授、日本厕所协会会长西冈秀雄在会上发表了纪念讲演。会场上展出了各种公厕的照片和以公共厕所为题进行了分组讨论，讨论会从日本各地的公共厕所中评选出"十佳厕所"。同年11月11日，在东京都内举行了8个国家的学者参加的"1986年厕所国际讨论会"。日本的城市管理部门认为，"令人掩鼻的公厕是城市的耻辱"。于是厕所的建设和改造成了城市建设的重要组成部分。日本政府甚至把每年的11月10日定为"厕所日"，仅此可见其重视厕所的程度。

居室狭窄的一般日本家庭，厕所实在是非同寻常的一角。笔者在日本人的家庭体验生活时，曾专门留意其厕所，那简直是个雅致的"文化角"：明亮的镜子，光洁的墙壁，地下铺着鹅卵石，墙角插着鲜花，喷香装置喷出微微香风，……如厕再不是迫不得已的事。

更引人注目的是，高科技已介入"厕所革命"。日本专营便器洁具的跨国企业东陶公司已推出一种全自动电子设备新式便器。使用者便毕，一按电钮，便有喷管伸出，喷出三氿细细的温水，一边移动一边振动，把使用者的臀部冲洗得干干净净，然后喷出宜人的热风进行烘干。

"厕所革命"的另一个趋向是扩大厕所的功能，例如使其兼具健康情况检测系统的作用。日本东陶公司生产的"健康座便"就属此种。这种座便设有体重、体温、心跳、血压等测试装置，自动检测小便中的糖分、蛋白质、红细胞、白细胞等。只要在上面小便一次，便可得到以上有关数据。这些资料还可通过电话线自动传到健康情报中心，及时向医务人员通报。

"洋厕所"之现代化，可真令我们瞠目结舌！

## 一个国际笑话

尽管"国情不同"的警告不断在脑际响起，我还是神差鬼使地联想起我们国内的厕所和与厕所有关的若干信息。

某市一家工厂聘请外国专家来厂帮助调试设备，由于工厂内的厕所又破又脏又臭不可闻,只得每天两次用小车把老外拉到宾馆的厕所去"方便"。

某县一位老华侨回乡,在乡里找不到一间蹲得下去的厕所。原来打算住一星期,结果只过了一夜就逃之大吉。

这都是曾经见诸报端的例子。

在笔者的故乡,还有过这样的事情:一位在外漂流几十年的华侨,兴致勃勃回来寻根,结果未抵家乡,在旅途中就被当地的茅厕吓了回去。此君后来寄了一笔钱给家乡政府,要求修建好厕所才回来。

最具"轰动效应"的"厕所事件",莫过于下面这个例子了:

某国亲王偕王妃到我国南方某风景胜地游览。途经一个渡口,汽车等待过渡期间,王妃提出要如厕。我方陪同人员深知此处"厕情",力劝王妃到目的地再说。可是王妃已"忍无可忍,愿意将就"。结果未及进门,已觉臭气熏天;勉强掩鼻而进,只见屎山尿河,无可插足;触目蛆虫蛹动,蚊蝇狂舞;更兼硫化氢等毒气呛人。王妃千金之体,那里经得起如此场面?不禁"哎呀"一声,晕将过去,令一帮人手忙脚乱,闹了一个"国际笑话"。

一位游览完中国的西方游客离去后给中方接待人员写信,信中有这样一句话:"到20世纪末,你们也许有世界上最好的火箭,但如果你们的厕所还停留在目前的水平,那么你们照样不会得到世人的尊敬。"

这难道不令我们这一文明古国的子民赧颜和警醒吗?

## 一则堪当"世界奇闻"的"校规"

说起中国的厕所,还不仅是优劣好坏的问题。在有些地方,甚至在学校这种"文明之地",竟然还存在"厕所空白区",要解决的是"有"与"无"的问题。

冀中平原某村小学,竟然十几年间一直没有一间厕所。每当下课,男女学生便冲锋般地夺门而出,到外面抢占"有利地形"方便。有的男生,居然在墙角处"放水",非常"有伤风化"。学校领导为厕所一事跑断了腿,无数次找县、乡领导,找村长、村支书,从未感动过"上帝"。后来,一位30出头的老师使出了"绝招",用文字发出布告:"公布一条新校规:今后我校学生解手,男生去村支书家,女生去村长家,希同学们遵照执行。"这一来,村支书、村长家热闹非凡,学生们出出进进,拦也拦不住……此"校规"公布后不出三天，厕所就建成了。

看来，中国"厕情"不妙的原因，绝不仅仅是个财力、国力的问题。

## 一句老外"名言"

"美国人治理北京厕所。"这样的消息听起来难以思议，却是中国自己的报刊公开报道的。

这则报道说的是美国人与北京吉普公司合资经营之初，美方总经理下令拨出 20 万元专款，整修公司内那 58 个臭气熏天无法下蹲的厕所。对这项决策，中方管理人员不屑一顾；中方工人则议论纷纷："20 万元修厕所？还不如分了呢！真是大手大脚。"美国总经理面对阻力，无计可施，只好责令美国专家们每人负责一个厕所，限期交出整治方案。结果，美国专家一个个钻进厕所，动手洗刷、撒剂除臭、丈量尺寸、调查研究……

老外为什么如此重视厕所？

他们说出了一句"名言"："管不好厕所的人是管不好企业的。"

在日本，精明的商人把厕所管理视为商业活动的一部分，甚至将其与经济效益联系起来。一位百货商店的总经理在介绍自己的企业时，不忘郑重其事地强调：本百货商店大楼具有充足而且清洁明净的厕所供顾客享用。

中国的商人中，具有如此"厕所意识"者几何？

## 一种容易被漠视的"文化"

这里要说的"文化"即"厕所文化"。

可能有人讥之以鼻：厕所不就是排泄污秽之所嘛，怎么又攀上"文化"了？

何谓文化？从广义上说，文化是人类社会历史实践中所创造的物质财富和精神财富的总和。因此，人类的任何活动，无不与文化相联系。

"吃"和"拉"，"吐故"与"纳新"，乃人生中天天少不了的两大活动。人们津津乐道于"饮食文化"，为什么就不承认"厕所文化"呢？

中国人自古对于吃是十分讲究的，并以"食不厌精，脍不厌细"而自诩于世。可是又历来对与"吃"同等重要的"拉"非常不屑和漠视。这似可称为国民性中的"偏食症"。

假如说，在封闭、"穷过渡"的岁月里，温饱问题尚未解决，人们不得不厚此薄彼，厚"吃"薄"拉"的话，那么改革了，开放了，生活水平提高了，现在该是呼唤"厕所文化"的时候了吧！

"厕所建设是衡量一个地区、一个民族、一个国家物质文明和精神文明程度的参照物之一。"这话想必没有大错。

## 一条"两分法"的"尾巴"

这是本文不可或缺的"尾声"。

赞了那么多"洋厕所"，"损"了那么多"国产厕所"，兜售了那么多洋人的"厕所观"，又批评了国人对"厕所文化"的漠视，这不是没有顾虑的。但扪心自问，并无崇洋媚外的心态。

外国的月亮并非夜夜"中秋月"。"洋厕所"可"弹"之处也不少。此谓"两分法"。

在日本，我们见识过一种"厅房结构"的公厕："厅"在前，"房"在后；"厅"为"男界"，"房"为"女界"；"厅"与"房"一门相通，要进女界之"房"须经男界之"厅"。于是有这样的"景观"："厅"里一溜子男士面壁而立，无遮无挡地"方便"，小解之声"哗哗"作响；而在他们的身后，进出女界的女士们鱼贯而过……倘有互相认识的男女在"厅"中"不期而遇"，你说打个什么招呼为宜？

为什么还保留这种公厕？日本人答曰："寸地尺金，这种结构的公厕节省用地。"至于是否不文雅，他们认为"无啥大碍"。

但笔者却由此突发奇想："不彻底性"是否属日本的"国民性"之一？不彻底的资产阶级革命保留了天皇制，不彻底的"民主革命"保留了天皇，不彻底的"厕所革命"又保留了这种"厅房结构"公厕。

在一些设备现代化的"洋厕所"中，"资本主义的铜臭味"依稀可闻。比如那种"自动辅币厕所"，先得投入足够的硬币，厕所门、马桶盖才会自动开启让你入内"方便"，假如你如厕时陶醉于香风和乐曲蹲得太久而又忘记及时补投硬币的话，关闭着的厕所门会突然自动弹开，让你暴露于众目睽睽之下尴尬万分，真可谓"认钱不认人"！

还有，一些洋厂长洋经理在厕所上煞费心机，其实另有"醉翁之意"。比如，把厕所的内壁一律刷成红色，正是利用颜色对人的心理、生理效应，不让工人在厕所里蹲久，为的是榨取更多的剩余价值，目的并不高尚。

唉！关于厕所——"1号"，可说道的东西太多了。

(原发1991年4月9日《现代人报》)

# "代沟"与"新人类"

"代沟"现象，一个世界性问题。

穷国有穷国的"代沟"，富国有富国的"代沟"；西洋国家有西洋"代沟"，东洋国家有东洋"代沟"。

美国英国昔时的"雅皮士"刚刚被称为"丁克斯"、"诺普斯"的"一代新人"所取代，法国又冒出了"弄波爵士"群落。而上了年纪的日本人，则瞠目惊看"新人类"。

我原本不知何为"新人类"。心想：莫非外星人降临东方岛国？莫非人类出现了"生理变异"群落？

及至赴日本访问，一番目睹耳闻兼打听，方对"新人类"这"怪异一族"略有所知。

## 新"玩"法：街头展"风采"

繁华的东京之夜，沿街灯火辉煌。在闪烁的霓虹灯辉映下，三五成群、装扮各异的年轻人提着录放机，来到代代木、六本木等"老地方"，在街角路边旁若无人地跳起"踢死狗"舞。一个个跳得如痴似醉，死去活来，令过往路人驻足围观，刮目相看。

节假日的白天，三三两两的青年男女或乘地铁，或搭巴士、或驾私家车从四面八方而来，聚集一起，占据一条大马路，在喧嚣的音乐世界中尽情地打闹作乐。看那些男青年，有描眉、涂口红的，有染发、涂指甲的。走近他们身边，阵阵香水味夹杂着汗臭扑面而来，令人肠胃"翻江倒海"。

秩序井然的公路上突然一阵骚动，阵容可观的摩托车队发出刺耳的尖叫风驰电掣而来。年轻的男女"骑士"头戴红色或白色安全帽，身穿皮夹克或运动服，后背上"粘贴"着一位异性，无视交通信号，不管行车速度限制，不理交通警察的呼喊和阻拦，如入无人之境，呼啸狂奔……

几位"时装模特"招摇过市，有的长发披肩如瀑布飞泻，有的用发胶把头发弄成"竹笋"状；看那装扮，上为花衫，下为宽裤裙，想必姑娘无疑吧？及至打照面细看，天！那突出的喉结，那密匝匝的胡子，绝对是百分之百的男性。

这就是性格、情感、思想、行为方式与上一代人格格不入的日本"新人类"的"风采"。

这就是被日本社会视为"不知进取，沉湎于玩乐"的"新人类"的"玩"法。

## 新"活"观："主义"何其多

日本是个认真、刻苦、敬业的民族。经历过第二次世界大战的那一代日本人，在战后艰难境况下，以"拼命干活"、"勤俭节约"、"牺牲小我完成大我"为生活态度，奋斗几十年，把一个战败国变成世界经济强国。而他们的后代——六十年代以后出生的年轻人，却不知当年日本战败时境况之艰难。他们中的一些人成了"会享受，会挥霍，就是缺少热情和干劲"的"新人类"，甚至把"玩命工作一辈子"的父辈讥为"工作狂"。"代沟"之深，可想而知。

对于"新人类"及其"玩"法（"活"法），上了年纪的日本人曾经痛心疾首，曾经苦口婆心劝戒诫，曾经循循善诱引导，但一切均无济于事。

"新人类"有"新人类"的生活观、人生观、价值观。

他们的"主义"何其多：

——享乐主义：自小娇生惯养、养尊处优的"新人类"，视玩乐重于工作，把拼命干活看成"劳动中毒症"，上班无精打采，下班生龙活虎，有"早晨死去，晚上复生"之说。

——表现主义：处处显示自我，认为"沉默即无能"，张扬、表现、引人注目才能时运亨通。

——感觉主义：崇尚"跟着感觉走"，对音乐、时装等"感觉"最灵，对时髦、"个性"尤为敏感。

——人格面具主义：厌恶说教，认为人生在世，没有必要互相指责地探讨什么真理；也没必要以相互牺牲的爱情伴随人生之旅；更没有必要为社会为他人做出牺牲而丧失自己的主体性。

——"三无"主义：对奋斗进取"无力气"，对前途未来"无所谓"，对社会他人"无责任"。

——相对主义："我还在变化中，不可把我看死。"认为人世事物没有什么绝对的标准，"合乎吾意"即标准。

……

这些五花八门的"主义"，使得日本"新人类"对来自外界的各种批评"刀枪不入"，我行我素。日本的社会人士对此除了头疼，除了忧心忡忡，别无他法。

## 新上新："超新人类"

"青出于蓝胜于蓝。"日本"新人类"的"后起之秀"——"超新人类"已经出现。他们除了"超新人类"一名之外，还有各式各样的其他称呼——"新新人类"、"究板族"、"沙发薯片族"、"花乐族"、"草莓族"、"小团块"、"轮后派"等等。

就背离日本人的传统观念、传统精神而言，"超新人类"比"新人类""走得更远"。

假如说"新人类"街头展"风采"的那些惊人之举还带着明星的"集团活动"色彩的话，那么"超新人类"展现的则是近乎彻底的个人化和孤立化。个食、个寝、个饮、个游、个（电）视等离群独处的个人化现象是他们的生活趋势。

"超新人类"中的许多人，把大学和社会的权威抛到九霄云外，向往"到处流浪"的生活，尤其希望到海外去流浪，哪怕是终身打工无定职也不在乎。

对于"超新人类"而言，流浪打工的伙伴关系远比父子、兄弟、姐妹或其他朋友关系重要。吉本芭娜娜的"厨房"便是试行没有血缘的现代"家庭"关系的场所。

"超新人类"的文学是口语化、漫画式、日常性的文学；其模式是恋爱、勇气再加上一个"皆大欢喜"的圆满结局。这种模式的小说被弄成"少女小说文库"，以15岁至17岁的"小团块"——又称"草莓族"为主要读者群，年发行 3000 万册之多。

由于这些"超新人类"都是 1964 年东京奥运会之后出生的,而日文又称"奥运"为"五轮",所以他们又有"轮后派"之称。

就引起日本社会关注的严重程度而言,"后起"的"超新人类"较之原来的"新人类",可谓有过而无不及。日本民族和日本人,素来是以"团队精神"而著称的,而今天的"超新人类"却以意味着社会疏离和家族疏离的彻底个人化为生活特征。这已不仅仅是"格格不入",简直就是"叛逆"了。

"几十年后,地球上将不再有像纳豆般黏成一团的日本人,有的只是一盘散沙般的日本人。"日本的社会评论家如是说。

## 新大难:畸形社会畸形态

作为资本主义制度的必然产物,日本社会充满着各种各样的矛盾和问题。相对于那些多年来一直解决不了的"老大难"问题而言,"新人类"以至"超新人类"的出现,则可称为日本社会面临着现代"新大难"问题。

作为一种社会现象和青少年问题,"新人类"和"超新人类"的出现,有其深刻的社会根源和特定的时代烙印。它是畸形社会的一种畸形态。仅仅一味指责那些年轻人是有失公允的。

被称为"新人类"的那些青年,许多人也曾有过美妙的理想,作过努力的进取,甚至曾经形成"希望成为一名企业家"的热潮。但严峻的社会现实无情地碾碎了他们的美好之梦。

这里,援引一位日本社会研究专家的话:

"人们批评'新人类'不关心政治,不思进取,半死不活,只关心自己,不顾他人和社会。这其实与整个日本社会环境有很大的关系。日本目前的时代是让年轻人很难持有主动意识的时代。整个社会没有什么缝隙,没有太大的流动性,从政治家到东京大学学生都是世袭,几乎是中古封建的现代版。年轻人不是不想动,而是根本动弹不得。日本对年轻人叫'若者',不被包括在'社会人'之中。青年人不能创造时代。世间操作一切的是中老年人。年轻人对其他一切无能为力,唯能左右消费市场。他们被现代封建压得喘不过气来。"

说得够清楚的了。"新人类"的一些惊人之举,其实是对社会现实不满的一种发泄和反抗。一位二十多岁的"新人类"直言不讳:"就是要闹一闹,以引起社会注意。"

至于"超新人类"的个人化、孤立化生活趋势,说到底也是社会和时代造成的。日本发达的科学技术和很高的信息化程度,一方面缩短了时空距离,使人与人"近在咫尺";另一方面又无形中扩大了人际距离,使人与人"远若天涯"。经济至上主义和严酷竞争的社会畸形,又淡漠了人间包括家人、亲人之间的情感交流和亲情关系。"超新人类"自小被封闭在不缺衣食而缺温情的"蛋壳文化"之中,成为"电视机孩子",不形成孤僻的畸形性格才怪哩。

任何青少年问题究其根源都是社会的问题。日本的"新人类"、"超新人类"现象亦然。

(原发 1991 年 6 月号《黄金时代》)

# "校门命案"透视

假如评选"1990年日本教育十大事件",发生在神户高冢高中的"校门命案"很可能位居榜首。

假如评选"1990年日本教育十大热门话题",由该命案引发的"校规讨论",堪称一"热"。

笔者在日本考察访问期间,恰逢"校门命案"第一次公开审判,见智见仁之声不绝于耳。

透过这桩命案看日本校规,透过日本校规看日本社会,或许能给我们些许启示。

## 僚子之死

"黑色七月"的第一个星期五。1990年7月6日。

日本兵库县县立神户高冢高中。

期末考试即将开始。

39岁的执勤教师细井敏彦虎着脸站在校门旁履行职责。

15岁的高一女生石田僚子边看手表边急匆匆赶赴学校。

8时30分整,开考铃声响起。十几位迟到的学生箭般地冲进校门。细井敏彦老师站在校门内侧,一边喊着"10、9、8、7、6、5……"一边猛推装有轮子的校门铁栅关闭。说时迟,那时快,当那高1.5米、长7米,重230公斤的大铁栅撞向门柱时,只听一声惨叫——石田僚子的头部被夹压在铁栅与门柱之间!顿时,鲜血从僚子的鼻孔、嘴巴、耳朵喷涌出来……

一个豆蔻年华的少女,就这样死于非命!

这幕悲剧,无异于一颗重磅炸弹在日本社会轰响……

## "烫手的山芋"

人命关天。何况是一个妙龄女学生的生命，何况是这样一桩爆炸性命案。官司万众瞩目。被告当然是那天负责关校门的细井敏彦。他被指控"忽视了对学生安全的负责"，犯了"业务过失致死罪"。

1990年11月26日，神户地方裁判所对此案进行第一次公开审判。

在法庭上，被告细井敏彦承认关门时"不小心"，夹住了石田僚子头部这件事本身，但不承认犯有"业务过失致死罪"。他认为僚子之死"纯属意外事故"。细井的辩护律师则提出了一份陈述书，对起诉书进行反驳，否认了大部分"起诉事实"。

这第一次公开审判只用了20多分钟就草草收场，毫无结果。

神户地方裁判所裁判长加藤光康说，此案的争论焦点在于："关校门是不是业务需要？"此案的棘手之处在于：没有可直接引用的明确的法律条文，以前也未有过与此案类似的司法实践。

对于所谓的"争论焦点"，一位在法庭上旁听的大学生颇有见解地指出："没有必要争论关校门这种行为是否为业务需要。夺去一个学生的生命，不要仅认为是一个人的责任，而应该改变校规。希望能在法庭上明确表明这一点。"

而关注此案进展的一些市民和学生家长则大声疾呼："在法庭上公开教育管理的实际情况！"

报道该案件审理情况的日本报刊说，这种"在为使学生遵守校规而实行的生活指导中发生的死亡事故"还属"前无先例"，"这可使人预见到公正判决的难度。"

看来，法官们面对的是一颗"烫手的山芋"。

## 过门如过关

意外事件发生后，人们往往习惯于先就事论事。日本人亦然。

由于僚子之死案发校门，由于法庭争论的焦点是"关校门是不是业务需要"？所以，日本学校普遍实行的"校门指导"制度首当其冲受到社会舆论的议论和批评。

所谓"校门指导",就是教师在校门口检查上学的学生。检查什么?内容可谓包罗万象:

——检查服装穿得整不整齐,女生裙子的长短是否合适。

——检查头发合不合"规定",有没有"偏离"学校规定的发式。

——检查女学生扎头发用的带子是何种颜色。过去有些学校只允许女生用黑带子扎头发,据说现在有所宽松,黄、红带子也在允许之列了。

——检查学生手提袋的颜色。有学校只允许"单调颜色"的手提袋进校,花花绿绿的则拒之门外。

——检查学生书包,"揖拿"漫画、玩具等。

……

实行"关门主义",则是另一种"校门指导"。

"关门主义"者,上课铃响即关闭校门禁止入内是也。据说以此来"教育"迟到的学生颇为有效。

据了解,出了校门命案的神户高冢高中,就是多年来一直实行"关门主义"的学校。出事前,校长、教师对这种做法一直持肯定态度,社会人士对此也没有多少非议。就是在僚子死后的第二天,该校校长也还没有意识到问题的严重性,还教训学生说:"假如大家早起10分钟,老师便不必管教你们。我并非想转嫁责任,只希望你们检讨一下自己的生活态度。"

据说,校长这种有恃无恐的态度激怒了学生家长,也激怒了舆论。人们不仅指责细井敏彦,指责校长,也强烈批评"关门主义"做法。

在舆论压力下,细井敏彦在上法庭之前就已被解雇,校长也被调离、降级。兵库县教育委员会还发出通知,要求有关学校"放松校规"。现在,神户高冢高中已取消了响铃即关闭校门的制度。

笔者在日本曾与教育界人士谈起此事,他们言语之中不乏牢骚。请听:

——"校规松了,家长不满,要求严厉些,可一出问题又说校规太严。"

——"家长总是希望学校做好一切,就是不谈家庭教育方面做得怎么样。"

——"家长、市民都认为死了人是学校和教师的责任,追究很严厉,可为什么就不能督促自己的孩子早些上学而不要迟到呢?!"

曾经与我们合宿研讨教育问题的中学教师繁臣先生说得更直白:"如果

没有出事，或者石田僚子只是受伤，不会有谁去议论该不该关校门。"

看来，教育界的这些人士，对社会舆论的"兴师问罪"并不太以为然。

## "光头"问题

假如说人们对"校门指导"、"关门主义"之类的批评还只是认为它过于苛严的话，那么，日本学校中的有些规定，简直近乎怪诞。

众所周知，在中国只有两种人必须理光头，一是和尚，那是自愿的；二是囚犯，那是强制的。令人难以置信的是，在日本全国的公立中学中，竟然有1/3的学校要求男生一律剃光头！否则不准进校。在兵库县，则几乎所有的中学都推行这种"光头校规"。

我们了解到，学生们对这一怪诞规定普遍表现出强烈的反感。他们很不情愿自己的脑袋成为"不毛之地。"于是，"反抗"的"对策"应运而生，不少学生采取"剃四周留中间"的发式，看上去就如被锄得光秃秃的山丘上保留了一小块"草地"。

在一次教育研讨会上，笔者请教几位中学教师："为什么跟少男们的头发过不去，非要他们剃光头不可呢？"回答颇为有趣：

"头发剃光了更像男孩子。"

"光头干净、清爽，不长虱子。"

"没了头发，就不用在发型上花心思，可能会更专心学习。"

……

"理由"是可以找到一些。但问题是，学校对学生进行生活指导的出发点无非是培养学生的高尚情操和丰富心灵，对诸如发型之类的表面的东西注重到如此程度，是否有些舍本逐末呢？

## "暴力派"与"严惩主义"

近些年引起日本社会人士关注和不安的另一个教育问题是，在一些日本中小学中，体罚、"私刑"、野蛮暴力"教育"屡见不鲜，"严惩主义"颇有市场。

有的学校对学生可谓无处不罚：迟到了要罚跑，就连在换鞋、放鞋的地方稍有磨蹭，也要罚跪地。

爱知县一位教师做过调查，该县某校初中三年级的42位学生，全部有过被体罚的记录，有的甚至被个别"暴力派"教师拳打脚踢达七八次之多！

1989年9月，福冈市立壹歧中学七名教师"公审"四位学生，竟然"别出心裁"，把其中两位"顽冥不悟者"拉到海滩"活埋"，任由海水拍打冲击。事后，在福冈市教育部门就此事件举行的由该校教师和400多位家长参加的调查会上，竟没有一人对此事件提出批评，相反，当其中一位家长起立发言谈到要"优待教师"时，竟博得了阵阵热烈的掌声。

千叶县一所中学，居然设有"暴力派"教师私罚学生的"刑场"！

唉！难怪一位日本教师在谈到某所学校时，使用了这样的语言："那里气氛很险恶。"难怪一些日本少年学生把自己的学校比喻为"使人透不过气来的地狱"。

在物质生活高度发达的日本学校中，存在如此众多的暴力事件既令人感到担心，又觉得绝非偶然。日本虽然吸收了西方的许多先进科技成果，但从伦理道德上，日本意识依然是根深蒂固的。还有，日本目前没有全国统一的考试升学体制，只有一个经政府认可的"考试概则"，实际上每个学校都可以各取所需，自行解释。任课教师和学校当局对于学生的升学前途具有绝对的权力，正因为此，一些学生家长宁可忍气吞声、也不愿公开抱怨某些教师的暴行。

## 歧异中的共识

应该说，石田僚子之死，毕竟属于极端情形、个别例子，具有一定的偶然性。但它的"轰动效应"所引发的"由此及彼"的校规讨论，其深度和广度都远远超出了"就事论事"的范围。从这种意义上来说，石田僚子的血没有白流。

尽管当今日本校园内外对校规问题的看法还存在诸多歧异，但见仁见智之中也不乏共识：

第一，"无规矩不能成方圆。"学校不仅应有校规，而且应有严明的校规。

第二，校规不是上帝。校规至上主义有违教育的真谛。

第三，校园内漠视人权人命的野蛮暴力和"严惩主义"，是对教育的亵渎，对文明的反动。

（原发1991年1月22日《现代人报》、1991年3月12日《上海教育报》）

# 阴阳大裂变

很久很久以前,蛇给了亚当和夏娃一次诱惑与机会。假若可将神话当历史,则亚当与夏娃融合的那一瞬,当是人类"性际关系史"的开篇,自此有了"阳半球"和"阴半球"。

尽管"阴半球"有过"母系社会"的短暂骄傲,但千万年来长久主宰世界的却是被视为"第一性别"的"阳半球"。即便进入现代科学文明社会,屈居"第二性"的"阴半球"依旧未能与"阳半球"真正地平分秋色。于是"跨世纪"的"女权运动"仍然任重道远路漫漫。

在我们居住的这个"地球村"上,"异文化"的东方岛国日本,堪称传统的"男性沙文主义"社会。但出访日本之前,我却注意到两则消息:一是日本的女性公民在蛇年参议院的选举中威声大振,"自民党败在女人手下";二是有65万人之众的日本"主妇联合会",在"消灭劣质火柴运动"和"抗议彩电不合理定价运动"中"雌风震天吼"。当时只是想:日本女性并不太好惹嘛。

何止是"不太好惹"!考察了日本社会之后,方知"事情正在起变化",日本的妇女今非昔比了。

日本,正在发生"男性沙文主义"节节败退的"阴阳大裂变"!

## 习俗,不再是帝皇

"千百年来形成的习惯势力是最可怕的势力。"这话极是。

日本的文化传统,可谓重男轻女、男尊女卑的典型。日本社会习俗对妇女的苛严、歧视和禁忌,甚至位尊如政府高官的女性也难以幸免。

森山真弓,日本国官厅长官,位可谓高了。可是她周末想去东京的高尔夫球俱乐部"放松放松",却硬是被挡在门外。何故?因有"周末及假日禁止女人打球"的习俗。她要代表海部向获得冠军的相扑力士颁赠"总理大臣杯",却遭日本相扑协会拒绝而不得不作罢。何故?只因颁奖仪式通常是在擂台上进行,而日本有"女人禁上擂台"的习俗!

难怪日本有句流行语:"习俗即帝皇。"

但习俗毕竟只是"约定俗成",毕竟要受到时代的改造。不按"约定"的人多了,"俗"也就难"成帝皇"。

现今,日本社会拘禁妇女的诸多习俗和禁忌,正在受到新一代女性的强劲冲击。禁区已逐渐"开放"。

多少年来,日本的女性一旦结婚,就得丢掉职业沦为"专职家庭主妇"。现今这"习俗"不灵了——日本已婚妇女就业人数已达几千万,职业女性已占职工总人数的39%。过去,主妇独立承担所有家务事被视为"天经地义",现在却有44%的妇女要求丈夫"共同做家务"。

日本的神社和隧道,过去一直是女人禁地,连外国大使夫人也不准涉足,据说"理由"是:如让女人入内"会招神明嫉妒,发生灾难"。现在人们已经不管神明是否"嫉妒"了,神社的祭祀已取消性别限制。东京某神社祭礼中有从军护士等女性多达5.7万名。甚至主持祭祀的司仪也可以由女人来充任了。至于隧道,全国各地均已解禁,女性尽可昂首挺胸出入。最轰动的话题是连接本州与北海道的青函隧道甚至曾专门对"女性参观视察团"开放。

日本的酿酒行业自古对女人的禁忌最为严格,无奈从事酿酒的工人均高龄化且后继乏人,最近只好解禁招收女工。

就连日本学校那"重男轻女"的点名簿也在女同胞们的口诛笔伐中"改革"在即。自有男女合班上课以来,日本学校的点名簿一直"男生优先"。最近,日本社会人士大声疾呼应尽快改变这种"对少年儿童灌输重男轻女观念"的做法,要求学校的点名簿及学生名单按"男女混合、五十音顺为序"的原则编排。

习俗,不再是帝皇了。

### "老爷化",夏娃们价值观的新取向

日本的年轻女性,一向是乖巧柔弱、安分守己的大家闺秀形象,现在却以豪放新潮、发展个性和"侵略性"为时尚,甚至百货公司的宣传品上都写

着:"按照自己风格生活的人富有魅力,希望你我行我素地生活。"

在拥挤的电车中旁若无人地浏览体育报纸;到了公司先喝下一瓶口服液消除宿醉;下班后去买赛马票,喝烈性酒,跑到一家又一家歌厅去唱卡拉OK;然后再到"三温暖"泡个澡消除疲劳……这种生活形态,过去是日本男人的专利,近一两年却成了年轻女性上班族的日常习惯。目睹这种潮流,一向保守而又歧视女性的日本男人不禁瞠目结舌,惊骇之余,奉献给这些女同胞一个略带戏谑的称呼——"老爷女郎",意指她们的生活方式、举止作风形同爷们。

过去日本女人不敢做的事,现在"老爷女郎"毫不在乎地做了。诸如,在车站附近站着吃面食,上班抽烟时拿饮料空罐当烟灰缸,喝果汁、汽水不用吸管而是整瓶一口气喝完,饮酒时不兑水也不加冰块等。

赛马在日本是娱乐也是赌博,过去的年轻女性对跑马场都敬而远之,现在却趋之若鹜。在"老爷女郎"群落中,还有相当多的人迷上了拳击运动,以致东京的银座已出现第一间业余女子拳击学校。至于"高尔夫运动",由于"老爷女郎"的介入,近两年已"翻了一番",弄得日本国内的高球场纷纷改装,扩充女性更衣室,赶制女性高球服饰。

在家庭观方面,"老爷女郎"也表现出强烈的个性主张和"侵略性","超长女现象"就是其中之一。她们在冲出厨房走向社会的同时,希望不与公婆而与自己的父母同住,以充当"超长女"。其理由是:儿女是父亲日常生活中最好的监督者,母亲最好的倾诉对象,而自己外出工作把家交给母亲也比交给婆婆放心。

"老爷女郎"是日本年轻女性一代新风貌的展现。许多日本姑娘认为,愈"老爷化"的人,愈能显示自己是有工作才能的。可以说,"老爷化"已成了日本年轻女性一种新的价值观取向。

这是有一定的社会经济原因的。一方面,女性大量就业,而且其中的许多人不再只是在办公室里干些倒茶、影印之类的事务,而是开始担任比较重要的工作,可谓事业有所成。另一方面,这些年轻女性,不论未婚还是已婚,与同龄的男性比起来,没有养家或买住宅的经济负担,挣了钱尽可自己花销。这些恐怕就是"老爷女郎"现象的部分社会经济背景吧。

假如说日本年轻女性的"老爷化"在某些方面可能过分了一些的话,那么我认为应该将其视为对日本"男性沙文主义"社会的一种矫枉过正。

## 大趋势，众亚当显露"另一半"

古希腊人猜测：男人和女人起先是同一整体的，后来是宙斯把他们分开了。

于是有"男人的一半是女人"之说。

与年轻女性"老爷化"伴随发生的另一种现象，是日本的青年男子逐渐"女性化"起来，而且大有"方兴未艾"之势。

这种男人的第一个特征体现在打扮上。他们爱穿宽松柔软而非僵硬笔挺的西装，工作一有空歇便到洗手间整理一下服饰或化妆。这些人对服装知识之丰富常常令姑娘们自叹弗如。由于男人"女性化"之风日盛，日本各地百货公司的男性服饰部生意兴隆，男性化妆品系列不断"推陈出新"，男性服饰杂志相继创刊。

"女性化"青年男人的另一特征是擅长送礼，不轻易放弃给姑娘们送小礼物的机会。他们的大男子主义观念已多少有所改变，不再认为讨女人欢心有何不好，"因为女人确实比以前强了"。他们不以"像女人"为丢脸，当女人们豪气十足地大喝烈性酒时，他们毫不在乎地要喝甜甜的鸡尾酒。

或许是男人的"女性化"已成"气候"，使得日本比其他国家多了一种奇异的情人节——每年2月14日由姑娘给小伙子送巧克力，小伙子则在3月14日给姑娘回赠巧克力。

据分析，日本青年男子"女性化"的初衷之一是设法讨女性欢心。但值得玩味的是那些与传统女性大异其趣的"老爷女郎"，却并不怎么喜欢"女性化"的青年男人，而最青睐冷峻的中年男子。原因据说是：这些中年男子"肩上所背负的过去和脸上所隐藏的忧愁和苦涩，不但容易吸引豪放型姑娘的好奇心，更会让她们有种心生怜惜的感觉。"云云。

唉！"两性关系"实在是最微妙最复杂最捉摸不定的人际关系。

## 造物主出差错，"鲁宾逊症候群"日众

本来造物主最清楚：一个亚当需要一个夏娃。

但造物主也有出差错的时候——日本人口生态不平衡状况严峻。据统

计，目前日本 25 岁至 34 岁的未婚女性有 166 万人；而未婚男性则有 367 万人，比未婚女性多了一倍多。

雪上加霜，本来就"稀贵"的日本姑娘中，近些年独身主义者猛增，年过 30 岁的未婚女性中，打算一辈子不结婚的人有 24％之多。

这样的"供求关系"状况，自然使得时下日本姑娘择偶的条件大为提高，除要求对方有较高学历和较强的事业心之外，还得"性格温和，具有生活情趣，富于时尚品味。"

这可就苦了日本的男青年了。"娶妻难"的呼声四起。尽管许多未婚男子纷纷求助于婚姻介绍所，使十年前在日本还不存在的婚姻咨询行业如今每年收入 200 亿日元，尽管许多"识时务"的小伙子调整了择偶标准，"只要女方不超出某个年龄，而且没结过婚就行了"，无奈"天涯芳草何其稀"，"光棍队伍"还是日见壮大。这些"老小伙"只好在苦苦的等待和寻觅中，让青春从身边溜走。他们有如在无人岛上生活多年却时时等待着救援船只出现的鲁宾逊。于是日本报刊频频出现一个新名词——"鲁宾逊症候群"。

面对这种严峻的婚姻供求关系，一些担心娶不上老婆的日本男青年纷纷报名参加"新郎预备学校"的学习，以期增强自己择偶的"竞争能力"。首创这种学校的是东京禾生大学专门研究妇女问题的通口庆子教授。她认为，今日的日本妇女，比起她们的母亲来，是大大不同的一代。现在妇女在经济上与精神上都更具独立性。但是日本的男士不了解今天的日本女性。她创立这所学校的宗旨，在于指导男士学习了解现代日本女性对生活、婚姻与家庭的要求，"成为能体谅对方的伴侣"。

看来，日本姑娘"稀为贵"恐怕是日本"男性沙文主义"有所收敛的原因之一吧。

## 白天"千元丈夫"，晚上"萤火虫族"

有一段暗示角色行为的民族性的文字颇为耐人寻味：

"一幢多族杂居的国际公寓失火，里面住的不同国籍的人立即作出不同的反应。犹太人急急忙忙地搬出了他的保险箱；法国人则抢先拖出他的情人；美国人抱出来的是他的妻子，中国人背出来的是他的老母亲；而日本人拉出来的则是她的丈夫。"

这杜撰的故事相当形象。确实，在传统的日本家庭中，丈夫的地位是至高无上的。丈夫称自己的妻子为"家内"，而妻子则必须称自己的丈夫为"主人"，在称呼上尊卑已见分明，更不用说在言行上"夫唱妇随"了。

可这毕竟是"老皇历"了。在当今新一代的日本家庭中，丈夫已不再是具有"绝对权威"的"主人"，有的甚至不得不"受制于夫人"。

据说中国丈夫中不乏攒"私房钱"之辈。日本的丈夫是否也"沦落"到如此地步不敢妄言。但现在的日本丈夫向妻子要零花钱却不是稀奇事：丈夫每月的工资由工作单位直接转入其家庭在住宅附近银行开立的户头，存折由妻子掌管，日常生活开支由妻子决定并记入家庭生活账，丈夫要零花钱只好当"伸手派"。据调查统计资料，目前日本一般市民家庭，丈夫零花钱的数额由妻子决定或须经妻子认可的占45.2%，额度月均约3.98万，每天1300日元左右。这就是人们戏称的"千元丈夫"。

"千元丈夫"不仅经济受"制"，而且在家里也不能为所欲为。往往有这样的情况：丈夫下班后，拖着疲惫的身子回家吃晚饭，饭后正想点支烟"吞云吐雾当神仙"时，妻子却来了一句："要抽烟，到外边去！"于是"烟民"大丈夫只好来到阳台上，孤独地抽起闷烟。一家、两家、三家……彼此彼此。站在住宅楼下放眼仰望，只见许多阳台上"萤火"点点，若隐若现。"萤火虫族"由此得名。

大丈夫如此受气岂不恼火？恼火了就赌气"回娘家"！这是时下日本丈夫的"绝招"。据说，近来日本各地的家庭咨询中心最常接到的咨询便是："先生动辄回娘家，怎么办？"

有评论家指出："这正是日本社会男女平等的开始。"

## "丁克夫妇"与"不育文化"

婚姻如城堡。外面的人想进去，里面的人想出来。

想"进去"是人性本能，"男大当婚，女大当嫁。"

想"出来"是因为里边实在"累"人。

虽然法律上"进出自由"，但毕竟是"进去容易出来难"啊！就算在日本，"离得起婚"的人也不多。

如何身居"城堡"中而又不"累"人？一些日本年轻夫妇选择了"丁克

夫妇"的家庭模式。

"丁克"是英文缩略语"DINK"的音译，意思为：两倍收入，不要孩子，逍遥自在，尽享人生。

日本最近出版的《DINK结婚宣言》一书，就详细地描述了这类只由夫妇组成的"两极家庭"那种"无老无小一身轻"的生活状况：夫妇俩都在外工作，一日三餐各自在外边解决，节假日双双外出游玩，没有家务负担；夫妇在家庭中的地位相对平等，妻子不必放弃工作回到厨房，也免去生儿育女、相夫教子之累。

日本渐渐流行"丁克夫妇"家庭的直接社会原因之一，是妇女就业普遍化，许多妇女不愿为生儿育女和家务妨碍自己的工作，拒绝负起妻子和母亲的传统责任。

"丁克夫妇"的出现必然伴随着"不育文化"的兴起。一些日本社会学家对此忧心忡忡。最为直接的后果是，使得日本原来就很低的出生率进一步下降。1989年日本出生人口只有124.68万，比1988年少6.7万，出生率仅为千分之10.2，不足以满足更新和补充人口之需。此外，压抑和拘禁人的生育欲望这种生物性"内驱力"有碍健康。生儿育女是人生完整社会化过程的一部分，不育妇女到了中晚年常会出现某种"人格缺陷"，如性情乖张孤僻，缺少温存爱抚等。这对"丁克夫妇"来说岂非"乐极生悲"？

几何学和力学证明，"三角结构"是基本的稳定结构。家庭关系又何尝不是如此。一般说来，夫妇在共育孩子的过程会加深情谊，丈夫、妻子、孩子、的"三角关系"构成的"命运共同体"比较牢固。相比之下，"丁克夫妇"这种"两极"婚姻家庭，则是比较易于倾斜的"城堡"。

(原发1991月6号《家庭》杂志)

# "白发浪潮"与"银色产业"

"我国正式迎来了高龄化社会和80岁时代。"日本津山社会保险中心负责人向我们介绍情况时开宗明义如是说。

"白发浪潮!"日本人口学家惊呼。

"《高龄化社会白皮书》"日本政府把"老人对策"列为重要国策……

日本,东方岛国,弹丸之地,不仅是世界经济大国,而且是"世界第一长寿国"。

日本现有65岁以上的人口1431万,占总人口的11.6%,大大超过了联合国定义的"高龄化社会"的标准——65岁以上人口占总人口的8%以上。

过去,爱尔兰、瑞典、瑞士一直被公认为世界上人口平均寿命最长的国家。如今这"长寿三国"已被日本远远抛在后头。

据1989年统计,日本男士的平均寿命为75.91岁,超过爱尔兰的74.58岁、瑞典的74.15岁,瑞士的73.8岁;日本妇女的平均寿命已达81.77岁,长于爱尔兰的79.74岁、瑞典的79.86岁、瑞士的80.5岁。日本男女的平均寿命双双稳坐世界冠军宝座。1989年《吉尼斯世界大全》收录的"最长寿者"也是日本人;他活了120年零237天。

人口学家预测:到本世纪末下世纪初,日本将有1/4的人成为享年65岁以上的长寿者。

这诚然是日本人的福音。

但这福音又严峻得令人忧虑——每4个人中就有一位银发如雪的老人!

面对汹涌而来的"白发浪潮",日本社会何以对之?

## "湿叶族"重返社会呼声急

看到"湿叶"一词,读者脑中浮现的或许是湿润欲滴、摇曳在春风中的绿叶。

可是，日语中的"湿叶族"却断无此种诗情画意。

日本人所谓的"湿叶族"，是指那些从企业或政府部门退休，整天在家无所事事，终日心烦意乱无可适从，甚或要看太太、子女脸色的昨天的上班族。他们一退休，就像叶子离开枝头掉落地面，又不幸被雨水淋湿，既粘且重。社会已没有他们的位置，想帮干些家务事又笨手笨脚，常常成事不足败事有余给太太帮倒忙。"湿叶族"的生活沉闷压抑得让人透不过气。这使得那些临近退休年龄的日本职员一想到"退休"就不寒而栗。

而日本的"准点退休"制度又相当严格。退休年龄原则上为60岁。那些在政府机关等公共事业团体工作的职员，每人都有一个法定"退休日"。一到"退休日"上司就会过来提醒你"到安度晚年的时候了"。

作为一种社会机制，"准点退休"有利于保证人员的新陈代谢和保持职员队伍的生机活力，无可非议。

问题是，在日本这个长寿之国，60岁远非"晚年"；20年的"湿叶族"生活，实在过于漫长。尤其是那些身体依旧强壮，精力依旧充沛，昨天还以"工作狂"自居的人，简直视"安度晚年"为"慢性自杀"。

因此，"湿叶族"中的许多人不愿意过"湿叶族"的生活。他们渴求重返社会。有关方面做过调查，日本退休人员中有41.3%的人希望"重新工作"，希望再过"上班族"的生活。

于是，有的人到"职业安全介绍所"求职，有的人通过熟人、朋友穿针引线到民间企业找活干……

他们要找回的不仅仅是一份养老金以外的收入。

他们寻求的是一份"重新回到了社会"的"充实感"。

## "银发义勇军"宝刀未老献余热

随着人口老龄化的迅速发展，"湿叶族"的队伍越来越壮观，"退而不休"的人愈来愈多。如何解决这些人的"第二次就业"，成了日本社会的一个大问题。

近年来，在政府的帮助下，日本各地出现了一些为退休人员介绍、安排工作的机构。遍布全国一百五十多个城市的"高龄者事业团"就属这类机构。

"高龄者事业团"也称"银色人才中心",专为60岁以下、身体健康、希望"第二次就业"的退休人员提供从事短期工作的机会。它联系着众多的企事业单位,向退休人员介绍的工作种类五花八门:

——专门性技术工作。如翻译、校对、教授习字等;

——事务性工作。如抄写卡片、文件,整理单据账目,清理图书资料等;

——看管性工作。如看守公园、停车场,照料史迹、校园等;

——推销工作。如推销产品、收费送货、守铺卖票、散发广告资料、进行市场调查等;

——服务性工作。如看门传达、接听电话、担任向导等;

——轻度体力工作。如拔草养花、美化环境、包装商品等;

……

可以说,"银色人才中心"成了退休人员"重返社会"的"红娘"。许多人通过它找到了自己感兴趣而又力所能及的工作,既充实了生活,淡化了退休带来的失落感,又缓解了日本社会劳动力严重匮乏的问题,为社会贡献出了余热。

在日本,人们把这些退而不休的"第二次就业"者称之为——"银发义勇军"。

"银发义勇军"中的高级技术人才和管理人才甚至还有"走向世界"的机会。据介绍,日本迄今已有近千名退休人员被派遣到50多个发展中国家从事技术指导之类的工作。这些用日本社会的标准来衡量职能结构已略为"老化"的"银色义勇军",在派往的国家中却发挥了很好的作用。原因很简单:那些发展中国家目前的生产技术和机器设备,大多是日本以前使用而现在已经淘汰了的,这正好是这些日本老人最胜任的工作。

看来,在一个高龄化的社会,重视"银色人才"和银色智能的开发利用,不失为"老人对策"中的上策。

## "银色产业"应运而生有"钱"途

老人的雪白银发,不仅象征智慧,而且代表财富。日本社会把面向老年人的产业称为"银色产业"或"银发产业"。

早在3年前,日本150家大企业就联合成立了"银发产业振兴会"。主管卫生福利事业的厚生省，也挂出了"银发产业振兴指导室"的招牌。

精明的日本商人和企业界人士认为，随着"白发浪潮"的到来，高龄消费层市场势必兴旺，"银色产业"将成为很有"钱"途的产业。

于是，越来越多的企业家把眼光瞄准了老年人的钱包。许多针对高龄者特殊需要的专用品纷纷上市。

风靡日本大小饭馆的"老人餐"就是一例。"老人餐"的特点是：易咀嚼；易消化；低热量；少用盐；小分量。最先推出"老人餐"的是东京的高岛百货公司，一上市就很受欢迎，现已成为流行风尚。据行家分析，"老人餐"之所以走俏，是因为它迎合了高龄化社会中"老年消费层"饮食需求的三项取向，即：对食物和营养的健康取向；饮食非家庭化的外食取向，独食化与方便性取向。

在日本大小商场随处可见的"高龄化妆品"又是一例。早在多年前，"高龄女性美容讲习会"之类就很受垂青。据调查，在 60 岁以上的日本妇女中，76.2%的人最关心的问题是："如何保养肌肤才能使自己显得更年轻？"加之近年来日本高龄女性外出旅行和参加各种社团活动者日众，化妆需求相对增加，因此"高龄化妆品"一出台就迅速占领了老人消费市场的重要一隅。

"银色产业"的领地已从老人专用品扩展到老年生活咨询服务。日本各大城市相继出现了"老人咨询服务社"，为老年人提供从衣食住行到保健、财产处理等范围广泛的咨询服务。当然，接受服务是得掏腰包的。

正处于萌芽期的"银色产业"，是面向 21 世纪高龄化世界的新产业，不仅在日本方兴未艾，在其他国家也将大有可为。

## 老人世界"第二人生"写风流

在日本的名胜古迹风景区，我们不时看到一辆辆大客车，满载着老头、老太太在旅行。一问，他们大多是"银发俱乐部"的会员。

尽管日本的退休人员中有许多人退而不休，但自然规律毕竟难以抗拒。就算是能够"第二次就业"，也还是有"第二次退休"的一天。日本人把彻底放弃工作的晚年生活称之为"第二人生"。

提高"第二人生"的生活质量，既是老人们的愿望，也是高龄化社会所要面对的问题。

日本的一次民意调查表明，许多老人在家里都有强烈的孤独感，有的甚至觉得"度日如年"。他们需要娱乐，需要消遣，需要活动，需要人际交流，需要群体，尤其渴求置身于具有"第二人生"生活情趣的"老人世界"。

设在东京的"玉川富翁"，就是一个老年人趋之若鹜的"银发俱乐部"。它成立于1987年，由在东京首都圈拥有30多家补习班及富士学院的教育集团管理和经营。该俱乐部设有茶道、花道、体育、音乐、书法、绘画、烹调、手工艺等70多种讲座和活动，都是老年人感兴趣的项目。俱乐部之内配有各种设施，老人们可以在里面打麻将、下围棋、打桥牌、听音乐、跳舞……有时还组织外出旅游观光。

这样的俱乐部在日本许多大城市都有，只是规模大小不一，设施水准不同，活动内容和方式不尽一样罢了。笔者曾路过一所老人俱乐部，竟听到阵阵读书声，一了解，原来里边在举行"健身朗诵会"。老人们请来了大学讲师讲解文学作品，指导朗诵技巧，用充满感情的老年音大声齐诵。日本朋友介绍说，朗诵也是一种需要气力的运动，可以锻炼呼吸道和声带，是一种简易可行的老人健身之道。

"老人世界"里的"第二人生"，还真是丰富多彩！

## 黄昏归宿"佛龛"寻去处

假若读者认为，日本的老年人都洪福齐天，晚年美满幸福，那就错了。

日本不是天堂，也不是地狱。那里的老人们的生活，也是纷繁百态。在人生旅途的最后一程称心如意的固然有，晚境凄凉悲惨者也不少。

尽管日本老人大多有一份养老金，有的还有些许财产，但对那些风烛残年、生活需要护理的老人来说，钱并不是能解百难千忧的。

日本在战后"民主化"过程中，旧的家族制度遭到破坏，出现了家庭小型化倾向。年轻人成家后多半不愿与老人一起居住共同生活，亲情关系淡如水，扶养父母的意识薄如纸。许多人不愿意承担起照料父母余生的责任，视老人为包袱和累赘，只想"抛"之而后快，薄待以致虐待老人的现象屡见不鲜。

日本社会的这种世风，孕育出了一句流行语——"老人和佛龛无处存放！"

于是，那些被视为"佛龛"的风烛老人，只好选择养老院为最后归宿。

目前日本以营利为目的的私立养老院数以百计，且大多有养生送死的功能，医疗、看护、送葬都在其服务之列。但这些养老院收费之昂贵，并不是所有的日本老人都交得起的。

虽然日本政府建了一些费用低廉的敬老院、老人保育院之类，以收容那些被抛弃的老人；虽然敬老院的服务也周到，传播媒介有时还予以报道赞扬，如护士如何协助为老人治疗，如何为身体不便的老人洗澡等，但这些毕竟仅仅是"生理扶养"，毕竟代替不了家庭的温馨和子女的"精神扶养"。那些有子有女有孙，但却在"余热"献完之后被剥夺天伦之乐权利的老人们那种心理上的孤独、伤心、苦闷、空虚的凄凉之情，可想而知。

唉！难怪现在的日本人不太热心生育而导致全国人口负增长！

（原发 1991 年 10 月号《家庭》杂志）

# "异文化"管窥

"千里不同风,百里不同俗"。日本文化——我心中的"异文化"。

一个"异"字,空灵而涵益,底蕴外延尽在其中。

关于这个"异"字,日本早稻田大学教授大烟笃四郎先生有此一说:

日本文化可谓"东西受敌":作为西方资本主义世界的一员,欧美国家批评日本这个伙伴"东洋味太浓";而作为亚洲一国,东方邻邦又批评日本过于"西化"。当今两个半球的文明都视日本文化为"异已","真是两头不讨好"啊!

日本文化起源扑朔迷离,现象纷呈万状,形态复杂怪诞,容量浩如烟海;全面而系统地加以评说,那是学通中外的大学者写"大部头"的任务。笔者这篇区区短文,反映的不过是一个匆匆过客眼光所及的几个视点,"管窥"而已。

## 鲜明的四大特性

一曰"双重性":政治上新旧制度混合,生活中和式与西式兼有;宗教方面神和佛同时接受;且日语中夹带着大半汉字。

二曰"均一性":日本文化没有由于地域、宗教、种族的不同而不同,无论从哪里切下去所显示出来的横断面都是"千面一貌"。

三曰"改造性":日本人具有把外来文化"日本化",使其变成"自己的"东西的惊人能力。中国武术传入日本变成了"日本武道",中国茶文化传入日本变成了"日本茶道",就是例证。

四曰"现实性":日本人极其重视现实,对宗教的"心诚"在于利益;具象的事物比抽象的概念更吸引人;对学说重应用而轻理论;对科学技术追求原理远不如追求制品热心。

## 语言行为点滴

民众的语言习惯和语言行为是民族心理和民族文化的折射。

随声附和并频频点头是日本人最为典型的交谈习惯。据有心人观察和统计，日本人在日常会话中，每几秒钟就有一次"是"，"的确是那样"的附和，同时头和身体向前倾。但这不一定是同意或肯定你的意见的表示，而仅仅是"习惯"。欧美人常常莫名其妙："日本人明明不同意我的意见，为什么要频频点头附和呢？"相反，日本人却对欧美人在交谈中不动声色感到不安——这个人到底有没有在听我说话呀？他是否对这话题不感兴趣呢？

日本人在谈话时常面带笑容。这使欧美人很不自在。据说有一次，几个欧洲旅游者与几位日本女中学生交谈，这些女中学生一直在低头微笑，欧洲人误认为日本人在嘲笑他们，于是生气了，结果不欢而散。

委婉表达更是日本人的语言特色。日本人即使对某事物有自己确定的意见和明确的看法，也很少使用"我是这样想的"、"我的意见是这样"之类的直接表达方法。即使不相信对方说的话，日本人也至多这样说："啊，是吗？"或"这样的事也有呀？"

日本语属粘着语，表示肯定或否定差别的语法成分附着于动词词尾。所以，一个日本人遇事表明态度时，旁人只有在他全句意思表达完毕后才能知道他是赞成还是反对。"这就使得日本人有了机会根据上司的脸色巧妙地改动句尾。"《丑陋的日本人》一书作者高桥敷讽刺道，"如果说，世界上诸语言都是表达意志的手段，那么日语则可以说是掩盖意志的技巧。"

日本人对"Yes"和"No"的用法也与欧美人大相径庭。当他们说"Yes，我不懂。"的时候意思是想说"No，我不懂。"唉！难怪有人说，要准确地听清楚日本人的话，非打起十二分精神不可。

日本人的行为往往不是由自己的信念和思想决定的，而是由他人怎样看待和评价自己决定的。"因为别人在看着"，"不要被人嘲笑"之类的心理约束着他们的行动。日本人尤其注重那种"外在价值的道德"。

日本人常把人分为"内部人"和"外部人"。"内部人"一般指亲属、亲戚、同乡、同学、兴趣相同者、好友以及本团体或本企业以内的成员。这种"内外有别"导致了交际方法、词语使用、感情深浅和信任程度等的差异。

"义理"和"人情"只适用于"内部人"而完全不适用于"陌生人"或"身份不明者"。日本人在同本团体（企业）以外的人交际、洽谈时，很少发表个人的意见。在洽谈业务时，对自己常用"作为我们公司……"而对对方也不称呼个人的名字，而是用"三菱怎样？"或"丸红公司与本公司不同"之类的措辞。因此，日本人往往重视名片上印的公司名、官厅名和职务，而不大重视那个人姓什名谁。

## "海"的养分

浩瀚的大海，为日本人提供了取之不竭的美味佳肴，同时也给日本文化提供了"海"的养分。

关于这一点，我曾采访过的专门研究日本文化的女博士——来自广州外国语学院的刘丽小姐如是说：

千百年来，日本人要出海捕捞，当然首先得"看老天爷的脸色"而行事。所以，就像广东人对"食"十分亲切一样，日本人对"天"十分敏感。早出晚归，邻居见面打招呼，广东人爱随口问句：食饭了吗？而在日本，人们则说：今天天气真好啊！或说：今天不巧下雨呢！就连许多成语、名言，也渗透着"海洋气息"。比如广东人讲的"臊臊都是羊肉"，在日本则要讲成"臭臭都是鲷"（鲷，俗称"家鲫鱼"、"大头鱼"）；中国人爱讲的"宁为鸡首，不为牛后"，让日本人讲的话，则成了"宁为丁鱼头，不为鲷鱼尾"了。

## 日本式幽默

社会心理学家认为，幽默与国民性密不可分；一个民族是否富有幽默感，可以参照出其民族文化的某些侧面。

有人杜撰出这样一个情节——

有六个不同国家的人在一个国际餐厅里喝啤酒，发现啤酒杯里有苍蝇。英国人以绅士的态度吩咐侍者："请另换一杯。"法国人则将杯中啤酒倾倒一空。西班牙人不去喝它，只是留下钞票不声不响走人。沙特阿拉伯人会把侍者叫来，把啤酒递给他："我请你喝。"而美国人则向侍者说："以后请将啤酒和苍蝇分开，由喜欢苍蝇的客人自己将苍蝇放进啤酒里。你觉得怎么样？"唯有日本人大动肝火，令侍者叫来餐厅经理训斥一番："你们就是这样做生意的吗？"

如此看来，该算日本人最不绅士最缺风度最没幽默感了吧？

其实并不尽然。日本人有日本人的幽默。

日本每年的"高考大战"结束后，招生院校会电告外地考生是否被录取。各校给考生的通知电报措辞迥异，颇可玩味。这里摘录几则供读者赏析：

录取通知——

静冈大学：征服富士山。

高知大学：钓到大鲸鱼。

山形大学：冰树泛光。

茶水女子大学：茶飘芳香。

神户大学船舶系：船请靠岸。

不予录取通知——

东京大学：樱花凋谢。

信州大学：大雪封闭信浓路。

下关水产大学：吃海豚中毒。

东京商船大学：沉没。

鹿儿岛大学：樱岛不景气。

神户大学船舶系：船无法进港。

看，多么富有地方色彩、专业特性和生活情趣的"日本式幽默"！

## 消费文化的"非等级"特征

消费文化是最直观的文化。

过去，日本的消费文化只限于天皇、高官、贵族、名流及富商享受。后来，现代化的进展使消费文化得以普及。现今，日本消费文化的大众化现象十分显著，并呈"非等级"特征。

这个结论显而易见：

——打高尔夫球或玩保龄球之类，已没有"阶层"、"等级"、"蓝领白领"的概念；

——自由式摔跤比赛爱好者，不再受职业或地位的限制；

——尽管汽车工业十分发达,却不生产"罗斯·罗伊斯"、"美洲虎"、"奔驰"之类的名牌豪华汽车;

——造船业居世界第一,但几乎没有人拥有私家豪华游艇;

——酒类、饮料、香烟以至家庭食品几乎都已"标准化",档次差别不大;

——普通工人也大都有西服和礼服,不再有人"以衣取人"。

这种"非等级"消费文化自然是基于收入和财富分配的相对平均化。较之欧美国家而言,日本贫富并不太悬殊。有关方面的民意调查表明,90％以上的日本人认为自己的生活处于"中等水平"。因此有学者认为,日本人不仅在经济和物质方面,而且在文化和意识方面都呈现90％资产阶级化现象。

## "全盘西化"了吗

日本以"亚洲的西欧国家"自居,受西方文化的影响是极其深广的。

但日本文化并没有"全盘西化"!

日本的传统是以水稻农业为中心形成的。尽管随着工业化程度的提高,现今日本的农业人口已大为减少,但包括新年和盂兰盆节回农村的人在内,或多或少与农村有关系的人并不少。在文化和精神方面,日本至今仍保持着农业国的形象。感谢神保佑稻谷丰收的农耕仪式仍在全国各地盛行。秋季祭典仍和过去一样,甚至比过去更加隆重。在用新收获的谷物供祭神和祖先的同时,全家老少和亲戚欢聚一堂共同品尝新谷制成的食品这一传统没有消失。"勤劳感谢节"仍然是全民放假的"公众假日"。自古盛行的互赠年终礼品的传统习惯方兴未艾。捣年糕迎新年的"例行节目"尔今如昔。过年夜吃除夕荞麦面条的老习惯依然深深植根千千家万户。

从饮食方面看,尽管近些年西餐大行其道,面包、通心粉等西式食品日益普及,但大多数日本人仍然把稻米视为主食。米饭仍然是日本人餐桌上每日不可或缺的东西,每月消费量达576000吨。历史学家石田久丰甚至说:"日本人对米饭比较适应,因为我们的肠子比西方人长。……50年后也难以改变吃米饭的习惯。"日本人自古就有把酒当作宴席"饮料"的传统,并且以一醉方休为乐事。现今此风依旧,人们对醉酒者仍很宽容,如果稍许有些过错,往往说"喝了酒"就可免受追究。

"西洋方式"的新婚旅行是日本青年的一种生活新潮,但传统婚俗却牢不可破。结婚的男女双方,即便是自由恋爱的,也要遵循传统形式,在"媒人"的引导下进入婚礼厅和喜宴会场,而根据阳历择吉日完婚的传统也一如既往保持至今。在喜宴进行过程中新郎和新娘中途退席更衣换装这种几百年前就有的老规矩现在仍是必不可少的"手续"。

日本特有的许多传统表演技艺,如"歌舞伎"、"浪曲"(类似我国的评弹)、书道、花道、茶道等等、在社会生活中还很有市场,未见有消亡的任何迹象。当然,喜欢这些传统艺术的大多是上了年纪的人,青年人相对少一些。但今天的青年人以后也会成为老人,也会对歌舞伎之类的日本国粹津津乐道的。大烟笃四郎教授说得很明白:"我年轻时对西洋文化很向往,现在老了,却喜欢日本的传统艺术。同一个人在不同阶段的思想意识是不同的。传统文化永远不会失去市场。"

任何一个生存着发展着的民族,其传统文化是不可能被异族文化所完全取代的。日本亦然。

(原发1991年4月16日《现代人报》)

# 语言这玩意儿

敝人精通潮汕方言，粗通中国国语，略懂英美文字，语言悟性颇不平庸，即便偶遇怪字僻词俚语，也能"混"将过去"摸"个八九不离十。不久前应邀访日。虽未读过"五十音图"，也不知"平假名"、"片假名"为何物，但一想到日语中有不少汉字，就信心十足：凭敝人不凡的语言悟性，再加上笔、纸、手势，想必不能言传也能意会。

实践很快就对敝人的"意会"能力作出检验。

那天自由活动时间，我问日本的直子小姐："能带我去银座玩玩吗？"她爽快地以笔作答："银座，歌舞伎，大丈夫满足！"

敝人吓出一身冷汗，连珠炮般地发射出三个"不"、三个"NO"和三个"一夜"——"一夜"是敝人对日语"不"的中文注音，接着便国语、英语、体态语灵活运用，边说边写边比画，极严肃极诚恳极耐心地解释：

"直子小姐，您误会了。我说的'玩玩'不是那个意思，只是一般的玩玩的意思，哦，是一般的诸如逛商场、观风景游名胜之类的玩玩的意思。中日两国国情不同。中日青年观念不同。我们不赞成性随便。我们有纪律。我们要维护国格人格。我谢谢您的美意，但我不能去干那种事……"

直子小姐肩一耸，手一摊，满脸茫然，莫名其妙。

好在翻译官及时到来。他弄明原委，对敝人的高风亮节表示一番敬意，对敝人的"意会"能力充分肯定之后，顺便做了一点小小的说明：

歌舞伎（直子小姐把"伎"笔误为"妓"）乃日本传统戏剧，类似中国古装戏。"大丈夫"是日语，意为"没关系""不要紧""没问题"。直子小姐想说的意思是："您想去银座，没问题，那里有歌舞伎看。"

哈！"自作多情"的"意会"。

还有一次，津山朝日新闻社的小林先生递给我一张纸条，上面写着一个问题："中国出版物色的有？"

敝人颇感难回答。笼统说"有"吧，似乎不妥；笼统说"没有"吧，又如何解释"扫黄"？说来还算敝人高明，居然能用含有中文、英语、体态语各种"句子成分"的"三明治"语言顾左右而言他：

"据本人所知，若以'色'来划分文学作品，则猥亵，淫秽的读物属'黄色'；怪诞，恐怖的作品属'黑色'；而通俗文学属'蓝色'。从这个意义上说，中国出版物'色的有'。比如'蓝色'就不少。"

少林先生把头摇得像货郎鼓："我问的不是这个。"

那"色的有"又是问啥呢？

最后敝人终于大彻大悟，万分自豪地告诉他："彩色印刷的出版物在中国大大的有！"

回国前，我把上述"意会"两例作为"语言现象"贡献给在日本教中国语的D君。他"投桃报李"，也贡献出两例小故事与敝人同赏——

例一，他的日本学生做"用中文造句"的作业，常常"妙句横生"，诸如：

"从容——我做事都是先从容易的做起。"

"天真——今天真热。"

"如果——菜汤不如果汁营养丰富。"

例二，D君原话："一天，我费尽唇舌反复解释'看见'、'看'、'听见'、'听'等词的不同用法后，一个日本学生兴致勃勃地造句：'今天早上我看你的女朋友，可是她不看我；我叫她，她不听我。'下课后，另一日本学生用中文与我道别说：'老师，我们明天互相看。'我禁不住喃喃自语：'不看也罢'。"末了，敝人与D君异口同声："唉！语言这玩意儿……"

（原载1991年第6月期《黄金时代》）

# 朝花夕拾（12则）

## 1 禁而不止

日本城市市容整洁有口皆碑，但杀风景的现象却非绝无仅有。

东京西池袋地铁日附近，乃乱停乱放单车的"重灾区"。街旁路侧满眼"单车阵"。东歪西倒的单车，就堆放在写着禁停单车赫目大字的警示牌四周。

据说，日本城管部门对乱丢垃圾者处罚很严厉。但在市区的一些街道，一些路段，烟头星星点点触目皆是。难道在日本人的概念中，烟头不算垃圾？

看来，"法治社会"也有法不治众、禁而不止的事体。

## 2 如此"方便"

晚上逛街，走到灯火稍暗处，忽见一西装革履的日本男士，竟然驻足就地行"方便"。身旁行人络绎不断擦肩而过，此君安之若素。据说，偏僻小巷，墙根拐角，时有此"景"，日本人已见怪不怪，熟视无睹。

这是否也算"文明社会"百态之一？

## 3 两个"世界之最"

日本乃当今第一长寿国，人均寿命之长夺世界之最。这是一个事实。

日本国民自杀率居高不下，自五十年代以来一直名列世界榜首。这是另一个事实。

天堂？地狱？

假若是人人同乐的天堂，谁不想多待几年？"好死不如歹活"，更何况是活在天堂？

假若是暗无天日的地狱，何以寿星多多？难道地狱里能延年益寿？

只好解释道："日本就是日本。"

## 4　"过剩包装"

购物回来，剥葱头般地撕开一层又一层的包装纸，脑际间不由闪出一个短语——"过剩包装"。

买个百来日圆的豆沙包，也得"里三层外三层"再加一个手提纸皮袋。这包装是否"过剩"得有些浪费？

## 5　化腐朽为神奇

九州松下电器株式会社海外营业统括部的陈先生递给我一张名片，特意说明："我们用的名片都是废纸制成的。"

雅库乳特公司富士裙野工厂的接待人员送给我们每人一个精致的文具盒，也特意说明："这是利用废弃的软包装饮料盒制作的。"末了，又特意招呼："请各位喝完饮料后，把包装盒集中投到墙角的大筐里，以便回收。"

"化腐朽为神奇！"一种应该弘扬的自然观。

## 6　"女儿国"一趣

有幸参观美作女子大学。那是一间从事家政教育的短期大学，学生清一色全是巾帼。有趣的是，代表这个"女儿国"与我们恳谈的二十几位头面人物，却"清一色"。全是须眉！

男性操作一切。连女子大学也莫能例外。真够"男性沙文主义"的了。

## 7　"化"出悲哀

日本的少年学生，不会心算、笔算者大有人在。据说这是计算器和微电脑普及化的"功劳"。

有关方面对东京五百多名小学生的调查表明,"不会"或"不敢"划火柴者竟占近半!据说这是"高度电气化"的"功劳"。

人类创造、使用任何工具和技术,无不是为了延伸人体,完善人的能力。假若电脑化、电气化、自动化……这"化"那"化",要以人体退化为代价,那实在是"化"出悲哀,"化"出罪孽。

## 8　无题的"皮肉画"

教育研讨会上,神奈川县立生田东高等学校的荻野先生在黑板上绘出一组"无题"的"皮肉画"——讽刺漫画:

A. 家长找到学校:"老师,最近我的小孩见人也不打招呼,教养不行!怎么搞的?"

B. 老师满脸歉意:"哦,很对不起,我一定对他加强教导。"

C. 老师上门找家长:"您的孩子最近算术功课很差。怎么搞的?"

D. 家长满脸歉意:"很对不起,我一定督促他在家里多做功课。"

"无题"实有题:"角色错位!"

## 9　"幽灵"问题

在北陵中学,一初中学生满脸虔诚问我们:"人死后真有幽灵存在吗?"

我们问该校老师:"您们碰到这样的问题如何回答?"

答曰:"相信有幽灵的老师会告诉学生:Yes!不相信有幽灵的老师会训学生:蠢蛋!"

答案取决于教师本人的世界观、价值观?并没有确切的"标准答案"。

## 10　"对话"实录

某日,与某小学五年级一个班的学生"对话",实录如下:

"你们都很爱学习吗?"

"No!"几十位学生声音如雷。

"你们最喜欢哪门课程?"

"体育!"几十位学生不约而同。

"你们最不愿意做什么事情?"

"考试!"几十个学生异口同声。

"……"

唉!尴尬的教育,教育的尴尬。

## 11  "人性教育"

九十年代伊始,神奈川县教育当局亮出了"人性教育"的旗帜和口号,把"创建富于人性的教育"列为学校、家庭、社区教育的"重点实施政策",旨在"谋求由竞争原理向互帮互助共同生存原理,由能力本位价值观向人性本位价值观转变的教育",以培育"在严峻条件下也能心心相应的人际关系。"

我欣赏此举。在日本那样的严酷竞争社会,经济发展与人性发展的分裂、矛盾、冲突和背离,难免引起人性的逐渐退化和丧失。"使人成为真正的人",教育责无旁贷。

## 12  微型摄影展

那天参观高野小学,一进教学楼中厅就见有个摄影作品展,上冠《邻国中国》一行大字。走过去细看,共有40多幅照片:万里长城气势如虹,天安门城楼巍巍雄姿;大上海夜景辉煌,豫园胜地古色古香,西安长安时代城壁引人驻足,洛阳白马寺游人如云,这边黄河奔腾,那边兵马俑壮观,公园里是太极拳迷的世界,马路上车流人流如潮;幼儿园里雀跃着可爱的"花朵",校园中活跃着英俊少年……

后来我知道,这些照片均出自该校教师神尾雅子女士之手。她曾于1985年8月访华,行程不过9天。

哪里有友谊的种子,哪里就有友谊之花绽开。

(原发1991年7月《现代人报》)

# Ⅱ 第一印象

此部分收录的文章多为作者在平日访问、学习、观光中的所见所闻所感。

# 1993 韩国大田 EXPO

时间，无始无终，空间，无边无际。

宇宙作为一种时空存在，究竟"无界有限"、"有界无限"抑或"无界无限"？大学者们尽可众说纷纭百家争鸣莫衷一是。而人类世世代代安身栖息的这个星体，在宇航员眼里只不过是一颗悬浮于苍茫宇宙之中的"使用寿命"有限的"蔚蓝色玻璃球"。

现代科技不断缩短着时空。地球已成小小"村落"。

人类——"地球村"上的50多亿芸芸众生，需要相互交流，需要彼此协作，需要共同研讨。刚刚在韩国大田落下帷幕的世界博览会，堪称地球村一次科技文化交流的盛会。

## "地球村"的科技盛会

深秋时节，韩国已有几分寒意。但一到大田，我们立即感受到博览会热力的辐射——

空中：博览会的气球五光十色。

街边：博览会的彩旗、彩灯、条幅密密麻麻。

商店：博览会的纪念品琳琅满目。

路上：博览会的巴士、的士穿梭往来。

如潮的车流、人流正从四面八方涌向会场……

还在路上，接待我们的韩国朋友就"抖"出一串数字：这次博览会筹备3年，耗资17000亿韩元（约20亿美元）；共有美、日、中在内的112个国家和欧共体等33个国际机构参加；会期自8月7日至11月7日，历时93天；将举办50多种1300多次科技文化游艺活动；预计接待海内外来客1100万人……

我们下榻于 EXPOTOWN——博览城。那是大田市专为本次博览会来宾修建的寓所。从住地到博览会场，设有免费的往返豪华交通车，车身上涂着醒目的英文 "Shuttle bus"，每 10 分钟开出一班。这交通运作气派，据说完全是奥运会的模式。

博览会会场设于大田市大德研究园区，那是一方本来就有浓郁科技文化氛围的地头。大田位居韩国中部，北上汉城，南下釜山都有高速公路通达。它是忠清南道政府所在地，人口 100 多万，在韩国的大城市中排行第五。从人文地理和历史文化来看，它因靠近百济时代故都扶馀而拥有许多古迹和文物。近些年，大田渐成韩国的产业中心和科技大本营。仅在博览会场周边地带，就有韩国科学技术院、国立中央科学馆、韩国标准科研所等重要的科研机构；韩国科技大学、忠南大学、韩南大学、培材大学、大田工业大学等高等院校也荟萃这里。大德研究园区有点类似中国的高科技开发区，已建立了 20 年。这次以高科技唱主角的世界博览会在此举办，进一步强化了这里作为韩国"科技首府"的地位。

车子驶近会场，首先映入眼帘的是博览会的象征塔——"巨光塔"。它由 1993 块大理石砌筑而成，高耸于会场中心。

这次盛会的徽章，以韩国传统的花纹太极为主干。猜度其意境，那阴阳回转的太极，大概是暗示韩国的潜力、希望和未来；表现地球的圆形，则象征东西和解、南北合作建立的人类"共存共荣"的世界。

吉祥物取名"梦仔"，集诸多动物的特征于一身，是一个能施展各种本领的"宇宙小精灵"。它头上的星是创造力的标志。围绕身体的原子轨道象征科学技术。主办者解释说，"梦仔"这形象，会令即将成为 21 世纪主人翁的青少年有亲切感，并使跨世纪的一代引发对科学技术的憧憬和想象力。

博览会东门、南门、西门入口处，可谓人山人海，人头涌涌，各种肤色的参观者排成一队队长龙。分分秒秒在刷新记录的自动计数仪，随时显示当天入场人数和累计人数。我们一行抵达时，恰逢博览会进入最后 10 天，日入场人数近 20 万，星期天达 30 万，几近高潮。

一连几天，我们都泡在博览会场，流连忘返。

博览会的特色，至少有三点：

一曰"空前绝后"。"空前"——历史上同类型博览会规模最大的一次。"绝后"——20 世纪结束前亚洲地区举办的最后一次世界博览会。

二曰"博"且"专"。在世界博览会史上首次按科技主题设馆。未来航空馆、电力能源馆、磁浮列车馆、材料馆、电信馆……一个个特色凸显,与各自的主题神合形似。

三曰"乐"在其中。打破了"眼看手勿动"的清规戒律,观客可参与可体验,有得看有得玩。每天上、下午,展场内还各有一次盛大游园活动,军乐队开路,几十辆表现科技、艺术、风土人情的彩车尾随,敲锣打鼓载歌载舞,颇像西方的狂欢节。

走笔至此,还尽是些最直观最浅层的印象。欲有深刻一点的启迪和感悟,我们还得走向博览会深处……

## 让人、科技、自然协调发展

画有主色调,曲有主旋律。

这次博览会的主题——"新的起飞之路"。

回顾本世纪下半叶以来的世界,人类有理由为自己的成就而自豪。尽管地球村仍不安宁,尽管地球村的某些角落还时有硝烟、战火、饥饿、瘟疫、天灾、人祸,但和平与发展毕竟成为世界大趋势,人类文明的发展日新月异万马奔腾。应该说,世界早已在"飞"速前进。

然而,人类似乎突然间不约而同地发现:诸多"壁垒"和"瓶颈"正束缚着自己的再腾飞之翼。

被誉为创造了"世纪性经济奇迹"的韩国,遇到了"壁垒"和"瓶颈"。

在废墟上崛起的"经济大国"日本,遇到了"壁垒"和"瓶颈"。

发达国家有发达国家的"壁垒"和"瓶颈"。

发展中国家有发展中国家的"壁垒"和"瓶颈"。

敢问"新的起飞之路"在何方?

这次世界博览会试图告诉人们:

——路就在人、科技、自然的协调发展!

作为东道国的韩国,自60年代开始致力于经济建设,仅用30多年,就把一个贫穷农业国建成在许多领域拥有高科技的新兴工业国,其成就举世瞩目。但世界银行在1993年初发表的《东亚及太平洋周边国家经济状况》年报中,却将韩国从"亚洲四小龙"中除名,让文莱取代其"小龙"地位。这对韩国无疑是一声震耳欲聋的警钟。韩国人坦言："在即将迈入21世纪先进国家的门槛上"，我们承受着"壁垒"和"瓶颈"的"极大痛苦和困惑"，突破"壁垒"和"瓶颈"，取决于"人、科技、自然的调和"。

这"调和"，不是新命题，却是大命题。

早在几世纪前，英国的两位培根——罗吉尔·培根和弗兰西斯·培根——就极力向人们证明："唯有科学才能造福人类"，科技进步"完全符合造物主的旨意"，必能"正德、利用、厚生"。而英国的卢梭却大唱反调：科技是导致人性沦丧和道德败坏的灾星！

认同卢梭的"灾星说"，我们只好回到刀耕火种穴居野处的时代去。而认同两位培根的"福星说"吧，现实又警告我们：在科技之树上，人类收获的并非都是"幸福果"。电脑繁衍出电脑病毒，异化成"铁面监工"，带来了"智能犯罪"；核能导致了"广岛"、"血凝"；现代通信技术缩短了人与人的物理距离却增大了人际心理距离；自动化带来高效率快节奏的同时带走了温馨和亲情；高科技导致低情感……面对科技发展的种种"负效应"，现代人中又有人喊出"科技对完善人生究竟有益还是有害"的困惑之声。对此，"科学万能"论者主张"人性服从技术""建立以科技为中心的新人道主义"；而新一代的卢梭们却呼吁"暂停科技"！前者近于"拜物教"，后者活脱脱就是因噎废食。

看来，人类别无选择，唯有"调和"——寻求人与科技协调发展之路。

再到博览会中的"韩国政府馆"去考察一番人与自然的关系吧。

该馆以"路"布局。人口之始是一条"花路"：松林、花木、绿荫、秋景、田园风光……先民们在大自然中安宁、祥和地生活，好一幅"晨曦之国"的图景。穿过象征东西文化交流的"丝绸路"和反映战后经济建设成就的"捷径路"，迎面而来的令人触目惊心的"悬崖路"。在此处，你看到是急剧工业化的种种"副作用"和"后遗症"：毒气污染、树木枯死、绿林荒废、能源短缺、交通阻塞、公害蔓延、生态失衡、气候异常、物种灭绝……惨遭破坏的大自然在哭泣中挣扎抗议，在哭泣中奋起报复。人类不得不痛苦地品尝着一杯杯自酿的苦酒、一颗颗自栽的苦果。身处这"悬崖"险地，人们容易联想起另外一些可怕的名词——"温室效应"、"热岛效应"、"沙漠化"、"核冬天"……

天啊！人类在创造物质文明的同时正在制造一个不适于人类生存的环境。

带着"悬崖路"上的震惊和警醒，我们来到有绿树碧水小桥凉亭的"连接路"。在这里稍事休息，正好"回顾过去，思考未来"。想人类这一大自然孕育出来的物种，与大自然的关系却可谓"从奴隶到将军"。先是在大自然的神奇威力面前束手无策俯首称臣，顶礼膜拜任其主宰；而在掌握了先进科学技术之后，又被利用自然改造自然胜利冲昏了头脑，忘乎所以地以大自然的征服者自居，对大自然进行掠夺性开发，"征服"之声震天响。殊不知，自然有自然律，自然不能被征服。说到底，人类其实也属自然界的一部分。人类不过是大自然无限序列中的一员。自然界的报复和惩罚足以毁灭"征服者"！

公元前八九百年左右，地中海沿岸那位盲诗人荷马曾经预言：人类将自己埋葬自己，历史将回到黑铁时代！

可悲可叹的是，恰恰是这位诗人的故乡古希腊被不幸言中——古希腊创造了人类历史上空前灿烂的文明之后，由于大自然的报复而走向衰亡和毁灭。

人类当思过自律。

人类唯一明智的选择：协调人与自然的关系，学会与自然和谐相处。

"协调"不是人类的退避和屈服，而是人类认识自然改造自然的能力空前提高而使人类活动达到新的境界。

人、科技、自然协调发展之日，方是人类"新的起飞"之翼获得自由之时。

## 化腐朽为神奇

在人类居住的这个星球上，人们赖以生存的基本条件，是多种资源的存在。

资源，人类的生命泉；资源，贫富的分界点；资源，战争的导火线……

可是资源已向利用它、占有它、掠夺它的人类亮起一串红灯：地球上铬的储存量只够用 420 年，煤只够用 230 年，铅 100 年，天然气 38 年……

资源危机使人们终于认识到，"取之不尽用之不竭"仅仅是对地球母亲的良好祝愿。

《联合国环境方案》里有一句警告人类不要无顾忌地消耗资源的名言："我们不是继承父辈的地球，而是借用子孙的地球！"

现今，资源问题已被提到关系整个人类存亡的高度。危机感逼迫人们把目光投向一个新的领域——资源的有效利用和"再生"。

可是，人类应当如何珍惜资源？如何有效利用资源？如何开发"三次资源"呢？

这道摆在人类面前的共同课题，成了这次世界博览会的第二主题。

第二主题自有第二主题的地位。在整个博览会林林总总的展示馆中，只有两个馆由组织委员会直接张罗设置：一个是韩国政府馆，也叫"主题馆"；另一个就是废物利用馆。仅此一点，已可说明这"第二"的分量。

博览会的许多展示馆，都着力表现了"第二主题"的题中之意。在国际展示区，韩国乐天集团的"乐天梦幻世界"馆，鲜明直观地反映了人类与水生命攸关的关系；挪威的展馆，以环保和环保产业为主旋律。在常设展示区，还有诸多个馆专门宣传节约能源、替代能源、再生能源、废物变宝、垃圾生财等技术成就。

记得曾在报纸上看过一则关于"垃圾宴"的报道，说的是华天啊！人类在创造物质文明的同时正在制造一个不适于人类生存的环境。

带着"悬崖路"上的震惊和警醒，我们来到有绿树碧水小桥凉亭的"连接路"。在这里中间休息，正好"回顾过去，思考未来"。想人类这一大自然孕育出来的物种，与大自然的关系却可谓"从奴隶到将军"。先是在大自然的神奇威力面前束手无策俯首称臣，顶礼膜拜任其主宰；而在掌握了先进科学技术之后，又被利用自然改造自然胜利冲昏了头脑，忘乎所以地以大自然的征服者自居，对大自然进行掠夺性开发，"征服"之声震天价响。殊不知，自然有自然律。自然不能被征服。说到底，人类其实也属自然界的一部分。人类不过是大自然无限序列中的一员。自然界的报复和惩罚足以毁灭"征服者"！

公元前八九百年左右，地中海沿岸那位盲诗人荷马曾经预言：人类将自己埋葬自己，历史将回到黑铁时代！

可悲可叹的是，恰恰是这位诗人的故乡古希腊被不幸而言中——古希腊创造了人类历史上空前灿烂的文明之后，由于大自然的报复而走向衰亡和毁灭。

人类当思过自律。

人类唯一明智的选择：协调人与自然的关系，学会与自然和谐相处。

"协调"不是人类的退避和屈服，而是人类认识自然、改造自然，进行废物分类、处理和再利用……

再提一笔：博览会有个"国际展示活动"，首当其冲列为第一项且贯穿博览会始终的节目，竟是"垃圾、废物利用特别美展"。把"垃圾"、"废物"与"美"相提并论，个中意蕴耐人寻味。

## 喜乐金星的"梦之乡"

企业群体是韩国社会中最活跃最具实力的群体。这话不至于有大错。

韩国的企业集团，既左右市场风云，又在社会生活大舞台上扮演着举足轻重的角色。举凡重大的活动和事件，往往少不了企业那看不见的手参与其中。像举办世界博览会这样的事，就更不用说了。

只需走马观花兜几圈，你就会发现：这次世界博览会，在很大程度上依托于企业群体的力量。

韩国在博览会上共设26个展馆，其中由企业"搞掂"的便占了20个！双龙集团的地球馆、鲜京集团的创意馆、起亚集团的汽车馆、韩进集团的未来航空馆、现代集团的磁浮列车馆、三星集团的宇宙探险馆、大宇集团的人类与科学馆……韩国知名的大企业，都在博览会上各树其帜，争领风骚。

给我留下深刻印象的，首推喜乐金星集团的Technopia馆。喜乐金星集团是开创韩国电子产业的"大哥大"企业。其发言人介绍说，在博览会设立Technopia馆，旨在"助长青少年思考科学之心，让他们有个憧憬未来世界的地方"。博览会结束后，Technopia馆半移交给设在这里的科学公园，作为常设馆供人们自由参观。

何谓Technopia 我查过权威的《现代高级英汉双解辞典》和《英汉技术词典》，均无此词。稍作琢磨原来它是Trechnolgy（技术）＋Utopia（乌托邦，理想境界）的复合词，"科技理想世界"。

Technopia馆的宣传资料上写着：

"欢迎您到我们喜乐金星Trechnopia馆来。这里有提前跨到未来的电子电脑产品，有500年后的Technopia冒险旅行，有奇妙的电脑里的世界，有会跳舞的机器人……来吧！这里是充满人情味的'梦之乡'——未来的科技理想世界。"

欢迎词倒是热情洋溢，怎奈想游"梦之乡"者实在太多，只有每天限额发放该馆专用的"预约票"。我弄到一张"预约票",又排了近一个钟头长龙,方如愿以偿。

"梦之乡"共有5"场"。"招待之场"是个影像厅,几部大彩电同时放着卡通片,以问答方式解说着电子、电脑的基本知识。"究理之场"所"究"的是电脑的机理,电脑的内部结构被放大了千百倍。使观众"进入电脑里的世界"去探幽折微,亲眼看看键盘、磁碟机等各种信息处理过程。"感动之场"是一次颇"刺激"的"冒险旅行",心脏病者不宜。我们面对巨型银幕,一个萝卜一个坑坐到可上下左右任意升降回转的自动控制的座椅上,绑好安全带,立即进入险象迭出的梦幻般的"旅行",主要情节是:我们正在与500年后的Technopia世界通话,忽然接到求救信号——"大魔王"率领"红狗兵"为强夺Technopia的"亮光"而来侵!我们马上搭乘可超越时空也可伸缩变形的未来飞行物Twins号,增援Technopia世界。经过一番激烈交战,终于打退了"大魔王"和"红狗兵"。保卫了Technopia世界的安全,然后返回地球……刹那间,灯火聚亮,我们一个个歪在旅行椅中,全身战栗麻酥酥。刚才那些疾飞、俯冲、撞击、失重的感觉,全是电、声、光、相对运动综合作用的神奇!

"刺激"之后,来到"参与之场"。有的动手操作电脑,有的溜入"电脑书房",有的玩"模糊猜谜",有的观赏机器人跳民俗舞……身心宽松,乐趣横生。

最后的"欢送之场"实际上是"广告专场"——介绍喜金星集团的发展史和奋斗目标,也介绍将于1995年发射的韩国首座通信广播卫星"无穷花号"……

喜乐金星办这样一个Technopia馆,自然得大掏腰包。但是,连续93天亮相于世界博览会,让喜乐金星良好的企业形象随着各种肤色的与会者走向五湖四海,这等宣传效益,岂能用钱来称衡!

## 站在21世纪的展望台上

时间老人正在叩着21世纪的大门。

21世纪,这世界将会是怎样一幅图景?

博览会上的所见所闻所思所感,加之以往的知识积累,使我愿意这样描述：

代表当今科学潮流的高科技群体，在21世纪将形成雪崩式滚滚推进的阵势——以信息技术为先导，以新材料为基础，以新能源为支柱，沿微观尺度领域向基因开拓，沿宇观尺度领域向太空扩展……这就是新世纪高科技的壮观序列和大致走势！

——21世纪将是高科技的世纪。

说这次世界博览会是21世纪的展望台，并非言过其实。站在这展望台上，即使不是科技界中人，也可看出诸多端倪：

——21世纪，下一代交通工具将使海陆空立体交通旧貌换新颜。博览会上展出的磁浮列车、电力汽车、太阳能汽车、未来航空器、太阳能电池船等，使人对此深信不疑。

——21世纪，未来电信通讯技术将使时空进一步收缩，社会信息化程度空前提高。看看资讯馆吧，那些高传真电视机、综合电讯通信网、彩色影像电话机，为你所用的日子不会太遥远。

——21世纪，高智能机器人将更广泛地进入人类生产、生活乃至文化艺术的多个领域。在韩国政府馆，在日本馆，在德国馆，在高新科技馆，那些雕刻机器人、绘画机器人、会跳舞的机器人，以其颇具灵气的"艺术细胞"无声地昭示：机器人将从专干重活、苦活、脏活、险活的"下里巴人"进化为"艺人"、"歌星"、"画家"……人与机器人的"人际关系"将更复杂而微妙。

——21世纪，新材料、新能源将引发新的工业革命。材料馆、能源馆折射出曙光，明确无误地向人们传达了这一信息。

——21世纪人类冲出大气层的壮举将由小心翼翼渐变为高歌猛进。博览会上，卫星、火箭拔地而起，航天飞机遨游太空，宇宙飞船星际探险——这一切虽是模拟，可也引人遐想。也许，在新的世纪里，航天登月将不再只是几个幸运儿的美差；进军太阳系将由科技探险行为演变成开发太空资源的经济行为；太空将成为各方争雄的战略"制高点"……

罢！点到即止，不再饶舌。

我敢断言：

21世纪高科技的强大群集力量和突破能力，必将推动和冲击着经济结构、社会结构劳动形式以至文化教育等一切领域并引发重大变革。

21世纪高科技的发展必将导致更剧烈的竞争。资源争夺、市场争夺乃至政治、军事争夺，无不依赖或依托于高科技实力。国家、企业、集团和个人，无不企图借助高科技优势在竞争漩涡中生存、取胜。

只是，人类永远也不应忘记：

再发达的科技也不过是人与自然的媒介。21世纪高科技的开拓和发展，必须有助于21世纪人类的自我完善和21世纪大自然的再优化，万勿以人性的退化，异化和人类生存环境的劣化为代价。

愿21世纪的世界进入人、科技、自然协调发展的新境界！

（原载1993年12月7日《现代人报》）

# 狮城闲笔

一

碧波粼粼,海风习习。绿色地毯纵横交错,热带花卉竞相争艳。每平方公里一万九千人的人口密度,没有杂乱,没有喧嚣,没有窘迫,没有钻破鼓膜的噪音,没有无孔不入的尘土。好一个花红叶翠草青木葱妩媚幽静的宜人世界!

"身居大都市,疑在花园中"——这是我踏上新加坡国土的第一感受。

漫步在新加坡市区,只见袖珍公园星罗棋布,大街小道绿树成荫。即便是平民百姓的住宅区,房前屋后,也几乎都有一片栽满花木红绿交相辉映的小天地,据说政府对花草树木养种得好的住宅区有优惠政策——住户减免房租。那些正在兴建的楼群中间,一片片花坛、草坪已先于楼房出现。新加坡人建设到哪里就绿化美化在哪里,让你找不到一片裸露的尘土飞扬的"绿化死角"。就连钢筋混凝土的天桥、高架桥上,两侧也垂挂着疏密有致的热带花草,远远望去,情趣横生。

我们到过著名的"卫星城"裕廊。它是新加坡的制造业中心,更是旅游胜地,人工建造的飞禽公园、水族馆等,引来了如云宾客。要不是导游介绍,谁能想到如此繁荣秀丽,处处美不胜收的地方,二十几年前竟还是海湾旁的一片令人望而生畏的沼泽!

人类的再造力量,有时是令造物主也自叹弗如的。地壳运动的造化并没赐予新加坡多少天然美景,但新加坡人民人工创造的美却美得醉人。

就审美的民族品格而言,善于发现美固然可贵,而善于创造美更是难能可贵。

先天拥有自然美的民族,尽可为不劳而"美"而庆幸,后天再造人工美的人们，更有资格为汗水浇注的美而自豪。

## 二

"不看狮头鱼尾像，不算到过新加坡。"导游如是说。

话虽属极而言之，倒也无大谬。狮头鱼尾像，毕竟是新加坡的形象标志。我们驱车来到新加坡河口右岸，狮头鱼尾塑像就屹立在这里。它高8米，重40吨，体表用2000块中国瓷片镶贴，底座如海水波浪状。狮头鱼尾塑为一体，竟也生猛活现，别具异趣。据说，这是新加坡雕刻家林浪新的杰作。

有"世界花园"之称的新加坡，为何竟以一头怪兽为国家的形象标志？

按通常的说法，需追溯到新加坡的得名。新加坡原文"Singapore"，出自梵语，"Singa"意为"狮子""pore"即为"城市"，合起来就是"狮城"之意。相传，八九百年前，苏门答腊的宣利佛逝王国一位叫尼罗乌多摩的王子，带着一帮随从乘船航行，途中发现一座大岛便登岛游览。突然，一只黑头红身胸长白毛的怪兽迎面而来，其形体雄伟，动作敏捷。王子和随从均不知此怪兽为何物，当地人告之是"狮子"（Singa）。为纪念此事，后人便把这岛城称为"狮城"。

举凡传说，大抵都属"事出有因，查无实据"之类，若要顶真琢磨，十有八九能找出破绽诘难之。上述"怪兽"传说亦不例外。新加坡乃至整个东南亚地区，根本不是狮的分布区，何来狮子出没？既无狮，后人又如何据此以命名？

诘难归诘难，狮城归狮城。以笔者不才之见，虽说狮城无狮，先贤的命名还是无比英明。一来从地图上看，位于马来半岛南端的新加坡岛，确有那么一点如坐狮扼守太平洋印度洋咽喉之气势，此为"形"似；二来新加坡居民受印度文化影响颇深，宗教活动中每每有狮子的形象出现，民众心理认同狮子勇猛、雄健的形象，此为"神"合。

"以后愚之心度先贤之腹"，言多必失，点到即止吧。

## 三

裕廊飞禽公园，在亚洲称得上"大哥大"，在世界上不说数一数二，至少也属屈指可数吧。这里有 420 种不同种类的飞禽，而且"园中有园"，亚洲第一座专为夜间活动的鸟类而设计的"夜禽之家"，就在此园中。

在那百鸟聚居的世界，有人与犀鸟聊天、"卿卿我我"，有人欣赏引人捧腹的鸟技表演，有人饶有兴致地观看饲养人员喂食企鹅，也有人东一眼西一眼地瞎逛……我向来对花鸟虫鱼之类缺少玩赏的雅兴，要说观感，只有一点，那就是——鸟类社会与人类社会，竟会有某些共通的规律性的东西！

看看那群鹰捕食的场面吧。广场上空，十几只巨鹰飞翔。每当管理人员用弹弓"射"出几只小动物，鹰们立即从不同的距离、不同的方向闪电般扑向目标，凶猛敏捷者得美食，迟钝落后者只好指望下一轮的争夺。那你追我赶的场面，那激烈竞争的氛围，叫人神经兴奋。然而，再到离此仅有百米之遥的地方看看"精品屋"中的情形吧。同样是天性凶悍的鹰们，对那近在咫尺一伸嘴就能叼到的鲜肉、野味、小动物等美食佳肴视而不见，一只只无精打采，委靡、颓废、疲沓、懒洋洋，表现令人失望。

唉！一旦捧上了"铁饭碗"，一旦吃上了"大锅饭"，一旦有了不劳而食的保障，一旦过上了养尊处优的日子，任何物种都会丧失活力的。

## 四

如果哪位瘾君子想找个有利戒烟的地方，去新加坡是最明智的选择。

笔者乃愚顽不化的烟民，在新加坡不足五十个钟头，竟然动了好几次戒烟的念头。

飞往狮城的民航客机上不准抽烟，排队等候入境、过关处不准抽烟，上了接客车不准抽……一路上"No Smoking"（不准吸烟）的"红灯"闪烁。一憋再憋，好不容易到餐厅。环顾四面，不见"No Smoking"警示牌，喜不自禁，迫不及待掏出"久违"了的尤物。不料刚刚喷出第一个又大又圆赏心悦目的烟圈，立即有人过来"拍肩膀"。未等我作出反应，导游已从座位上"弹"了起来，边向那人抱歉赔不是，边不无遗憾地告知我："凡是没放烟灰缸的地方，即使没有'No Smoking'的警示牌，也不能抽烟，洗手间也不例外……"那人是饭店职员，大概兼司禁烟之职。他极认真负责地用近于朗诵的语调对我进行了一番禁烟宣传：

"吸烟危害健康污染环境，于己不利于人有碍，文明社会理应禁烟。新加坡正在争取成为世界上第一个无烟国,一切公众场所包括政府、企事业单位的办公工作场所乃至没有空调的任何地方,均严禁吸烟,违者罚款五百坡币……"

大概是见我知错而改烟已掐灭,他把已经掏出的罚款单塞回口袋里,威恩并施地幽了一默:"您是外宾,享受一次豁免权……"我赶忙作唯唯诺诺诚惶诚恐感恩戴德状。

后来我听说,新加坡当局正在考虑制定一条新法规——"在工作岗位和餐馆吸烟违法。"惨哉烟民!届时吸口烟也得吃官司站被告席,谁敢以烟试法?

新加坡眼下还只是"准无烟国",个别地方有时还对烟民"网开一面"。笔者曾有一次被告知可在饭桌旁吸烟,那是在市郊的一间没有空调的露天餐厅。心里正感激餐厅老板开恩,眼睛却已发现问题——天!"吸烟席"被排挤到一个最受冷落最不舒适的拐角处!于是,一种被"歧视"的感觉油然而生……

晚上住半岛酒店。客房里没禁烟警察,尽可吸个够。吞云吐雾间,信手翻着当地报纸。咳!真扫兴——一眼就看到历数吸烟多少危害多少罪状的整版戒烟宣传,满纸惊人之语,危言耸听。报纸扔一边,打开电视机,也真够巧——反吸烟节目!骂一声"扯淡"关了电视,拉开窗帘欣赏夜景,先扑入眼帘的竟是一巨型霓虹广告:一支香烟上方萦绕着几圈烟雾,一组吸烟导致死亡的数字时闪时灭,犹如死神眨着眼睛……

唉!烟民在新加坡可真是"四面楚歌"、八方受"敌"啊。

假若在新加坡待个一年半载,说不定我这"资深"烟民也会痛下决心戒烟的。可惜隔天就飞往曼谷,那个有"男士天堂"之称的都市,对烟民倒是非常宽容的,只可惜苦了那些被动吸烟者了。

(原载 1992 年 3 月 25 日《羊城晚报》)

# "佛庙之都"曼谷行

前些日子，曼谷动乱，军警与示威者发生暴力冲突。危急之际，国王普密蓬·阿杜德出面调停，局势顿时缓和，危机随之化解。泰王之至高无上，由此可窥一斑。

普密蓬其人其身世，传媒已诸多介绍。但有一点却还鲜为人知——此位君主当过一阵子和尚！

"习俗高于王法。"泰国人绝大多数信奉佛教，其文化教育与佛寺密不可分。人们习惯于把子弟送入寺院当僧人的差使或短期出家，以学习佛教知识，接受佛教的道德教育和礼仪训练。可以说，出家受戒当和尚，乃泰国男子的人生"必修课"。此"课"可长可短不可无，尊为国王者亦不例外，普密蓬就是在行过加冕礼后即削发出家短期受戒的。这样的民族文化在世界上够独特的了。

旅泰一周，我感受殊深的是其浓郁的佛教文化氛围。

刚下飞机，前来迎接的泰国朋友寒暄几句，就连比带画地向我们介绍"一礼三忌"。泰人无论见面、告别、致敬、感谢、请罪，均如站在佛像前一样，十指当胸并合，指尖指向鼻尖，微微躬首，此为"合掌礼"。"合掌"也即佛教的"合十"。旅泰游人，识"礼"还须避"忌"：忌以脚代手指物指人、抚摸别人头颅或挥手越过人家头顶，这些举动有侮辱他人之意，属"禁戒动作"；忌衣冠不整进入佛寺或穿鞋跨入佛堂门槛，犯规将受惩处；忌攀上佛座塑像拍照留影，违者有被捕入狱之虞……这"一礼三忌"，无不折射出佛教文化的灵光。

说泰国是个"千佛之国"，有不及而无过。其51万多平方公里的国土上，林林总总耸立着3万多座古老寺庙和宏丽宫殿，构成了一幅充满浓烈的东方宗教色彩的画卷。我们穿梭在泰国的都市小镇、山路乡村，所到之处，庙宇轩敞，香火缭绕，善男信女成群。我们所接触到的泰国男子，几乎人人佩戴护身符。好浓郁的佛教之邦的民族气韵啊!

一位旅居泰国多年的广东老乡对我说:"去北京,不到长城非好汉;来曼谷,不看寺庙是憾事。"曼谷这"佛庙之都",确实名不虚传。金碧辉煌的大王宫,被誉为"佛教艺术大全"的玉佛寺,庄严肃穆的金佛寺,两个世纪前建都奠基礼时打下第一根柱子的国柱神隍庙,供奉着四面佛的爱侣湾神坛,还有各种神奇传说的金山寺、卧佛寺、大理石寺……座座都是镏金涂金的塔顶房顶和柱壁,幢幢金光闪闪,令人目不暇接美不胜收。这些巧夺天工富丽辉煌的庙宇,凝铸着泰国文化的精粹,有的本身就是稀世之宝。金佛寺里的金佛,高达3米,重5.5吨,完全由赤金铸就,堪称举世无双。玉佛寺里那用翡翠玉石雕成的玉佛,共有三套用黄金和珠宝制作的服装,每年的雨季、旱季和夏季,国王都亲自来这里为玉佛换装并举行隆重仪式。

庙多和尚自然也多。泰国究竟有多少和尚,官方没有公布准确的统计数字,据说至少也有几十万。每年历时三个月的佛教封斋期结束后,和尚、尼姑便纷纷走出寺庙,四处化缘。在曼谷的街头巷尾,身穿黄色袈裟的僧人随处可见。滑稽的是,那里的和尚也有"冒牌货"。有些不肖之徒剃光头,穿袈裟,带着伪造的"寺庙担保",结成团伙到处化缘,骗了钱就喝酒行乐。这种亵渎行为自然激起了真和尚、真尼姑的义愤,以致有个"佛教保护者"组织到处张贴布告,提醒施主小心上假和尚的当。这只能说——一样米养百种人,林子大了什么鸟都有。

末了还得提一笔:泰国的寺庙中也有中泰友谊的历史印记。曼谷附近有一座泰国人民为纪念我国著名航海家郑和而建立的"三保公庙"。郑和在下西洋途中曾在泰国停留,为发展两国关系作出了重要贡献。如今,三保公庙保留完好,香火旺盛,朝拜者络绎不绝。笔者在大皇宫内还看到,竟然有以我国古典小说《三国演义》为题材的屏风画!这些都是中泰两国人民友好交往悠久历史的见证。

(原载1992年6月11日《南方日报》)

## "天使之都"的咏叹

世上本无路，走的人多了，于是成了路。

世上本有路，车太多人太多，于是路将不路。

哪个大都市，都有车与路的咏叹曲。

拥有"天使之都"、"幸福之城"、"玉佛的宿处"、"坚不可摧的城市"、"被赠与九块宝石的世界大都会"等众多美称的曼谷，车与路的咏叹犹如一位劳累过度、心力交瘁的肥胖汉上气不接下气的喘息。

怎么也没料到，从曼谷机场乘专车到近在眼前的酒店，竟然比从千里之外的新加坡飞抵曼谷还费时！

三米一阻五米一歇。行一秒停三分。塞车、塞车、又是塞车！

我们被"塞"得头晕胸闷心烦意乱咬牙切齿长吁短叹。泰国导游L君却安然泰然淡然悠悠然。他每天身经百"塞"，早已"习惯成自然"。

曼谷的交通，经历过先水后陆的变迁。受到滔滔湄南河滋润和哺育的这个城市，曾是个河流纵横、舟楫如梭的"水上都市"，享有"东方威尼斯"之誉，水路交通四通八达。传说在十九世纪中叶，许多西方国家的驻泰使节有早晚骑马或乘马车兜风的习惯，他们联名上书泰国国王，要求在曼谷修建马路。于是，曼谷有了第一条马路——石龙军马路。后来，随之现代工业文明的发展，一片片水域被填平，一幢幢高楼拔地而起，超级商场取代了水上集市，马路取代了河渠港湾，汽车取代了船舶……车与路的咏叹一天比一天沉重。如今的曼谷，人山人海，车山车海。550万常住人口，230多万各式机动车辆，拥挤不堪。马路上前不见首后不见尾的车龙在无可奈何的阻塞中喘着粗气。汽车在市区大街上只能以5公里的平均时速爬行。一位法国驻泰外交官中午出门去看牙医，回家时竟已是晚上8点，来回10公里的路程足足走了6个钟头！

我们一行外出游览时，常常有人问导游L君：几点能回到酒店？L君每每答曰："看运气吧。"这也难怪，他实在是很难说个准。有一次，我约两位友人吃晚饭，让他们下午6时到我住的酒店来，为免失约，我老早就从旅游点乘车回酒店，心想少说也有一个多小时的"提前量"，"保险系数"够大的了。哪知运气邪，一路"塞"，当我气急败坏冲进酒店大堂时，两位友人已经在那里干等了足足一个小时！他们宽宏大量地打趣说："在曼谷，假如你约会迟到，人人都能谅解的最过硬的理由就是——塞车！"

"理由"虽然"过硬"，可要是去赴考应试参赛赶飞机签协议也遇上如此塞车，怎么得了？爱动脑筋的泰国人还真有办法。有一家房地产公司的女主人出门时总要在自己的汽车里带上摩托车头盔和便装，每当遇上严重塞车而又有急事时，她便钻出汽车叫上一辆出租摩托，绕过拥挤的路段，穿过弯窄的小巷，曲径奔向目的地。她说："当我的司机开车抵达时，我通常已办完事情一个小时左右。"

每当我们这些外来客对塞车嘟嘟囔囔口出微词的时候，L君便面露幽默表情，用粤语说出他那句口头禅——"曼谷、曼谷、慢慢焗！"这个"焗"字用得实在传神。曼谷属热带地区，日最高气温可达摄氏40度以上，即便是每年11月至次年2月这"凉季"，白天气温也常常超过摄氏30度。而街上的公共汽车和出租车许多都未配冷气设备。坐在没有冷气的车里，大汗淋漓经受塞车的煎熬，那热且闷的滋味，你说够不够"焗"？

或许是车里太"焗"的缘故，曼谷街头来来往往的公共汽车都不关车门。有的乘客就站在通风透气的车门口，大胆者甚至半边身子"吊"在车外"乘凉"。是否有人因此而被抛出车外？想必不至于——因为车速慢如爬行。

泰国朋友告诉我们，曼谷的交通还会越来越"塞"。目前曼谷的机动车辆还在以每天1100辆的速度递增！而道路的改善却落后很多，去年，泰国政府曾宣布"把解决首都的交通问题放在最重要的议事日程上"，而一些交通研究专家得出的结论却令人啼笑皆非——即使代价高昂的道路扩建工程能在15年内完成，至多也只能使市区的汽车平均时速提高1公里！到时岂不照样"怨声载道"？

唉！人满为患。车满为患。狭窄的生存空间。无可奈何的拥挤和窘迫。

这或许就是现代都市的尴尬。

我动笔写这篇文字之前，无意中看到报上刊登一则交通趣闻：巴西第二大城市里约热内卢一位名叫克劳季奥·恰维斯的市民，为免受塞车之苦，毅然决然卖掉私家小汽车，买回一头驴。现在他每天骑驴上班，据说比开车上班轻松快捷多了！

泰国产象不产驴。象是庞然大物，恐难成为穿梭于繁华闹市的"轻骑"。因此我想，不论曼谷的市内交通如何千堵百塞，也不至于出现"骑象上班族"吧？

(原载 1992 年 6 月 21 日《羊城晚报》)

# 北榄观鳄

就纯粹生物学意义而言，人实在是很平凡很平凡的物种——

威武不如狮，凶猛不如虎，灵巧不如猫，视觉不如鹰，嗅觉不如狗，听觉不如羚羊……

但造物主却赋予人非凡的驯服欲和征服力。调皮如猴子，机敏如海豚，狡猾如狐狸，阴险如毒蛇，邪恶如豺狼，凶残如虎豹……还不都被人类玩之于股掌？

儿时在乡下玩蟋蟀、蜻蜓、蝌蚪、小白兔，乃童稚孩趣，早已淡忘；成人后看人斗鸡、赛鸽、逗猫、弄狗玩各式宠物，只当市井百态，未以为奇；这些年东奔西走南来北去看人耍猴、戏熊、驯大象、骑河马、玩虎狼，也仅匆匆过眼，从未好生品味。唯有不久前从从容容看人捕鳄、斗鳄、戏鳄，印象颇深。

那是在泰国北榄鳄鱼湖。

鳄鱼，我原先是只闻其名而未见其形，只知它能爬行能游水还能吞咬人畜。此次有机会来北榄鳄鱼湖细察其"尊容"，方知此物前肢五指后肢四趾内侧三指长着利爪也长着血盆大颌——形象实在丑怪凶恶。

丑怪归丑怪，凶恶归凶恶，人们照样拿它们寻开心寻刺激当摇钱树。

养鳄驯鳄，招揽游人，据说别地也有。而达极致境界的，首推泰国无疑。北榄鳄鱼湖，堪称全世界鳄鱼湖公园中的"大哥大"。它位于曼谷东南约30公里处，占地0.32平方公里，饲养着原产于世界各地的20多种3万多条鳄鱼。这里地处热带，是湄南河的出海口，海水与河水在此交汇，特别适宜鳄鱼生长。海产丰富的北榄海湾，更为养鳄提供了充足的饲料。被誉为"鳄鱼大王"的泰籍华人杨海泉先生选择此地创办鳄鱼湖园，真是独具慧眼。

走进鳄鱼湖园入口沿着一条卵石小路登上一个木阁楼，只见一道弯弯曲曲的长廊天桥贯穿整个养殖场。站在天桥上凭栏放眼看去，到处都是饲养着鳄群的湖泊池塘，大大小小的鳄鱼，有的来回游动搅起波澜；有的卧在土堆上栖息，纹丝不动，乍看之下像一条条黄褐色条石。工作人员向我们介绍："这是扁鼻鳄，那是尖嘴鳄；这是亚洲淡水鳄，那是海水鳄；这是南美黑种鳄，那是中国扬子江鳄……"好一个令人眼花缭乱的鳄鱼世界！

导游带我们来到观赏池周边的石阶上看捕鳄、斗鳄、戏鳄表演。观赏池是一个用砖砌成的长方形露天建筑，中间是椭圆形水泥平台，鳄鱼就在平台与池墙之间的水池里。石阶上坐满了不同国度不同肤色的游人，池中四五个光着膀子的壮汉正在与鳄鱼对峙着、搏斗着……

玩鳄鱼可不像玩波斯猫、哈巴狗那么轻松悠然。此物爪利如刀如刺，力大可翻卷溪面船只，颌强能咬住到河边饮水的马鼻子不放，将马拖到河里咬死吃掉。相传昔日潮州韩江中的恶鳄，还常窜出江边水面吞噬岸上六畜。池中那几个汉子赤手空拳与这等凶恶之辈打交道，那丛生险象让我们这些看台上的观客也不由惊心动魄，不时失声惊呼。一个个惊险镜头迭出，看得我们的心蹦到嗓门口久久不能"复位"。

稳稳当当坐着看惊险，那感觉用得上一个时髦短语——"够刺激！"

看过令人胆战心惊的捕鳄、斗鳄、戏鳄，还有放松神经的好"节目"——买鳄货、吃鳄肉。

在那条七弯八曲的天桥中段，有几个卖鳄鱼制品的小商亭。款式各异、大小不一的鳄鱼皮钱包、挂包、提袋琳琅满目，开架任人选购。标价昂贵，"帮衬"者却不少。那些视小包小袋为贴身尤物的小姐太太们更是趋之若鹜，一个比一个潇洒地掏腰包，想必是为了买个"正宗"和"道地"吧。买了用的，还有吃的买。几乎人见人买的是那透明包装的鳄鱼尾胶片。营业员小姐甜甜的声音一次又一次地重复同样的话："鳄鱼尾胶老少咸宜男女无忌，炖服之能滋阴壮阳健身益体，补肾补血又补气，还可治骨节炎哮喘症、产后虚弱、新旧风湿病……"此物为何有此神功妙效？营业员小姐有个绝妙解释——因为鳄鱼全身的活力集中在尾部！至于是否真的如此，只好她说你听，信不信由你了。有人问："这鳄鱼尾胶好吃吗？"营业员小姐手一指："请到那边亲口尝一尝。"嘿！路旁的一个小凉亭，架着一口大铁锅，几个着围巾戴口罩的小姐正在炖煮着有淮山枸杞、党参北芪的"鳄鱼尾胶汤"。我们一行谁也经不起美味的诱惑，纷纷掏钱来一碗，然后坐在石凳上细细品而尝之。味道如何并不重要，品不出异香还可品出点异趣嘛。这也用得上一句新潮短语——"花钱买感觉"。

思绪跟着感觉走。回味着刚刚喝过的"鳄鱼尾胶汤",抚摸着刚刚买来的鳄鱼皮提包,放眼张望那些存留着恐怖气息的鳄鱼池塘,我又一次想到这湖园的主人。据说,身为世界保鳄公会主席的杨海泉先生,当年把投资的眼光聚焦到这片土地时,其初衷不过是"负起保护鳄鱼使其免致绝种之责任",并没打算大发"鳄鱼财"。而现在,这里成了全世界屈指一数的养鳄大本营,鳄鱼肉远销全球,鳄鱼皮风靡国际皮革市场,财源滚滚、生意红火。这,恐怕杨公本人也是始料未及的吧?

在一个鳄鱼塘旁,几位驯养人员向我借火点烟,说的是我熟悉的乡音——潮州话。一问,他们的父辈都是喝韩江水长大的潮州人。这使我不由灵光一闪——

想当年,州刺史韩愈韩文公在北堤渡口摆坛祭鳄,投猪羊入江,念《祭鳄文》,以"才技吏民操强弓毒矢"以"与鳄鱼从事",威慑之,令鳄鱼"南徙于海"潮州百姓如送瘟神。看如今,潮州的子孙后代却在异国他乡把鳄鱼精心驯养视若宝贝。时空的年轮,记载着万物的演化,也记载着人驾驭其他物种的能力的升华!

(原载 1992 年 7 月 19 日《羊城晚报》)

# "东方夏威夷"印象

旅游城市，风景胜地，大多都有自己的独特的色彩印象。

蓝天、白云、碧水、银海滩、青山、翠树、绿茵、金黄果……芭堤雅的色彩印象何其鲜明。即便是先天色弱，恐也难保不会在这样的色彩中微醉。

芭堤雅，泰国人引以为豪的"花城"。竞相斗艳的鲜花遍布市区的每个角落。街道是花街。庭院如花园。甚至连篱笆也是花墙。四处百花流香，芬芳馥郁，沁人心脾。面对那些千姿百态奇姿异彩的热带花卉，别说我们眼花缭乱，就是花卉专家，恐怕也得频频刮目相看。导游L君，见多识广，"天上的事情知一半，地上的事物全知道"，平常口若悬河问不倒，在芭堤雅竟也常因叫不出这花那花的名字而语塞。

位于曼谷湾畔的这座城市，除了"花城"之称，还有"东方夏威夷"之誉。它倚山依海，海岸线蜿蜒曲折。这里海面平阔，阳光灿烂，微风轻拂，气候宜人。漫步在市区，只见幢幢新建的宾馆、住宅、别墅掩映在树影花丛中，一群群操各种语言的游客络绎不绝，脸上荡漾着笑容与惬意。从宾馆高层临窗望去，又见一湾湾白沙滩镶嵌在碧蓝的海边，闪光耀眼；海面上风帆点点，烟波浩渺，景色万千。最好的去处要数那迷人的海滩。我们在那里泡了整整一天——游泳、滑水、打水球、跳伞、水上飞翔……实在让人流连忘返。高空跳伞之类的活动，虽有专人指导，毕竟过于刺激，无险而有惊，并非人人敢为。那不打紧，不愿意或不够胆的游客，可乘快艇前往水质清澈透明的海域，改坐玻璃底板船，俯身观赏珊瑚、鱼群等海底奇景。假若有人连乘快艇也怕心律失常，那么，躺在洁净柔软的沙滩上，享受阳光的沐浴、海水的亲吻和海风的轻抚，那海阔天空、水天一色的景致，同样令人心旷神怡。

作为一方旅游天地，芭堤雅的魅力不仅在于自然景观，而且在于"人"的"奇观"——怪诞的"人妖"一族。要说美妙的山水风光与花木景色，别的地方有的是，而芭堤雅那充满神秘传奇色彩的庞大"人妖"部落，在这个地球上可谓独一无二，堪称一绝。许多旅客，甚至专为一睹"人妖"风采而来。

泰国有多少"人妖"？芭堤雅有多少"人妖"？接待我们的泰国朋友谁也说不出一个确切的数字，只知芭堤雅乃"人妖"云集的大本营。我们在那里的街头、海滩、旅游点常见"人妖""露峥嵘"。看她（他）们那花枝招展的装扮，那举止中流露的"女人味"，要不是当地人指点，谁看得出是"人妖"呢？

芭堤雅有个"蒂芬妮人妖歌舞团"，每天晚上在剧院为游人演出。我们花了300铢泰币买门票进去开眼界。只见舞台上"满台春色"，妙龄"女郎"们正在载歌载舞，性感的穿戴，纤细的腰肢，丰满的胸部，俏丽的脸蛋，甜软的女人腔……实在很难想象这些人原来竟是男子汉！据说，"他们"原来大多生理正常，进入青春期后施行变性手术——吃药、打针、动刀子，终于"脱胎换骨"成了"她们"。有人问"假若这些人出国，护照上'性别'一栏该填'男'还是填'女'"？回答很肯定：只能填"男"，出生证上的性别不能更改。又问："人妖"该进男厕所还是女厕所？回答也很肯定：当然进女厕所。说到这些人一般都没恋爱没结婚不能生育而且短寿，又有人多嘴："这样的人生能幸福吗？"泰国朋友双手一摊——无可奉告。细想确实也难以奉告，大千世界光怪陆离，一样米养百样人，各有各的活法，"幸福"观自然也千差万别。

演出一结束，刚才舞台上那些仪态万千的"人妖"立即出现在剧院门口，热情有加地招呼观众与其合影。看男女游客一个个争先恐后与她们搂腰搭背作亲密状拍照不停，谁能否认"人妖"已成为芭堤雅一种特殊的"旅游资源"呢？

挥手与"人妖"说"拜拜"，已近午夜时分。次日一早就离开这个城市了，我们珍惜最后几个钟头，在这不夜城中慢悠悠地四处溜达。海滩上的喧闹已归于沉寂，大街小巷却还灯火通明人头涌动。一间紧挨着一间的餐馆、酒吧、咖啡屋、卡拉OK厅生意红火。来自地球各个角落、各种肤色的游客尽情享受着这里的夜生活……置身于这个魅力迷人的现代化国际旅游城，又有谁能想到几年前这里不过是个偏僻荒凉的小小渔村呢？

大自然对人类的馈赠和赏赐往往是丰厚却又粗糙原始的。美，需要开发。诗情画意，美妙天地，有赖于人类的审美发现和后天再造。

（原载1992年11月13日《羊城晚报》）

# 南坎一日

晨曦初露。瑞丽城刚从甜甜的睡梦中醒来,我们已驱车上路。目标:缅甸南坎。

南坎,乃诗句"一坝三城连两国"中的"三城"之一,与木姐、瑞丽同在"瑞丽坝"——瑞丽江两岸那片富饶宽阔的小平原上。去南坎,是我们这次滇边行的"高潮"——"出国"当一天"外宾"。

汽车在边境公路上奔驰,车轮沿着国境线飞转。沿途没有军警,没有岗哨,没有铁丝网,边民自由自在地往来互市,宁静而祥和。看缅方一侧,屋宅多是茅房。一片片过了收获期的甘蔗抽"穗"扬"花",煞是好看。偶尔可看见三几个缅人在地里不紧不慢地手工耕作。好一派古朴的田园风光。

车上,导游朱小姐教我们说缅语。为"速成",大家使出了"绝活"——"汉语拼音"。于是,"早上好"念成"美国喇叭","谢谢小姐"念成"姐夫你好来啦","再见"读成了"老马对面"。至于缅人能否听懂,就不得而知了。

滔滔瑞丽江横卧在前面,我们换乘一条简陋的交通船过江。一达彼岸,朱小姐便把我们"移交"给缅方的友谊旅行社"接管"。缅方导游小姐用"缅味"十足的普通话向我们"约法三章",希望大家奉行"三不主义":一不摸男孩子的光头,此乃佛国习俗所忌;二不在街上吸烟,因缅甸到处有容易着火的茅房;三不对着红字标语、牌坊拍照,那多属政治性宣传,游人少沾边为妙。入境过关时,缅方边检人员十分友好,根本不查证件,只由导游小姐报个车上人数,打个招呼,摇摇手就过去了。

进入南坎城区,第一个"发现"就是缅族人服饰之独特,简言之可概括为"四无":"领无顶,腰无带,裙无裆,鞋无绑"。缅甸人男女都穿筒裙,且不扎腰带,只在裙腰打折扎结固定在胯骨上了事。街上来来往往的男女老少,全部穿拖鞋而不着袜子。接待我们的导游小姐,也是穿"人字拖",光着脚丫。这种服装穿戴习惯,可算是最直观的风情民俗了。

到过南坎的人,哪怕只待一天半日,也会深深感受到其浓郁的佛教文化氛围。缅甸是个佛光普照的国度，缅族人中教徒占人口总数一半以上。教徒多，僧侣自然也多。在南坎的大街小巷，到处可见全身上下裹着杏黄色袈裟，只露出个光秃秃脑袋，表情肃穆、步履持重的和尚和尼姑。据说这里的男孩子都必须到寺院当一阵和尚，时间短则一月半月，长则一年数年，否则连老婆也娶不到。南坎没有什么高楼大厦，最显眼最恢弘奇伟的建筑是佛塔和寺院。禅山寺、蛮拉寺、镇中寺、蛮坎大佛塔……一座座金碧辉煌，镶嵌在"风水"非凡之处；相比之下，那些低矮的房舍店铺顿显黯然失色。可以说，佛塔、寺院中悠扬的钟声，朗朗的诵经声，缭绕的香烟，虔诚的祈祷，乃是缅族人精神和灵魂的寄托。

在我们参观的景区景点中，唯一与佛教无关的是位于南马河畔的南坎温泉。它本是南坎华侨黄春发先生于中日战争后所建，后失于维护而破败残缺，1990年才重建一新。现今这里蒸汽弥漫，有沸腾的滚锅可煮熟蛋类食品，有供单人、集体、夫妻享用的浴池，还有旱冰场、游泳池、花圃、假山、喷泉等。当地人相信这里的温泉能治病，专为沐浴而来者络绎不绝。

李时珍在《本草纲目》中曾对温泉的分类及药用价值作了详细的分析和记载。一般说来，温泉可分为单能温泉、食盐泉、硫磺泉、碳酸泉、石膏泉、铁泉、酸性泉和放射泉等多种类型。这些不同性质的温泉可治不同的疾病。南坎温泉属深度硫磺泉，用其泉水沐浴可治疗风寒湿症及各种皮肤病，当是无疑的吧。值得一提的是，这一设备齐全功能多样的温泉游乐地，还是我国瑞丽县城建局设计并帮助建造的。

走马观花参观了几个景点之后，还有两个钟头的自由活动时间，我们便三五成群逛街去。那些鳞次栉比的店铺，卖的多是珠宝首饰、旅游纪念品、化妆品、性药之类。日用工业品几乎都是中国货，其中又以"广货"居多。缅甸人的购买力和消费水平较低，中国过时的中低档轻工产品，在缅甸市场还是"新潮"的抢手货。据说这里的居民并不穷，特别是那些做玉器、宝石和白粉生意的人，不乏富得流油者。

富不富是人家的事，我们该"回国"了。友谊旅行社的导游小姐把我们送到瑞丽江边，声情并茂地唱了一首专为中国游客创作的送别歌——《相会在南坎》。船离岸，我们一行异口同声："再见——'老、马、对、面'！"

(原载于1993年8月31日《现代人报》)

# 唐山：创造战胜了毁灭

一颗镶嵌在渤海之滨的明珠，曾被地壳运动的魔力震击得支离破碎。

一颗在破碎中重新聚合的明珠，历经沧桑劫难而新生，越发璀璨、熠熠生辉、灵气四射。

以上描写说的是唐山。

没有事先算计，没有刻意安排，就是那么凑巧——我北上公干来到唐山，不早不晚正是唐山的忌日："7·28"。

这是一个令唐山人刻骨铭心的"黑色的日子"。15年前的这天凌晨3时42分56秒，一场震惊寰宇的劫难突然降临酣睡中的唐山。刹那间，地光如剑，地声如雷，地壳颤抖，地表开裂，地面坍陷……顷刻，楼屋崩塌，生灵涂炭；铁轨变形，桥梁断裂；树行错位，机井冒砂……仅仅十几秒钟，素有"煤海钢城"、"瓷都电邑"之称的百年工业重镇沦为一片废墟！

其时，西方观察家们哀叹："唐山从地球上抹掉了！"

时间翻几个筋斗过了15年。笔者漫步在今天的唐山市区，只见鲜花绿树之间，宽阔的街道纵横如织，簇新的居民楼疏密有致；商场、医院、影剧院、体育场等公用设施造型优美；宾馆、学校、机关等高层建筑点缀合理。一座繁华、壮观、优雅的现代化多功能新型城市已在震后的废墟上挺立起来。今年9月20日，第二届全国城市运动会将在这里举行。

唐山市的工农业生产水平已远远超过了震前，并于去年跨入全国20个年产值超过百亿元的城市之列。全市人均居住面积8平方米，居全国大中城市前列；供热率居全国首位；气化率达76.5%。1990年，联合国授予唐山市"为人类居住区发展作出贡献"的荣誉奖。

创造战胜了毁灭！

西方观察家评论道："唐山是中国乃至世界大城市灾后复原和发展的范例。"

从某种意义上说，人类进化发展的历史，就是一部人类在同各种自然灾害殊死搏斗中顽强生存的历史。一次次大毁灭中重新崛起，一次次在废墟上创造其他物种无法创造的文明，这是人类的骄傲。

我来到位于市中心区的纪念碑广场。那直插云天巍峨挺拔的唐山抗震纪念碑就耸立在广场东部。她坐南朝北，分主碑和副碑两部分。副碑以废墟形式出现，记载着唐山大地震的发震时刻、震级和造成的灾难。主碑由4根独立的擎天柱组成，既象征地震造成的楼层开裂，又象征新唐山各种建筑拔地而起。碑的上部犹如伸向天际的4只巨手，象征"人定胜天"。碑身下部四周由8块浮雕组成一个四方形，象征祖国四面八方对唐山灾区的无私援助。

浮雕内容分为"地震灾害"、"抗震救灾"、"恢复生产"、"新唐山"4个部分。碑座四方踏前均为四级，每段七步，四七二十八，象征着"7·28"这个忌日。

我佩服设计者的匠心。四根擎天柱，托起天，托起云，托起了再生的希望；四组浮雕，俯视大地，俯视众生，向千千万万人进行着催人泪下的诉说。纪念碑如永不褪色的历史见证，记载着15年前那惊心动魄的瞬间；纪念碑如永恒的生命象征，昭示着人类的无穷创造力。

站在纪念碑前，我仿佛看到碑文所描述的英雄唐山人与死神搏斗的悲壮图景："主震方止，余震频仍，幸存者即奋挣扎之力，移伤残之躯，匍匐互救……"

站在纪念碑前，我仿佛在聆听一位冷峻的历史老人的诉说：这里是文明断裂与延续的连接点，是创造战胜毁灭的圣地。

前来瞻仰纪念碑的人流络绎不断，有国内游客，也有各种肤色的外国友人。那天，还有开滦唐山矿五位加入共青团的孤儿来到纪念碑前举行入团宣誓仪式，告慰死于震灾的父母亲人。15年前的大地震给开滦唐山矿留下了381名职工遗孤。如今，他们中已有368人参加了工作，301人建立了美满家庭，272人加入了党团组织，255人成为省、市、局、矿级先进工作者。"地震无情人有情"，昔日的孤儿在党、政府和社会大家庭的关怀下已成长为新唐山的建设者。几位在纪念碑面前对团旗举起右手的青年显得分外激动。

与抗震纪念碑东西相对的是外镶红色陶瓷面砖的唐山地震资料陈列馆。她氛围肃穆、凝重。步入馆内大厅，一种浓烈的历史感油然而生，科学气息扑面而来。大厅中央陈列仿制的张衡地动仪，正面墙壁上镶嵌着题为《地震科技发展：生命之树长青》的巨幅陶瓷壁画。大厅四周设有放映室、接待室、资料室；楼上为陈列厅。馆内陈列的大量文字、图表及震时照片，真实具体地介绍了唐山地震的基本参数、波及范围、地质背景、震前异常情况、余震衰减过程、震灾实况等内容，也记载了唐山人抗震救灾、恢复生产、重建家园的历程。馆内还设有一地震科普展览室，分太阳系和地球、地震、地震观测预报、防震防灾四个部分，向观众介绍地震形成的宏观背景、地震观测预报的基本原理及方法、防震措施、自救常识等地震科普知识。

　　走出陈列馆，已是闭馆时分。送走了最后一批参观者，本来就肃穆的陈列馆显得更加肃穆。她是在为自身内涵的沉重而凝思？还是在考虑着如何向参观者昭示更深长的历史意蕴？

　　15年前的大地震给唐山人带来了家毁人亡的灾难，也给唐山留下一份珍贵的旅游资源——地震遗迹。河北矿冶学院原图书馆楼，震后的情景令人瞠目：第一层全部破碎，第二层至第四层仍为一整体，坐落在第一层的废墟上，只是向东北方向移动了一米。第十中学的几条小路、几处房基和几排下水管都错动了一米多。内行人说，这是因为地震时地下岩层错动，牵引地表产生错位所致。在这里，被列为国家重点保护的地震遗迹共有七处。迄今已有来自一百多个国家和地区的六十多万游客、学者到此参观、考察和研究。这些遗迹遗址就像无言的历史，向人们诉说着地震灾害的酷烈，启迪和鞭策人们努力去探索地震孕育、发生、预测预防的规律。

　　唐山市的同志告诉我，他们还在筹建国内独一无二的"模拟地震旅游中心"，其总体构想是，利用电、声、光等现代科技手段，人工制造地震发生前后出现的地光、地声和房屋倒塌的效果氛围，使游客在有惊无险中体验震感，从中学习防震抗震知识和增强防灾意识。我对此举甚为赞赏。

　　在离开唐山的列车上，我想了好多。在酷烈的自然灾害面前，人有时是抵抗乏力的。但人类伟大之处在于其可以在无数次同自然灾害的搏斗中得以砥砺和凸显。从这个意义上说，"人定胜天"是一条客观规律。人类无可比拟的创造力可以重建乃至复原被自然灾害毁损了的物质文明，这无须质疑。但自然灾害对人们的精神重创却是很难愈合的。唐山大地震给唐山人的心灵留下了累累伤痕，同时也给我们留下了许多值得深思的严峻问题。

　　自然害灾之于人类，可谓飞天横祸。

　　但"自然灾害"之于大自然，却是一种"需要"——一种为维持某种平衡的自动调节机制。

纯"自然"的森林火灾，是森林生态环境自我平衡的"需要"。

火山爆发产生的大量二氧化硫与水结合成超冷微粒导致大气层变冷，正是缓解和遏制"温室效应"、"热岛效应"的自然机制。

至于地震，乃平衡地球运动的一种"调节"；地震不规则地壳运动停止，也许会惹来比地震更可怕的全球性灾难……

一句话：自然自有自然规律。

问题是，人应该如何去面对自然灾害？

坐以待灾？不符合人的本能。

消极抵抗？不是万物之灵的风格。

"征服自然"？此乃人类忘乎所以、妄自尊大的狂言。须知人类是大自然的儿子，人类也属自然界的一部分，人类不过是大自然无限序列中的一员。自然界的报复和惩罚足以毁灭"征服者"——古希腊的衰亡就是例证。

人类唯一明智的选择是：协调人与自然的关系，与自然和谐相处。

"协调"不是人类的退避和屈服，而是人类认识自然、改造自然的能力空前提高而使人类活动达到新的境界。

就说地震吧。人类惧怕地震，地球却"需要"通过地震释放能量。地壳运动产生并长期积聚贮蕴的能量导致地震，那么，人类能否通过"疏导"这些能量从而"疏导"地震呢？唐山大地震释放的能量约为 400 颗广岛原子弹同时爆炸的能量当量，相当于一座 12 万 5 千千瓦发电机组连续运转 8 年的总发电量。用现代科学技术武装起来的曾经创造无数人间奇迹的人类，哪一天才能让如此巨大的"地震能"听我调遣为我所用化害为利呢？

列车呼啸着进入了隧道。我的思维也进入无形的灰色隧道……

（原载 1991 年 9 月 4 日《羊城晚服》）

# 曲阜朝圣

时下"知名""著名"泛滥,"名产""名优"贬值,就连"名胜""名城"也有贬值之势。国务院已先后三批公布了 99 个城市为国家历史文化名城,各省、市、自治区又公布了 120 个"历史文化名城",各地市县还在不断地自封"名城"。全国就那么 400 多个城市,一半以上成了"名城",是否都名副其实?

难说。存疑!

但说曲阜是历史文化名城,想必谁也不会有异议吧。孔圣人的故乡,儒家思想的发源地,古代东方文化的中心,够历史够文化称得上名城中的名城了。

望"名"生义,"曲阜"乃"弯弯曲曲之地"。而现今通往曲阜的路却笔直、宽阔、平坦。途中,见有一古色古香的牌楼迎面而来,上书"信义之邦"四个大字。乃至临近曲阜,又见一高高耸立的雕塑:地球上,一人驾着马车昂然前行。这两处建筑,堪称"画城点睛"之作了。

踏入曲阜,一下子置身于圣气与商味交汇混融的氛围中。一生穷困潦倒的孔夫子再"先知先觉"也不会料到,两千多年后,他会给子孙后代带来滚滚的"圣人文化财"。整个曲阜市区星罗棋布的宾馆、酒吧、茶楼、店铺、摊档,几乎家家非"孔"即"圣"。曲阜的产品,更是沾尽了祖宗的灵光。"孔家酒"、"孔府家酒"、"三孔啤酒"、"孔府系列饮料"、"尼山圣水矿泉水"……哪种也少不了"孔圣"二字。"孔府宴"、"孔府菜"、"孔府点心"、"圣饼"的广告举目皆是。真可谓百业姓"孔",无处不"圣"。

既来朝圣,当然得到瞻仰"三孔"——孔庙、孔府、孔林。孔庙,好些城市都有。北京东城区的孔庙、浙江衢州孔庙、江苏南京夫子庙,均有一定"知名度"。但要说"正宗",要论历史悠久、规模之壮观,当首推曲阜孔庙无疑。它经两千年修建,由孔子故宅三间,发展为占地三百多亩的恢弘庙宇,与北京故宫、承德避暑山庄并称中国三大古建筑群。

孔庙有个"圣时门"。何谓"圣时"？按不才浅见，"赶时髦"是也。《孟子·万章》载："孟子曰：'伯夷，圣之清者也；伊尹，圣之任者也'。"孟子曾拿孔子与几位先圣先贤作了"横向比较"，找出他们各自"圣"之所在。据他考究，伯夷是圣人之中清高的人；伊尹是圣人之中负责的人；柳下惠是圣人之中随和的人；而孔子则是圣人之中最适合于时代的人。难怪鲁迅先生要送孔夫子一个雅号——"摩登圣人"。

来到一棵相传是"孔子手植"的桧树旁，游客们纷纷身倚着"先师手植桧"的石碑留影，算是"立此存照"。据说，这桧树历史上曾多次枯死，又多次复生新条重长，且能预报世道好坏。若确有其事，如此"圣树"真该让其枝条遍布神州大地。

从孔庙出来，转个弯就到孔府大门。只见大门正中上方悬着一副蓝底金字对联：

与国咸休安富尊荣公府第，

同天并老文章道竺圣人家。

有趣的是，对联中"安富尊荣"的"富"字少了上面一点，叫做"富贵无顶"；而"文章道德"的"章"字，下面"早"字的一竖一直通到上面的"立"字，取"文章通天"之意。

孔府是孔子后世嫡系长孙居住的府第，经历代扩建，现占地240亩，有厅、堂、楼、坊463间。府内的大堂，是迎接圣旨、会见官员、审理案件以及节日、寿辰祭祀活动的地方。官衙与内府合一，属于中国封建社会中典型的府第。

由于行程紧凑，在孔庙、孔府"泡"得久了些，到孔林就只好跑马观林匆匆兜一圈。末了，只留下一个印象：孔林是一处古老的人造园林，内有坟墓十多万座，葬着孔子，也葬着历代衍圣公和曲阜及附近的孔氏族人，算得上世界上延续时间最长的家族墓地。

到曲阜，值得看的地方很多。除了现存的一百多处古迹外，曲阜人还在加紧开发得天独厚的人文资源——重建景灵宫，塑立黄帝，建设《论语》碑林……

遗憾的是时间过短，未能去见识新近已建成开放的"六艺城"。"六艺"者，礼、乐、书、御、射、数也。听曲阜的同志说，"六艺城"以孔子六艺学说为主线，集传统文化与现代技术于一体，是中美合资的现代化大型游乐城。引入外资弘扬古代文化，称得上解放思想的创举。可惜未能亲临其境，不知电声光、计算机之摩登与六艺学说之"古色古香"如何和谐一致熔为一炉？

（原载 1994 年 6 月 16 日《羊城晚报》）

# 井冈山思绪

周镇宏 散文 杂文

"五岳归来不看岳,黄山归来不看山。"这句对黄山的溢美之词,几近名言。但名言或准名言,当初也不过是一家之言,大可不必奉为"行动指南"。

我总觉得,山与山相比,"单项"分易决,"综合"分难评。有人喜欢A山险峻雄伟,有人中意B山秀丽小巧;有人陶醉这山自然景观的绮丽,有人钟情那山人文景观之独特。游客心中的标尺各异,你说如何以"总分"见高低?

就说敝人吧,两度黄山归来,按说尽可以不看山了。但到了江西赣州,我不信服务小姐"那里没啥看头"的论断,不听友人"别花钱买难受"的婉劝,一意孤行,非上井冈山不可!此行虽说来去匆匆,但身置"革命摇篮"的体验和感受,却足以使我的遐想和思绪跨越时空,穿梭于历史与现实之间……

## 耿耿于怀提旧事

早在少年时代,井冈山就在我心中拥有很高的地位。

我接受的中国革命史启蒙第一课,就是《井冈山的斗争》。

稍大一些,正是"亿万小将发高烧"的年头,眼巴巴看着佩红袖章的青年男女浩浩荡荡地上井冈山"串联闹革命",嫉妒得我咬牙切齿。他们"凯旋"时带回的一包"井冈山土"和一军壶"井冈山水",差点儿把我的眼珠给"勾"了出来。但我却不敢奢望有这份荣耀——那时的井冈山不太可能接受一个万分虔诚的"黑崽子"。

到了我"荣升"为"可以教育好的子女"而当上月领十七元的"十七级干部"时,"井冈山热"虽说余温尚在,但"免费串联"早已"过了这村无那店",我辈生活中的最高级奢侈品是四毛钱一斤的"拔牙饼干"和两毛八分一包的"丰收"牌香烟,井冈山对我仍是可想不可及。

再后来在那次激烈的高考竞争中，我幸运地成了"天之骄子"。那段时间，报刊上出现频率最高的词儿是"反思"，校园里大行其道的是"外语热"和"托（福）派"，若有哪位仁兄执意要上井冈山，说不定不会被怀疑神经系统不正常。

## 井冈山排行老几？

在我国山的家族中，井冈山论海拔论险峻，都沾不上"最"字。它排老几？我说不清。查古籍文献，其名不见经传。查80年代的某权威手册，在"祖国山河"条目中，也找不出"井冈山"三个字。

但这并不重要，有道是"山不在高，有仙则名"。当年一位伟人以其远见卓识看中了这片罗霄山脉，在此点燃了"星星之火"……中国共产党人武装斗争的历史可谓波澜壮阔，但人们不会忘记：这部惊天地泣鬼神的史册，开篇在井冈山！

再问井冈山排行老几？历史老人答曰："中国革命第一山！"斗转星移，井冈山的斗争距今已是半个世纪了。

有人说：时间可以使存在变为子虚乌有；岁月可以抹去一切痕迹。我说：时间只能使历史变得更加权威；岁月抹不掉井冈山的历史光辉！

## "林连长"安在？

从穷乡僻岭走出来的中国共产党人，从没有忘记井冈山和埋在井冈山的先忠烈骨。在茨坪，离毛泽东和朱德故居不远处，有一座由72块碑刻组成的碑林。这里，有毛泽东"重上井冈山"时笔走龙蛇的手迹，有当年井冈山斗争的其他领导人"千里来寻故地"的题签，也有名人雅士游井冈山时留下的翰墨……

我未曾见识过著名的西安碑林，不敢妄作比较。但站在井冈山碑林前，一股独特的浓烈的历史感、崇敬感油然而生。这种感染力该是其他碑林所不能取代的吧？

茨坪革命烈士陵园内，还有一座新建的人物雕塑园：毛泽东、朱德、陈毅、彭德怀、谭震林、陈正人、滕代远、何长工、贺子珍……参与井冈山斗争的 17 位领导人或横刀立马，或昂首挺胸，或沉思，或远眺，好一群活生生的风云人物！

## 三个"想不到"

关于井冈山，我有三个"想不到"。

其一，想不到这个革命圣地还是一个不可多得的旅游好去处。我的初衷是去看看革命人文景观，及至身在此山中，方知其自然景观的魅力。这里山势逶迤，层峦叠嶂；林木繁茂，苍翠欲滴；碧流飞瀑，气候宜人。茨坪、黄洋界等八大风景区二百多景物景点，令人流连忘返。最出名的有飞泻如练的小井瀑布、五大哨口的险峻风光、奇特幽深的石蒸洞，直指云天的五指峰……自然景观与革命胜迹融为一体，确实独具特色。

其二，想不到有个这么幽静的市中心。大凡现代城市，无不车水马龙，人头涌涌，噪声烦人。唯独井冈山市例外。市中心茨坪，建筑气派非凡，马路宽阔平坦，可清静得令人惊讶。据说，井冈山市区人口不足六千人。这样的市，在全国怕也不多吧。

第三，想不到上井冈山的游人如此之少。从赣州开往井冈山的唯一班车，零零落落只有 11 位乘客，而且大多数是在半路下车，司机说往常也大致如此。大好的旅游天气游人寥若晨星，我上了黄洋界，竟然空无一人！当然，这对诚心的游人却是好事——正好让你独赏美景，独自凭吊这昔日的战场。

"黄洋界上炮声隆，报道敌军宵遁。"吟罢毛泽东的名句，我忽然冒出一个问题：

当年他一介书生，从未进过武堂军校，也无带兵经验，为什么竟能在此创造了即使孙子再生也自叹弗如的军事奇迹？

## 也谈井冈山旅游为何热不起来

这个问题，近期不断有人发表高见，比如"宣传不够"之类。但依我之见不妨从井冈山本身找找原因，井冈山的旅游服务业，有待改进处颇不少。那天初到井冈山，想租个车，请个导游，可车队、导游公司全都闭门谢客。门上写着："星期天休息。"怪哉！莫非上井冈山不该在假日而只能在"办公时间"?！

井冈山市区旅店宾馆不少，服务质量却实难恭维。我住的那家全市最高级的宾馆，在上班时间打毛衣的服务员竟叫旅客自己去打开水，且理直气壮："你没看我忙着吗?"翌晨要赶早车，央值夜班的小姐届时叫起床，没想她圆瞪凤眼，像看外星人般地盯了我半天，不满地说道："你起不来我也不一定起得来啊！"

　　进餐厅吃饭，小姐有言在先："晚餐标准不得超过6元。"咱在广东只听过限定"最低消费"的，没听说有限定"最高消费"，于是又不知趣了："标准？自己掏钱的嘛！"那小姐绝对坦率："这里是认人不认钱。你要是首长就可以突破标准。"吓得我只好缄口了——小萝卜头一个，岂敢妄充首长？

　　我相信如果井冈山人能在服务方面有所改进的话，井冈山旅游一定会如当年的星星之火一样红遍中国。

　　　　　　　　　　　　　　（原载1991年第2期《黄金时代》）

# 侃泰山

去曲阜朝圣，往返都与泰山擦身而过。停下来爬上去"一览众山小"吧，肯定误了后面一连串已经铁定的行程。于是只好望山兴叹，仰视这五岳之首，那雄伟巍峨、突兀壮观的形象，确有"通天拔地之势，擎手捧日之姿"。

我浅陋不才"有眼不识泰山"。好在"三人同行必有吾师"，我们的东道主L君算是半个"泰山通"，我有幸恭听他滔滔不绝"侃泰山"。

他从"泰山如坐恒山如行华山如立嵩山如卧"侃到"唯有南岳独如飞"；从司马迁"人固有一死，或重于泰山，或轻于鸿毛"名句侃到"泰山不辞土石故能成其高，河海不择细流故能就其深"的哲理；从"泰山压顶"、"泰山压卵"的成语；从最古老的地层名称"泰山群"侃到名人墨客的泰山吟；从泰山上有个"丈人峰"侃到旧时称妻父为"泰山"的由来……简直如数家珍！

"泰山可真是座文化山呵！"我不禁感叹。

"对，对！文化山，真是文化山！"L君仿佛遇到知音，继续向我"批发"关于泰山的知识：

——联合国教科文组织一位官员考察泰山后，惊叹道：联合国已命名的世界名胜，或者是自然遗产，或者是历史遗产，而可以称得上自然与历史综合遗产的，唯有中国的泰山。

——泰山正在走向未来。有关方面已经计划举办和兴建泰山石头文化陈列、泰山碑林、历代帝王泥塑、泰山庙会、国际泰山学术文化研讨会等等，为的是弘扬泰山文化。

"泰山文化是否也有消极的一面？比如唯我独尊闭山自守之类？"我不识趣地问。

"这……当然也有。"L君宽怀大度地承认：例如历代帝王在这里封禅祭祀，老子天下第一……

我有些不解：泰山高峰玉皇顶，海拔也不过1545米，怎么连见多识广的孔圣人也会有"登泰山而小天下"之说?

L君沉吟了一会，用一名语结束了他的发言："大概是附近诸山都很低的缘故吧?"

高见！说到底是个参照系问题。我倒希望：有幸踏上玉皇顶的今人吾辈，能生出些许"登泰山而知天下更大的"感受。

(原载 1994 年 10 月号《跨越》)

# 松花湖掠影

盛夏，笔者从酷热的羊城来到必须拥被而睡的吉林松花江畔，参加全国科学诗会。会议闭幕式后，热情的东道主安排了"松花湖一日游"，使我们有幸饱览了饮誉中外的松花湖风光。

滔滔松花江，以长白山为界分为第一松花江和第二松花江。松花湖处于第二松花江的上游。我们从江城宾馆驱车出发，沿着松花江边的绿色长廊，来到了松花江湖畔。首先映入眼帘的是一条雄伟高耸的大坝，它切断了滚滚而下的江流。大坝下面是著名的丰满电站，上面就是我国最大的工人湖——松花湖。吉林的同志告诉我们，过去这里江道狭窄，水急风大，俗称"小风门"。丰满电站建于日伪统治时期的一九三七年。为了筑坝建电站，中国人民付出了血的代价。有一首民歌唱道："秋风凄凄，黄叶凋零。尸体填满万人坑，血染江水一江红。大坝高一尺，白骨落一层。一度电，一滴血，电站本是血肉来筑成。"解放后，党和政府非常重视丰满电站的建设，经过改建、扩建和技术改造，如今丰满电站已经旧貌换新颜，那伸向四面八方的输电纽带，给千家万户输送着光明。

汽笛长鸣，我们在欢快的乐曲声中登上游船；扑向松花湖的怀抱。静水面积达五百多平方公里的辽阔湖面，碧波荡漾，风帆点点。四周峰峦叠嶂，万木苍山色彩斑斓。我们一行中，有的凭栏远眺，有的隔窗瞭望，秀丽的湖光山色尽收眼底。

说来也巧，我们乘坐的游船刚过金龟岛不久，就遇上了浓雾，顿时烟波浩渺，轻纱掩面。我们正在为不能极目远眺而颇感遗憾，就听导游说："诸位真是好运，等浓雾渐渐隐退时，展现在你们面前的将会是另一番奇异景色。"果真，过了一会儿，浓雾渐消时，远处山影依稀可辨，近处烟云迷离飘逸，那时那境，我们感到自己不是站在甲板上，而是置身于天水一色之间。

游船从丰满码头起航，经过金龟岛、骆驼峰，航行四十余里后，来到了四面环水的五虎岛。游船刚刚停定,游客们便争先恐后,下船上岛。五虎岛是新近开发的旅游点,岛上有小桥流水,有山草篷船,浓郁的乡土气息和质朴的自然美令人陶醉,使人流连忘返。

游船按时返航了,我们却还个个游兴未尽。导游看出了我们的心思,就说:"各位如要尽兴,改日可来'两日游'。'两日游'的游船,将从这里继续沿湖而上,与南天门擦肩而过,让您饱览亭亭玉立的美人松,隽秀挺拔的花砬子和牡丹峰……""美人松?"我不禁掏出一包"美人松"牌的香烟,向导游投去探询的目光,于是,导游向我们讲起了关于美人松的传奇故事:

据说,当年杨靖宇将军的部队里,有一个护士背着一位伤员转移,受到敌人的追赶。护士姑娘知道难以摆脱敌人,便机智地把伤员安置在一堆灌木丛下的石洞里,然后自己向相反的方向跑去。敌人疯狂地向她扑来,她躲在一棵松树的后面,朝冲上的鬼子射击。敌人一个个倒下去,她也负了重伤。鲜血从护士的身上顺着树干一直流到树根,染红了松树,她忍痛砸碎了自己的枪支,壮烈牺牲了……传说从那以后,这种松树的颜色就变得与人的肤色相似,树的长相也变得像那个美丽的护士姑娘……

多么动人的故事啊!松花湖畔,还有多少可歌可泣的美的化身啊!下次到吉林,我一定要到松花湖上"两日游"!

(原载 1988 年 8 月 16 日《羊城科技报》)

## 美丽的军营新绿

日前到素有"南国明珠"之称的滨海城市汕头出差,偶得一见一闻,颇有意思,于是使人采访,便有了这篇短文。

那天在位于汕头闹市区的马路边,笔者与许多过往行人一样,不约而同地停车驻足,翘首张望。目睹五光十色、千姿百态的鸟群,从四面八方飞向一个米黄色围墙圈住的大院,争先恐后扑向树梢枝头,顷刻间院内千鸟争鸣……。这番景况,假如出现在广东新会县的"小鸟天堂",那倒没什么稀奇,可是出现在汕头市区,不能不说是一大奇观,令人惊叹。一位摆水果摊的老伯向笔者讲起发生在这里的另一件趣事——

几天前,一位回国探亲的老华侨,信步走近这个院落的大门口,往大院里一望,只见瓜果繁盛,枝条婀娜,叶茂荫翠,盆景星罗棋布;枝头上,鸟儿跳跃扑腾,树影下,石椅石桌雪白如玉……老华侨顿生到此公园小憩的念头,不由自主地迈步直入。走了几步,才发现大门口有两位全副武装的战士在站岗……

这里原来是军营!

正是这一见一闻,诱发了笔者采访的兴趣。

在以往的印象中,军营似乎是一个单调的世界,"条条块块","直线加方格",口令军号,刀光剑影。可是进入这个大院,就如踏上一片绿洲,原来的观念顷刻瓦解了。好一个公园式的军营!这里园林苍翠,花繁叶茂,幽径露栏,瓜果飘香。分布在角落的藤蔓植物,从地面攀缘而起,扶摇直上,而后又悬挂倒垂,婀娜多姿。漫步大院内,汕头市花金凤,广州市花红棉,香味扑鼻的芝兰,红花夺目的三角梅,色彩斑斓的日星,窈窕的纹竹……令人目不暇接。怪不得鸟儿选择这里为栖息地,怪不得那位老华侨误将这里当公园。

更令人叫绝的是那浓缩丛山数百里、再现大自然风貌神韵的盆景,简直就是一首首无声的诗,一幅幅立体的画,一个个有生命的艺雕。几位战士,带着笔者观赏,这是"绿钟迎晓"鹊梅,那是"初露锋芒"榆;这是"天女散花"紫薇……

使笔者感到意外的是,这些年轻战士,对盆景似乎颇有研究。他们谈起我国的盆景艺术五大流派如数家珍,并纵论了各派的风格。对于盆景创作理论,这些战士也头头是道,什么"源于自然,巧夺天工",什么"创造意境,突出主题",什么"巧于布局,小中见大",什么"宾主分明,变化统一"……全是"行话"。

笔者不禁惊讶地问:"作为军人,你们怎么对盆景艺术这么内行?"他们回答道:"说内行不敢当,但我们爱美,更爱创造美。"

啊,全明白了。现代的军营,除了刀光剑影,还有诗情画意,除了口令军号,还有花香鸟语;军人生活,也不仅仅是摸爬滚打、"直线加方格",军营文化,也不仅仅是"拔河拉歌"、"击鼓传花"、"托球赛跑"。改革开放春风吹起军营新绿,新时期"军人美"的内涵、外延和底蕴,正在丰富、发展和更新。

(原载 1988 年 2 月 9 日《现代人报》)

# 鳄渡秋风

潮州八景，驰名中外。"鳄渡秋风"乃八景之一。她位于潮州北堤畔，南起凤城驿，北接竹竿山，东西渡亭隔江遥对。这里江面宽阔，紧倚金山，江风回环打圈；过往船只，不论逆水、顺流，还是面岸横渡，只要稍校船帆，便可扬帆行驶，任由不羁。一到秋天，韩江清澈见底，碧波荡漾；江面百舸争流，千帆竞发，远看似双双对对蹁跹起舞的白色蝴蝶。待到夕阳西坠，则有满江红霞。正可谓：

轻舟渺渺逐清波，
载向西来复向东。
人立晴波秋水绿，
叶飞远浦晚霞红。

饱览鳄渡秋风景色，令人心旷神怡。追溯鳄渡秋风的由来，更加引人入胜。

鳄渡秋风得名于韩愈祭鳄鱼之举。

据传，昔日的韩江，名为"恶溪"。溪中常有鳄鱼为患：或翻卷溪面船只，或窜出江边水面吞噬岸上六畜，百姓深受其害。唐宪宗元和十四年（公元八一九年）三月二十五日，大文豪、刑侍郎韩愈因上书唐宪宗，力谏迎"佛管"入宫而受贬抵潮州任刺历。韩愈察民情，问民苦，民众纷纷诉说鳄鱼之祸害。韩翁"承天子命以来为吏，固其势不得不与鳄鱼辨"。是年四月二十四日，韩愈在北堤渡口摆坛祭鳄，以一猪一羊投入江中，并宣读了《祭鳄鱼文》："维年月日，潮州刺史韩愈使军事衙推秦济以羊一、猪一投恶溪之潭水，以与鳄鱼食之而告之日，……鳄鱼有知，其听刺史言。潮之州，大海在其南，鲸鹏之大，虾蟹之细，无不容归。以生以食，鳄鱼朝发而夕至也。今与鳄鱼约，尽三日，其卒类南徒于海，以避天子之命吏。三日不能，至五日。五日不能，至七日。"鳄鱼若不听刺史言，"刺史则选才技吏民，操强弓毒矢，以与鳄鱼从事，必尽杀乃生。其无悔。"此篇《祭鳄鱼文》写得甚是动人，现收于《古文观止》之中。

　　相传韩愈祭鳄之夜，即有暴风震雷，起于湫水之中。数日，水尽涸，鳄鱼徒归大海。自此，潮州再无鳄鱼为害，百姓安居乐业，"恶溪"无恶，更名"韩江"。有诗云：

　　自是祭文神妙处，

　　于是歌吟在江中。

　　虽然，"恶溪"的治理，潮州的开发，应归功于潮州人民的勤劳和智慧，凭韩愈的一篇祭鳄鱼文并不能济于事，但潮州人民感激韩愈体察民情，就把韩愈摆坛祭鳄的北堤渡口取名"鳄渡"，把秋风送帆的景致称为"鳄渡秋风"，以纪念韩愈祭鳄之举。

（原载《天南》）

# 初读春城

　　李君这些年长住昆明做生意，遂成"云南通"，每每回到广州，开口云南长闭口昆明短，三番五次鼓动我去走趟。

　　恰有公差，遂成此行。

　　初来乍到，竟有"发现"：先是那贴身尤物——感应式防风型气体打火机——无缘无故失了灵；晚饭后，本该是万家灯火了，却见太阳迟迟不下山；只过两夜，怎么白白的皮肤变"紫"了？

　　说与李君听，他笑道："这是昆明在提醒你——你到昆明啦！"

　　噢，真是哩！昆明地处高海拔低纬度的云贵高原中部。这里气压低，难为了气体打火机；这里居高多得日，因此紫外辐射强。

　　昆明这城市，较之北京、上海、广州、深圳，可以说没有多少高层建筑。市容尚好。绿化更佳。"春城"嘛，自然"花开不断四时春"。马路上少见摩托。"打的"不启表也不讲价，市区内不论远近"一刀切"：十元。搭乘公共汽车可不轻松。那天到近日公园乘2路车，等了半个钟头，车来了，使出吃奶的力也挤不上去；下一趟勉强上车，八十五公斤重的"吨位"还差点被挤压成一张照片。看来，乘车难这种城市顽症，人口不太密集的昆明也未能幸免。

　　晚上出去逛街，见路旁有一家"××文艺书店"，窃喜。推门而入，只听枪声炮声惊叫声，顿觉血压上升心律加速：只见一群学生模样的半大小子，正在电子游戏机前"星球大战"战犹酣。至于"文艺书"吗，也不敢说没有——几十本破烂烂皱巴巴的印刷物横一册竖一册扔在一个蒙着灰尘加了铁锁的"无人看管"的柜台里。

　　走出书店，沿街而行，忽闻嘹亮歌声。循声望去，原来是"街头卡拉OK"。就在人来人往的街边，不论张三李四，递上一元，就可点一首歌，抄起麦克风"潇洒唱一回"。看样子这生意不淡，常见有过路人停车驻足，挤将上去，"卡拉"起来……

电子游戏和街头卡拉OK，也许是昆明最新潮最时髦的市井文化了。

云南是个"烟草王国"，财政几近为"烟财政"。按我想当然，上街买几条云烟带回广州，该有些便宜吧。可李君却笑我傻冒，说全国各地有几万人常住昆明做烟买卖，街上的云烟比广州还贵。到几家商店摊档一看，果真。仔细想想，这也不奇怪。说到底是市场的魔力使然。

由烟及茶。云南的普洱茶，素以叶肉肥硕、经久耐泡而闻名于世，我国古典文学名著《红楼梦》和《镜花缘》中都有它一笔。假若顾名思义，普洱茶原产于云南普洱，似是天经地义。殊不知。这又是一个"想当然"的错误！实际上，普洱茶的原产地在西双版纳。得名"普洱茶"，只因普洱历史上曾掌市场枢纽，成为西双版纳茶的集散地之故。看，造成张冠李戴的，又是流通那只看不见的手！

逛过夜市回来，与李君东一句西一句闲话昆明。纵观历史，无论文化还是经济，昆明绝非闭塞之地。自古以来，这里就是我国与东南亚往来的重要通道和门户。著名的"南方丝绸之路"，说是由蜀南行，经云南出境而通缅、印过中亚、西亚抵达地中海沿岸的。现今，沿海开放，沿边开放，昆明又以其开放城市的新姿，迎八方来客，纳中外商贾，引世瞩目。

一个城市就如一部大书，初读熟读，心得自然不一样。零点时分，我和李君站在十几层高的客房窗口，默默地读着春城之夜。我读到的是宁静、祥和，李君却读出了一丝淡淡的不安。他说，这地方吸毒贩毒者多，黑道猖狂，抢劫、凶杀不是新鲜事；这时候，不知又有哪个静悄悄的角落埋伏着杀机。

我悚然。继而又默然、豁然。"魔高一尺，道高一丈"嘛。哪条长河没有暗藏的逆流？哪个城市没有真善美与假恶丑的较量？只是正义终究会战胜邪恶的。

（原载1993年11月22日《经济快报》）

# 大理不墨千秋画

如山呼，如海啸，如沉雷轰响，如兵马厮杀……在中巴里东歪西斜昏睡打瞌的乘客们纷纷惊醒——下关风！

——大理到了。

雄伟壮阔的喜马拉雅山逶迤伸入云贵高原，构成了巍峨起伏的云岭横断山脉。大理，我国24座历史文化名城之一，引国内外游客纷沓而至的风景名胜区，就如一颗璀璨的明珠，镶嵌在云岭西北部的万山丛中。

走进大理，一下子置身于大理石的神奇世界。住大理石砌成的房宅，踩着大理石铺成的地板，在大理石椅凳上端着大理石茶杯品茗。大理石花的窗户旁放着大理石的桌子，大理石的桌子上有大理石的花瓶、大理石的灯座、大理石的砚台、大理石的笔筒、大理石的烟灰缸……大理人介绍起大理石来如数家珍："彩花石"图案玲珑；"中灰石"石面云涛怒涌、花瓣缤纷；"汉白玉"雪白如银纯洁无瑕；"大理石画像"历千百年而色泽不变，令一切摄影和画料相形见绌黯然失色……

石质细腻、图案神奇、工艺精美的大理石，乃大理的骄傲。

是大理石因大理而扬名，还是大理因大理石而添辉？

恐怕只能说：相得益彰吧。

大理还是个花木争奇斗艳的植物王国。高大火红的山茶花，艳丽的樱花菊花、杜鹃花，名贵的朱兰、白兰、春兰、素馨兰，四处皆见，笑脸迎人。这里的花，品种繁多得叫人目不暇接、眼花缭乱。仅杜鹃花就有黄杜鹃、白杜鹃、红杜鹃、紫红杜鹃等数十种之分。仅山茶花一"族"有"松子壳"、"十样景"、"报天高"、"牡丹花"、"大红玛瑙"……五十种之多。更有许许多多奇花异葩，我们见所未见闻所未闻叫不出名堂，连见多识广的导游也不时被问得支支吾吾顾左右而言他，即便是学有专长、业有专攻的植物学家充当导游，恐怕也难保不偶有语塞吧。大理这方土质肥沃、雨量充沛、四季如春的天地，实在是大自然赐以万千植物的乐园。广西的扁桃，江西的孔雀杉，浙江的金叶桧，新疆的无花果，西双版纳的凤凰木，台湾的香樟树……早已在这里落地生根。泰国的苏铁，美国的海岸松，德国的水飞蓟，墨西哥的池柏，柬埔寨的龙血树，竟也不远万里前来安家落户！好在大理这植物王国并不"排外""欺生"。

画有主色调，曲有主旋律。满世界的大理石，漫山遍野的花木，都还不算大理的主色调、主旋律。

大理风景区，"不墨千秋画"。主色调——苍洱风光！

大理风景区，"无弦万古琴"。主旋律——苍洱咏唱！

苍洱，即苍山洱海，堪称鬼斧神工、天地造化的奇观绝唱！

感谢东道主善解人意，安排我们住在洱海公园中一家别墅式的招待所。这里西与苍山相望，北与洱海相依，一片醉人风光。

洱海公园有一条海边大道，有一条观海长廊，还有一座望海楼，游人尽可在此一览苍洱风光的轮廓。近看，太阳的缕缕金辉洒在碧波荡漾的海面，闪闪熠熠，水天苍苍；远眺，240多平方公里的水域，壮阔浩瀚，烟波浩渺；再加上那四条大鱼一肩挑的渔家姑娘塑像的暗示，你会以为这洱海真是大海了。但再远处的群山迟早会提醒你，洱海其实是个山岳环抱的高原湖，用地理学家的语言说，它是个"因地壳运动产生断裂凹陷而形成的结构湖"。又因其两头窄中间宽形如耳朵而得名。洱海的水源之一，来自苍山18溪。苍山，又名点苍山，雄伟挺拔，巍峨壮丽，像一道巨大的绿色屏障耸立在洱海之滨。它"内极如驰弓，峰各夹涧涧，自山椒悬瀑，注为18溪。"苍山19峰，海拔均在3千米以上，最高的马龙峰，海拔高达4100多米。山顶常年积雪，游人在山下遥望，晶莹如玉，像白石压顶，像絮花堆砌，又像白云缭绕，引人遐想。18溪奔泻的雪泉，酷似18条飞舞的银龙，穿云破涧，从苍山扑入洱海的怀抱，刚健与柔美于是融汇合一……

苍山洱海，玉洱银苍，美就美在海山互为掩映，妙就妙在山水浑成一体。

那天，我们乘坐茶花旅游部的杜鹃号豪华游轮泛舟洱海，沐浴在玉洱银苍的风光深处。在船上工作的白族姑娘、白族小伙个个热情好客。我们品尝了白族款待贵客的"三道茶"——"一苦二甜三回味"，欣赏了高亢嘹亮、优美舒展的白族歌舞，观看了反映白族婚礼习俗的短节目《闹洞房》。船上的导游是位端庄美丽的白族姑娘。游览中，她那温柔甜软的声音如涓涓流水娓娓动听，讲大理是白族发祥地与聚居区，讲白族先民在苍山栖身，洱海打鱼，讲唐南诏宋大理立国建都，讲碑林寺庙旧城古塔历史沧桑，讲白族建筑麦编工艺，讲火把节本主节三月街蝴蝶会，讲"辘角庄"、"望夫云"、"美人石"等爱情故事神话传说……听着听着，我们恍然感悟——苍山洱海，白族文化的摇篮！

(原载 1993 年 9 月 17 日《羊城晚报》)

# 孔雀之乡的"孔雀文化"

汽车在崇山峻岭中一颠三簸,喘着粗气,时快时慢地穿行。过下关,跨怒江,钻峡谷,越过高黎贡山……终于出现一片宽阔的河谷盆地。赶走倦意,揉揉眼睛,隐约可见许多拔地而起的建筑群,掩映在竹林和树丛之中——那就是芒市。

望"名"生义想当然,往往闹笑话。"花县"是个县,"芒市"却不是个行政区域之"市"。在唐代,芒市是德昂族的聚居地,德昂语称为"茫施"。"茫"为君王之意,"施"为人名。后来"茫施"演变为地名即现今的芒市,它既是德宏自治州的州府所在地,又是潞西县的县城,人口不过三万人,准确地说,只是个镇。

这是个典型的亚热带城镇。古榕成荫,凤尾竹林,橡胶树成园,风光绮丽。

我们被安排住一家叫"白孔雀"的旅馆,其条件、设施、服务水准实在不敢恭维。但导游说,德宏是"孔雀之乡",这里的人们视孔雀为吉祥物,住"白孔雀",取个好意头吧。

孔雀之乡有不少名胜景物。菩提寺、五云寺、庄贺相寺等小型佛教建筑玲珑别致,"树包塔"、"塔包树"、"独树成林"也堪称奇观。但最值得说道的,还是这里的"孔雀文化"。

命名、标志、造型,乃是最直观的文化。在德宏,你不时可以看到与"孔雀"有关的招牌、徽记、商号和户外广告。"孔雀旅馆"、"孔雀饭店"、"孔雀酒吧"、"孔雀歌舞厅"……不一而足。无论是机关、学校,还是商场、店铺,多有大门设成孔雀开屏式样的。被誉为"西南边疆绿宝石"的瑞丽,自豪地以孔雀作为自己的城市标志;入城街口处,开屏的孔雀上坐着一纯情少女,虽是泥塑,却栩栩如生,赏心悦目。瑞丽江畔有个温泉,前去沐浴的人很多,与其说人们相信温泉水中含有多种矿物质,对疾病有一定疗效,不如说它有个好名字——"孔雀泉",浴客们多为讨个吉祥而去。

德宏是傣族、景颇族的聚居区,又杂有德昂等族。"孔雀文化"相当广泛地融会于这些少数民族的民族文化之中。德宏州文联创办的汉文版文艺刊物,刊名就叫《孔雀》。州委机关报《团结报》三十几年前开设的文艺副刊,就叫《孔雀之乡》。作为傣族民间舞蹈形式之一的"孔雀舞",更是源远流长,几乎人人会跳。这种舞一般用象脚鼓、砣锣等伴奏,舞者穿戴着孔雀形状的道具,舞姿多模仿孔雀的形象,动作矫健、优美。群舞时,随时几十只、上百只象脚鼓同时鸣响,只见孔雀尾羽闪闪翻动,煞是壮观。

游芒市民族文化宫,最具妙趣的节目之一,是去逗孔雀开屏。W 君是当地的文化人,可称"孔雀通"。他以十足的学者口吻向我们"批发"着关于孔雀的知识:孔雀,鸟纲、雉科。在德宏生长的孔雀,乃我国产地不多的珍贵禽种,雄鸟羽色以翠绿、亮绿、青蓝、紫褐等色为主,多呈金属光泽,尾屏带有五色金翠钱纹;雌鸟无尾屏,羽色也较逊。德宏的孔雀,多栖于山脚一带,溪河沿岸,或农田附近,以种子、浆果等为食,夏间一雄配数雌,连同幼鸟结群活动;秋冬时群集更大……听 W 君侃完"孔雀经",我们一起去买孔雀毛。摊档上,大把小把或长或短的孔雀羽毛,质地柔韧,光泽鲜亮,色彩斑斓。这种尤物,可扎成精美的毛扫,也可当装饰品摆设,买一两把回去,实在是游孔雀之乡最合适的纪念品了。

说德宏是孔雀之乡,除了"神似"——浓郁的"孔雀文化"氛围之外,还有"形合"之妙。德宏州地处云南西部一块山脉和河谷组成的向西南倾斜的切割山原,东北部的高黎贡山主峰,海拔高四五千米,而西南的伊洛瓦底江边,海拔又只有一二百米,这自然形成了印度洋东北季风的巨大迎风屏障。德宏正好位于这"迎风屏"中部的扇形地带,东南至东北较宽而西南部稍窄,西南顶端的瑞丽又特别向外凸出。这地形地势,酷似一只正在开屏的大孔雀,凸出的瑞丽恰如昂扬的孔雀头,无数的山脉就像一根根开屏的翠羽撒向东北,几十个金色的山间盆地犹如一颗颗镶嵌在翠屏上的雀丹……加之德宏又多孔雀,你说妙不妙?

末了,顺便提及,在德宏这孔雀之乡,孔雀的风姿美态竟引申出一句骂人的话——"老孔雀!"人们用此"雅号"讥讽那些卖弄风骚的半老徐娘。这可算是"孔雀文化"的一个别例吧。

(原载 1993 年 11 月 5 日《羊城晚报》)

# "太阳当顶"的"迷你"城

这是全国最小的城市，方圆不到一百平方公里，人口不足一万，够"袖珍"够"迷你"的了。

这是祖国西南最偏僻的一座城市，掩映在边陲的丛山密林之中。

但这边远的弹丸之地，却因其独特的地位曾一度为中央直辖！

说的正是畹町市。

我们从瑞丽驱车出发，途经有兵士守卫的瑞丽吊桥，不一会就来到与缅甸交界的边关小城畹町。

这里是滇缅公路我方一侧的终点站，这畹町河即与缅甸九谷通往仰光的公路衔接，早在抗日战争时期就已闻名遐迩。当时的畹町，乃我国唯一的陆路国际交通咽喉，盟国援华抗日的军火、物资由此入境，出国抗日作战的远征部队经此奔赴前线。国际反法西斯战争的史册中，记载着畹町的历史功勋。

昔日刀光剑影的军事重镇，如今成了商贾荟萃的边贸城。漫步在畹町一条街，只见商店摊点成行成排，商号广告五光十色，过往车辆络绎不绝。街头巷尾偶尔可见三五成群的男女蹲成一圈点着大把大把的钞票，一问才知是两国边民在兑换货币。看街上的贸易，多属小摊式经营，生意很小，但据说边贸的大生意多是街上看不到的。听当地人介绍，由这里出口的商品以针纺织品、日用百货、中西成药、建材化工、五金家电为主，进口则以农副土畜产品、森林产品、矿产品为主。这或许是缅甸资源十分丰富而加工开发能力尚低的缘故吧。

我们住在畹町饭店，对面就是裕丰商号大厦。晚上无事，到畹町影剧院看葛优主演的《大撒把》。我们买的是第二场的票，九时多开映。散场时已是午夜时分，大街上却还到处灯火通明，卡拉OK厅传出阵阵歌声。看来，这里的人们也已习惯于过夜生活了。

次日早饭后，闲步来到中缅两国的国界河——畹町河。河那边，是异国他乡连绵不断的五百里掸邦高原；河这边，是祖国五千年文化的源远流长。这界河没有洪波巨浪，也不像有人想象的那么神奇迷离。它是一条极普通的小河，清粼的河水，默默地从一道道山谷中缓缓流过。界河两岸，中缅村寨相望，鸡犬相闻，真可谓"一衣带水"。横跨界河，连接两个国度的是长20多米、宽不足五米的畹町桥。边民们往来互市，只需要在桥头的边检站登个记。那天，在我方边检站值班的是一位军校来的实习生，梅县人。他告诉我们，每天有许多边民从这小桥进来或出去，有的行商买卖，有的省亲会友，有的游玩观光。一些青年男女还跨过界河找对象，谈"国际恋爱"；附近的傣族寨里，就住着十来对"国际夫妻"。畹町桥，真可谓中缅两国人民的友谊之桥！

　　最后，有必要解释一下"畹町"二字的含义。"畹"是傣语中的"太阳"，"畹町"即傣语"太阳当顶"之意。

（原载1993年11月8日《经济快报》）

# "恐龙之乡"观恐龙

龙,子虚乌有。龙的神话源于先民们敬畏自然力的图腾崇拜。所谓的"龙文化",不过是今人的再创造罢了。

而恐龙,却尸骨犹存,残骸可辨,复原其"庐山真面目"的生态模型栩栩如生。"恐龙文化"虽说多少带有"将今论古"的成分,但毕竟严肃的古生物学研究早有定论——恐龙实实在在是曾经主宰过我们居住的这个星球的"一代霸主"。

以前只从书本中知道,恐龙是生活在中生代的爬行动物,是蜥龙类和鸟龙类的通称。一八一八年英国发现了一副恐龙的下腭骨及其他骨头残片时,人们称其为"可怕的蜥蜴",一八二四年才把它列入爬行动物。但"纸上得来终觉浅",及至这次到"恐龙之乡"禄丰县走了一趟,才增添了些许关于恐龙的"感性认识"。

禄丰地处滇中高原,县城距昆明一百零四公里。说禄丰是"恐龙之乡",名副其实。早在三十年代末,我国两位著名学者——地质学家卡美年和古生物学家杨钟健——就在这里发现了中生代最原始的恐龙化石和以恐龙化石为代表的禄丰蜥龙动物群。自此,"禄丰恐龙"闻名于世。一九五八年,我国发行了"禄丰恐龙"纪念邮票。第三届全国艺术节把禄丰的古生物化石资源列为参观考察项目。近些年,禄丰县举办了多届的"恐龙文化节",中外来客如云。半个多世纪以来,地球上各个角落的古生物学者纷至沓来,禄丰成了科学家们揭示恐龙世界奥秘和恐龙家族兴衰历史的重要区域。

我们参观了新近建成的禄丰恐龙博物馆。馆名是费孝通题写的。一问才知道,就在发现禄丰恐龙的一九三八年,费老恰巧在这里进行社会调查,并写了著名的《禄村农田》;半个世纪后,费老重访故地,为落成的恐龙博物馆题名,自是情理中事。在工作人员的导引下,我们饱览了"禄丰恐龙"的"风采"。那些完整的化石骨架,大小不一,形态各异;恐龙化石琳琅满目;

经过"再造"的复原模型"生猛"传神。博物馆的同志介绍说，禄丰恐龙生存于距今1.8亿年前地史时期的中生代晚三叠世，有蜥臀、鸟臀两大类，包括中国龙、云南龙、兀龙、大地龙、滇中龙、小滇龙等，迄今已发现的有二十四属三十八种，真可谓蔚然大观了。在馆中，我们还有幸品赏了杨钟健教授半个世纪前发现禄丰恐龙后的题诗："千万年前一世雄，赐名许氏禄丰龙。种繁宁限两州地，运短竟与三叠终。再造犹见峥嵘态，象形应存浑古风。三百骨骼一卷记，付与世者究异同。"

汽车载着我们离禄丰而去，恐龙的形象却还不时在我脑海中闪现。想那恐龙一族，虽曾称霸一时，在大千世界之中"养尊处优"进化成庞然大物，却终因自身"不胜负重"，不能适应环境而灭绝断种。相比之下，个子细小毫不起眼的文昌鱼、海豆芽、蟑螂等种族却能绵延四五亿年而被称为"活化石"。怪乎？不怪。生活在大自然中的物种，无不遵循着适者生存的自然法则，无不受着大自然冥冥之力的制约，概莫能外。

（原载1993年6月16日《南方日报》）

# 我看北海

先是听说,"八十年代看深圳,九十年代看惠州",后又有九十年代看海南、看浦东之说。近日读报,又见一行文字——

"八十年代看深圳,九十年代看北海!"

北海?

走,看看去!

翻开地图,北部湾畔那个三面环海呈犀牛角状的半岛,就是广西北海市——中国进一步对外开放的十四个沿海港口城市之一。自古以来,北海的地缘优势在我国西南部一直占据着特殊的位置。封建割据,军阀混战,这里乃兵家必夺之地;商贸往来,运进贩出,这里是便捷的出海通道和黄金口岸。早在公元前一百多年。它就是"海上丝绸之路"的始发港之一,鸦片战争后辟为自由通商口岸。如今,北海又成为中国与亚太经济圈的交汇点,成为世人瞩目的一方热土。

踏上北海大地,顿觉热浪扑面而来,人流如潮,车水马龙,机器轰鸣,脚手架直刺茫茫苍穹,满街的小彩旗、大横幅迎风飘舞。操着南腔北调的外来客行色匆匆,宾馆酒店家家爆满……

北海人不无自豪地把1992年称为"北海年"。邓公南巡之后,北海市推出了极具"磁力"的"低门槛"政策,引得八方来客、豪商巨贾纷至,催化出"大开放,大发展"的局面。短短几个月,就有上千家企业在北海登记注册,安营扎寨。更有难以数计的各路神仙,把各种触角伸向北海。仅房地产开发一项,就有700余家公司在这200多平方公里的土地上角逐。

可与房地产热媲美的是旅游热。大自然赐予了北海得天独厚的旅游资源。绚丽的亚热带风光,浓郁的南国情调,被誉为"中国第一滩"、"南方北戴河"的银海滩,雄峙海边"穹窿如冠"、浪飞涛鸣的冠头岭,孤兀海中峭壁幽岩隐约变幻似蓬莱仙境的涠洲、斜阳两岛……使这座海滨城名列全国49个重要旅游城市之一，加之"大开放"的"天时"，北海的旅游业一下子"火"了起来，今年刚进入 5 月，每天到北海旅游的人数已达两万人，真可谓盛况空前了。

当地人说：不到银滩游泳冲浪，不算到过北海。我们一行虽说时间所限，来去匆匆，也还挤出半天，去十里银滩"泡"了整整一个下午。这样大的海滩，确实少见。这里滩面宽阔，平坦柔匀；沙质幼细松软，晶莹如银；海水洁净碧蓝；空气清新宜人。沙滩后面的茂密林带如绿色屏风。远方的海浪像流动的梯田，层层叠叠，嵌着银边，缓缓慢慢地向岸边涌来……

银滩的海岸线上，已矗立起造型、色调各异的建筑群、度假村。有哥特式的尖顶屋，有巴罗克式圆柄建筑，有积木式的房宅。有的如劈波远航的巨舰，有的似山村隐士的茅舍，有的呈四方，有的呈六角，有的如蘑菇状……更多的地方正在大兴土木。据说，去年 10 月，国务院正式批准北海银滩为国家级旅游度假区，并确定了"国际一流水准，体现民族地方特色，激活经济投资潜力"的建设方针。现今，西部工程已完成，东部基础工程也已全面开工。不久的将来，世界一流水准的高尔夫球场、海洋中心、海洋生物馆、亚热带植物园、国际电影图书馆、国际电影节影剧院、国际会议中心、国际网球俱乐部、海上综合运动场、东风艺术馆、"社会主义夜总会"等现代化建筑群落将在这里拔地而起！这样的"盘子"，这样的"大动作"，堪称"超常规"发展了。

无疑，北海正在重新崛起。

"北海热"，热气灼人。

但"北海热"是否多少有点"虚热"成分呢？

怕是有的。比如房地产业，"圈"地买地的多，真正动工建设的少。投资者中不乏玩"击鼓传花"把戏的高手，地皮价格在频繁的易手中像火烤的温度计中的水银柱般往上蹿。"炒地大合唱"令有识之士忧心忡忡。

北海的服务行业，总的印象是价贵质差。住每晚 400 元的客房，连个电梯都没有，且时而停电，时而没开水。说是"中央空调"的大酒店，卡拉OK 屋热得像蒸笼，烤得人汗流浃背，难有"潇洒唱一回"的雅兴。"长途直拨"电话得有中"六合彩"的好运气才能拨通……

唉！北海市 1989 年固定资产投资仅区区 2900 万元，基础设施之落后在"大开放、大发展"伊始已显出尴尬和窘态。

一个腼腆村姑要"包装"到气质神韵完全出挑的摩登女郎，绝非一朝一夕之事。一个长期低投入曾经落后过的城市，要"与世界经济接轨"，要"参与国际经济大循环"，恐怕少不了一番脱胎换骨般的痛苦嬗变吧。

(原载1993年7月6日《现代人报》)

# 南珠魂

北海市区中心有个北部湾广场,广场中心有个气势雄浑的大型喷泉雕塑。那象征蓝色海洋的喷泉池的中心,高高矗立起一只三面一体的巨大珍珠贝;贝壳三面张开,衔着一颗硕大无比的不锈钢球体;在贝壳展开的三个方向上,直立着珍珠神女、大海之子、虬髯仙翁三座铜铸雕像。这造型与构思使得"大海、珍珠、劳动"的主题鲜明凸显。当地诗人有诗赞之:"贝叶升起北部湾,海姑神女捧珠还,三度空间神姿栩,一座城郭耀光宇。"

这就是北海市的城雕——"南珠魂"。

珠城北海,是合浦珍珠的聚散地。在大商场、小店铺,乃至街边摊档,琳琅满目的合浦珍珠制品令我们这些观光客流连忘返。笔者本是"眼不识珠"的"珠盲",但看几次,摸几回,问几番,竟也增添了不少见识。合浦珍珠也称南珠,国际市场上有"西珠不如东珠,东珠不如南珠"之说。历史悠久的合浦珍珠,素以圆润、凝重、结实、晶莹、色泽百年不褪而饮誉中外。我国历代都把它当作向皇室进贡的珍宝,现存于北京故宫中的珍珠,多是合浦产的南珠。英国皇家博物馆中英国女王皇冠上的那颗大珍珠,也是合浦珍珠!

珍珠,算是北海最叫得响最早"走向世界"的"拳头产品"了。

前年,聪明的北海人设立了以"弘扬珍珠文化"为主题的"北海国际珍珠节",逢单年举行。"节"乃文化,"珍珠"却是商品。"珍珠节"自然是"文化搭台,经济唱戏"了。目的嘛,恐怕还在于招商引资,激活经贸。

听人介绍,北海国际珍珠节中最吊"老外"胃口的是"珍珠食品一条街"和"百珠宴"。珍珠可吃,且有医药价值,这在李时珍的《本草纲目》中已有记载;珍珠性无毒,有"镇心润颜,点目去膜,塞耳去聋,催生死胎"的功能。据说,被誉为"珠中之王"的合浦珍珠,还含有人体需要的十多种氨基酸,能消热益阴,却翳明目,消炎生肌,润泽皮肤。北海市珍珠公司推出的复方珍珠口服液、珍珠明目滴眼液、珍珠末、珍珠层粉等产品，销势甚好。

虽说北海有珠城之称，但南珠的故乡却在"还珠故郡"合浦县。从北海来到合浦县城的路口广场中央，只见一尊人面鱼身裸体美人手托珠宝的塑像。塑像下是一行醒目大字——"魂萦南天，珠还合浦。""珠还合浦"是一句中国成语，又是一个流传了两千多年的民间传说。合浦县东南有一座充满神话色彩的古老城池，那是六百多年前合浦人专为采珠而建的珍珠城，当地人在深海中采集珍珠贝，然后在珍珠城中加工。相传，当年皇帝为得以举世稀奇的"夜光珠"，特派遣太监来到珍珠城，强迫珠民下海采珠。太监夺得宝珠后，高兴万分，把珠先装入檀木匣，再用黄缎层层包裹，得意扬扬打道回朝。不料刚到梅岭，宝珠竟脱匣而出，飞回珍珠城。太监气急败坏，原路返回，再次强迫珠民下海采珠。这回太监夺得宝珠后，忍痛切开腿股，塞入宝珠，再包扎得严严密密，满以为这样就万无一失了。殊不知刚到梅岭，宝珠又神差鬼使般飞回珍珠城……

多少年来，这脍炙人口的传说，吸引着无数游人到合浦怀古探胜。"合浦珠还"，"珠还合浦"！合浦，无疑是珍珠文化的发祥地。

或许正因此，有些合浦人对称北海为"珠城"略有微词。他们说，合浦才是"正宗"的"珠城"。这话也许不无道理，但以笔者愚见，对此似也大可不必深究。历史上北海曾属合浦县所辖。现今合浦县又属北海市所辖。合浦与北海，历史紧相连。"南珠魂"——浓缩了的珍珠文化，是北海的骄傲，也是合浦的骄傲。

（原载 1993 年 7 月 22 日《羊城晚报》）

# 湖光春色

## ——序《湖光岩旅游览胜》

　　历史悠久的湖光岩，是湛江市著名的风景区。千百年来，湖光岩空衍飘逸的山水风光，扑朔迷离的民间传说，名闻遐迩。贬官谪臣、迁客骚人多游于此，留下众多的诗文碑刻、轶事趣谈，流传于民间。解放后，党和国家领导人、外国友人、文化界、演艺界等各界各业诸多名人每到湛江，游兴之余，亦留下可资纪念的诗文、事物。本书编著者经过艰苦的工作，第一次比较详尽地收集整理了有关湖光岩的资料，让旅游者对美丽的湖光岩有个更全面的了解。这对宣传湖光岩，宣传湛江的旅游业无疑做了一件有益的工作。

　　湛江市的旅游业起步迟，发展总体水平低，丰富的旅游资源远未开发利用。抓好旅游业是我市可持续发展战略的重要组成部分。很多同志觉得，湛江的景区少，没有旅游"吸引物"，发展旅游靠什么？我认为，把整个湛江市建设好了就是最好的旅游"吸引物"。比如香港，真正说得上是旅游景点的并没有几个，用来吸引游客的"东方之珠"、"购物天堂"、"万象之都"、"动感之都"说的都是香港这座城市本身，就凭这些香港每年吸引了近千万的游客。这使我们深受启发，早在五六十年代，湛江便以"海滨花园城市"闻名全国。当年有一部电影《女跳水队员》，拍的尽是湛江美景。由于这部电影的宣传，当时国内还曾有过"北有青岛，南有湛江"的美誉。我们建设一个美丽的湛江，就是湛江旅游业的一个响亮"卖点"。

　　近年，国外兴起生态旅游热，以地区生态资源的丰富和奇特，开发旅游项目。湛江三面环海，拥有全省最长的海岸线，海洋资源丰富；湛江的农业生产规模较大，农村的自然风光是都市人回归自然心态的追求和向往。这些都是湛江发展生态旅游的优势。有关专家概括了生态旅游的基本模式：观光农业、民俗观光村、田园农业、野生动物园、休闲渔业、少儿农庄、森林公园、农业大观园等等。这种农村生态旅游业的开发必将带动农副产品的加工和发展，加快改革开放的步伐，带动相关产业的发展和产业结构的调整，对扩大内需、开拓市场和加速区域性中心城市的形成和发展都有良好的促进作用。

湛江是地处热带、亚热带的滨海城市,有着得天独厚的优美生态环境。创造国内外具有影响的海洋旅游、生态旅游、农业旅游整体品牌,应该是我们追求的目标。

(原载花城出版的《湖光岩旅游览胜》1999 年 11 月)

# Ⅲ 节律之歌

"见一叶而知秋至。"

本部分收录的文章多为作者对日常生活中最平凡易见的点滴小事之所感与所思。

# 我赞美秋之落叶

多少人颂扬过光彩夺目的鲜花,多少人褒奖过扶持鲜花的绿叶,可有人赞誉过枯枝落叶吗?或许也有。但纵观古今中外,秋之落叶牵动人们的多是悲凉凄婉的郁郁愁绪。面对着"无边落木萧萧下",多少文人墨客写下了一篇篇"凄凄惨惨戚戚"的悲观诗文。就连以豪放著称的李白,也感慨"蘅兰方萧瑟,长叹令人愁"。

落叶,难道就只能是衰败、没落的象征和代名词吗?

未必。我这支不自量力的拙笔,却要为秋之落叶唱一首赞美歌。

落叶善舞,因为它曾经浓绿得那样可爱。它有过幼稚的嫩绿,也熔铸过成熟的金黄,承受过雨露的爱抚,也追求过阳光的垂青。当它还在枝头的时候,曾以空气中的二氧化碳和土壤中的水分为原料,以灿烂的阳光为动力,尽心竭力进行光合作用,制造出丰富的有机物奉献给树妈妈,同时身兼呼吸和蒸腾水分两大重要使命。它从嫩绿、深绿到焦黄,用生命的颜色换来挺举鲜花、酝酿果实的能量,把生命的力量传递给母体的各个部分。

既然浓绿已经给了果的红晕,既然青春已经织进了树的年轮,落叶自可以问心无愧地接受秋风和鸟儿的深情祝福,坦然扑入大地母亲的怀抱。

落叶就不留恋那片绿叶的世界吗?

它当然希望永远带着生命的鲜绿挂在树梢。然而,自然自有自然律。夏去秋来,寒冬将至。空气干燥,气温降低,日照缩短,土壤中水分渐少。树木妈妈不得不作出痛苦的选择,抛掉"包袱",减少生存消耗,积聚力量去战胜冷酷而漫长的冬天。此时,只有绿叶最能体察母体的困难,既然树妈妈越冬需要轻装,自己又何必留恋枝头?于是,它主动产生一种脱落酸,筑起隔离层,谢绝水分和养料的补充,毅然辞别母体,随风飘落……

以自己的死,换来母亲强健的生;以自己的飘落,给下个春天的新叶腾出位置。这就是落叶的生命风格!

出于敬意，我曾凝视、观察过地上斑驳陆离的落叶，发现其中竟然也有秩序和规律——大多数落叶都是脸贴大地背朝天。日后多方思索和请教，才悟出了其中奥秘。

原来，树叶的面与背结构不同：叶面表皮下是排列有序、结构紧密的细胞层，植物学家称之为"栅栏组织"，叶片背面则是排列稀疏的"海绵组织"，这就形成了同一树叶"面"与"背"不同的比重。在树叶飘落时，自然是结构紧密的比重大的面先落地。于是，大多数落叶就是这样面贴大地慢慢地枯烂。

当春天再度来临时，人们毫不在意地在落叶身上踩过，欣赏的目光却只投向树上一片片流翠欲滴的新叶。只有大树还会想起落叶，因为树干的每一个年轮都记载着它在位时的不朽功勋！

飘落真的就是生命的终结吗？

不！飘落只不过是岗位的转移。落叶覆盖地面，保护地表，拦阻径流，保持水土。它们还用自己单薄的身体，护卫着植物的根系和落在地面的种子，让它们安全越冬，免遭冻害。落叶，正在为另一个春光竭尽全力。

落叶腐化为沃泥，正是一轮新的物质循环的开始。它勇敢地接受微生物的分解消化，给土壤增加营养元素和有机质含量，改善土壤结构，促进土质疏松，提高蓄水保肥能力……于是，树木根系更发达，新枝更繁茂，新叶更翠绿……这里边，难道没有落叶的一份功劳？

贡献在，生命就没有终结。

落叶啊，你随着秋声之潮的波涛，去寻找下一个春天的河道吧！

（原载 1987 年 7 月《致富科技》）

# 螺旋颂

海边的友人寄给我一只螺壳。螺壳里塞着一张卡片。卡片上写着："海的汹涌，在螺壳里回荡深情的思念，在螺壳里回旋；咸涩的经历，在螺壳里记载……"这螺壳、这卡片，勾起了我对螺旋的种种印象，诱发了我对螺旋的思索和联想。

我欣赏过牵牛花，它以螺旋线向上缠绕；我见到过蛇麻草，它按螺旋线生长；我观察过向日葵。它花盘中的葵花子按螺旋线的弧形排列；我细看过蓬藕，它的环纹导管成螺旋状结构；我问过车前子，你的叶片为什么也按螺旋状排列？

这些植物的螺旋生长倾向，难道是造物主在无意中使然？不。这是它们为了生存和适应环境而"优选"出的最佳造型。车前子就已告诉科学家：它的叶片排成螺旋状，为的是得到更多阳光的沐浴和有利于通风透气。

植物如此。动物呢？

蜘蛛最爱编织螺旋形的网，它捕食粘在网上的昆虫时，常常选择一条螺旋线路径；蝙蝠颇具螺旋概念，喜欢按锥形螺旋的路径飞行；牛角和蜗牛角最有数学本能，严格按照对数螺旋线的形状增生。不少鱼类肠管内腔长有"螺旋瓣"，起着牵制食物和增大吸收面积的作用。两栖类腹内的"螺旋瓣"，还能够减少清浊血液的混合。人和动物的内耳耳轮呈螺旋形，使声波能在其中得到缓冲，保护耳膜。

这些动物偏爱螺旋形，乃是它们在进化过程中与环境长期斗争的结果。

螺旋形不仅在自然界中大展丰姿美态，而且在我国灿烂的古代文化中也烙下了深深的印记。汉语中的"螺"，原本是指具有回旋形贝壳的软体动物，如田螺、海螺、螺蛳、鹦鹉螺等。鉴于螺旋形的美，古人用螺壳制成精美的装饰品和器皿，如妇女用的首螺锢，"香螺酌美酒"的螺杯等，因而有张籍的诗句："绿酒白螺杯，随流去复回"。古代妇女还喜欢将发髻挽成"玉簪螺髻"

"金身螺髻，玉毫绀目"（白居易语）。富于浪漫色彩的诗人皮日休甚至用"似将青螺髻，撒在明月中"的诗句，形容大自然山水明月之美。看来，我们的祖先，早就被螺旋美的魅力所倾倒和陶醉了。

古今科学家，更是与螺旋结下了不解之缘。古希腊的阿基米德就研究过螺旋线，他发明的螺旋提水器，今天仍在埃及使用着。十七世纪解析几何出现以后，数学家给螺旋线以解析式，并将它们分为阿基米德螺旋线和对数螺旋线。对数螺旋线的形状始终保持同一，不论将它放大或缩小，都不会变形。瑞士数学家伯努利更有趣，他在去世前请人在他的墓碑上刻了一条螺旋线，作为自己的墓志铭。科学家对螺旋的喜爱之情，由此可窥一斑！

在科学家们的眼中，螺旋形最为诱人之处还在于它的科学价值和功利价值。我们常用的螺钉、螺帽、螺杆、螺栓、螺旋测绘计、螺旋输送机等，都是螺旋的具体应用。螺线管能产生匀强磁场。螺杆泵适用于输送黏性液体。螺旋传动能把转动化为直线运动。建筑设计师则从车前子叶片螺旋排列获得更多光照的现象中得到启迪，把楼房设计成螺线状，使每个房间都可以得到最充足的阳光。物理学家对螺旋更是格外垂青。他们用一个矢量和一个旋转量构造一个有物理意义的矢量偶——螺旋，"力螺旋"、"位移螺旋"、"动量螺旋"、"加速力螺旋"……美妙"经济"的螺旋使物理学的方程大为简洁。

更令人惊异的是，有迹象表明，人类千百年来孜孜不倦地探索着的生命之谜，也许就蕴藏在微观世界里某些有特殊意义的螺旋结构之中！生物学家们发现，组成生命的蛋白质分子和核酸分子，就是一种螺旋形结构。在两条互相缠绕着的核苷酸链上，携带着生物遗传信息的密码。生命的图像，正是在这些"生命的曲线"——"不朽的螺旋圈"中起源、发展……

现在，我们借助现代的天文望远镜，把目光延伸到广袤的宇宙。我们可以看到，许多旋涡状星系有着无数星星组成的巨大旋臂，形成一个个螺旋状的结构。我们所在的银河系，就是这样一个旋涡星系。这些宇宙空间的巨大旋涡以其美丽的形状，飞速的旋转，显示了宇宙的节奏和活力。可以说，宇宙世界的万物，都在这缠卷的螺旋形中产生、升起……

有些科学家总结了广泛存在于自然界中的螺旋现象，提出了"一元螺旋规律"的假说，认为大自然从宇宙、太阳、地球到分子、原子，都具有"一元螺旋规律"，因而大自然有着统一的结构模型。假如真是这样，神秘的螺旋。又向人类闪射出揭示自然界本质的曙光！

神奇美妙的螺旋，微观、宏观，宇宙万物，大千世界，何处不见你的丰姿美态；

魅力永恒的螺旋，你还蕴藏着多少未解之谜？

(原载1986年《广州青年报》)

# 夜之精灵

大自然创造了千姿百态的生物。萤火虫,生物大千世界中颇为不凡的成员,被人誉为"夜之精灵"、"科学明星"。从杜牧"拍流萤"的名句到国外新兴的捕萤热潮,从"囊萤读书"的故事到"冷光源"的诞生,从日本的"萤火节"、"萤火虫工厂"到美国的"萤火虫计划",从驱鲨治癌到寻找外空生命……萤火虫给人类提供的功用、信息、启迪、思索实在太多了!

## 流萤胜景

大自然创造了千姿百态的生物。萤火虫是生物大千世界中颇为不凡的成员,被人誉为"夜之精灵"、"科学明星"。

小小萤火虫,如流星,似飞灯,穿梭于原野,闪亮在园林,为夏夜点缀美景。它那忽上忽下、隐约可见的翩翩舞姿,令多少文人雅客写下传世佳篇;它那神秘的生命之光,点燃起多少诗人的激情。唐代诗人杜牧曾有"银烛秋光冷画屏,轻罗小扇拍流萤"的名句。清代诗人何绍基也写下赞美萤火虫的优雅诗篇"坐看倒影浸天河,风过栏杆水不波,想见夜深人散后,满湖萤火比星多。"在我国的乡村,有关萤火虫的歌谣更是俯拾皆是,如"萤火虫,夜夜红,飞到天上提仇公,飞到地上捉绿葱,绿葱开花满地红。"

世界各国有许多关于萤火虫的美谈佳话,也有用萤火虫作别具一格的装饰。日本人民有传统的"萤火节"。在节日晚上,兴致勃勃的人们把一串串装着萤火虫的彩色玻璃瓶挂上树丫,跳起欢乐的舞蹈;到了深夜,又把瓶里的萤火虫统统放跑,顿时星光灿灿,流萤点点。牙买加的萤火夜景又别具一格:萤群云集在棕榈树上的时候,整棵树就像沐浴在一片火焰之中,一二里外都可看见这奇妙的夜光。泰国晚上的萤光更有一番艳丽景色:雄萤群集在沿河一带的红树林上,每分钟闪光一百多次,它们同个节奏地闪烁、熄灭。每年七月至九月的晚上，都可看到萤火虫的这种表演。墨西哥的一种萤火虫，身上有三个发光器，能发出橙黄、橘红、碧绿等多种颜色的光，各种颜色交相辉映，宛如霓虹灯。因此，墨西哥妇女喜欢把萤火虫簪在发髻里，作为夜间头饰。

萤火虫给人类带来多少个诡异瑰丽的夏夜，为人类点缀出多少幅萤火闪烁的迷人美景啊！

## 不实之词

有一些古书上说："萤是腐草及烂竹根所化。"《红楼梦》第五十四回中有一个谜话，就是从这种说法演化来的：

李纨又道："绮儿是个'萤'字，打一个字。"众人猜了半日，宝琴道："这个意思却深，——不知可是花草的'花'字？"李纨笑道："恰是了"。众人道："萤与花何干？"黛玉笑道："妙的很！萤可不是草化的！"其实，今人谁都知道，"腐草化萤"是一个错误的臆说。萤和其他昆虫一样，有着自己的生命史。它要经过产卵、孵化出幼虫、蜕皮化蛹，才能成为翩跹起舞的萤火虫。

长期以来，萤火虫还蒙受一个不白之冤：有人认为它是吃瓜苗叶子的害虫。其实，危害瓜苗叶子的是模样与萤火虫有些相似的"黄守瓜"。萤火虫是真正的益虫。它是蜗牛、钉螺等有害动物的天敌。它尖尖的细腭能分泌出一种麻醉毒液，只要在蜗牛的"额"上轻轻"吻"几下，蜗牛就会全身瘫痪，听任萤火虫们饱餐一顿。甚至小小的萤火虫还能降服凶恶横行的鲨鱼。美国科学家曾做过试验，把从萤火虫体内提取的毒液投放入养鲨鱼的海水池中，只消几分钟，鲨鱼便向水池四壁乱闯乱撞，不久便呜呼毙命。因此，萤火虫体内的毒液，可以用来驱逐凶残的鲨鱼，保证潜水员海底作业的安全。

## 萤光丰功

萤火虫的萤光对人类有许多的功用。

《萤窗夜谈》的故事是众所周知的：晋朝学者车胤"博学多通，家贫不常得油，夏日则练囊盛数十萤火以照书，以夜继日焉。"

我国人民很早就懂得利用萤光捕鱼。《古今种苑》就记载过我们的祖先夏天在吹胀了的羊尿泡中放上百余只萤火虫，缚在渔网底下吸引鱼虾然后聚拢捕捉的方法。

隋炀帝曾在江都经营过"萤苑"，征集"萤火数斛"，为夜晚游山之用。在南美森林中，旅行者常捉些较大的萤火虫缚在鞋上，用以借光引路。

1898年，著名的哥加斯医生为伤兵做手术时，灯光突然熄灭，她就借着一瓶萤火虫的光亮，成功地做完了手术。

更为重要的是，萤火虫那神奇的"冷光"，照亮了科学家智慧的眼睛，也照亮了人类美好的前景。科学家们正是通过研究萤火虫的发光机制，从它的发光器中分离出纯萤火素和萤光素酶，从而人工合成冷光源，制成光线柔和、不伤目力、不含热线的日光灯，使人类进入崭新的冷光源时代。

"冷光"的应用十分广泛，而且有许多优点。它可作矿井中的闪光灯，遇瓦斯不会爆炸；在危险的火药库中，只有用冷光才能避免灾难性事故；在医学上可以用来诊断疾病；还可用于制造放光手表，夜光路标，夜光广告等。

近年来，萤火虫发出的"冷光"又给科学家们以新的启示。目前，仿生学家正在研究模拟萤火虫的发光器，研制价廉物美的新型冷式照明设备。可以预料，在不远的将来，当夜幕降临时，房间里将会自然而然地亮起来，但房间里却找不到一盏电灯，因为，模拟生物发光器可以像涂料一样涂到房间的墙壁上。到那时，电灯将被送进博物馆！

## 科学"名星"

最近几年，小小的萤火虫更加身价百倍，大受垂青。美国成立了捕萤协会，设计各种捕萤器具，传授捕萤技术，兴起了捕捉萤火虫的热潮。日本甚至每年投资巨款，办起"萤火虫工厂"，人工培育萤火虫。人们为什么对萤火虫感兴趣到如此的程度呢？

原来，萤火虫体内所含的物质对现代科学技术有无可估量的价值，对萤火虫的研究很可能引起尖端科学技术的重大突破！

萤火虫是人类征服癌疫的得力助手。据科学家们研究，萤火虫之所以会发光，是因为它的尾巴部分含有几种化学物质，即萤光素、萤光素酶和三磷酸腺苷。三磷酸腺苷简称ATP，它存在于所有生命体的每个活细胞之中。它只要与萤光素酶相遇，就会反应发光，细胞越健康，发光度越强烈。根据这个道理，科学家们正在探索用萤光素酶测定 ATP 物质的技米去诊断癌疾。只要从萤火虫体内提取萤光素酶，让它与癌细胞结合，根据 ATP 物质的发光强度就可探知癌细胞生长、演变和活跃的程度，从而诊断出癌细胞扩散的情况，为治疗提供依据。

对萤火虫研究的另一重大课题，是用它所含的萤光素酶寻找外太空生物的踪迹。宇宙飞船只要带上萤光素酶，就可探测知茫茫太空中是否有生物存在。因为在生物体内只要有一千兆分之一克的 ATP 物质，遇到萤光素酶就能发出微弱闪光，从而为飞船上的精密仪器所测知。美国一所飞行中心的"萤火虫计划"，正是利用这一原理寻找外空生命。他们在 15 英里的高空发现了花粉、孢子和霉茵。据说，在对火星进行考察时，为了探索火星上有没有生命，这种方法也起很大作用。如果把这种方法应用到深海海域，也可探知那里的生命奥秘，还可通过测出水中微生物的活动情况，监测水域污染的程度。

今天，科学界对萤火虫的研究方兴未艾。萤火虫这颗生物世界中的"科学明星"，还将大放异彩，还将不断地给科学家以新的启迪，还将为人类未来的生活立下新功！

（原载《五月》1986 年第 4 期）

# "0"的魅力

周镇宏 散文杂文

"0"似乎浅显无奇，幼儿园里小朋友也会写会念。可是朋友，你认真思考过"0"吗？你完全了解"0"的蕴涵吗？未必！

在数学上，"0"是一个变化有趣的符号，它的诞生是科学的重大进步。在阿拉伯数字0至9中，0是最后才被人们认识的一个数。1、2、3……这些数字，人类大约在二万五千年以前的打猎和采集野果的生活中就认识了。而0这个数，人类认识它才不过两千年左右。0和其他九个数字组成了无穷无尽的数字，可以进行千变万化的运算。0诞生不久，数学很快就创造了前所未有的奇迹。

"0"并不等于"无"。"0"只有在计算单位中才表示"无"，而在别的场合都是具有特定的内容和确切的实义。例如，表示温度的0度就是一个确定的温度，而不是没有温度。摄氏0度表示水的冰点，是1742年瑞典天文学家尔修摄斯制造温度计时特定的温度；华氏0度相当于负十七又九分之七摄氏度，是1714年德国物理学家华兰海制造温度计时的刻度；物理学上的"绝对0度"，则指－273.16摄氏度。在地图上，0度地理纬度就是赤道；0度地理经度则是通过英国伦敦格林威治天文台旧址的那条经线，它把地球分为东西两半球。

"0"的形态，具有曲线的美姿和圆的美感。在自然界中，从水滴到星球，都呈圆形。几何学已经证明，周长相等的平面，以圆形面积最大；表面积相等的物体，以球体体积最大。人类由此得到启发，容器做成圆球形最省材料；车轮做成正圆形符合力学原理……地球赤道就是一个大"0"，像一条美丽的缰绳将地球拦腰捆绑。形态似圆的"0"，内部包含着有限的空间，外部连着无限的宇宙。

科学技术的发展使"0"大显神通。神奇的电子计算机，采用的是二进位制，用的只有"0"和"1"两个数。在计算机科学中，"0"和"1"表示两种状态，例如磁芯的充磁与去磁，开关的通与断、晶体管的截止与导通等。目前，计算机不仅广泛应用于工业、农业、科研和国防等各个领域，而且开始应用于人类日常生活的衣食住行。电子计算机的发明和应用，使古老的"0"焕发了青春。

"0"和"1"奏响了计算机时代的交响曲！

在日常生活中，有的人往往把"0"误解为一个使人失败的征兆。其实，在数轴上处于正数与负数分界点的"0"，正好是站在成功（正）与失败（负）的关口上。在成名之前，它是默默无闻的，但在奋斗之中，它在悄悄地积累着每日增进的常数。当一鸣惊人的时刻到来，"0"就会魔法般地变成"0"（无穷大）。"十年寒窗无人问，一举成名天下知"。说的就是从"0"向"$\infty$"飞跃的道理。

0是永恒的起点。

0具有无限的前程！

（原载1986年10月《青年科学报》）

# 地球之音

英国古典诗人蒲柏有一首很著名的诗作：
谁知道宇宙各个部分的关系，
谁认识太阳和各行星的轨迹，
谁了解每个星球上不同的居民，
谁才能理解和说明
万物的现状和原因。

由此看来，是否存在着"外星人"自古以来就是人类关心的课题。在进入宇航时代的今天，人们更是兴趣百倍。

大家知道，只要有能量辐射，就会使宇宙中的一些构成有机分子的原子靠拢，并合为氨基酸，从而在条件具备时演化为生命……虽然迄今为止人类对外星生命还知之甚少，但科学家们始终认为，在宇宙深处可能有外星人存在，而且他们正设法与地球联系。基于这种假设，科学家们对来自太空的各种信号极为敏感。

早在1960年，人类就开始了侦察外星人信息的尝试。1967年，英国剑桥大学的无线电天文学家，接收到来自天外的一种极有规律的无线电信号：脉冲出现约一分钟，接着消失三分钟，然后又重新出现……使科学家们十分振奋：可能是外星人在向我们发射电波！

但是后来的研究结果表明，这种信号只不过是一种"太空吉他"——天体中的某种物体发出的"音乐"。原来，太空中有一种叫做"日流"的带电气体等离子，它与一些星球上产生的同质等离子碰撞会合，会产生自由电子，而自由电子又放射出一种称为电离子振荡体的信号，被天文学家们所接收。

猜测被否定，并没使科学家们灰心丧气，相反，他们从这一事件中得到启迪：我们不也可以主动向外星人发出联络信号吗？

于是，人类开始向外星人送"秋波"了！

1974年11月14日，人类第一次向太空播发无线电信号，这是美国科学家从波多黎各发出的，信号包含地球各方面的丰富资料，采用荷兰科学家发明的某种"星际语"——以数学符号为基础的特殊语言。科学家认为，聪明的外星人也许会懂得我们的"星际语"，并用同样形式"回电"。

　　随着宇航技术的发展，科学家们又利用宇宙飞船向天外传递信息。1972年，美国发射"先驱者"十号到外太空去。该飞船的天线支柱上系着送给外星人的礼物——一块6×9英寸的镀金铝片，其右面刻着一男一女的裸体像，背后是宇宙飞船简图，左上角两个圆圈是氢分子示意图；下面四射的线标出联通地球的脉冲星群位置；底部是表示太阳系的十个圆圈和一艘小宇宙飞船。科学家们相信，这些符号是宇宙间共通的"科学语言"，外星人完全能够读懂。

　　1977年，美国又向太空发射了"旅行者"宇宙飞船。12年后，飞船将冲出太阳系，进行永久性的星际遨游。飞船里有一张名为"地球之音"的唱片，这张唱片上录有60种语言的问候语、35五种自然音响、27首著名乐曲等。此外，还录有联合国秘书长瓦尔德海姆给外星人的贺词。这组太空音乐大概可在宇宙中播送一百亿年。

　　值得一提的是，太空中也有中华信息。1979年发射的美国"宇航者"号飞船，侧面有一圆形铜盘，直径约20厘米，厚为5厘米。这块铜盘是地球的"亲善大使"，它可向外星人简介地球上的情况。圆形铜盘所录的六十种语言中包括汉语。那是一位中国妇女的录音："各位都好吗？我们很想念你们，有空请到地球来玩。"另外，利用特殊装置，可放映116张幻灯片，介绍地球上的风土人情。其中第81张说的是"中国餐"，画面上几个中国人正围着餐桌吃饭，有两个人在划拳作乐。

　　悠扬悦耳的"太空音乐"荡漾在茫茫太空，友好的"地球之音"呼唤着天外生灵。外星人，你到底在哪里？

　　不过，纵使外星人能收到"地球之音"，并用电讯与我们对话，恐怕最快也是千百年之后的事。因此，觅知音是千秋万代的事业，需要人类的科学精英们一代又一代地"接力"。

（原载《黄金时代》1987年第2期）

## "看"音乐

题目没有错。听完我和莉莉"煲电话粥"的录音，你就明白了。

那天，我应友人邀请去接听少男少女们的热线咨询电话。刚走进接听室，还未坐定，电话铃就叫了起来。我抓起听筒，是个稚气未消的女孩子的声音：

"叔叔好！我叫莉莉。听说科普作家是'万事通'，您一定能回答我提的怪问题吧？"

"我最多算'万金油'不过我很乐意回答你的'怪问题'。"

"那好。请问您的声音是什么颜色？"

哦？这问题还真有点怪，不像诸如"向日葵为什么向阳开"之类的"小儿科"好回答。

我沉吟片刻，答道："我的声音属中音，浅蓝色。"

"哈！我也是浅蓝色。"

"您怎么知道自己的声音是浅蓝色？"我估计，这丫头可能玩过那种游戏。

果真，她滔滔不绝地讲了起来：

"暑假，我连缠带磨加撒娇硬跟着爸爸去了一次北京外婆家。表姐带我到'宋庆龄少年科技馆'泡了半天。里边好玩的东西多着呢：电子游艺、电视电话、原子能发电……而最有意思的是，有一台仪器上面写着'你的声音是什么颜色？'声音还有颜色？太稀奇了。我挤进人群，非测测自己声音的颜色不可。这台仪器的中间有个荧光屏，下面许多吸音孔张着小嘴巴，还有一个白色的按钮。我轻轻按了一下按钮，荧光屏上马上出现许多鲜艳的方形彩图。我对着吸音孔大声问：'你说我的声音是什么颜色？'哈！这一问，彩图顿时不见了，而荧光屏底部却冒出各种色彩的长方形，而且越'长'越高。最先冒出来的是黑色色块，不过它矮得像个'侏儒'；接着出现的是深蓝色色块，比黑色高不了多少；随后冒出的红、黄色块也不太高，唯独浅蓝色高得出奇，像一片平房中高耸入云的高楼。听讲解员介绍黑色和深蓝色色块是声频中的低音部分；红、黄色块表示高音部分；浅蓝色块则对应于中音部分……我声音中的浅蓝色的色块最高，就表明我的声音属中音。哈，声音竟然也有'颜色'，太有趣啦，您说是吗……喂喂！您有没有听我讲呀？"

哈！你看她自己一口气已经把"声音的颜色"说得八九不离十了。我跟她开了句玩笑："你这小鬼提这怪问题原来是想考考我吧？"

"不，不！我是真的有不明白的地方问您。"她急忙申辩，接着问："既然声音有颜色，那音乐也可用眼睛欣赏啦？有没有看得见的音乐呢？"

真是个爱动脑筋的女孩！我告诉她："彩色音乐就是可听又可看的'协调音乐'。"

"彩色音乐？"她显然觉得新奇。

这下轮到我向她"批发"知识了。

彩色音乐可说是个古老的新事物。早在古希腊时代人们就讨论过音乐与图画相结合的感染效应。意大利的达·芬奇也曾试图把对色彩的感觉同音乐结合起来。物理学家牛顿200多年前用棱镜把白色光分解成红、橙、黄、绿、青、蓝、紫7种基本单色光时，也曾指出这7种基本颜色的亮度对应于7个音阶。达尔文的爷爷在《自然的殿宇》一书中还写道：将来有可能制造一种装置，使灯光透过彩色玻璃投射到白墙上，在彩色玻璃前装配与琴键相连接的活动光栅，从而产生可听又可见的"协调音乐"……

"那是前人的想法。现在呢？"莉莉有点迫不及待。

我继续"批发"：

现代科学技术已经使彩色音乐正在成为一门艺术。在科学家们看来，音乐与色彩是相通的，占主导地位的是光的特性。褐、紫、黑等暗颜色相当于低频音色区；红、黄、橙等亮色相当于高频音色区……对曲调的感受也可通过光的特性即颜色效应来产生……

我知道了！莉莉打断我的长篇大话，抢过话题说："大调的颜色要比小调的颜色亮些；升调的颜色是鲜艳的，而降调的颜色是暗淡的。我说得对吗？"

"你真聪明。总之，彩色音乐是声音和色彩有机结合且同步进行的产物。曲调从声响开始，却以光线得到延续。"我以夸张的学者口吻做了个结论，满以为莉莉会说"再见"了。

哪知她又"蹦"出一个问题："我们能欣赏到这么美妙的彩色音乐吗？"

"当然能。不过您目前能欣赏到的还只是它的'初级阶段'。在彩色音乐大厅中,不同强度不同色彩的闪光随着音乐的节奏向四面八方传播,假如你置身这赏心悦目的艺术氛围之中,你是不是将耳朵与眼睛并用?是不是'听众'兼'观众'呢?"

"当然是,当然是。我说……哎呀!煲电话粥了。后边还排长龙专等着与您通话呢!"

"再见!"

"再见!"

(原载《少男少女》1990年第3期、《科学与你》1991年7月号)

# 节律之歌

太阳系有规律的运行，地球周期性的自转和公转，四季的更换，气候的变化，昼夜的交替，潮汐的涨落，庄稼的春华秋实，树木的夏荣冬枯……大自然不可逆转的运动，气势磅礴，和谐有序，汇成了一曲制约万物的《节律之歌》。

夜幕降临之际，猫头鹰碌碌呼鸣，夜老鼠出洞活动；黎明到来前夕，公鸡啼叫报晓，百灵鸟鸣唱不绝；潮汐变化之前，蟹已有感觉；何时准备过冬，熊也心中有数；春暖桃花盛开；夏日荷花怒放；金秋丹桂飘香；寒冬腊梅傲雪；牵牛花日出开过午萎；蒲公英朝霞开放落日闭；夜来香日关花门夜竞开……生灵万物，何以具有如此顺应自然的生活节律呢？

"适者生存"！"生物钟"调节、控制着大千生物的活动规律。

人——万物之灵，难道就能超脱？24小时的醒睡节息，体温的周期性波动，血压的规律性变化，女性定期的月经来潮，90分钟活跃一次的神经细胞，23天的体力盛衰周期，28天的情绪波动周期，33天的智力波动周期……试问，谁的生命活动能不遵循一定的节律？

怪乎？不怪。人，大自然的儿子，生活在大自然的怀抱，理当协调自己与自然的关系。悠悠岁月，千古兴衰，人类漫长的进化过程，怎能不带上自然节律的烙印？妇女月经的标准周期恰与月亮的公转周期一致，不就是自然节律的影响使然吗！

潮汐的涨落，受制于月亮和太阳对地球的引力；冰期与间冰期的替换，对应着银河系的周期性转动；地球上许多自然现象，与太阳核子的活动密切相关……每一节律，似乎都有一个"幕后指挥"。

可是，谁是宇宙万物节律交响乐的总指挥呢？

"实体说"、"基因说"、"宇宙钟说"，众说纷纭，见仁见智。究竟孰是孰非？"标准答案"还得去问明天的科学女神。

（原载1986年9月10日《南方日报》副刊）

# 阳光·月光·萤光

千万人颂扬太阳,千万人褒奖月亮,我却要赞美那"夜之精灵",还有它的"生命之灯"。

且不说那"轻罗小扇捕流萤"的诗情画意,也不说那"满湖萤火比星多"的夏夜胜景,我只赞美萤火虫的情操和德行。

当黑暗笼罩世界时,它奋起抗争,以自己的光亮划破黑暗,告诉世人——"这里仍有光明"!

当阳光普照大地时,它没有嫉妒,没有不平,由衷地赞美阳光,心悦诚服地将自己的微弱光亮融汇进太阳的万丈光芒之中。

它的光亮无法与火炬争辉,也无法与太阳媲美。但力量有大有小,看得出它在尽心竭劳。

月光虽美,但毕竟是太阳光的反射。萤火虫虽说只有一星半点的光亮,却是萤火虫自己生命的燃烧!

萤火虫,夜之精灵,提着生命之灯,从生到死,时时在奉献着生命之光。

小小生灵,尚且如此,我不禁自问:你的生命之灯是否也在时时发光?

(原载 1986 年 9 月 10 日《南方日报》副刊)

# 大自然的宠儿

一石激水,平静的湖面泛起层层涟漪,一个个同心圆,起伏、扩散,引起我对圆的凝眸与遐想,圆,大自然的宠儿。微观、宏观、宇宙万物,何处不见她的丰姿美态?

谁不知。圆的原子,乃是宇宙的"砖块";圆的细胞,构成血肉之躯;圆的地球,哺育人类的摇篮;圆的太阳,向大千生物奉献光和热……难怪古人曰"有赫圆宰"!

谁不知,电子绕核飞旋,泄露了"小人圆"的奥秘;地球自转带来了春夏秋冬;天体行星,偏爱圆形轨迹……圆周运动,最为和谐有序!

君不见,露珠、水滴、车轮、器皿、滚珠、轴承……竞相呈圆!

大自然为何宠爱圆?其中大有道理。

几何学证明:周长相等的平面,圆形面积最大;表面积相等的物体,圆球体积最大。圆球形、圆筒形、卵圆形器皿,材料省而效益大,难道不符合人类生产的宗旨?植物叶绿体呈圆盘形,光合作用面积大,难道不是顺应自然的旨意?

力学告诉人们:圆形结构具有最佳受力状态,耐挤耐压强度大。圆的车轮、圆的滚珠轴承、圆拱桥梁、圆拱隧道、半圆球壳屋顶,正好符合力学的原理。

大自然的一切,无不受"最小势能原理"的主宰。势能最低的系统,才是最稳定的系统,露珠、水滴的表面张力,一心要把表面收缩到最小,固执地选举球形作为自身的归宿,乃是"最小势能原理"使然。天体行星宠爱球形,也是听从"最小势能原理"的指令!

人们偏爱圆,赞美圆,希望圆,不仅着眼她的价值,更陶醉于她的尽善尽美。

圆,滚畅,柔和,赏心悦目,充满美感。

圆，无数个点集合的整体，象征着团结和美满。

圆，无数个扇面构成，哪个扇面，都在维护着圆满完美。

圆周，处处曲率相等，点点与中心等距。"圆桌会议"，政治家别出心裁的发明！

圆的艺术美，美不胜收。

圆的自然美，令人陶醉。

圆的科学美，绝妙无穷。

圆的哲理美，给人启迪。

圆，大自然精雕细刻的杰作。

圆，人类文明智慧的结晶。

让我们驾驶圆的科学骏马，去创造更多更美的圆的奇迹。

(原载 1986 年 9 月 10 日《南方日报》副刊)

# 宇宙美神——0.618

数字的海洋，腾荡着一朵神奇的浪花。

"0.618"，美的数字，美的比例，美的判据，"黄金"的标界，宇宙的美神！

宽长比为0.618的矩形，最为和谐悦目；宽高比为0.618的人体躯干，最为匀称适中。多齐腰的下半身与身高之比为0.618的人，显得特别健美；独唱演员站在舞台的0.618标界处，歌声最为清晰动听；二胡的"千斤"放在琴弦的0.618处，不仅基音丰富，而且产生一系列泛音，发出的音色最佳最美……

"0.618"，绝妙的"黄金分割点"，哪里有她的踪迹，那里就有美的光辉！

爱神维纳斯、智慧女神雅典娜、太阳神阿波罗、"海姑娘"阿曼达……一个个不朽的雕塑像，为什么有永恒的魅力？为什么被视为美的化身？艺术家妙用了黄金分割比例——0.618！

被誉为"高塔之王"的加拿大多伦多塔，被视为巴黎标志的埃菲尔铁塔，被雅典引以为豪的巴特农神庙，为什么那样雄姿巍巍而又和谐优美？为什么那样气势磅礴而又丰韵多姿，建筑设计师请来了美神——0.618！

古往今来，多少世界名画——毕加索的《小孩》，尼温逊的《窗前》，马奇脱的《风景》，何以具有倾倒世人的艺术魅力？奥秘之一就在于——画家把主题重心设置在画面的黄金标界处！

令人肃严起敬的五星红旗，也蕴藏着美妙的"黄金数"：旗的宽长之比恰好是0.618，每个五角星上的交叉点也恰好落在"黄金准界。"美神0.618使国旗显得更加庄重而又光彩夺目。

在自然科学的王国里，无数探索未知世界的科学精英，借助着0.618的美的辉光，寻找着"真"的彼岸。

一朵多重花瓣的鲜花，从心蕊算起，由里往外，后两花瓣的数目依次排成"斐波那契级数",愈到后面,与前各层数之比愈接近于0.618,难道这是造物主在无意中使然?不!多重花瓣中的0.618黄金数,泄露出自然界的一个秘密——生物生长繁殖的最优原则!

科学家们发现,23℃的气温,对人的生理心理健康最为有利。何解?这个气温与人体正常体温37℃之比,恰好为0.618!

著名的"兔子繁殖数列",激起了数学家罕见的狂热和兴趣。何故?它的第n项与第(n+1)项之比,在n较大时恰好为0.618!

在科研和生产中,0.618是个大受垂青的宠儿。用0.618优选单变量函数极值点,卓有成效。华罗庚"0.618优选法"的成功,众所周知。对称是一种美,而0.618这个黄金数对于一切归一化的中心具有辗转连续对称性。优选法正是妙用了这个特点,使0.618在科研生产、建筑设计、化学配方、工艺实验、仪器调试等方面大展宏图,大显"其优"。

啊!"0.618"!闪烁着科学灵性的宇宙美神,您神奇、珍贵、难得;您无愧于"黄金数"的美称。愿您神奇的辉光,更多地射入科学的宫殿、艺术的厅堂、生活的舞台,去创造更多的真、善、美!

(原载《中学生之友》及1987年1月16日《广州青年报》,转载于1987年7月25日《数学教学文摘》)

# 巧夺天工"数字诗"

数字的海洋,变幻莫测,永远蕴藏着未解之谜。

数字的海洋,充满永恒的活力,腾荡着艺术的浪花。

一、二、三……这些似乎枯燥乏味的数字,一旦进入高手的笔下,融入诗词、对联,嵌入山歌、民谣、就会奇趣横生,出现传神的艺术效果。

古往今来,不少诗人文豪都曾妙用数字作诗赋词。

苏东坡与人斗诗,就曾即景写过一首描绘飘飘落雪的"数字诗":

一片二片三四片,四片五片六七片,

七片八片九十片,融进芦花皆不见。

真可谓独运匠心,别具一格!

杜甫有一首著名绝句《绝句》:

两个黄鹂鸣翠柳,一行白鹭上青天,

窗含西岭千秋雪,门泊东吴万里船。

诗中运用了"两"、"一"、"千"、"万"等数字连缀景物,意味深长,构成一幅绝妙的风景写意画。

岑参的《白雪歌送武判官归京》也是妙用数字的佳作:

北风卷地白草折,胡天八月即飞雪。

忽如一夜春风来,千树万树梨花开。

这里"八"、"一","千"、"万"虚实相间,以显示时间短暂,自然界变幻之快,使读者领略了边塞风景,开拓了想象。

巧用数字,还可做成妙对。诸葛亮雄才大略,有人用一至十个数字为他作了一副上联:

牧二川,排八阵,六出七擒,五丈原前,

点四十九盏明灯,一心只为酬三顾;

上联作出之后,很久成为无人能对的"绝对"。后来,有人运用五方和五行，终于对出了巧妙的下联：

取西蜀，灭南蛮，东和北拒，中军帐里，

变金木土草爻卦，水面偏能用火攻。

数字运用得独特巧妙，还能把人物刻画得活灵活现。长乐府《孔雀东南飞》中这样刻画主人公：

十三能织素，十四学裁衣。

十五弹箜篌，十六诵诗书。

娓娓道来，亲切异常。舒婷的《暴风雨过去之后》写道：

七十二双眼睛，

没能把太阳从水平上举起；

七十二对钢缆般的臂膀，

也没能加固一小片覆没的陆地。

张学梦的《前进二万万》则有：

觉醒的二万万马力的电机，

觉醒的二万万吨浓缩铀。

我们是现代化建设的不竭的能源。

数字的嵌入，达到了传神的效果。

我国的劳动人民还把数字缩成朗朗上口的歌谣，用以反映各个时期气象物象的变化。请听北方的《九九歌》：

头九二九不出手；三九四九冰上走；

五九六九，隔河看柳多七九河开，八九雁来；

九九加一九，耕牛遍地走。

再请听湖南的《九九歌》：

冬至进头九，两手藏袖口；

二九一十八，口中似吃辣；

三九二十七，见火亲如蜜；

四九三十六，檐前绞"蜡烛"；

五九四十五，穷汉阶前苦；

六九五十四，篱笆边上发嫩刺；

七九六十三，路上行人把衣袒；

八九七十二，老牛田中喘；

九九八十一，蓑衣并斗笠。

这些歌谣是劳动人民丰富经验和聪明才智的结晶。

我国广大农村有成千上万的民间歌星，他们是妙用数字的高手。广东丰顺县有一位民间歌星，有感于三中全会后农村的喜人变化，写下了这样两首"数字山歌"：

一年割出二年谷，三家有余四家足。

举目五六七里内，八九十幢楼高矗。

十年九丰喜八方，七色祥云罩六乡，

五业岁增四三倍，二胡一曲"春夜长"。

这两首山歌感情真挚，浅白易懂，在艺术上颇有独到之处。

笔者不久前回乡探亲，有幸听到一首"数字儿歌"，短短十行，就把农村的新气象表达得淋漓尽致，而且颇有些时代感，"录音"如下，与读者诸君共赏：

一一一，爹爹胸前别支笔，

二二二，年年亩产两千二，

三三三，勤劳致富心不惊，

四四四，五讲四美和和声，

五五五，彩电机前看戏舞，

六六六，茅房换成高楼屋，

七七七，阿姐阿姨娇滴滴，

八八八，政策放宽年年发，

九九九，日日三餐鱼肉酒，

十十十，全家灯下把书读。

数字与诗，本来就有亲缘关系。愿古老的数字更多地走进艺术的宫殿，焕发出更为夺目的奇光异彩！

(原载《科学诗刊》1986年第4期)

# 科学三字经

·开篇·

人之初 重启迪 学科技 明事理
大自然 真神奇 探奥秘 知规律
混沌开 星斗移 天地人 紧相依
满世界 皆物质 永运动 不停息
大宇宙 多天体 九行星 太阳系
小地球 富生机 多民族 如林立
国富强 靠科技 生产力 数第一
青少年 跨世纪 现代化 争朝夕

·中国古代科技·

古文明 四国家 萌科学 出文化
我华夏 五千年 古科技 世领先
夏商周 铸青铜 到春秋 著考工
说墨子 研杠杆 匠祖师 推鲁班
长城伟 展雄姿 兵马俑 称奇迹
都江堰 可分洪 大运河 南北通
提银针 通经络 操神刀 有华佗
地动仪 汉张衡 编历法 僧一行
晋刘徽 割圆术 祖冲之 圆周率
新创造 相继出 蔡伦纸 印刷术
黑火药 指南针 四发明 颂到今
马王堆 出纱衣 景德镇 烧精瓷
宋沈括 著梦溪 研百科 深造诣

徐光启修农政宋应星百科成  
李时珍写本草访千家采万药  
郑三保徐宏祖下西洋上险途  
造轮船乃徐寿筑铁路詹天佑  
制飞机有冯如年廿九献身躯  
到近代渐衰微史为镜奋起追  

·传统学科·

数理化天地生基础课勤躬耕  
数学科是工具数与形无穷趣  
懂原理记公式巧应用重逻辑  
费尔马笛卡尔精代数通几何  
物理学探运动奠基础有牛顿  
爱迪生喜实验新发明超一千  
电子小核子奇粒子族多兄弟  
力热电磁光原相对论开新篇  
道尔顿化学父原子说是基础  
世万物元素组周期表门氏著  
诺贝尔炸药迷镭之母玛居里  
观天体识天文望远镜探星辰  
哥白尼伽利略求真理不信邪  
研地学探大气山与水人与地  
大陆移板块游四大洋七大洲  
动植物微生物巧组成生命树  
细胞学施莱登进化论达尔文  
科学史永向前接力棒代代传  
龙传人精英多似繁星耀银河  
华罗庚自学勤创定理人崇敬  
钱学森赤子心研导弹火箭升  
李四光大地情探宝藏指迷津  
杨振宁李政道丁肇中李远哲

获殊荣创辉煌全世界英名扬

·高新科技·

新科学在前沿新技术高精尖
顺风耳千里眼古神话今实现
机器人遥控仪收卫星探海底
计算机多媒体神经元模糊集
如春笋新材料用途广功能妙
光纤缆越大洋通信息传音像
超导体节能源磁浮车快如箭
无污染太阳能供热水车驰骋
地下热温泉喷潮涨落海洋能
核电站高炉耸涡轮转电流送
转基因融细胞新物种可创造
育胚胎在试管人器官可植换
激光束真妙绝又切割又焊接
做手术不见血音像美激光碟
众卫星建奇功空间站悬苍穹
航天机作交通阿波罗登月宫
新移民奔太空宇宙岛远景宏
高科技竞峥嵘未来日更神通

·科学方法论·

学科学贵有方点金术随身旁
攀登路不畏难有险阻能过关
细观察多积累如蜜蜂采百卉
勤思考倡独立发疑问刨根底
爱科幻富想象天地间任翱翔
重归纳找规律重演绎学推理
多动手常实验升理论再实践
宜循序又渐进善协作硕果盈

搞科研须继承勇创造敢发明
戒虚假贵诚实讲科德求真知

· 从我做起 ·

用科学不停止细微事我做起
勤刷牙保洁齿护眼睛防近视
酒不嗜烟不吸讲营养勿偏食
坐如钟有恒力站如松显神气
勤用脑益心智多运动健身体
心豁达坚意志讲效率重能力
不靠神不信鬼去愚昧长智慧
地球村育人类保环境利万辈
洁空气净污水消噪音添绿翠
鸟穿林鱼戏水环境好家园美

· 结语 ·

科技潮浪赶浪立壮志迎挑战
我中华似朝阳看未来更辉煌

（《科学三字经》是本书作者主编、曹思彬副主编的经、文、图并茂的小册子，1996年3月由广东科技出版社出版。这里只收录入其中的"三字经"）

# Ⅳ 人生解码

人生究竟是什么?这个问题恐怕很难有一标准答案。

本部分文章节选自作者已出版散文著作《人生的密码》,可使读者对"人生"这一大命题持有更细微的见解。

# 序《人生的密码》

人生究竟是什么？这恐怕是人类最难达成共识最难寻求确定解的"魔鬼命题"。

理想主义信徒说：人生就是万绿之源的绚丽花朵。

奋斗者说：人生就是建筑历史的一块砖瓦。

探险家说：人生就是那暗礁中行进的船。

恋人说：人生就是寻找那甜蜜无比的吻。

山民说：人生就是那条坎坷曲折的山路。

帝皇说：人生就是那皇宫中金碧辉煌的宝座。

渔夫说：人生就是与风浪搏击的那双桨。

贪官说：人生就是巧取豪夺尽情占有。

投机商说：人生就是那一缕无孔不入的风。

厌世者说：人生就是那块很快破败的墓碑。

……

而我却说——人生没有"标准答案"。

茫茫人海，芸芸众生，各有各的社会角色，各有各的人生轨迹，各有各的生存生活方式，自然就各有各的生命观念以及异彩纷呈的人间百态。

我总觉得，理性的人实在是物质世界中最复杂最微妙最难理喻的生命体。即便是对同一事物，人们的认识、体验、联想和感悟也常常大相径庭。

同是一部《红楼梦》，道学家看见淫，革命家看到排挤，才子看见缠绵，流言家看见宫闱秘事。

同是面对青山，杨万里是"最爱东山晴后雪，软红光里涌银山"；而姜夔则发出"数峰清苦，商略黄昏雨"的感慨。

同是听鸟啼，有人想到风雨与落花，有人想到春去与秋来，有人则闻鸟啼霍然而惊，悚然而惧。

同是春风拂面，赵嘏说："春风贺喜无言语，排比花枝满杏园"，而李后主则是凄凄戚戚："小楼昨夜又东风，故国不堪回首月明中。"

同是一块红薯，文人墨客吃出"雅"，小市民吃出"俗"，高官显贵吃出"优良传统"，而农夫则只吃出个胃胀肚饱。

同是菠萝蜜，对那肉厚味浓的瓤包，有人品为奇香，有人闻之作呕……

罢！无须多饶舌。人们对同一具象事物的体验尚且如此这般大异其趣，更何况对缥缈无定数的人生大命题的感悟！

依我看，人生，就像一部用密码写就的奇书。

人生历程中的一次次感悟，就如对构成人生奇书的万千密码的一次次破译！

有感于此，我把这本集子取名为《人生的密码》。

书中的篇什，是我近六七年来发表于各种报刊和出版物的文章，其中大多属人物散文，有的或许也可归入报告文学、人物特写或人物小品之类。

我笔下的这些人物，有在改革开放大潮中叱咤风云的企业家，有情系神州的海外游子，有拓荒在科技王国的"老九"，有穿梭于生意场的个体老板；有明星名人，也有平头百姓；有健在的，也有作古的；有黄皮肤，也有白皮肤、黑皮肤……不言而喻，我在文章中所反映的不可能是他们七彩人生的全部，而只能是他们人生之旅中的若干片断甚或某一侧影。

有哲人说过："每个人一生都有一个顶点，在那个顶点上，所有的原因都起了作用，产生效果。这是生命的中午，充沛的精力达到了平衡的境界，发出耀眼的光芒。"

斯言不谬。人可以走遍世界，却难以走过自己，尤其是难以超越自己的"中午"和"顶点"。因为那是对自己的征服，对自己的洗礼。然而，就积极的人生而言，早晨固然灿烂，中午固然辉煌，傍晚又何尝不是夕阳晚霞无限好？我不知道我采访过的这些人物当时是否正处于"生命的中午"，可我不希望他们的事业已在"那个顶点上"。真正的人生就是不断超越自己达到的所谓"顶点"——尽管这很艰难。

人生路漫漫，际遇多变幻。除盖棺论定者外，每个人都将在生活的长河中浮沉。我一直记挂着那些曾与我倾心交谈并成为我文章主人公的朋友们。他们安在？别来可好？我不尽知。在这本小册子即将交付出版之际，我唯有从心底里祝福他们——

人生之旅，一路顺风！

1992 年 8 月 19 日

（《人生的密码》是本书作者的一本散文著作，1993 年 1 月由新世纪出版社出版）

# 生命的"基砖"

宇宙万物，纷呈万状；一条界线，划而分之：生命与非生命。

生命王国，熙熙攘攘千万年，"升华"出了人类这"万物之灵"。

人，灵就灵在具有理性认识能力——认识世界也认识自身。

早在三千多年前，古希腊阿波罗神庙的大柱上就铬刻着一句警语："知汝自身！"但生长在这里的哲学家赫拉克利特临终前却只说："我总算探索过自己了。"他不敢说："我已知吾自身。"天才的歌德在苦苦求索了半个多世纪之后，甚至更加迷茫：生命，这个受到赞美的"半神"，究竟是什么呢？

歌德们的困惑是很自然的。纵观上下几千年，人类是先认识外部世界而后才开始思考自身的。因此，以通俗见长的科普作家阿西莫夫说了一句很深刻的话："我们已经开始向宇宙进军了，但不要忘记，人类最不了解的还是自身这个小宇宙。"

不是吗？我们的先贤先哲们在窥探自身这个"小宇宙"的过程中创造了无数的神话故事、宗教学说、哲学体系，但多少年来，"生命"这"半神"却一直"犹抱琵琶半遮面"。

还是长着大胡子的恩格斯伟大。他用探究物质运动的深邃眼光考察生命，寥寥几字以蔽之——

"生命是蛋白体的存在形式。"

一语中的！

"这种存在形式的基本因素在于和它周围的外部自然界的不断的新陈代谢，而且这种新陈代谢一停止，生命就随之停止，结果便是蛋白质的分解。"

真知灼见！现代科学已经证明：蛋白质是生命的物质基础。新陈代谢、生长发育、遗传变异、细胞更新、感应适应、思维认知、繁衍生殖、衰老病死……一切生命运动，无不是蛋白质的运动！没有蛋白质就没有生命。大如巨鲸巨象，小如细菌病毒，概莫能外。

可是，再追问下去：何物构成蛋白质？蛋白质又能"分解"出什么东西？恩格斯不是神。他当年不可能回答。

但现今的科学家已经众口一词——"氨基酸！构成蛋白质的基本单位是氨基酸。"

"含有一个或多个碱性氨基 $NH_2$ 及一个或多个酸性羧基 COOH 的有机化合物叫氨基酸。其通式为 $H_2NRCOOH$。"这是生物学家的语言。

太艰涩费解了！换一种有失严谨但通俗易懂的说法吧：蛋白质的分子结构很复杂。它像一条"长链"，由许多"单环"按一定方式"套串"而成；它又像一座大厦，由许多"基砖"按一定规则"砌筑"而就。这构成生命物质基础蛋白质的"单环"和"基砖"即氨基酸。

言之无"物"还是"使人昏昏"，请看几件"实物"：

1820年，法国化学家布拉孔诺首次将一种叫"明胶"的蛋白性物质放在酸里加热，结果"煮"出了一种舌头一舔甜滋滋的"甜食"。

不久，他又弄来一块不知什么肉，加酸加热巧"烹调"，竟然"煮"出一种光亮洁白的"结晶体"。

后来，此君索性"煮"起膀胱结石来，结果又"煮"出一种可治疗秃顶脱发的"特效药"。

直话直说，布拉孔诺"煮"出的"甜食"、"结晶体"、"特效药"其实就是蛋白质的分解物——甘氨酸、亮氨酸、胱氨酸——氨基酸中的三种。

氨基酸是个大家族，在自然界里不下三百种，但作为人体必需的以蛋白质构造材料的目前可以检验的却只有二十种。它们各有"芳名"：谷氨酸、赖氨酸、精氨酸、组氨酸、酪氨酸、半胱氨酸、天门冬氨酸、天门冬酰胺、谷氨酰胺、丝氨酸，苏氨酸、甘氨酸、丙氨酸、缬氨酸、亮氨酸、异亮氨酸、蛋氨酸、脯氨酸、苯丙氨酸、色氨酸。而非随便可以报大数的。

奇怪了！这区区二十种"单环"和"基砖"，怎么可能构造出飞禽走兽花鸟虫鱼芸芸众生这千姿百态丰富多彩的生命世界呢？

想想二十六个字母吧。二十六个各不相同的字母，用不同的方式排列组合，不是能"合成"许多单词，通过千变万化的搭配形成丰富的语言，去表达许许多多复杂微妙的感情和事物吗？

情形相似理相同。作为生命"基砖"的氨基酸也有个排列的顺序和"花式"问题。二十种"基砖"本身就有多少种可能的排列呢？二百亿亿种！一百个氨基酸组成的蛋白质分子不算大吧？但一百个二十种氨基酸，以不同的"花式"排列，却是个大得无法想象的天文数字——1后面加130个零！

氨基酸排列不同，蛋白质就不同，生命物质的功能随之不同。血清蛋白是蛋白质，肌肉蛋白是蛋白质，各种各样的酶是蛋白质，人的指甲、马的蹄子、虎的爪子、鳄鱼的排片、犀牛的锐角也是蛋白质，不同的仅仅是"基砖"的排列！

看看不同动物的蛋白质分子"基砖"排列的差异吧。就血红蛋白分子中的氨基酸排列而言，人与黑猿完全相同，与大猿有四处不同，与马则有86处不同。人的细胞色素C与黑猿的没有什么差别，而与恒河猴、袋鼠、鸡、金枪鱼却分别相差一个、十个、十三个、二十一个氨基酸。

氨基酸除了合成蛋白质以满足机体生长发育及组织修复更新的需要之外，还通过其代谢作用，充当合成核酸、神经逆质、卟啉等人体必须物质的重要原料，并参与生物转化过程，担负组织间氨的运转⋯⋯何其神通广大！

那么，作为人体生命"基砖"的二十种氨基酸来自何方？

来自"自产"和"引进"：十二种由人体内自行"生产"，八种由食物提供。

靠一日三餐摄入"引进"的八种氨基酸称"必需氨基酸"。它们是：赖氨酸、亮氨酸、异亮氨酸、蛋氨酸、苯丙氨酸、苏氨酸、色氨酸、缬氨酸等。

这"八大金刚"中，赖氨酸堪称"老大"。人体对它的需求量最大，一旦供不应求，会引起贫血、浮肿、伤口不易愈合、精神委靡、妇女月经紊乱⋯⋯如果是幼儿缺乏此物，则会肌肉萎缩、头发脱落、大脑发育迟缓、抗病能力下降。此外，它还能促进胃液分泌，增进食欲，提高钙的吸收率，防治肝硬化、痛风、过敏性哮喘和老年记忆早衰等疾病。因此，赖氨酸又有"特殊必需氨基酸"之称。

真这么"神"！不信请看来自日本的几个试验报告：

——以240名四至七个月的婴儿为试验对象，让一些婴儿每月服用250毫克赖氨酸，五个月后，这些婴儿比没有服用的婴儿平均身高高出2.1厘米，平均体重增加0.6公斤。

——3000名学龄儿童分为两组，A组的食物中添加了赖氨酸，B组不添加。一年后，A组平均身高比B组高出5厘米。

——多对双胞胎试验证明，幼儿食物中添加了赖氨酸的试验组的幼儿智能指数明显高于对照组。

类似的试验国内也有：广西壮族自治区对 112 名儿童的食品添加 0.3% 的赖氨酸，半年后发现，这些儿童比对照组儿童的身高平均高出 1.26 厘米，体重平均高出 0.51 公斤，血红蛋白平均高出 1.05 克。

话说回来。"老大"固然重要，"老二"、"老三"……"老八"哪一个也不可等闲视之。人体中缺乏任何一种"必需氨基酸"，都会限制其他氨基酸的功能发挥，使某些蛋白质的合成受阻，引起"氨基酸失衡"，导致疾病。"八大金刚"可真是哪一个也不可或缺呢！

"民以食为天"，古今如是。但一日三餐天天饱食，是否就能"引进"足够的"必需氨基酸"呢？未必。我国是以大米、小麦、玉米、高粱为主食的国家。这些东西中氨基酸的种类和含量并不理想，难以满足人体对氨基酸的需求。因此，越来越多的人，或购买食用氨基酸作为日常饮食的添加剂，或垂青富含各种氨基酸的口服液，这实在不失为明智之举。

看来，现代人对于"食"，真还得有个"氨基酸意识"哩。

氨基酸，生命的"基砖"，可说道的东西太多了，就此打住吧。

（原载 1992 年 7 月 28 日《现代人报》）

# "神童方案"质疑

**原编者按：**

独生子女的早期教育，是千千万万父母十分关心而又头痛的事情。作者在《神童方案》质疑一文中，用科学的态度分析了儿童早期教育的利弊，供读者思考。

假日，女友小 A 来访。她一反常态，把我"晾"在一边，兴奋而脸带羞色地与我妻子咬了几句耳朵，两个人就迫不及待钻入内房"密谈"去了，我想，大概是谈些"男人莫听"的私房话吧。

小 A 刚走，妻子就及时"泄密"："小 A 有啦。"

"向你倾诉妊娠反应体会吗？"我"刺探"道。

"还抖出一套'神童方案'……"妻子一五一十，和盘托出。

听了小 A 那望子成龙（或望女成凤）的"神童方案"，玩味再三，竟使我萌发了写这篇质疑文章的冲动。

## "音乐胎教"？

小 A 那"神童方案"的第一步骤，就是找到最"权威"的录音磁带，立即实施"音乐胎教"。

"音乐胎教"是现今的"时代新潮流"。据说，"预备母亲"在两侧下腹部贴上耳机，播放轻音乐，坚持不懈，肚子里的小宝贝就会增加"音乐细胞"。还有人言之凿凿：受过"音乐胎教"的婴儿，出生后对早在母腹中就"熟悉"了的音乐"明显有所反应"云云。这种"把早期教育提前到娘肚子里去"的时髦，对即将为人父母者，无异于一个强力磁场。

然而，我对这种用心良苦的"超早期教育"的科学性，总是打了个大大的"？"号。稍有点物理学知识的人都知道，"音乐胎教"有个经不起琢磨的

"声学耦合"问题：播放"胎教音乐"时，耳机振膜的振动通过空气传到腹壁，其能量几乎全被"空气——腹壁"界面反射掉，能够透界面入射腹壁的声能微乎其微。而这可怜的一点点能量要传给胎儿，还得穿越腹壁脂肪层、腹肌、腹膜、子宫肌层和羊水等"声的不良导体"，受到层层屏障的反射和吸收。负有"胎教"神圣使命的那一丁点声能，早在传播途中就衰减将尽了，如何"教育"胎儿？

最近读报，又见有一种"胎教腰带"问世。据称孕妇使用这种腰带，就能使"胎教音乐"的声能多一点入射母腹壁。我姑且相信这种腰带的功能，但疑问依旧：据医学家测量，在母腹中，心跳声、血流声、动脉搏动声、肠胃蠕动的鸣响声，简直就是一部"交响乐"，其"噪声"高达85分贝，这近于警笛、雷鸣、炮轰的响声，胎儿岂能听出你那"胎教音乐"？

还得提醒刚刚知道怀孕就急于"音乐胎教"的小A们，怀孕可喜，但不要激动得忘了常识：你腹中那新生命的大脑皮层还未形成；胎儿要在妊娠7个月后才初有听力哩！给"音乐胎教"如此泼冷水，实在于心不忍。说句公道话："预备母亲"们多听听轻音乐，保持心情愉快，毕竟还是美事一桩。

## 婴儿"IQ测试"？

小A的"神童方案"中，另一个颇有"科学味"的"项目"，就是在婴儿半周岁时，对他（她）进行一次"IQ测试"，以预知小宝贝将来读书的天分。她说，她从一家科技报上看到消息，已经有人送婴儿到某机构测试去了。

我也注意到这方面的报道。这实际上是一种婴儿记忆实验。它的根据在目前还只是一个假设："婴儿对过去没有接触、记忆过的刺激更感兴趣。"测试方法之一是给婴儿看图片，记录他们对图片注意的时间。按上述假设，婴儿注视新的没记忆过的图片的时间较长，注视过去看过并记住了的图片时间较短，以此测出婴儿记住了多少图片，从而推算出其IQ的高低。

这种测试的可靠性如何？我说不准。但这种做法本身，我却不以为然。

IQ即我们平时所说的"智商"。它作为智力发育情况的一种判据，是有其明显局限性的。它只能对被测者的记忆、理解、判断能力和学习情况有所评价，并不能对其他能力全面评价。对一个刚来到人世，何况，"智商"与"成才"尚且几个月的婴儿进行这种测试，去"预测"这"预测"那，到底能有多少意义？

简单轻率地"预测"一个孩子的将来如何如何，将导致父母及老师给孩子不同的对待。那些被"宣判"为智商偏低的婴儿，从未懂人事之时起，身上就被投上一层阴影，容易出现"不幸而言中"的"自我形成"效应。

我还来不及问小A：假如你的小宝贝经过IQ测试，被认为其智商低于同龄孩子平均值，你将何以对之？你的"神童方案"还会信心百倍继续实施吗？

## "特技教育"？

我妻半是感慨半是诘难地对我说："你看小A夫妇多舍得下本钱，肚子还未挺起来，就不惜重金为孩子买下一架钢琴。谁像你，满肚歪理，小孩都几岁啦，还连个琴键都不买。"

假如小A为小宝贝买琴的"超前行为"是考虑了涨价因素，那是另一码事；但假若出于培养那还未见影儿的"神童"而为之，那就不敢恭维了。

让小孩子学电子琴、弹钢琴、拉小提琴、练书法等等，是近些年的又一时尚。君不见，丁点儿大的女孩哈哧哈哧拉起了成人手风琴，还穿开裆裤的小男孩脸挂愁容地拉着枯燥的小提琴练习曲，笔还抓不稳的小手也得无可奈何的练起"书法"……我敢说，孩子们打心底里不愿意受这种"苦中苦"！

本来，在孩子的早期培养教育中，适当穿插一点音乐、舞蹈、书法、绘画之类的熏陶，当是好事。但如果不顾及孩子的兴趣和爱好，用主观设计的"神童方案"去迫使孩子就范，一味强迫"小不点儿"接受专业特技训练，这简直就是造孽之举！

笔者还是援引国际著名小儿精神科专家洪刚义教授的见解吧：

"对儿童进行音乐美术等特技教育、若实施不当，就会成为儿童健康成长的一大障碍。承受不了这种早期教育的儿童，会出现严重的眨眼或大声喊叫等现象……而且还会对今后的发展带来不良影响。"

## "超级生理保育"？

细细品味小A的"神童方案"，还可"品"出其中一个"基本原则"：尽一切可能使孩子生活在优越的环境之中。

这可说是时下最具共性的"父母心"了。无论左邻右舍，官民贵贱，"独苗儿"们哪个不是家庭的小皇帝、小天使、心肝宝贝、掌上明珠？哪个不是享受"超级生理保育"？

可悲的是，种种"完美"得近乎无可挑剔的"超级生理保育"，反而使孩子的成长受到危害和威胁。

这并非危言耸听。日本一项调查发现，现代儿童对空中用手抓物、脚趾取物的能力已明显降低，精细动作，手眼协调等感觉运动功能的发展也大有问题。

为什么？原因再简单不过：幼儿赤脚走路，本是一项训练脚部肌肉的很好的运动，但现今的父母谁让小宝贝赤脚走路？用小刀削铅笔本可训练手指精细动作，但时下的小家伙又有几个没有自动或半自动的削铅笔机？受到"超级生理保育"的儿童，接触刺激的机会太少了：穿衣服鞋帽，"黏贴式"产品多方便，连上纽扣、系鞋带都省了；游戏吗，高级自动玩具只需上发条或按键钮。西方一些国家的中小学生，甚至连心算、笔算的基本功也被不离手的计算器给"消灭"了。

"生理保育期"超前，更是大忌。"独苗儿"饭来愿张口，衣来愿伸手，父母们就谢天谢地了。至于上学要人接送，更不是新鲜事。结果呢？有个例子可做"注脚"：某"千金"从上幼儿园到高中，天天由家人接送当"保镖"；高中毕业后考上东北某大学，一离开父母连路也不会走，在去大学报到途中，先是不懂交通规则闯了红灯，被汽车撞折了腿，后又傻乎乎被人拐骗到山沟里受尽凌辱后被卖掉……这虽说只是一个特例，但对"父母心"不无值得反思之处。

据说，在西方一些发达国家，即使是家财万贯的富豪之家的子女，六七岁时，父母也有意让其临街叫卖，锻炼他们的机智，培养他们的自我生存能力和社会活动能力。看来，外国朋友的"育儿观"，不无独到之处哩！

## "电子游戏迷"？

小A有个雄心勃勃的计划：在家庭经济上"开源节流"与"争取外援"双管齐下，用两个"五年计划"的时间，攒下一笔款，到小孩10岁左右，买一部电子游戏机和微电脑，在自己家里营造一个"电子游乐房"，让小孩在尽情的电子（脑）游戏中发展智力。

小A这种"电子（脑）游戏＝益智"的公式，是得到好多家长认同的。且听："我那小调皮一玩起电子游戏，连自己姓什名谁都忘了。""我那小鬼一沾上电脑，连下课放学铃声都听不到。"……许多家长言语之间流露出欣赏与得意。

殊不知，小孩迷上电子（脑）游戏，未必是个好兆头。

《医生周刊》报道：丹麦大约有5000名少年儿童因玩电子游戏机而致使智力受损甚至精神错乱。他们有的如痴如醉迷恋电子游戏机而不能自拔，不愿与别人交往；有的一玩就是十几个钟头，把同学和朋友忘个一干二净；有的甚至在生活中也不由自主地使用电子游戏机语言，竟不能辨别游戏世界与现实世界，最后不得不住院接受精神病治疗。如此"玩"法，谈何"益智"？

在一些发达国家，"电脑痴狂症"已经不是个陌生的名词，而且许多患者是少年儿童。父母给他们买了电脑，他们便迷上了这个"活动脑袋"，从此不再与同龄孩子来往，很少参加玩电脑之外的活动。天长日久，这些孩子甚至连学校的功课都觉得无趣。有的孩子干脆只说电脑语言，即使睡梦中双手也像在键盘上般地弹个不停。医生们认为，电脑是机器，没有人性，过早让孩子迷上电脑，会使他们丧失与人相处的能力和兴趣，养成变态性格，产生发展障碍。

玩电子游戏机和电脑，无疑是一种益智活动，但物极必反，假若过度迷恋此道，副作用是不可忽视的。虽说就我们的国情而言，这个问题的提出目前还"超前"了些，但发达国家在这方面的"前车之鉴"，毕竟值得我们记取。

## "饱和早期教育"？

小A的"神童方案"真可谓"全方位"。她不仅想千方百计把小孩"塞"进"最正规"的幼儿园，而且打算高薪聘请多才多艺的家庭教师，给小孩开辟"家庭第二课堂"。

这不由使我联想起一件事。去年春节，我到一位友人家里做客，他那只有五六岁的小孩对我说："叔叔，天天是春节就好啦。春节可以不上幼儿园'读书'，可以不做作业，可以到外面放气球，可以跟邻居小朋友捉迷藏，可以……"天哪，小家伙一口气说出了一大串"可以"！这些本来很平常的"可以"，对当今的儿童竟然变得如此稀罕和难得。看来，"欢乐的童年"过得也不轻松啊！

"饱和早期教育"，是孩子们"欢乐的童年"不欢乐的重要原因。幼儿教育似乎正在"小学化"、"成人化"。上幼儿园要"读书"，回家里有做不完的"作业"，还有"家庭第二课堂"在等着，你叫小家伙们能不厌倦？

望子成龙的父母们，幼儿园的教师们，请记住儿童行为教育中的那条"饱和原理"：

"为使儿童停止某一行为方式，只需让他这种行为'饱和'，直至他厌倦为止。"

除非你存心要小孩讨厌学习、拒绝学习，否则就不要让他的学习处于"饱和"状态。

还是让儿童成为儿童，把欢乐还给"欢乐的童年"吧！

（原载 1989 年 10 月 17 日《现代人报》）

# 我的日本"三同户"

访问日本一个月,大多是"集团活动"。参观、考察几近走马观花;研讨、交流浅尝辄止。唯有三天的"民宿"才"化整为零",使我们得以深入到日本社会的细胞——家庭。

"民宿",即与民众家庭同吃、同住、同活动。这是日方特意安排的项目,为的是让我们亲身体验一般日本家庭的生活。我们把民宿家庭戏称为"三同户"。

我和江西省团校的郭常亮君的"三同户"在冈山县久米郡久米町,那是不太发达的山区地带。我们事先只知道男主人叫小林幸雄,是津山市立弥生小学的教师。

那天晚上,津山市政府在鹤山饭店设自助餐宴欢迎我们一行。我正与郭君边吃边谈,一对青年男女走了过来,用略显生硬的普通话叫出我和郭君的姓名。噢,是"三同户"来与我们见面了。男的约莫三十来岁,正是小林幸雄先生。他指了指同来的女士,一句话就把我们逗笑:"我妻子,女主人;你们将会发现她很有魅力。"

原来担心语言问题:我和郭君都是"日语盲",听说男女主人又都不懂中文,如何沟通?一接触还好,大家都略懂英语,勉强可以对付。小林幸雄夫妇说,为了一见面就能用普通话叫出我和郭君的姓名,两口子昨晚"练"了一晚"发音",刚才一路上还不断"复习"呢。

翌晨,小林幸雄开私家车来饭店接我和郭君去"家"里。说来也巧,那天(11月23日)既是日本全民放假的"勤劳感谢节",又是小林幸雄那小儿子所在的幼儿园——千代保育所一年一度的"糍粑节"。反正顺路,小林幸雄邀请我们前去见识见识。到了千代保育所的露天小广场上,只见家长们有的轮流挥锤捣糍粑,有的烧火煮糍粑汤,有的与孩子们围坐在一张张桌子旁玩耍谈笑,一片欢乐气氛。小林幸雄落落大方往高处一站,拍了拍巴掌叫大家静下来，用日语叽里咕噜一通，顿时掌声四起——原来他向大家介绍了我们这两个"外国人"！我和郭君只好亮亮相，用刚刚学到的日语，说了几句"初到贵地，很高兴见到大家，请多关照"之类的话，并参加了捣糍粑、煮糍粑、吃糍粑……

没想到这个"插曲"竟上了日本报纸！回国后不久，我就收到小林幸雄先生的来信，信中夹了一张复印的《山阳新闻》，上面刊登着一篇题为《日本友好的糍粑节》的消息："11月23日，千代保育所举行糍粑节……在这带有传统色彩的气氛中，正在津山访问的中国青年考察团的周先生、郭先生，在小林幸雄先生的陪同下来到该所参观，与家长们、孩子们一起过糍粑节，共度愉快时光，保育所成了中日友好的场所……"文后还配发了一幅我和郭君"光临"该保育所的照片，并冠以"千代保育所中的日中亲善"的图题。

离开千代保育所，汽车七拐八拐终于到了小林幸雄家。这是一个偏僻却不荒凉的小山庄。山青树绿，景色秀美，一派田园风光。路上除了偶尔有一两辆汽车经过，几乎见不到人。当我们到达时，小林幸雄的父母、妻儿在门口排成一队，举着写有"欢迎"两个中文大字的厚纸牌，个个脸上绽开真诚的笑容。可惜的是当时我的照相机在行李包里，未能拍下这有趣的场面。

小林幸雄的家宅倚山而坐，木质结构，分上下两层，大间套小间，间与间只一板隔之。家庭设施自然相当现代化。遥控电视机、摄像机、程控电话、高级厨具……应有尽有。全家共有三部小汽车和一辆摩托车，停在屋旁的车棚里。看得出主人为我们来"三同"做了不少准备：腾出一间房子作为我们的卧室；"榻榻米"上已铺好两套被褥，放着两套和式睡衣，看那还没摘去的商标卡，显然是新买的；洗漱用具每人一套；就连辅助交谈的本子和圆珠笔也已备好。这使我们初进家门就感到一阵温馨。

这是一个三代同堂之家。小林幸雄的父亲小林伏树，在一家报纸发行店——"千代新闻贩壳所"当经理；母亲小林贞子，是我们去过的千代保育所的保育员；妻子小林贵子毕业于冈山县立短期大学看护科，现在一家小学当保健教师。两个蹦蹦跳跳的小家伙，名字颇有意思。小林幸雄告诉我们，小儿子叫泰斗，取"泰山北斗"之意；大儿子叫洋平，寄望"太平洋和平"。

小林伏树是个热情开朗的老人。中日同源文化使他会写一些汉字。他用写汉字夹带个别英文单词的办法与我和郭君笔谈，而且乐此不疲，每有沟通就喜上眉梢笑声朗朗。有一次，他写出一行汉字请我回答："中国出版物色的有?"我颇感为难：笼统说"有"吧似乎不妥，干脆说"没有"吧，日本人也知道中国的"扫黄"声势浩大。稍作思量之后，我用含有中文、英文、体态语各种"句子成分"的"三明治"语言"顾左右而言他"：

"据我所知，若以'色'来划分，则猥亵、淫秽的读物属'黄色'，怪诞、恐怖的作品属'黑色'；而通俗文学属'蓝色'。从这个意义上说，中国出版物有'色'。比如'蓝色'就不少。"

他好不容易明白了我的话，但头却摇得像货郎鼓："我问的不是这个。"

后来通过小林幸雄当"翻译"，我才恍然大悟：他那"色的有"？问的是"有没有彩色印刷"！

小林幸雄颇像个"杂家"。任小学教师十年，教过算术、理化、国语、也教过社会课、道德课，还教过体育、手工，什么课程都来得。他那书房更是"杂"得可以：数、理、化、天、地、生、文、史、哲……无所不至，有各种版本的教材、教参书，也有小发明小制作之类的学生课外辅导读物。有属"阳春白雪"的经典著作、理论书籍，也有"下里巴人"看的通俗书刊、连环画。他说他每月平均花三万日元买书，这约用去了他月薪的五分之一。

幸雄很热爱教师这一职业。日本的《授业研究》、《理科教育》、《教材开发》等刊物发表了他不少教学研究文章。这对一个山村小学教师来说，可谓难能可贵的了。当我们对他表示赞赏时，他却连连摆手表示谦虚："我还不行。著名教育家向山洋一说过，一个教师至少必须发表100篇教学研究文章才可能成为一个成功的教师。我才发表了38篇，离'成功'远着哩！"我问过他：有没有想过到大都市去寻求更大的发展？他回答得很干脆："从来没有。我挑离家最近的冈山大学读书，挑离家最近的小学任教。我恋家。"

有意思！都说"有志男儿四海为家"，可谁又能说这个"恋家"的小学教师无志呢？

作为女主人的小林贵子也得提一笔。她是个典型的日本女性，温文尔雅，娴静含蓄。我们聊天谈笑时，她在一旁听得很专注，偶尔掩嘴一笑，但很少插话。她的英语水平明显比丈夫高，丈夫常问某个词英语怎么说，她十有八九答得出。但她很谦恭，在客人面前，丈夫不问，她从不插话逞能。有时见丈夫在某个词上"卡壳"了，就在他耳边不露山不显水轻轻提示一声。这，或许与日本"夫道尊严"的传统有关吧。

"三同"第二天，小林幸雄夫妇带着两个小孩陪我们上街游玩。上午去玩

"弹子机"。大概是考虑到花费吧，只有我和郭君真刀真枪地玩，其他人只当"观众"。弹子机是一种用作游戏的机器，在一个立式的有许多小孔的盒子里，游戏者拨动右下方的马达调节旋钮，去弹击那些直径1厘米左右的弹子珠。如果弹子珠能进入某一个孔洞，便会滚出十几颗作为奖励。奖励的弹子珠假如多于作为"子弹"输入的弹子珠，则为赢，反之则为输。这是第二次世界大战后流行起来的大众娱乐活动，因其颇具刺激性，至今热衷者众。这种游戏实质上是一种赌博。运气不好时花一二千日元买来的弹子珠不出半个钟头就被"吃光"；运气平平者"玩完"也只是时间问题；总的说是输者众赢者少。奇怪的是我和郭君的"手气"非常之好，弹子珠频频射入"赢孔"，"子弹"越打越多，来的弹子珠装满一盒又一盒，喜得"观战"的小林幸雄不断叫"Luck"（幸运）。半个钟头后把弹子珠端到柜台兑换现钞，我和郭君竟赢了一万九千多日元！

  下午去打高尔夫球。我和郭君都是新手。小林夫妇的技术也不可恭维。据说光顾这种场所花费颇高，他们平时也疏于此道。这样的"群体水准"，玩起来自然洋相迭出，逗人捧腹。球虽打得不好，玩得倒也开心，直至黄昏才意犹未尽回家吃晚饭。

  提起吃饭，可说道的东西也不少。

  较之我们自诩于世的"食不厌精，脍不厌细"和发达得无与伦比的饮食文化，日本人"吃"的简单、节省和随便使我们颇感意外。无论大小宴会还是家庭筵席，不是"分餐制"就是"自选式"。没有我们司空见惯的肉山酒海，没有八大盘七大碗的壮观盛况，没有强人所难的劝酒夹菜，各取所需，主随客便，毫不勉强。餐桌上食物不够了再添加，看不出有什么浪费。小林幸雄家招待我们的第一顿午餐，主食是清煮面条，每人几片炸肉、炸南瓜、炒鸡蛋，外加一小碟酱料佐餐，二十分钟解决问题。日本人认为，请客吃饭之类，要紧的是轻松愉快的气氛和情感交流，"吃"倒是次要的。我对此非常赞赏，现代文明社会，是不需要用餐桌上的铺张浪费来显示"热情"、富有和阔气的。

  日本人有不煮炒不也不溜的"生吃"习惯。我们的"三同户"亦然。晚餐有"日本料理"中著名的"刺身"——生鱼片。入乡随俗，我和郭君都鼓足勇气一尝。切得薄一些的淡水鱼片，辅以酱料还可勉强下咽，而那又硬又厚的生鱿鱼片，咀嚼几下就腥得令人作呕。好在"三同户"想得周到，旁边备有火锅，我和郭君干脆把"刺身"用于"打边炉。"

我注意到"三同户"的饭桌上几乎餐餐都有柿子、草莓、香菇、鸡蛋这几样东西，原以为是买的，没想到却是"靠山吃山"。那天傍晚，小林幸雄招呼我和郭君："咱们出去弄点晚餐吃的东西"。"到哪弄？""就在屋后的山上。那里有野生的草莓、柿子，采回去一洗一削皮就可摆上餐桌。"半山腰有小林幸雄自己培植香菇的地方，在那一段段、黑糊糊的乱木头堆中，我们不消十分钟就采摘了一篮子肥嫩的香菇。小林幸雄竟然还养鸡"待"蛋！在山脚避风一角，有他搭得很精致的鸡棚。这位可爱的山村教师见里面有一个鸡蛋，面露喜色，掏将出来也不擦一擦就往口兜里塞，引得我和郭君相视而笑。

后来我们还知道，小林幸雄家连吃的大米也是自产的！这四位都属"上班族"的职工家庭，却还经营着屋前那五六亩地。从前以农为生的小林伏树老人带我们参观了建在住宅附近的"农事房"。里边有黑豆、南瓜之类的农产品，有作为纪念的几十年前用过的旧镰刀、旧锄头，也有相当先进的手提式耕作机、插秧机、收割机。他告诉我们，用机器种田不累人，节假日或业余时间干些农活，既增加收入补贴家用，又平添许多耕耘的乐趣。

在"三同户"家生活，总的来说没多少不便，唯有洗澡一事是个难题。洗澡间与宾馆的类似，明净清洁，又有浴盆、热水，按说无可挑剔。只是日本人的洗澡习惯很怪。他们不在浴盆中擦洗身子，躺进浴盆只为泡泡温水，"放松放松"，而且"泡"过后不换水，第二个人接着"泡"，一个接一个同"泡"一盆水，直到全家都"泡"过后才拔出塞子把水放掉。主人很客气，让我先"泡"，郭君第二，然后才是他们一家子。我站在浴盆前，一想到后面还有七个人要同"泡"这盆水，就怎样也不忍心先"泡"为快，只是在盆外擦了擦脸，洗了洗脚了事。临睡前我问郭君："刚才洗澡泡了吗？"他竟有点愤愤不平："废话！你老兄泡过的水我再泡不恶心吗？"咳！你说这多冤枉人。

虽说相处只有三天，但我们离开"三同户"时，那场面可真有点依依惜别的气氛。小林伏树老人拿出毛笔和纸请我们题词留念。郭君颇有奇才，当即以诗相赠：

秋月度重洋，

一朝抵扶桑。

富士笼白雪，

枫林醉染霜。

三日民家宿，
相识岂能忘。
言语虽难通，
两心皆欢畅。
中日同结好，
友谊万年长！

我只写了几句大白话，记得其中有一句是："永远怀念你们全家，祝中日两国人民友谊地久天长。"洋平和泰斗两个小家伙这三天与我们玩得很欢，知道要分手了，哭鼻子，抹眼泪，还拿出小兄弟俩的得意之作——一幅稚气扑面的日本新干线列车图画，要我转交给他们的同龄人——我的儿子。小林幸雄则捧给我们两盒录像带，声音略微颤抖："里边记录着我们这三天的共同生活。它可以使我们经常见面。"

茫茫人海，芸芸众生，相遇相识本身就是一种机遇，一种缘分。我永远珍视与小林幸雄一家的友谊。

（原载 1991 年 3 月 25 日《羊城晚报》）

# 女博士风采

在东京考察期间，我接触了不少中国留学生。有一次我说过打算采访一两个"留学生名人"，立即有人向我推荐：

"刘丽，她的学术报告一分钟拿1万日元！"

两天后，我请几个广东去的留学生帮忙物色采访对象，立即又有人建议："写刘丽！女博士生，咱们广东老乡。"

刘丽何许人？晚上我拨通了她的电话。

"您好！我是刘丽。"一口纯正的日语已"品"不出"粤味"。

"您好！我姓周，从广州来……"

"哦——我刚刚听说过。"刘丽随即用普通话接过话头，"您想采访我？我可不想当新闻人物。"

好家伙，看来是有人"通风报信"了。我正想开口，又听她说："不过我很想见广州来的客人。我可是人在日本心在广州啊！"

这话怎不大像"女强人"说的？我暗自思量。

次日下午，刘丽和她的一位学友到大都会饭店看我。她30多岁，高挑，清秀，文弱，一点也不像电视剧中的"女强人"。

一交谈，我们竟有那么多的共同点：同龄人；同在广州念的大学；同属"新三届"的头一届；同样"吃过粉笔灰"；同是业余"爬格子动物"。我们共同话题很多，于是，刘丽在不知不觉之中解除了"被采访意识"……

时针退回1984年春。广州白云机场，广州外语学院日语教师刘丽，深情地目送受政府派遣赴日本研修的丈夫远去。

也真有这种巧事。半年之后，刘丽被公派赴日专攻日本语，"从天而降"出现在丈夫面前。

幸运得令人眼红的两口子！都属公派出国，没有生存危机，用不着为一日三餐去打工，那外国情调的生活多惬意、轻松！

但他们却时时有一种紧迫感，没工夫去饱览日本山水，舍不得在花前月下挥霍时间。他们全副身心投入，在书山中寻路，在学海中遨游，海绵吸水般地吸取着异国科学文明的营养……

一眨眼两年过去。当刘丽修完硕士课程时，丈夫也恰研修期满。于是喜气洋洋双双回国。这里用上"满载而归"一词再合适不过：除了文凭、证书、硕士帽，除了书籍、杂志、资料袋，除了装在脑里的无形财富，他们还带回了"爱情的结晶"——那刘丽怀了九个多月呼之即出的小宝贝！

这"大团圆"远不是结尾。

正当"新任母亲"刘丽为奶瓶、尿布、《育婴指南》团团转不亦乐乎的时候，一封来自东京都立大学的信函不期而至："刘丽女士：我们荣幸地通知，您已被录取为本校博士研究生……"

瞬间的兴奋差点没使刘丽欢呼雀跃。登上人类知识的高峰，毕竟是她从小梦寐以求的。

但她立即又脸现愁云："身上掉下的一块肉"嗷嗷待哺，身负重任的丈夫早出晚归，她有贤妻良母的义务，也有营造温馨家庭的职责，能撇下几个月大的女儿和深爱的丈夫而去吗？能让事业中兴的丈夫"当爹又当娘"吗？

常见青年女性心态调查表中有这样一道题：做贤妻良母还是当居里夫人？最聪明最无可挑剔的答案当然是"亦彼亦此"。但生活中的女性又有几个像勾选择题那样轻松那么容易地"亦彼亦此"？

刘丽面临的不正是一种"两难选择"吗？她征询丈夫的意见，平素就言语不多的丈夫只是深情地望着她，默默无言。

"就为女儿为丈夫作点牺牲吧！"刘丽咬咬牙，给东京都立大学寄出了不去读博士课程的复信。当她装出乐呵呵的样子把这一"壮举"告诉丈夫时，丈夫却递给她一张机票："去吧。你无权放弃机遇！"

刘丽鼻子一酸，伏在丈夫宽厚的肩膀上，久久说不出话来……

什么叫"理解"？什么叫"爱意味着奉献"？此时此刻此情此景作了最好的注脚。

刘丽向我谈起这一情节时，颇动感情地说："我欠丈夫欠女儿太多了。我在这里无权不拼搏，无权不拼出点名堂来。"

提起刘丽的拼搏劲，学友们说她"近乎玩命"，导师说"东京都大少有像她这样的人"。白天听课、讨论、走访、调研、钻资料室、跑图书馆……"把别人喝咖啡的时间都用上";晚上或潜心研读或奋笔疾书;至于闲游闲玩闲逛街,刘丽说"花得起钱也花不起时间"。人们常常惊叹她那文弱身躯中蕴藏着的能量。

几年求索,刘丽确实已"拼出点名堂来":她专攻的"日本国语学"造诣,令日本教授刮目相看;她的"中日文化比较研究"成果,引起学界瞩目;她的学术论文连珠炮般地发表在日本各刊物;《东京都大学报》更是几乎期期有她的文章;她用日文写就的两部专著已被日本出版机构认可付印;她被聘为日本文化研究所特约调研员;她经常应邀到各高等学府做学术报告……难怪与刘丽同属人文学部、来自北京的女研究生张昌玉一见面就对我说:"刘丽是我们的旗帜和骄傲。"

我没有忘记问刘丽:"听说你的学术报告1分钟拿1万日元,是真的吗?"她淡淡一笑:"不假。但这种美事极少,你可别把我写成'暴发户'。"

在我采访刘丽时,她的博士课程已经修完。据说导师和一些学术机构已向她多次发出信息,希望她留下继续研究,多出些成果。我问她如何打算?她脱口而出:"很快就会回国。要不是有些工作要扫尾,我真想明天就飞回去!"

我赞许地点点头,期待她再说些什么,可她只轻轻地说了一句:

"派我出来的广州外语学院需要我;我的丈夫、女儿盼着我。"

(原载1991年1月4日《南方周末》)

# 蔡育民印象

## 一

北京。万寿路。一座环境幽静的内部招待所。

即将访问日本的中国青年考察团成员，从四面八方抵达这里报到。

"丁当……"我刚放下行李，门铃就响起来。

"您是老周吧？我是蔡育民。"

哦！蔡育民，惠州市青联副主席，惠州贸易发展总公司总经理。广东就我们俩参加考察团，我正想等会儿去找他认老乡哩。

请进，让座，交换名片，寒暄。

这是个颇具男性魅力的人。中等身材，西装革履。言谈举止热情而不失沉稳，自信而不失谦和，机警而不失厚道，儒雅而又不乏刚阳气度。29岁，已有两年总经理的"官龄"。重负和抱负，苦苦求索和春风得意，一起写在他身上。

这是我对蔡育民的第一印象。

## 二

东京。灯火辉煌的豪华会堂。

日方为我们举行隆重的欢迎仪式。礼毕之后是干杯。自助餐酒会，一派轻松、欢快、融洽、和谐的氛围。

"这是蔡育民，"考察团总团长、全国青联副主席李克强特意向中国驻日本特命全权大使杨振亚介绍，"本团最年轻的企业家代表。"

"欢迎杨大使回国时到惠州来视察！"蔡育民落落大方。

或许是近些时惠州名声在外，杨大使兴致勃勃地询问惠州的情况，要蔡育民好好谈谈。

蔡育民略加思索，侃侃而谈：

"不久前，美国人造卫星对地球进行地面扫描，发现三个规模最大的工业开发区。惠州，就是其中之一。"

"惠州是个文化古城。北宋大文学家苏轼曾在这里谪居三年。唐代诗人李商隐和宋朝爱国将领文天祥在这里留下深深的足迹。叶挺、廖仲凯、邓演达更是生于斯长于斯……一句话，惠州有过人灵地杰的历史辉煌。而近些时惠州成为海内外关注的热点，却是因为她的现实——改革开放的势头以及天时、地利、人和。"

蔡育民对惠州的深情溢于言表：

我们那里地处广东东南部，资源丰富，气候宜人；漫长的黄金海岸线上有吞吐量巨大的良港，水运陆运四通八达。这是硬环境。改革开放的方针政策，吸引外资的种种措施，振兴惠州经济的人心所向，这是软环境……

"八十年代看深圳，九十年代看惠州。这话反映了外界的厚望。惠州经过长期的沉寂和改革开放的阵痛之后，现已跨越了工业空白的断层，出现起飞势头。"

蔡育民顿了顿，扳着指头，如数家珍：

"信华精机有限公司、TCL通讯设备有限公司、中欧电子工业有限公司、惠信精密部件有限公司……一家家技术密集型的合资合作企业相继崛起。惠州生产的高级汽车音响，中国之最，出口100万台；惠州的TCL电话，中国第一；惠州的产品打入68个国家和地区的市场……"

好个蔡育民！平时不显山不露水，该"显"该"露"的时候则"大露峥嵘"。

他只言未谈自己亲手创办的公司，却勾勒出一幅"惠州在崛起"的宏观全景图。

他只是一家企业的总经理，眼光所及却又远远超出一家企业的天地。

这是我对蔡育民的第二印象。

三

还是东京。还是灯火辉煌的豪华会堂。

中日青年联欢晚会，有说有唱有歌有舞。两国青年大展风采。

"现在，请来自中国惠州市的青年企业家蔡先生表演节目。"是司仪小姐又甜又脆的声音。

一阵掌声的热浪把蔡育民推出观众席。只见他健步上前，接过麦克风，有款有式徐步进入舞台的"黄金分割点"，向台下观众施礼……嘿！还行。神态自若，风度翩翩；举手投足，优雅自信。一出场，"舞台形象"就颇不俗。

"亭亭白桦，悠悠碧空，微微南来风……"中日青年都熟悉的《北国之春》。唱的深情投入，听的如痴如醉。一曲终了，台下的观众好一阵愣才"醒"过神来，报以雷鸣般的掌声……

我略略有点意外：真想不到蔡育民还挺有些"艺术细胞"。

"我是演员出身。"他说。

"唔？"

"十五岁那年被招进惠阳地区汉剧团。当了六年的武生演员。八十年代初'跳槽'出来，弃艺从商。"蔡育民寥寥几句，淡淡一笑。

我当时的感觉有点像发现一片新大陆。戏剧舞台与经济舞台，虽说没有不可逾越的鸿沟，但毕竟是"隔行如隔山"。剧团演员与企业总经理，"角色差异"可不小。

"最了解自己的莫如自己。经济舞台对我更有诱惑力，更富挑战性。"蔡育民如是说。

我欣赏他当年的选择。从某种意义上说，成功的妙谛就在于把握自己也把握时机。"军人不择战场"，角色却不能不择舞台。

话虽如此，生活却远非"选择"二字所能涵盖。"你别无选择"固然无奈；"你尽可选择"也非一相情愿。角色选择舞台，舞台也选择角色。人才寻找机遇，机遇选择人才。

演员——总经理，难道仅仅是一己的选择？表征蔡育民"角色转换"的这个"破折号"几多内涵几多底蕴几多外延？

恐怕蔡育民自己也未必说得清道得明。

## 四

访日期间，蔡育民一直与他的企业保持着"热线"联系。又是电话，又是传真；又是问情况，又是发指令。看得出，他人到国外，心，却还留在企业。

"非遥控不可吗？"我问。

"按松下先生的说法，一个成功的企业家，应该常常无事一身轻地去钓鱼去旅游。但我现在还无此福分。"蔡育民不无自嘲地说，"家里四个合资企业同时上马，工作千头万绪。不怕你见笑，几天不跟企业通话我就饭也吃不香觉也睡不沉。"

大实话。无事一身轻地去钓鱼当然是一种美妙的境界。但中国的有责任感使命感的企业家，有几个活得这么轻松这么潇洒这么超脱这么惬意？有几个不是睡眠不足唇焦眼红忙于奔命来去匆匆高速运转上气不接下气？

小说《商界》里那个东喜公司的总经理廖祖泉声称，第一代资本积累少不了什么什么，说得不可谓不深刻。而我还想饶舌一句：第一代资本积累，是战战兢兢如履薄冰全身心投入全天候神经紧张的积累。即便偶尔去钓鱼，也难保不是故作潇洒状！

因此，我欣赏蔡育民的大实话，更理解他的心理负荷。一个29岁的年轻人，领导着一个年产值上亿元、年创汇上千万美元、而且还在迅速"扩张"的工贸结合的集团企业，他能掉以轻心吗？

## 五

世界真大。相遇相识实在是一种机缘。

世界真小。虽各居一方，熟人的消息甚或脸孔却常常不期而至。

访日归来后，各奔东西。但几个月内，竟频频巧"遇"蔡育民！

——闲来无事，信手翻阅《中国青年》杂志。《岭南，有这样一座城市》，写的是惠州。内中"惠州，青年人的舞台"，写的是蔡育民和他那年轻的公司。文中有一段蔡育民答记者问：

"你这样年轻，别人服吗？"

"在竞争中，没人注意你的年龄和资历。主要看你的信用和才干。"

"听说你过去是演员，怎么当上了总经理？"

"一个是机会，一个是自己努力。对我来说，这里是更合适的舞台。"

"……"

没错，这是蔡育民的语言。质朴，平实。

——夜。打开电视机。正好是"广东新闻"节目。头条消息：省长与青年企业家座谈"质量、品种、效益年"。正想换个频道，忽见荧屏上出现一个熟悉的脸孔，还有那熟悉的声音——嘿！是蔡育民发言的特写镜头，谈的是建立符合国情的企业民主管理机制的话题。此前我看过他写的一篇文章，也是这个主题。他在文中介绍说，考察了新日君津制铁所、东芝集团姬路太子工厂、日产汽车公司追兵工场、雪印乳业神户工场等日本企业，感受最深的是这些企业的"全民性民主管理"。受此启发，他回来后在公司里试行民主管理小组制度和合理化建议制度。一个普通安装工人建议，把温度为 85℃ 的无染料物废水回收过滤后输入锅炉充当生产蒸汽的燃料水。公司采纳实施后，每天节省燃油 2.5 吨……

"他山之石，可以攻玉。"蔡育民没有白去一次日本。

——羊年。"五四"青年节前夕。广州珠岛宾馆。中共广东省委组织部、共青团广东省委隆重举行"广东省优秀青年知识分子"表彰大会。我匆匆赴会，一进门，与蔡育民撞了个正着——他榜上有名，前来领奖。

"头上又多了一个光环，感觉如何？"我问。

"光亮多了，阴影也多。"他说。

"晚上是联欢会，再来一支《北国之春》吧？"

"不行，得连夜赶回去。家里又有一个合资企业上马……"

一散会，他就匆匆而去。

## 六

无巧不成书。就在我动笔写这篇文字的时候，收到北京文友寄赠的一本墨香未散的《中国青年企业家》。翻开书，抢先扑入我眼帘的是一个黑体字标题——《蔡育民效应》。传记式，洋洋万言，读来却未觉冗长。文章的最后一句是：

"人们期待着蔡育民效应有续篇。"

好结尾！惠州日新月异。中国日新月异。人们有理由要求蔡育民这一代的企业家不断超越自我，不断超越过去。

因为，太阳每天都是新的……

（原载《跑马东瀛》，广东旅游出版社，1991 年 8 月版）

## 蓝永东的"人生印章"

广州。天河。夜。宽敞的会场座无虚席,党的知识竞赛进入决赛。笔试、口试、抢答……来自各基层党组织的选手们在这里一决雌雄。"观战"的人们时而屏心静寂,时而掌声如雷……"现在我宣布,"手持麦克风的主持人满脸春风,"本次党的知识竞赛冠军获得者——蓝永东!"

一阵掌声的热浪把他推上领奖台。"而立"之年的男子,一米七八的个头,举止有款有式,雄雄勃勃。在无数束目光的聚焦之下,蓝永东脸上写着兴奋,也写着腼腆。

他是政工人员?党务干部?教师学者?

不。他是个体户。

在广州天河区,蓝永东是个"准名人"。他的名片上,除了"远东综合购销部经理"的本职之外,还有一大串头衔:广州市天河区个体劳协会长、团总支书记、区人大代表、区政协委员、市青联委员……他那已连任三届的个体劳协会长,还是四千多个体户正儿八经投票选出来的哩!

精明狡黠油腔滑调羁绊不驯的个体老板们为什么偏偏买蓝永东的账?

是他财大生意大"大树底下可乘凉"?不,若论这个,蓝永东根本排不上号。

是他有"来头"有"背景"神通广大?也不,蓝永东世代平民,"街边仔"出身,凡夫俗子一个。

只能说,大大小小的个体老板们打心眼里服气生活在他们身边的这位共产党员的为人。

蓝永东是从刻图章起家的。初学艺时,工人老师傅教他反复雕刻的几个字是"人、生、真、善、美"。

斗转星移,十个春秋过去,尽管蓝永东后来不再以刻图章为业了,我还是从他不算长也不算短的个体户生涯中,寻觅到他几枚闪烁着真善美之光的

"人生印章"。

当年暨大、华师大那些进进出出的大学生中，还有人记得那个土气得掉渣、诚实得冒傻的刻章街边仔"不要美元"的傻事吗？那天，前来石牌大学区观光考察的70位美籍华人，围着蓝永东的刻图章摊子，对那些质地各异花纹纷呈的图章材料，对那古朴深厚的篆书字体，赞不绝口。这些海外赤子集体向蓝永东订货，每人要一枚石质印章，一共70枚。想到自己的作品竟能漂洋过海，蓝永东兴奋异常，夜以继日加班雕刻。交货那天，客人们把玩着各自那枚精美的印章爱不释手。他们塞给蓝永东700美元。生平头次见到美元的蓝永东急得直后退、直摆手："不，我不要，我不懂用……"那憨厚样逗得围观的大学生们笑弯了腰，纷纷七嘴八舌开导他。可蓝永东硬是不开窍，硬是不要美元，只收700元人民币的报酬。

这就是蓝永东的天性和本色。

有人说，商品经济社会是个大染缸，第一代资本积累少不了肮脏少不了卑鄙少不了尔虞我诈。然而，商海的浸泡并未能使蓝永东的天性褪色。各级政府、执法部门授予他的那些或烫着金字或镶着国徽的奖状、奖章、证书、表彰决定，令人目不暇接。谈起职业道德，蓝永东只说了一句："我首先是共产党员，然后才是个体户；诚诚实实经营，清清白白做人是最起码的准则。"

先哲培根说："读史使人明智，读诗使人灵秀，数学使人周密，物理使人深刻，伦理使人庄重，修辞使人善辩。"有人加了"蛇足"："金钱使人冷酷，经商使人奸诈！"真的这样绝对吗？难道大自然赐予人类的善良、德行、爱心、亲情就那么不堪一击？

我不信。看看蓝永东这个经商的个体老板与一位无钱无势非亲非故的孤寡老人的十年"母子情"吧——好记性的读者可能还有人记得，九十年代第一春，一家有影响的大报曾刊载一篇通讯："有这样一位个体户，十年如一日关心照顾老邻居，街坊们都说——刘大娘晚年得'贵子'。"

"贵子"就是蓝永东。早在十年前，蓝永东见邻居刘大娘膝下无儿无女，经济拮据生活起居诸多困难，便承担起照顾老人的义务。平时买菜扛煤干这干那自不必说，连老人口味如何爱吃什么需要什么蓝永东也心知肚明，十年中仅电饭煲就送过三个。老人家里的电视机、录音机坏了，蓝永东一句"我懂修"就搬走了，其实他对电器一窍不通，还不是掏钱送去维修点，"不懂装懂"为的是让老人心安理得。有一次时值农历年二十九，家家户户忙过年，刘大娘突然发病住进医院，蓝永东日夜守护在病床前。大年初一，老人"赶"他："你忙生意去吧，这些天不知让你少赚了多少钱。"蓝永东说："钱是身外物，您治好身体最要紧。"一连十二天，蓝永东轻声细语，端屎端尿护理着老人……

茫茫人海，芸芸众生，认钱不认爹娘的不孝子孙固然有，但更多的是蓝永东这样的大好人。人间自有真情。人间自有温馨。

不久前，刘大娘去世了。东奔西跑料理后事的是蓝永东，以"儿子"名义签字画押的是蓝永东，掏腰包支付治丧费的是蓝永东，在殡仪馆内推着小推车送刘大娘最后一程的还是蓝永东。有人背地里嘀咕："八成是为老太太的遗产吧？"蓝永东听了，本想骂句"小人之心"，可话到嘴边还是忍住了，一笑置之。

接触多了，我听蓝永东的朋友们都亲切地称他"傻佬东"，甚至他手下的伙计也不"忌口"。据说，蓝永东那年轻貌美的妻子对此颇为不悦，可蓝永东对此"雅号"却有几分"偏爱"，说："为人处世有时还是傻一点好，人人都当精仔，不讨好的事谁去干？这个社会还怎么运转？"

在世俗的眼光看来，蓝永东是有那么一点"傻"气。当个列不上"品"的"个体官"，三天两头去开会，去上传下达，去张罗各种活动，去为个体户的权益东颠西跑，搁下自己的生意去为众人的事忙乎却毫无怨言乐此不疲，你说傻不傻？

然而，天河区的个体老板们正是看中他这可贵的"傻"气而推举他、买他的账。也正因为他有这股"傻"劲，才给天河区个体劳协增添了勃勃生机。

请看几个小镜头：

——金秋丽日，上海体育场，斑斓的广告，沸腾的人海——这是辽宁、上海、广东三省市足球赛的赛场，站在冠军台上的便是来自广东的天河区个体劳协足球队，领队：蓝永东。

——婆娑的椰树，缤纷的彩旗，广州下塘智能学校，一群个体户正向校长捧上捐款——这是广东电视台转播的电视新闻，个体户领队：蓝永东。

……

——整洁的街道，闪亮的柜台，张张微笑的脸——天河区个体户清污除秽文明经商迎接全国卫生大检查，领头人：蓝永东。

天河区个体劳协足球队，这支曾被人讥为"乌合之众"的个体户业余球队,几年来如异军突起,令人刮目相看。南北三省市足球赛冠军、"万宝杯"赛亚军、广州市五人制足球赛亚军……一座座奖杯凝聚着个体户们的精神追求和职业自尊。在一些人心目中"长着钱串子脑袋"、"穷得只剩下钱"的个体老板们,自筹经费、自请教练、自行集训、自愿组队,驰骋绿茵场,甚至冲出广东,转战南北,这在全国也算是首开先河的事吧?

谈起组队的初衷,质朴无华不善言辞的蓝永东居然说了句颇为"理论"的话:"激发个体劳动者的职业光荣感和群体归属感,在没有铜臭的绿茵场上向社会公众展示改革开放时代个体劳动者的精神风貌。"

这算不算个体劳协会长的"角色语言"或曰"官话"?

作为个体户劳动者,蓝永东当然有自己的生意。当了几年刻图章街边仔,开了几年糖烟酒商店,做了几年五金交电生意,如今他又一次"转轨"——经营酒店。在天河区广源路与沙河路的交叉路口,一座"连体婴"模样的建筑已经拔地而起。那就是蓝永东斥资兴建的"天河东园酒家"。谈起它,蓝永东似乎成竹在胸:茶市如何如何,正餐如何如何,烧腊、西点、外卖又如何如何……

看他说得有点"发烧",我有意给他涂了一点"清凉油":"酒店林立,竞争无情。你全无管理酒店的经验,玩得过别人吗?输掉血本可别从酒楼跳下来。"

蓝永东倒想得开:"就算百八十万都交了'学费',我还可以刻图章去,干吗要跳楼'自绝于人民'?"

哈!"开张大吉"!丧气话到此为止。还是祝个体劳协会长的酒店办得红红火火吧。

(原载1991年12月15日《羊城晚报》)

# 天河有个东园

天河只应天上有？

不。地上也有天河。

天上的天河，群星灿烂，引人遐想万端，但毕竟远在天边，可望而不可即。

地上的天河，同样星光闪烁，令人心驰神往且又近在眼前，不难亲临其境。

曾几何时，广州的天河地带，还是荒凉偏僻的"郊区"。是改革的春，是开放的大潮，使天河这片昔日沉睡多年的土地生机蓬勃世人瞩目。

摩天楼、立交桥、体育中心、五羊新城、科技一条街、高新技术产业开发区、六届全运会、世界女足赛、房地产热……这里"爆"出的一则则新闻，以电波为载体辐射四面八方传播远近中外……

——天河，好一方新闻迭出的天地！

羊年金秋，这里又传出一条不大不小的新闻。

个体工商界的头面人物，天河区个体劳协会长蓝永东，突然间改行换轨，潇潇洒洒丢开他已轻车熟路的五金交电生意，转向风诡云谲的酒店行业。

蓝永东没少出入酒店请客吃饭，但如何办酒店管酒店，他从理论到实践，纯属"白纸一张"。

朋友用生意场上的戒律警告他："不熟不做！"

说得在理，毕竟是隔行如隔山。

蓝永东却说："不做不熟！"

说得更在理，谁从娘肚子里一出来就有办酒店的经验？

蓝永东是个不轻率做决定，也不轻易改变决定的人。他在朋友们的反对声、劝告声中一意孤行……

别看蓝永东平常少言寡语不露山不显水，做事可是心有定数、胸有成竹的。也不知他哪儿来的本事，竟能把酒店建在寸土尺金的"风水宝地"——广源路与沙和路的交叉口一侧——一块人流如潮车水马龙的地头。

那座"连体婴"式的建筑在人们不知不觉中拔地而起。

那块霓虹招牌横空飞越向路人昭示：这里是天河东园酒家。

那篇《蓝永东的"人生印章"》把一个共产党员个体老板的独特形象适时推到《羊城晚报》一百多万读者面前。

那个质朴无华的开业仪式自自然然实实在在却又热热闹闹，贺客如云报纸有字电台有声荧屏有影……

于是，远近的人们知道——

天河，有个东园。

东园，有个蓝老板。

蓝老板如此如此这般这般……

那阵子，蓝永东真可谓四面应付八方打点，忙得像高速陀螺呼呼转。忙多如雪片的信函，忙铃声不绝的来电，忙接待记者诗人画家书法家，忙打发慕名求见的、登门求职的、推荐员工的、拉广告的、要赞助的……

当然，最紧要的还是忙着进入他那酒店老板的角色……俗云："头三脚难踢。"平生头次办酒店、管酒店，蓝永东神经绷得紧紧的，心里多少有点发毛。

还好！酒店"开门红"——午餐晚餐餐餐满座，早市夜市市市"爆棚"。开桌率？百分之百！

"良好的开端等于成功的一半。"蓝永东如同吃了一颗"定心丸"，布满倦意的脸上露出了一丝自信的微笑。

正当东园红红火火的时候，一声棒喝吓了东园人一跳。

那是猴年伊始，人们还沉浸在浓浓的新春喜庆氛围之中，传媒的一则批评报道指名道姓狠"批"了东园一顿，最后一句口气严厉：

"天河东园酒家占道经营何时了？"

怪哉！好端端的新酒店，怎么"占道经营"啦？

只能说"事出有因"。

原来，那天晚上，东园的夜市"旺"得出人意料。开市不久，三百五十多个餐位就被捷足先到者全部"占领"，可来客却还络绎不断。要在平时，服务员小姐只好脸带歉意，轻声细语地请迟到的"上帝"耐心"候补"。可在这新春佳节，人家兴致勃勃出来过夜生活，光临"帮衬"，让人家干等着，岂不扫兴？于是，服务员小姐们在"见缝插针"加座"挖潜"之余，接受"上帝"的建议，在酒店的停车空地上临时加桌设座，让"上帝"们饶有情趣地露天"叹"夜茶。

……

——这就是引来传媒批评的"占道经营"。

批评自当虚心接受，但东园的生意何以如此"爆棚"，却值得我们思考。若论环境装饰，东园算不上豪华阔绰；论招引顾客的策略，东园不搞"幸运大抽奖"之类的奇招怪术；论碟中菜盘中肴，东园卖的多是平常物"大路货"。何来食客如云的盛况？

笔者曾到东园明察暗访，发现食客中十有八九是常来"帮衬"的"回头客"。谈起东园，他们七嘴八舌：

"这里路近，又有地方停车。"

——说的是方便。

"这里饭菜实实惠惠，不'斩客'不加收服务费。"

——说的是价廉物美。

"这里的服务员小姐脸蛋甜声音甜善解人意。"

——说的是服务态度。

"这里的老板、经理好说话好商量，熟客还有'折头'优惠。"

——说的是"交情"。

……

笔者难避俗套，用最平庸的采访方式，向蓝老板提了个最平庸的问题："东园的成功靠何法宝？"

蓝永东的回答倒有些许"创意"：靠"天"靠"地"更靠"人"。

"天"者，天时也。改革开放，国泰民安。经济繁荣，百业兴旺。人们的腰包日涨，囊中已不羞涩。此乃茶楼酒店生意火红的"大气候"。这，无须多饶舌。

"地"者，地利也。虽说"酒好不怕巷子深"，但生活快节奏的现代都市人，又有多少人愿意花工夫深一脚浅一脚去那九弯十八曲的深巷中寻找"好酒"呢？东园"酒好"，又"得地独厚"，这已在前面提及，也无须多饶舌。

"人"者，自然是指"人和"了。这，倒得多说几句。

"中和"、"和为贵"、"仁者爱人",乃孔圣人的名言。"和气生财","天时不如地利,地利不如人和",更是妇幼皆知的古训。蓝永东虽没进过大学堂,也没读过多少圣贤书,但他毕竟生活在发源儒家文化的这片土地上,生活在世世代代受儒家文化潜移默化教育熏陶的人群中,自然懂得"人和"的力量。他的管理思想和管理行为,无不折射出浓烈的"人和"色彩。

有人作过调研统计,在林林总总各行各业中,酒店业的员工"流动率"最高;而酒店业中,员工"流动"最快、"流量"最大的,又首推私营酒店。真可谓:"铁打的酒店流水的员工。""资深"的食客不难发现:穿梭在餐厅里的服务小姐,"每天都有新脸孔出现;每天都有熟悉的脸孔消失。"这不奇怪,"双向选择"已成时髦短语,酒店老板"炒"服务员的"鱿鱼",乃家常便饭,而打工妹打工仔"炒"老板的"鱿鱼",拂袖而走扬长而去不辞而别的也大有人在。

而东园似乎有些例外。

难道蓝永东那里是"君子国"是"世外桃源"?

哪能呢!劳资矛盾,雇佣纠纷,"蓝领"与"白领"的摩擦,你我他的瓜瓜葛葛磕磕碰碰,东园都有。只不过,作为老板的蓝永东,常常自觉不自觉地去营造融洽人际关系氛围,去创造"人和"的"小气候"罢了。

话题谈到蓝永东其人,服务员小姐们你一言我一语争先恐后"评头论足":

"老板不骂人不摆款不端架子不板面孔随和可亲。"

"老板常与我们一起干活一起吃工作餐。"

"老板话虽不多但很坦诚,与我们聊得开谈得来。"

"老板给我贺过生日。"

"老板亲自给病休的服务员送饭送菜。"

"老板深更半夜亲自背急病的员工上医院。"

"老板有时还请我们听歌跳舞卡拉OK。"

"老板德性好,不像有些'花心'老板尽打女孩子的歪主意,怀里搂着一个眼睛瞄着一个心中琢磨着另一个。"

"老板很有'政治细胞',五月份带我们到南湖公园过了一个很开心的青年节,还张罗着要在酒店成立团支部。他呀,还是区个体劳协的共青团领袖哩!"

"老板……"

嘿！蓝永东还真有人缘。

管理之道，各有各的套路。有人奉行"高压政策"，有人挥舞"奖罚杠杆"，有人迷信"炒鱿鱼"的"杀手锏"……蓝永东呢？他崇尚的是富有人情味的"温馨管理"。

东园的"人和"，不正是"温馨管理"的魅力吗？

天时地利人和占全，岂有不发达之理？刚满周岁的东园，如今已树立起自己的企业形象，赢得了远近食客的垂有，声誉日高。越来越多的人们知道——

天河，有个东园。

东园，有个蓝老板。

蓝老板如此如此这般这般……

# 蓝永东的"温馨管理"

1991年夏天,笔者曾经在一家刊物上发过一篇题为《日本企业中的"儒风"》的文章,介绍鄙人考察日本企业管理和企业文化之所见所闻,抒发所思所感。其中说到儒家思想早已"中为洋用",孔子的和谐哲学已成为日本企业的文化基因,成为推动日本企业发展的法宝,而生活在儒家文化发源地的我们,却有些"身在宝山不识宝",对儒家思想在企业管理中的应用研究借鉴得如何如何不足。文章的结尾是这样一段文字:

笔者写这篇拙文,揭示日本企业中的一些儒家文化现象,自问并无借炫耀祖宗妄目尊大的阿Q心态,也非认为儒家文化能"包治百病",宣扬"厚古薄今","厚中轻洋";更不是主张不顾国情对儒家色彩颇浓的日本企业管理和企业文化来个千年周期的"出口转内销"。笔者只想指出,任何国家和民族的文化,都是在扬弃与继承、吸取与创新这两个前提基础上发展的。对自身的文化传统妄自菲薄乃至"整体抛弃"而叫嚷"全方位移植"。异族文化,是彻头彻尾的"文化洋奴"心态。

转眼三年过去,世事几番轮回。时下,中国传统的主流文化——儒家思想正在复苏,被人称作"儒商"的大有其人。即便是本来文墨不多的行商坐贾,有了薄名之后,不也纷纷附庸风雅,以"儒商"进行"外包装"而频频亮相于传媒吗?

好在本文的主人公蓝永东,却是个没谈过"儒商"这个词汇,也没被称过"儒商"的人。但他的为人处世,特别是他的企业中却又处处体现着"仁义礼智信"的儒家精神,处处体现着"温馨管理"。

蓝永东何许人?

中共党员。

私营企业老板。

东园酒家、大东园酒家、东园实业有限公司董事长。

广州市天河区十大杰出青年之一。

还有一串闪亮的头衔：

广东省私营企业家协会常务理事、广州市私营企业协会副会长、天河区私营企业家协会副会长、天河区青年联合会副主席……

关于蓝永东其人，这些年传媒不时有所"曝光"：

他如何从街边刻图章开始其"个体劳动者"的生涯？《中国青年企业家》一书那篇《雕刻真诚》介绍得详详细细。

他如何抓住时遇跻身酒店行业？《羊城晚报》那篇《蓝永东的人生印章》写得八九不离十。

他如何开拓事业滚动发展？本刊上期那篇《天河，有个东园》已略有披露。

他当了什么先进，评上什么称号，得了什么荣誉，赞助了什么社会公益事业，报刊、电台、电视时有报道……

在这篇篇幅有限的文章中，笔者不拟就蓝永东和他的事业作面面俱到的"全息摄影"，而只想对其颇具特色的"温馨管理"来一番"聚焦"和透视。

有人作过统计，在林林总总各行各业中，酒店业的员工"流动率"最高；而酒店业中员工"流动"最快，"流量"最大的，又首推私营酒店。真可谓："铁打的酒店流水的员工"。资深的食客们不难发现：穿梭在餐厅里的服务小姐，"每天都有新面孔出现；每天都有熟悉的脸孔消失。"这不奇怪，"双向选择"已成时髦短语，酒店老板"炒"服务员的"鱿鱼"，乃家常便饭，而打工妹打工仔"炒"老板的"鱿鱼"，不辞而别的也大有人在。

而东园似乎有些例外。

难道蓝永东那摊子是"君子国"是"世外桃源"？

哪能呢？东园企业有近三百员工，来自五湖四海，劳资矛盾，雇佣纠纷，"蓝领"与"白领"的摩擦，你我他的瓜瓜葛葛磕磕碰碰，东园都有。只不过，作为老板的蓝永东，常常自觉不自觉地去营造融洽的人际关系氛围，去创造"人和"的"小气候"罢了。

东园是广州最早成立工会的私营企业。

东园飘扬着共青团的旗帜。曾经身为天河区个体劳协共青团书记的蓝永东，在自己的私营企业里建立了团支部，让年轻人开展适应自身特点的企业文化活动，以增强企业的凝聚力和向心力。

东园征地5亩，正在筹建员工宿舍。打工仔打工妹们有了安居的盼头，有了归宿感，能不为企业尽心尽力？

《羊城晚报》曾刊载过一篇文章：《私营企业主蓝永东治店靠爱心》，"他是员工的开明老板，员工是他的挚爱手足。"这话不假。请看若干鲜明事例：

——酒店有个居住在贫困山区的女工，儿子得了急病，急需数千元医疗费。蓝永东闻讯，毫不犹豫地把钱借给了她。有人说：这女工这么穷，这笔钱恐怕是有去无回了。阿东听后只是淡淡一笑。

——酒家一位临工的房子不慎失了火，她的丈夫和儿子被烧伤。蓝永东除给她五百元外，还让工会发动工友们捐赠。

——一位即将分娩的女工，不慎砸断一只手。阿东要求医院为该女工保胎至顺产，全部费用由他承担。

——一位厨工不慎触电，送医院后医生认为已没法救治了。阿东救人心切，有重力敲击患者心脏部位，结果竟把患者"敲"醒了过来！经全力抢救，终使患者死里逃生。这位工人自此将蓝永东视为救命恩人……

不必再一一罗列了。社会评论家微音先生在《羊城晚报》"街谈巷议"，以《楷模阿东》为题做文章，可算是"有感而发"了。

蓝永东和他的东园对员工奉行的是"温馨管理"，对顾客则重信誉重友谊重交情。

东园的食客中，十有八九是常来"帮衬"的"回头客"。谈起东园和蓝永东，食客们满意之情溢于言表：

有的说："东园的饭菜货真价实，是明码明价不斩客。"

有的说："东园讲信用，说话算数，订座定餐一个电话就搞定。"

有的说："服务小姐柔声软语善解人意，令顾客花钱花得舒心愉快。"

有的说："蓝老板和他手下的人优惠熟客，重视交情，常常主动给签单'打折'……"

这使笔者想起了"以情生财"这个话题。香港有位精通市场营销的艺术的人士说过这样一句话："不会谈恋爱的人，就不会做生意。"乍一听有些怪诞，细细品味却又颇有道理。市场说白了就是与同行争夺顾客，而要顾客对你情有独钟乐意慷慨解囊，除了你的东西和服务质量上乘价格公道之外，企业和经营者的信誉度、美誉度和良好形象也是一至关重要的因素。从某种意义上说，市场如"情场"，谁钟情于顾客，赢得了顾客的好感，谁就赢得了市场。看来，蓝永东也深明以"情"生财之道。是商海浮沉的洗礼使他感悟？还是函授"现代酒店营销管理"得到的启迪？

"中和"、"和为贵"、"仁者爱人"，乃孔圣人的名言。"和气生财"、"天时不如地利，地利不如人和"，更是妇幼皆知的古训。蓝永东虽没进过正儿八经的大学堂，也没读过太多的圣贤书，但他毕竟生活在发源儒家文化的这片土地，生活在世世代代受儒家文化潜移默化教育熏陶的人群中，自然懂得"人和"的力量，他的管理思想和管理行为，无不折射出浓烈的"人和"色彩。

蓝老板还有个特点：时常卷起袖子亲力亲为干些本该由打工仔打工妹干的杂活。对此，常有朋友不以为然，劝他要有老板的"款"和架子，有空不妨去听听歌钓钓鱼。但蓝永东却习性不改，我行我素。

说起来朋友们的忠告也许不无道理。按松下先生的说法，一个成功的企业家，不应事无巨细亲力亲为，而应常常无事，一身轻地去旅游去钓鱼。这当然是一种美妙境界。但当今中国的企业家，尤其是像蓝永东这样正进行着第一代资本积累的私营企业家，有几个活得如松下先生所说的那么轻松那么潇洒那么超脱那么惬意？

更何况，蓝永东私下告诉笔者：他与员工们一起干活，为的是接触员工了解员工，与员工增加沟通增进友谊。

嘿！管理之道，真是各有各的套路。

有人奉行"高压政策"。

有人挥舞"奖罚杠杆"。

有人迷信"炒鱿鱼"的"杀手锏"。

蓝永东呢？

他崇尚的是富有人情味的"温馨管理"。

（原载 1994 年 10 月号《跨越》）

# 微笑的拼搏

"TU164"宽体飞机在广州白云机场徐徐降落。日本东海大学铃木博教授健步走下舷梯。说来有趣,这位正在北京讲学的国际知名管理科学专家,竟然为一篇谈"微笑"的文章,千里迢迢来羊城约见那篇文章的作者。

那是几天前,铃木博教授偶然看到《南风窗》杂志上刊载着一篇颇有新意的文章——《微笑的拼搏》,作者彭绍辉。

彭绍辉其人,企业界人士并不陌生。他,赫赫有名的广州钢铁厂厂长、高级工程师,属于那种"要文凭有文凭、要职称有职称、要理论有理论、要实绩有实绩"的"四有牌"厂长。作为企业界的"头面人物",他挂着一大串"头衔":中国企业家协会理事、广东省企业家协会副会长兼广州市企业家协会会长、广东省金属学会副会长、广东省企业管理协会常务理事、广东省现代化管理协会理事……经常来华讲学的铃木博教授,也早已从报刊上注意到彭绍辉这个名字,他赴日考察回国后,发表了一系列颇有见地的考察文章。在这篇《微笑的拼搏》里,彭绍辉从日本企业的微笑服务、微笑经营、微笑管理、微笑竞争讲起,认为微笑不仅是个精神文明问题,而且是个管理科学问题,微笑有其管理科学意义上的内涵、底蕴和外延。真可谓"英雄所见略同",彭绍辉的这种"微笑观"引起了铃木博教授的强烈共鸣。

于是,一位研究管理科学的学者,一位业绩卓著的钢铁厂厂长,进行了一场以"微笑"为主题的长谈……

于是,《南风窗》杂志就此推出一篇专访文章——《缺乏微笑是一种灾难》。

我们难以推断,这一戏剧性情节与后来风行广州的"微笑运动"有着什么内在联系,但这并不影响我们以此为引子,去追踪彭绍辉这位崇尚微笑拼搏的企业家的人生轨迹和微笑拼搏的实践。

# 一

珠江南畔。白鹤洞。十里钢城,气势磅礴;座座高炉,赤瀑争流。两个"G"和钢水包套成的广州钢铁厂厂徽,使人联想到钢花怒放、铁流奔泻的壮观景象。"求实、开拓、团结、奋发"八个大字,浓缩了这家万人大厂的企业精神。那根根钢材宛如条条弧线,万名钢铁大军正在这里用汗水弹奏出一串串奋发向上的音符。

也许是先入为主产生的心理效应吧,出现在我们面前的彭绍辉厂长。与荧屏上常见的"开拓型"厂长形象落差甚大。他,50挂零,约莫1.7米的个头,天庭光滑饱满。看他那和蔼、从容甚至说得上有几分斯文的神态,根本不像个"铁腕"人物!假如他漫步在大学的校园里,谁也不会怀疑这是一谦谦学者。

从几个"知情人"口中,我们了解到彭绍辉人生的大致历程。

1937年,卢沟桥事变一声炮响,侵略者的铁蹄踏进了我大好河山。偏偏拣在这国难当头的岁月,彭绍辉在潮汕一个民众家庭呱呱坠地。当时,日本人正向我中华大地倾泻着罪恶的钢铁,谁也没有料到,诞生在平民家庭的这个孩子,几十年后竟然会成为中国钢铁行业的风云人物。成为统率万名钢铁大军的帅才。

像那个时代出生的大多数人一样,彭绍辉没有无忧无虑的童年欢乐,有的只是饥寒的煎熬和兵荒马乱的折腾。好在穷人的孩子命大,当五星红旗在天安门城楼高高升起,毛泽东向全世界宣布"中国人民从此站起来了"的时候,彭绍辉已是一个虎气生生的英俊少年了。他成了新中国第一批少先队员。"时刻准备着!"他那稚嫩的心灵迸发出报效祖国的火花。

从此,新中国的阳光雨露沐浴着彭绍辉成长,人民助学金帮助他度过了黄金般的中学时代。1958年,彭绍辉走出了广州培英中学的校门,扑入了刚刚兴建的广州钢铁厂的怀抱,自此与这座钢城结下了不解之缘。

当时的广钢,知识分子寥若晨星。彭绍辉这个中学生,已经是个很受领导器重的"人才苗子"了。进厂三个月,机遇垂青于他——他被保送到武汉钢铁学院深造。在这所钢铁工程师的摇篮里,他不仅受到科学技术的武装,而且接受了马列主义的熏陶。在庄严的党旗下,彭绍辉激动地举起了右手……

四年过去了。彭绍辉怀揣武汉钢铁学院的毕业证书,回到广州钢铁厂担任轧钢车间技术员。开始，工人们投向他的眼光分明带着一个"？"——该不会是个"动口不动手"的"君子"吧？很快，"？"拉直变成了"！"——这个彭技术员可真是说得、写得、干得！他讲起技术课来有理论有实际，办起墙报来图文并茂，干起活来有板有眼，况且毫无大学生的"酸"架子，与工人们一样摸爬滚打三班倒。

此后，彭绍辉先后担任过电工班长、电气工段长、基建办副主任。1978年，"冻结"十几年的职称开始"解冻"，彭绍辉被首批晋升为工程师。

1981年，正当彭绍辉得心应手地干着他的工程师工作的时候，一纸任命摆在他的面前——厂党委决定派他到新组建的水电车间担任车间主任兼党支部书记。

这事来得突然。对于彭绍辉来说，这是人生旅程的一次转折，事业的一次契机，缺乏心理准备的一场考验。

他来不及细想，一天之间就从一个工程技术干部变成一个管理干部……

## 二

水电车间可不是一盏省油的灯！

这是撤销厂动力科之后新组建的一个车间，担负着全厂"三供"——供水、供电、供气的使命，是全厂生产的"心脏"和"动脉"。全车间245人，有46个回路、总长142910米的高压线，有总长度11403米的95条电缆，七个工作网点分别散设在厂区各处。过去，全厂的水电工作归属厂动力科管理，长期以来混乱不堪，事故不断，严重制约着全厂的正常生产。更令人头痛的是，这家具有20多年历史的工厂，对号称"心脏"、"动脉"的水电系统，竟然没有一份完整的图纸和资料！时间的推移，人员的变动，使得水电管网如一团乱麻，谁也说不出个甲乙丙丁；出了故障半天摸不到头绪，更不用说防患于未然了。这种状况，要不出事故，那唯有"上帝保佑"！

面对这样一个摊子，彭绍辉一上任立即对症下药——查"网"布"哨"理乱麻。他组织了两个"查网组"，经过近两个月的顺藤摸瓜，查清了18611米的工业水网和238个水掣，检修了142910米线路，并将全部水掣和高压线杆逐一编号填卡建档，在此基础上绘制出既像军用地图又似作战沙盘的全厂水电网路运行模拟图板。在这块"沙盘"上，水网电网的来龙去脉、全厂各角落的变压器、马达、开关的运行情况，以及星罗棋布的水槲、线杆的方位，各种管道线路的起止、型号、长度……整个布局一目了然。紧接着，彭绍辉调兵遣将，设"岗"布"哨"，建立起水电巡检队伍，做到水网有"哨兵"，电网有"卫兵"。至此，一团乱麻被理出了个头绪。

"有规矩方能成方圆。"没有一套严密的制度，制作得再美的"模拟图板"或"沙盘"，充其量也只有欣赏价值。彭绍辉的第二步工作，是致力于管理制度的系列化和程序化。他亲自主持制定了"交接班制"、"调度例会制"、"计划制"、"运行工程师负责制"、"运行分析制"等规章。更值得一提的是，彭绍辉全面推行了一套"两票（操作票、工作票）三制（认可制、监护制、转移制）"规程：正常情况下每一次停电或送电，操作者都必须按调动指令填好"倒闸操作票"，经调度员复核后，由监护人唱票和监督，按填写好的内容和顺序先在模拟板上进行操作"演习"，"演习"无误后方可进入现场操作。操作完毕时，命令人、监护人、操作人均在"操作票"上签字画押。设备检修时填写"工作票"的手续过程与"操作票"类似，每操作一次都要做好"记号"，互相联系工作要坚持"复诵"……真可谓"关卡层层"！

一年之后，《广钢报》以近两个版的篇幅发表了题为《新车间·新班子·新局面》的大块头文章，总结并公布了彭绍辉一年的"政绩"：1982年，水电车间各项技术经济指标创造了历史最高水平。供电量比1981年增长9.5％，平均功率因素从0.86提高到0.89；供水量、供气量分别比1981年增长5％和23.5％；全车间设备完好率达98.6％；水、电、气的单位成本全面降低；事故率大幅度下降……

人们对水电车间刮目相看了！

人们需要对彭绍辉进行再认识了。

正如喜剧作家朱耳且突然间发现其一生所说的话都是散文一样，人们也似乎是在突然之间发现，彭绍辉身上不仅充满"技术细胞"，而且充满着活跃的"管理细胞"！

是的，"技术细胞"与"管理细胞"的融合、重组和裂变，就会创造出速度和效益，就会释放出惊人的能量！

## 三

历史的车轮滚过80年代第四个年头的时间门槛。改革成了中国社会的主旋律。不可逆转的改革洪流造就了一批批改革年代的弄潮儿。

1983年，改革的浪潮把彭绍辉推上了广州钢铁厂第十四任厂长的位置。

任命宣布的当天晚上，彭绍辉有生以来第一次通宵失眠了。尽管温存体贴的妻子使尽"催眠术"也无济于事。笔者不是心理学家，不能对彭绍辉这种"升迁反应"的成因作出准确的分析和诊断，但只要我们跨越时空障碍，扫视一下当时摆在他面前的那个摊子，就不难理解这种"升迁反应"。

这是一个机构庞大、机制复杂的联合企业。全厂辖有焦化、炼铁、炼钢、轧钢、中型轧钢、无缝钢管、烧结等九个生产车间，还有石灰、白云石、水电、热力、制氧、机修、铸造等八个辅助车间。厂部设有三十来个职能机构和党群工作部门。

这是一个包罗万象的"小社会"。厂里附设着幼儿园、职工子弟小学、子弟中学、职工文化技术学校、技工学校、职工大学，从幼儿园到大学，专职教师多达300多人。厂中有150多辆汽车的车队，有容量颇大的厂船，还有厂内火车！厂的职工医院也颇具规模。至于招待所、餐厅、商店之类就更不在话下了。这简直就是一个"广钢市"！彭绍辉必须当厂长又当"市长"！

这是一个"先天不足后天欠补"的老厂。该厂于"大跃进"中上马，70年代完成第二期工程，20多年来可谓步履维艰。"边施工边投产"的同时也就"边报废"。"三边"建厂使得"先天不足"，十年内乱又造成"后天欠补"。投产头22年，几乎年年亏损，最大年亏损额2254万元，累计亏损额达2亿元，一直是省市闻名的"亏损大户"。1980年，整个企业濒临崩溃边缘。职工几乎对自己的工厂完全丧失了信心："广钢能盈利，除非珠江水倒流。"有些专家、学者、权威人士甚至极力向主管部门建议："广钢没救了，关门为上策"。虽然，党的十一届三中全会的春风也给广钢带来一线转机的希望，但长期沉淀下来的体制问题、布局问题、管理问题、人才问题、生产技术问题、设备资金问题……积重难返，紧紧扯住了广钢起飞的翅膀。该厂的设计综合生产能力为年产钢25万吨，但彭绍辉就任厂长时，年钢产量只有19万吨，而且从未向国家上交一分钱的利润！

这就是彭绍辉的任职背景。

有人说，在中国当个企业家，必须有哲学家的思维、政治家的胆魄、军事家的谋略、外交家的手腕。

有人说，改革年代的企业家，必须有"开拓的精神，开通的思想，开明的态度,开阔的眼界,开动的脑筋,开放的路子,开朗的性格,开发的干劲,开导的方法,开诚的友谊,开创的局面,开心的情绪"。

而彭绍辉,一个技术干部,一个上任不久的车间主任,一下子要运筹好"广钢市"这个"小社会",要在这个刚刚摘掉亏损帽子的万人大厂的经营决策中唱主角,能没有压力吗?他的失眠,纯属责任心和使命感诱发的"正常反应"!

失眠归失眠,干归干。当彭绍辉迈着沉稳的步伐跨进厂长室的时候,他分明感到,全厂二万多只眼睛正齐刷刷地向他"聚焦",其中有信任、有审视、有鼓励,也有保留。人们等待着他的作为。

是龙是蛇,是骡是马,是佼佼强者,还是平庸之辈,唯有时间才能作出回答。

一晃四个春秋过去了。彭绍辉的"政绩"如何呢?

数字是最枯燥干巴的符号。堆砌数字的作者是笨拙无能之辈。但数字又是最权威、最有说服力的标志。我们还是不能不把凝聚着彭绍辉四年心血和全厂干部职工四年汗水的几组数字摆到读者面前:

——生产能力:一个广钢变成两个广钢。1987年与1982年相比,钢产量由16.61万吨增至33.14万吨,增长99.5%;钢材产量从15.32万吨增至30.82万吨,增长101%;工业总产值由11110万元增至20518万元,增长85%。这就是说,彭绍辉任职四年,广钢的生产能力翻了一番!

——经济效益:四年赚回一个半广钢。在1958年至1980年的22年中,广钢累计亏损2.06亿元,以1980年固定资产1.36亿元计,亏掉了一个半广钢;彭绍辉任职后,在原材料大幅度涨价、生产成本持续增加的情况下,四年累计获得总利润2.1亿元,赚回一个半广钢!"亏损大户"一跃成为广州市8个盈利超千万元的大户之一!

——企业素质:上了一个台阶。彭绍辉任职四年,企业总体素质显著提高,广钢先后被评为"全国设备管理优秀单位"、"全国行业节能先进单位"、"国家一级计量企业"、"广东企业管理优秀企业"。1987年产品产值"部优率"为55%,达国家二级标准。28项企业考核项目全部达标,其中17项达到国家特级、一级、二级标准。

广钢起飞了!

## 四

"不以成败论英雄"这句话，在某种意义上讲不无道理但人们认识和评价一个企业家，却几乎都是首先为他的业绩和成就所动，然后才去探求和总结他的成功之道。我们也难逃这一"套路"。

假如你问彭绍辉："广钢的飞跃有几字秘诀？"那他的回答很可能会使你失望。我们本来也可以充当事后诸葛亮，多绞几滴脑汁去为彭绍辉"提炼"出几个字、几句话的"诀窍"，但广钢飞跃的轨迹毕竟不是那种"几字秘诀"所能概括的，也不是尺幅文章所能全息再现的。这里，我们只能粗线条地向读者介绍彭绍辉上任后几个关系全局的"大动作"。

——在布局上动"手术"：划小核算单位；把车间改为分厂建制；新设钢铁研究所、技术经济研究室、法律室、审计室、计算机信息中心，建立对内保证生产和对外横向经营的双重职能公司；形成了"两线三层"的组织保证体系，"两线"即对内由审计室行使财经监督，对外由法律室实行法律监督和咨询；"三层"即厂长，职能部门、基层单位三个层次。这一系列"手术"使整个企业组织机构进一步适应了商品经济发展的要求，增强了应变、竞争能力。

——在干部制度上搬掉"铁交椅"：实行干部逐级聘任制，中层正职行政领导由厂长聘任，作为该单位的经济承包责任人，中层副职行政领导由正职提名报请厂长聘任。中层以下的干部则全部由各单位自行聘任。同时建立干部考核评估制度，佼佼者上，平庸者下，不称职者撤，给人事干部工作注入了竞争机制。

——在承包制上"分解目标，纵横连锁"；把经济技术指标逐项分解，层层承包，承包人责、权、利三位一体，落实纵向横向支持保证条件，形成纵横连锁，上下互保的目标保证体系。1985年起，彭绍辉与厂内14个单位签订了承包合同，推行目标利润承包。1987年，又根据不同单位的特点分别实施"产销一体化承包"、"联产联利承包"、"工资总额承包"等不同形式的多年承包制，鼓励"有水快流，有潜快挖"，承包内容也由单纯的经济生产指标扩展到包括技术改造、企业升级在内的整体效益目标。承包制的推行和不断完善深化，使企业有了"不用扬鞭自奋蹄"的动力。

——在分配制度上"拉开距离，保护一线"：一线生产分厂实行生产实绩直接与职工奖金挂钩，后勤保障单位既看本职工作又与一线单位的效益连锁，职能处室以全厂经济效益及与其相关的技术指标为依据，对炉前等关键工种的工人则给予重奖和特殊岗位津贴。

——在"搞活"措施上"一业为主，多种经营"：鼓励各分厂和单位在保证正常生产的前提下开拓对外劳务输出。"一级法人，二级经营"，全厂劳务输出项目 20 多种，创收成果颇为可观。仅制氧分厂经营放空气体一项，年销售收入就达二三百万元。

假如说，这一连串的"大动作"还仅仅是彭绍辉上任后打开局面的"几板斧"的话，那么他其后提出并组织实施的"七阶乘"战略，则使广钢的进一步振兴和腾飞建立在科学管理和管理科学的基础上。

何谓"七阶乘"？全面而详尽的阐述不是本文的任务，但撮其精髓和纲要向读者作个交代却很有必要：

"七"——强化七项管理基础工作。包括标准化、计量、定额管理、信息、规章制度、基础教育和班组建设。

"六"——树立六种现代管理观念。即商品经济观念、市场竞争观念，信息时效观念、人才开发观念和经营法制观念。

"五"——完善"五全"管理。这是指全面质量管理、全面计划管理、全面经济核算、全面劳动管理和全面设备管理。

"四"——创"四新"水平……

"三"——三级计算机联网。

"二"——完善两个体系：经济责任制体系和思想政治工作保证体系。

"一"——形成一支门类齐全、成龙配套的推进企业管理现代化的骨干队伍。

每一位成功的企业家都有其卓然独立、自成体系的一套富有理论色彩的管理思想、营销策略、人才观念、处世之道……彭绍辉亦然。从他的言谈见解中，从他在职工代表大会的报告中，从他在企业家协会年会的发言中，从他发表在各种报刊的文章中，以致从他上任后提出并实践的治厂之道中，我们明晰地感到：不管他是否具有理论兴趣，他把感性经验升华到理性认识的能力称得上是个"实干型的理论家"；不管他自觉不自觉，他不露痕迹地把抽象理论融入其具体工作的机智又称得上是个"理论型的实干家"。

读者可能会问：这位由技术干部"转轨"的厂长，哪来的这些理论素养和理论细胞？

假如你有机会参观彭绍辉卧室中的"读书角"，那么从那一**叠叠**、一堆堆做着各种阅读符号的管理科学书刊中，从书刊中那密密麻麻无处不有的眉批中，你不难找到这个问题的答案。

## 五

"松绑放权"曾一度成为企业家最强烈的呼声。

"扩大企业自主权"曾一度成为企业家最热门的话题。

"厂长负责制"和"厂长任期目标责任制"的出台，无异于给企业家们打了一针"兴奋剂"。共和国的企业发展史从此掀开了新的一页。

1986年12月24日，广州市人民政府宣布：任命彭绍辉为广州钢铁厂实行厂长负责制和厂长任期目标责任制的首任厂长。朱森林市长签发了任命书。

厂长处于企业中心地位，拥有行政生产指挥权和经营管理决策权之后，如何敢用权、善用权、用好权？

彭绍辉有他的"四大原则"：

一是决策民主化。彭绍辉深知，决策者的关键作用之一，就在于集大成为己任，把不同知识结构、不同经验见识的人才智慧集中起来为我所用；企业的决策必须依靠专家和广大干部职工的智慧。因此，他严格执行厂长、党委、职代会《三个工作条例实施细则》，理顺了党、政、工三者的关系，形成"厂长统一指挥，党委保证监督、职工民主管理"的保证体系。他自觉接受党委和职代会的监督，定期向党委和职代会报告工作，对重大问题作出决定前认真听取党委的意见。每年度的生产工作计划、经济承包方案、改革措施、重大技改项目等，都提请职代会审议讨论。他还亲自制定了厂务会议、厂长办公会议等各种会议制度和决策程序，从制度上保证决策民主化。

二是决策科学化。凭印象凭经验，"先拍脑袋后拍板"是企业决策的大忌。彭绍辉十分注意运用现代科技的理论、方法和手段对问题进行定性定量分析，作为决策依据。为此，他提议创办了研究新产品开发方向的钢铁研究所，成立了专门从事企业经营策略研究的"经济技术研究室"，建立了厂信息中心和拥有八十台微机的三级计算机联网，形成了齐全可靠的数据采集分析系统。所有这些，都为彭绍辉进行决策奠定了科学基础。

三是分权而治。身为万人大厂厂长的彭绍辉，要"爬"许多不得不爬的"文山"，要下许多不得不下的"会海"。面对繁重的工作量，他却能从容处之，井井有条。这并非他有三头六臂，而是他懂得用权之道。他在厂内全面推行分厂长负责制和职能处室行政首长负责制，分权而治。对属于厂长责权范围内的问题，他当断则断，敢作敢当；对该由职能部门或基层领导拍板的事务，他从不包揽，也不过多干涉；对副职领导，他放手放权，让他们在自己分管的范围内全权负责。这种既分权而治又统一指挥的权力分配系统，发挥了高效运转的职能，使得彭绍辉不致陷入烦琐事务的泥坑，而处于统揽全局、驾驭矛盾的主动位置。

四是不搞"本届政府"的短期行为。"当前有一种倾向，认为能使企业盈利或利润大幅度增长的厂长就是'开拓型'。有些企业领导人急功近利，只顾眼前，不顾长远，只为完成'本届政府'的指标，尽干些吹糠见米甚至杀鸡取蛋的事。这种倾向很危险。"这是彭绍辉在省厂长经理研究会上的一段发言。他明确表示，在他的任期内不搞"本届政府"的短期行为，而要为广钢的未来负责。他致力于人才培养和技术进步两大"后劲工程"。彭绍辉认为，"企业竞争实际上是人才竞争，人才是企业振兴之本。"在他的领导下，广钢的职工大学、职工中专、技工学校形成了完整的系统，目前在校学员达300多人，加上委托大专院校代培的学员，总数近500人。为了鼓励职工自学成才、岗位成才，彭绍辉提议设立了"自学成才奖"。彭绍辉还通过各种渠道引进有用之才，近几年从外地招聘各种人才250人。目前，广钢拥有专业技术人才1700多人，其中有高级职称者70多人，专业人才比四年前增加了一倍，这些人才资源，无疑将对广钢的未来发展起攸关重要的作用。对于一些人认为"远水解不了近渴"的技术进步，彭绍辉更是下了"大本钱"。自1984年以来，广钢自筹资金2亿多元对铁前、炼钢、轧材等各生产系统进行了一系列技术配套和技术改造。特别是继新建二台$24m^2$烧结机之后，又新建了矿粉中和料场、从日本引进了11000Kw热电站、从瑞士引进了我国第一台40t超高功率电炉。这些"后劲工程"，对广钢"七五"计划后期形成50万吨钢生产能力起决定性作用。彭绍辉经常告诫干部职工："企业的出路在于技术进步。"

写到这里，当我们向读者介绍了彭绍辉的用权四大原则之后，不能不提到他的"拍档"——厂党委书记刘铭经。他,广钢的"老地根",50年代建厂的"开荒牛"。这位年近六旬,豁达开朗的长者,在生产技术和工厂管理上都堪称"明白人",这使得他与彭绍辉富有共同语言。更可贵的是,实行厂长负责制后,党委从"一元化领导"变成"保证监督作用",他没有所谓"权力失落感",而是致力于转变党委职能,鼎力支持厂长行使经营管理权。广钢的腾飞,有他的一份功劳。1987年底,刘铭经被省经委誉为"优秀企业党委书记"。

"广钢人"在庆幸有彭绍辉这位好厂长的同时,也庆幸有刘铭经这位"开明书记"。我们还处在人治与法治并存的时期,一个企业有个"开明书记",可以减少许多内耗,此乃企业之大幸!

# 六

社会酷似一个大舞台。据说,一个人处在这个舞台中的什么位置,就会本能地进入什么"角色",而且台上台下不一样,台前台后不相同。因此,人们评价一个人,总是喜欢用多维的眼光,从不同的角度和侧面去审视、去观察,去全方位地认识,以求得到一个立体形象。

作为厂长的彭绍辉,我们已经有所介绍,假若有读者希望了解作为生活中普通人的彭绍辉,那也是合情合理的要求。

然而,要把"彭绍辉厂长"与"彭绍辉公民"截然分开,实在是太困难了。

这倒不是笔者无能,而是彭绍辉已经与广钢这个企业与广钢一万多职工结成了"命运共同体"。当他作为"彭厂长"的时候,他没有忘记自己是扎根于群众中的一员;而当他作为日常生活中的普通人的时候,又时时不忘作为厂长的责任。

他有一个温馨的小家庭。妻子黄丽云,温文尔雅,端庄秀丽,在广钢职工大学当园丁。两个女儿,一个戴着中南工业大学的校徽;一个就读于培英中学,与父亲是"校友"。

按照时下一些姑娘的评价标准,彭绍辉不能算个"模范丈夫"。他不仅把家务的"专利"一次性无保留地"转让"给了妻子,而且还不时"借用"妻子充当"秘书"为他查资料、抄文稿,甚至还经常使妻子或女儿四处打电话

"跟踪追击"找他回家吃晚饭。但假若女同胞们简单化地给他戴上"大男子主义"的帽子,那也不公平。他的妻子最能理解他体谅他——振兴广钢需要他的全副心思!

不过,说到"家",彭夫人也发了一句"牢骚":"在老彭的心目中,家的概念已经异化了。"夫人的牢骚可是"事出有因"。那是有一次,彭绍辉到南湖宾馆参加金属学会理事会。会议原定三天,但彭绍辉一看是个"闲会",只待了半天就"请假":我心里挂着家,得回去看看。"会友"们都取笑他"家庭观念"太强。哪知彭绍辉说的"挂着家",其实是挂着工厂!他一溜出南湖就回到厂部!他在厂宿舍已居住了26年,与企业日夜同呼吸共命运。

还有一件趣事值得一提。那是1988年"五一"节,彭夫人好不容易把老彭拉到电影场,可刚一坐下,就听到广播:"××分厂厂长,××医生,请速到厂医院!"彭绍辉一听,二话没说就往厂医院跑。一到那里,原来是一场虚惊——没有夜班工人工伤,是广播员代人"传呼约会!"

你说,这样的厂长,还愁群众不拥戴吗?

亲爱的读者,当我们即将写完这篇传记性文章的时候,恰逢广钢建厂30周年大庆。这座曾留下周恩来、朱德等革命家足迹的钢城,目前正处于建厂以来最兴旺发达的全盛时期,你想知道我们的主人公彭绍辉此刻正在想什么吗?

他很清醒。

他没有陶醉于已经取得的成就。

他不会在荣誉和成绩的弹簧床上睡大觉。

他深知,"企业三十,人生八十。"企业和人一样,也有生老病死,唯有不断"调气",注入新鲜活力,改善企业的"体质",才能抵抗衰老和退化,保持生机勃发。

这位"年年有新招"的现任厂长,此刻正在筹划着另一场"微笑的拼搏"——开辟"广钢特区",参与国际大循环,把广钢建设成"两头在外"的合资企业集团,向年产80万吨钢的新目标冲刺!

过去只说明过去。未来呢?未来才是目标。我们期待着广钢新的飞跃!

(原载《广东企业家列传》,新世纪出版社,1988年11月版)

# 一位西门子式的人物

德国的冯·西门子，是世界著名的科学家兼发明家，又是蜚声全球的企业巨子。是他铺设了世界第一条大陆电报线和第一条海底电缆，建成了世界第一条电气化铁路，使世界走上了电气化道路。像西门子这样集科学家、发明家、企业家于一身的知识结构"多栖人"，正是当今中国"四化"大业急迫需要的人物。日前，我们在广州经济技术开发区内，寻觅着中国自己的西门子式人物的行迹。

开发区工业发展总公司党委办的同志得知我们的来意后，介绍我们去找夏藩高。

夏藩高曾是个业绩颇为出色的工程师。他过去在研究所工作期间，曾因成功地研制出人造奶油、宝儿精等产品而获奖，并有多项科技专门论著。他于1984年来到开发区，现在担任着新技术开发公司经理。他所创办和领导的新技术开发公司，已形成了拥有十家子公司的集团企业：广州食品技术开发公司、广州新材料技术开发公司、广州福通（光电子）公司、广州太平洋生物医学制品有限公司，植物新技术公司，广州前进工程有限公司……负担着开发区繁重的新技术开发与生产任务。

在夏经理领导下，科研和企业在这里合二为一，科研人员和企业人员已被综合成一个实体。他们研制、生产的单克隆医用产品，是目前世界上先进的高科技项目，产品重量以毫克计算，价值却动辄数以百万元；他们生产的微型热敏开关，技术上突破了只限于过热保护的界限，国内外厂商非常欢迎，争相订货；前进工程有限公司与新加坡客商合作生产的精密IC模具，产品全部出口。他们与广州市轻工研究所合作生产填补国内空白的分子级蒸馏单甘酯，产品可代替进口；与中国科学院长春光学精密机械研究所联合开发、生产激光医疗设备、激光打印设备、光电子器件和装饰光栅等光电子产品多与广东人民医院暨广东省心血管研究所、太平洋生物医学有限公司联合，建立了目前国内独家的人工心脏瓣膜生产企业……他们还准备输出技术，在泰国兴办柠檬酸生产工厂。他们既干着企业家的"产——供——销"工作，也从事着科学家的"研究——中试——样品"课题工程，已实现了从科研到生产、供销的"一条龙"。

夏经理主持的公司是一个知识分子云集的世界：全公司现有的员工平均知识水平都在大学毕业程度以上，一部分研究生也被吸引来了企业，公司内工程师、经济师、会计师"三师"齐备。

一批具有崭新知识结构和开拓精神的新西门子式年轻人，正在成为公司的中坚。年轻的大学生肖晨生对技术开发提出了一家之见：所谓"新技术开发"，是指把科学技术潜在生产能力转化为直接的现实的生产能力；开发区应分"开拓——成熟——跃升"三个阶段，直至形成各种"科研——生产"、"教学——科研——生产——销售"联合体，与世界先进水平的新技术、新产品竞争。夏藩高对这个颇有见地的年轻人，着意压担考验，终使其在实践中显露了身手。他现在担任了广州食品技术开发公司的经理。在全部十个子公司中，现在70％的公司经理都由这几年毕业、经过实践考验的年轻的理工科大学生、研究生担任。这种培养年轻科研人员为企业领导人的做法，已成为开发区内培养新西门子式人物的有益经验。

夏经理谈起他从科研转向企业的初衷时道："当初，我来开发区办企业，从负责工业发展总公司技术部到领导新技术开发公司，就是冲着'技术'二字而来的。过去，我在读大学期间，常常在图书馆看到一些标明'科技成果'字样的论文，拿去问老师说：'这样的东西应用了吗？'老师的回答往往是：'没有'。这使我感到痛心，也促进我后来向着试制、生产钻了进去。经过这些年的磨炼，才总算有了一点从科研转到企业所需要的素质。我希望更多地科研人员也来学习走这一条路。"

他认为，"过去中国的科研成果总是走着'样品—展品—礼品—废品'的道路，现在这种情况应该中止，走'样品—产品—商品'的道路了。科技人员的直接切入、领导企业，将使中国的科技和经济同步起飞！"

科学家、发明家、企业家——三位一体，中国便能产生出自己的西门子。

（原载1988年4月26日《现代人报》）

# 倪永佳的"专机待遇"

西方国家一些人为使自己的名字列入《吉尼斯世界纪录大全》，挖空心思出尽惊人之举终未如愿。而与世无争的平民布拉德别里却无意中获此殊荣：一天晚上，他信步来到"超级艺人"剧院观看杂锦曲，当帷幕徐徐升起时，可容纳三百多人的剧院只有此君一人！于是，这位六十岁老头作为"唯一的观众"而创造了"世界纪录"！

看来，"好运"实在是"可遇不可求"的。有人"踏破铁鞋无觅处"，有人却"得来全不费工夫"。就说乘飞机吧，中国的平民百姓谁敢奢望享受"专机"？可有人却只花几百元买一张民航机票就获此"特殊礼遇"！

请听他——潮阳县日用化妆品厂业务主任倪永佳，一位连国家干部也不是的年轻人激动与喜形于色的自述：

九月一日，我持十九点十分由广州往西安的普通民航机票（票号：穗3202682716）到白云机场，十八点四十分办完各项登机手续到候机室候机。眼看到点了还未见动静，我正焦虑间突然听到广播："十九点十分往西安的旅客倪永佳请即登机……"我慌忙提起行李冲向登机闸，刚出门口，迎面来了一中年男子（后来我才知道他是机长），劈头就问："您就是倪永佳吧？"我刚点头，他随即祝贺道："您是中国第一幸运儿。请跟我来！"

我一头雾水，又来不及细问，跟机长匆匆向飞机走去。及至步入机舱，我一下子愣了——一百多个座位竟空空如也！我一时未反应过来，傻乎乎地寻找我那"3A"座位，一位空中小姐忍不住笑："不用对号入座了。这是您的专机……"

倪永佳顿了顿，继续说：

"这竟然是真的！原来，那天有两架民航机飞西安，前半个钟头升空的那一架'满载而飞'，这一架只剩我一个乘客，于是成了'专机'。你说，我有多幸运！"

倪永佳确实幸运得令人"眼红"。笔者还未听过中国民航史上有过这样的记录。

"令人感动的还有"倪永佳延伸着话题,"机组人员对我这个特殊乘客可真另眼相待。飞行中,空中小姐们围着我亲切聊天。有的说:'您这四百二十七元花得太值啦。'有的说:'您比高干还高干。'有的搬来一堆饮品和食物:'祝贺您的特殊日子,请尽管享用。'有的向我介绍西安的名胜古迹……飞机在西安机场降落了,空中小姐们又争着为我提行李……这次旅行,我终生难忘!"

倪永佳言谈间也流露出深深遗憾——他只顾激动,忘了询问机长和机组人员的姓名,更没有请他们签名或合影留念,只知道他们是西安民航的,航班号是"2304"。

末了,倪永佳恳切对我说:"我知道西安人爱读《现代人报》,我也知道您是《现代人报》特约记者,请您一定给《现代人报》写篇文章。"

我乐意地破例写一篇"奉命"文章——为了记载这中国民航史罕见的事件,也为了向西安民航的朋友们致意。

(原载 1990 年 10 月 16 日《现代人报》)

# "磁粉明星"上升的轨迹

会堂。八十年代羊城特有的氛围。阵阵掌声犹如强劲的冲击波,把他推上了领奖台。新闻记者的摄影机从四面八方向他瞄准、聚焦。奖状、鲜花、领导接见,记者采访……令他应接不暇。他主持研制的磁粉,有八种型号荣获省、市、国家经委三级科研成果奖;他设计的"流态化连续加氢还原制磁粉新型生产线",经中国科学院查阅国际卫星检索,在世界上还无先例……

东方岛国。蜚声世界的日本"户田工业"磁粉公司的技术权威们对他主持研制的 $Fe_2O_3$ 磁粉进行性能晶形分析后,刮目相看,立即发出信号:"希望与贵方合作。欢迎你们到日本来!"他,不卑不亢,并未"受宠若惊"……

这位磁粉专家,是五十年代的研究生?还是啃过"洋面包"的博士!

说来或许有点出人意料。假若翻阅他的个人档案,人们只能找到"初中毕业"的记载。

亲爱的读者,如果你对我们这篇报告文学的主人公感兴趣的话,就让我们把时间距离和空间距离稍微拉远一些,一起来追踪这颗"磁粉明星"倔强上升时所划过的深深轨迹。

## 一

羊城三月,已有几分夏意。

记者来到珠江南畔纺织路121号,不禁颇感意外:这间建筑破旧,"门面"难以恭维的工厂,难道就是我们此行的目的地吗?不会错,厂门口分明挂着"广州磁性材料化工厂"的招牌。

这间"貌不惊人"的工厂,在磁粉生产行业中,竟有五个全国之"最":产量最高,质量最好,品种最多,成本最低,工艺技术最先进。从这里源源不断输出的各种型号的磁粉,不仅在内地享有盛誉,而且出口香港,远销东南亚，被广泛应用于电子工业、国防、通讯、科研、电化教育和人民生活，中外许多录音磁带、电子计算机磁盘以至人造卫星设备，都采用这里生产的磁粉。

他，我们要采访的，"磁粉明星"游国机，就在这间工厂担任工程师、科研室副主任兼磁粉车间负责人。

游国机，约四十五六岁，中等个儿，没有太突出的外部特征，没有人们似曾相识的技术干部所特有的"脸谱"，也谈不上气宇轩昂。如果一定要按照"惯例"描写他那"心灵的窗户"——眼睛的话，拙笔也颇感为难。因为，二十七年的自学和苦读，没有赐予他戴上深度近视眼镜的资格，繁重的技术工作也没有使他刚好在记者来访之时"眼布红丝"。但"窗户"毕竟还是"窗户"，他那坚定、自信的眼光，随着记者的提问，时而扫视现实，时而聚焦将来，时而回眸过去……

游国机出生于国难深重的四十年代初期。当他还在娘肚子里的时候，就与母亲一同经受兵荒马乱的折腾。他一来到这个世界上，首先迎接他的就是饥饿的煎熬。他同他那一代的大多数人一样，没有无忧无虑的童年欢乐。新中国诞生后，党的阳光雨露沐浴着游国机成长。一九五七年，他在广州市二十三中学念完了初中。只有十七岁、求知欲极为强烈的他，是多么希望上高中、上大学，扑向知识海洋的深处啊！然而，他那毫无计划生育意识的父母，生了他们整整十个兄弟姐妹，早熟懂事的游国机，为了替父母分担超负荷的家庭重担，终于依依不舍地离开了学校，步入了工厂的大门。

五十年代的工厂，人才奇缺，知识分子寥若晨星。初中毕业生也算得上个"文化人"了。当游国机扛着简单的行李到工厂报到时，厂长立即委以重任，让他搞技术工作，负责氧化铁的化验。这可有点"赶鸭子上架"的味道。游国机面对着各种各样的化验仪器，眼花缭乱，怯生生地望着，摸都不敢摸一下；想看看说明书，里边弯弯曲曲的"豆芽符号"、难懂的技术名词令他望而生畏，头皮发麻；翻开厂长送来的技术书籍，一串串的专业术语犹如一只只拦路虎，使他寸步难行。怎么办？难道能对厂长说"我干不了"？这太窝囊了！当时的毛头小伙游国机，大脑中还没有"四化"、"成才"、"生存价值"、"振兴中华"等等概念。他心里只有一个念头："不能丢人！世上没有学不会的事！"就这样，工作的需要把他"逼上梁山"，不愿"丢人"的朴素的思想"原动力"驱使他硬着头皮去啃那些艰涩的专业书籍。

他漫长的自学生涯从此开始。

他一头扎进知识的海洋，与书结下了不解之缘。工余班后，年轻人有的逛大街，有的上戏院，有的抛"老K"，好不轻松快乐。而他却在书山中寻路，在学海中寻舟。夜深人静，单身宿舍的伙伴们早已进入梦乡的时候，他还在蚊帐里，打着手电筒，聚精会神地苦读。他没有表，也忘了时间，附近家属宿舍雄鸡啼鸣的叫声就是催他就寝的天然钟……

在五六年的时间里，游国机像鸡刨食那样，一点一滴地叼啄，系统地自修了《选矿》、《化学分析》、《化工原理》、《有机化学》、《化工仪表》、《微量分析》、《流态化工程》、《化工生产自动化》等专业课程。这时的他，不仅对本职工作早已应付自如，而且能独立进行技术革新和工艺研究了。辛勤的汗水换来了初见成效的甘甜。

当初只想"不丢人"的他，该称心如意了吧？

## 二

北去的列车飞驰向前。

车厢一角，游国机好不容易才找到一个座位。他伸了伸站得发麻的双腿，又伸手把装着刚刚试产出来的磁粉的提包小心翼翼地放在身边。

三个月前，他所在的染料厂由于产品滞销，经济亏损了七十多万元，工厂的存亡面临着严峻的考验。平素不声不响的游国机却在这关键的时刻挺身而出，提出了一个不同凡响而又振奋人心的建议。他向厂领导分析说："由于国防工业，电子技术的迅猛发展，目前，国际上磁记录材料发展很快，而我国在这方面较薄弱，与先进国家相比，大约要落后二十年。就拿磁带来说，我国一九七八年的磁带产量尚不足六亿米，占世界产量不到六百分之一，大约是日本三天至四天的产量，因此，发展磁记录材料工业势在必行，我们厂原由炼铁厂合并而来，对生产磁粉的基本材料 $Fe_2O_3$ 有经验，不如扬长避短，另辟蹊径，抢在国内同行的前面。"这席话，给这个奄奄一息的工厂带来了生机，厂领导心头一亮，便主动向国家化工部承担了研制生产磁性记录材料的任务。而完成这个任务的重担，自然而然地落在游国机的身上。

对于游国机来说，他清清楚楚地知道压在自己肩上的担子有多重。但此刻，他却无比地激动和兴奋，他相信自己这二十多年来的辛勤积累一定会有所回报。

　　针状的 r—Fe2O3 磁粉在质量要求上有许多指标，譬如，它的密度和硬度决定了对磁头的磨损程度，矫顽力和剩磁则决定记录的质量。从原材料硫酸亚铁制成 r—Fe2O3 磁粉，中间要经历氧化、包硅、过滤、粉碎、脱水、还原、再氧化，以及表面密实化处理等十几道工序。对此，游国机道道把关，三个多月来，他没有睡好一次觉，没有吃好一餐饭，整个心思和全副精力全扑在试验上。

　　总归不负游国机的一番苦心，经过一百多次试验，游国机不断采样对比，不断调整试验方法，终于研试出金灿灿的磁粉来了。然而，怎样准确检测这次碎粉的质量呢？国内，除了北京中国科学院物理所拥有这种高精度的检测仪器外，别无他处。可是，物理所人地生疏，能否为这个小厂检测产品呢？突然，一个信息在游国机的心头一闪而过，他想起来了，他曾经在杂志上看到这个物理所的一位叫罗河烈的研究员撰写的关于磁性材料研究的论文，对，找他去！

　　成功者总是有过人的胆识和闯劲，游国机抓起提包，匆匆上了火车……

　　嘟……火车的汽笛长鸣，车轮渐渐减慢了转速，游国机从遐想中猛然清醒过来，北京就在前面。

## 三

　　中关村刚刚在甜甜的睡梦中醒来，街上便出现了游国机疲倦的身影，人行道上，路人寥寥无几。一阵阵朔风吹来。游国机打了个寒战，不由加快了脚下的步伐。

　　中国科学院的物理所就坐落在中关村这个科学城里，游国机举头四望，边走边问地来到了物理所的门口。大门关着，门房的主人还未起身，游国机又饥又寒，只能在门房外面找了个避风的地方坐下来休息。不知过了多久，他感到有人在推他，睁眼一看，原来是守门的老头子，游国机一看手表，指针已在七点四十分。游国机没等看门人发问，就赶忙道明了来意……

　　此刻，物理所的研究员罗河烈刚好上班，在门口被游国机这位小人物截住了，老罗打量着跟前这位头发蓬松，衣冠不齐的陌生人，心里正纳闷，游国机一边掏出介绍信一边详细解释着，请老罗能够帮帮忙。当罗河烈明白是怎么一回事时，他被面前这位年轻人一番诚意所打动。本来在当时，物理所不接受外单位的检测任务，可罗河烈破例地接过了那小包金褐色的磁粉，并答应立即帮他检测。

三个钟头过去了，实验室的门开了，老罗兴致勃勃地从里面走出来。高兴地告诉游国机，磁粉的矫顽力，剩磁轴比和晶体密度均符合标准，如果再经表面密实化处理，则能进一步改善磁粉在磁浆中的分散性和磁带磁层中的填充量。这时，不用说游国机有多高兴，他紧紧握住了老罗的手半响说不出一句话来，罗河烈在心底也暗暗佩服游国机的能耐。一个研究生，要在三个月内研制出这样高质的磁粉都不是一件容易的事，何况游国机只是一个初中毕业生呢？

老罗感慨而又爱护地拍拍游国机的肩膀，对他说："好啦，祝贺你的成功……你是头次来京吧，这回可要痛痛快快地到长城，颐和园去走一走，这里离颐和园只有一程车。"游国机笑着点点头，充满敬意和感激之情地对罗河烈说："罗老师，真不知怎样感激您，我的根底浅，以后还求您多多指点。"罗河烈谦逊地答应了。虽然，他们俩认识仅仅三个钟头，但两颗热烈的心却紧紧的融会在一起……

从中关村出来，游国机既无意到长城去当好汉，也无心到颐和园去开眼界，就是转车路经动物园，他也没有进去看一看。他心里想的是：研制组的同志正在等着他的消息，下一个实验预定后天就开始，他必须争分夺秒地赶回去。

在火车站，他买了张站台票，顺便买了两个面包就上了南下的当班列车。他宁愿在车上自己掏腰包交违章乘车的罚款，却没有为自己的小孩买包北京凉果，他宁愿白天站着，晚上在车厢的过道躺着，却不愿在北京的旅馆里多停留一天。

然而，我们的这位主人公并不是真正的铁人，当火车到达广州车站时，游国机的双腿却由于长时间地站立，血液循环不畅而浮肿起来，不过他还是拖着麻木的双腿赶回到了他的实验室。

## 四

一九七九年底，游国机主持设计的全国第一条规模最大，工艺最先进的年产 30 吨一步法、高性能磁粉生产线顺利投产了，一次试车成功，使他荣获了当年省市科技成果奖。成绩面前，他没有自满自足，也不敢夜郎自大。听说山东、河北、北京、上海的磁粉生产线各有千秋，他便日夜兼程，奔赴各地学习取经。游国机是一个善于博采众长的人，参观工厂现场时，他从不做笔记，好让兄弟单位放心介绍经验，但晚上一回旅店，他立即开灯夜战，凭记忆画出该单位的生产工艺流程图、关键设备结构图。还推断工艺中存在问题的技术关键、琢磨着如何改进。

一九八一年，游国机首先改进了国内碱法磁粉的工艺流程，采用了表面密实化处理工艺，从而提高了磁粉的轴比、矫顽力和粒度的均匀性，使采用这种磁粉的磁带的矩形比和取响度达到国内先进水平。

罗河烈在北京得知游国机改进了生产工艺流程，使磁粉的生产效率大大提高，心里很高兴，为了帮助游国机进一步完成工艺流程的改革，罗河烈专程来到了广州。老罗的到来使游国机如虎添翼。他们花了几个月的时间开发了一条"流态化"连续加氢还原制磁粉的工艺。中国科学院物理所为此查阅了国际卫星检索，结果表明，这是一种国际上首创的先进工艺路线，这条工艺路线的开发，使磁粉生产效果提高了十倍，生产成本仅为国内最高水平的百分之三十左右，产品的质量接近了国际最先进的水平。新工艺线的开发，给工厂带来了蓬勃的活力，除了补偿工厂原来的亏损外，企业大幅度增产增收，产品也荣获了一九八三年国家经委优秀新产品奖。

事业的进取永远没有止境。一九八四年，游国机研制出大型电子计算机用的高记录密度的硬盘磁粉。一九八五年又开发了高效低耗连续化磁粉生产新工艺，使生产效率比原来提高了四倍，成本下降了百分之七十。现在，他又承担了国家化工部的新任务，朝着建立一条世界先进水平，年产三千吨优质磁粉生产线的方向而努力！

（原载《在陡峭的山坡上》，五月杂志社编，1986 年版，与王庭槐同志合作之作）

# 杨宜民：微米范围天地宽

龙年10月，全世界50多个研制机器人的专家云集东方岛国，参观日本筑波大学松岛皓三研究室。一个只有鹅蛋般大小的微型机器人，成了行家眼睛的"聚焦点"。一阵评头论足之后，专家们纷纷向一位中国学者祝贺："OK！这玩意儿在世界上领先三至五年！"

这位中国学者，就是广东工学院机器人研究室主任杨宜民。3年前，他受国家教委的派遣，作为中日文化交流协定中的中方赴日研究员之一，到筑波大学从事机器人的研究开发。那鹅蛋般大小的"1号微型机器人"，就是他与日本专家联合研究的成果之一。

笔者日前走访了杨宜民，请他就"1号微型机器人"向读者作个介绍。杨老师说：当今机器人的研究已发展成为"机器人学"的专门学科。就目前来说，生物工程、医学工程、集成元件及超导元件的研究和成批加工等领域，都急需一种驱动范围几十微米（1微米为100万分之1米）、加工精度达到微米级、能快速工作的微型机器人。有了它，人们就可以开发出各类专门的机器人用于各个领域。例如，我们曾在"1号微型机器人"的Z轴输出端装上一个小小的钻石刀，刀尖1微米左右，这就成了一台加工超导元件的专用机器人。由于它是由计算机控制的，所以工作起来又快又好。

研究微型机器人的最大技术难关是什么？杨老师认为最主要的是驱动精度（即机器人活动范围的精度问题）。他说，一般机器采用马达、液压、气压等传统方法驱动，精度只能达到丝级（1丝为10万分之1米）。因此，我们另辟蹊径，研究出一种结构特殊的新型驱动器。它是一个带圆弧缺口的平行四边形结构，底边固定，中间点用压电元件驱动，上边这平行板就产生位移输出。压电元件通过电流时即会变形，这种变形是微米级的。因此，控制了电流也就控制了平行四边形平行板的位移输出。用这种特殊驱动器驱动微型机器人有3个自由度，每个自由度的活动范围是50微米，精度可达0.1微米，每秒钟能响应 500 个输入信号。

杨老师说：微型机器人的研究和应用，为生物工程，临床医疗提供了一种新的技术手段，亦可促进集成电路和超导元件的研究和应用，最终，还可使人类从显微镜下繁杂费神的操作中解放出来，前景相当广阔。

（原载 1989 年 11 月 30 日《南方日报》）

# 我从乡村来

九十年代第一春,曾应邀去接听"心声热线"电话。有位初中学生在电话中问我:"您有什么背景吗?出生高干家庭还是书香门第?"

我实言相告:"我从乡村来。"要说"背景",低矮的泥坯屋,昏暗的煤油灯,牛粪庄稼小锄头,番薯稀饭萝卜干,就是我少儿时代的生活背景。

几个月后,这位小朋友看了我受到江泽民总书记接见的电视报道,又给我电话,要我再谈少年时代的事。于是,我们俩"煲"起了"电话粥"……

虽说同是生在新中国,同是长在红旗下,但我少儿时代的生活景况却与现今的少年朋友有天壤之别。

我出生于普宁县一个无山可靠无海可依的贫瘠小村。四五岁时,恰逢我国"大跃进"之后的"暂时困难",左邻右舍不少人饿得害了水肿。我的祖母和父母一日三餐用野菜、薯叶填肚子,把所有能称为粮食的东西都塞进我这"重点保护对象"的嘴巴。尽管如此,也还常常填不满我那消化力极强的肠胃。有一次,我饿得嗷嗷直叫,急得团团转的母亲不知从哪儿弄来了一碗"稀饭"哄我:"别哭,别哭!快喝粥。"那"稀饭"稀见饭粒,说是"粥"却清澈如镜,不懂事的我冷不丁好奇地问:"妈,你看!碗里怎么有我的头影?"一句话问得母亲流出两行清泪……在我小时候的记忆中,世上最好吃的东西莫过于"窑"熟的番薯了。傍晚时分,几个穷孩子跑到田里,用晒得硬硬的小泥块砌起一个"窑",捡来干草、枯枝当燃料,烧呀烧,把窑烧红之后,就将弄来的番薯丢进去,然后就毁窑,让烧得烫红的泥块把番薯埋得严严密密。个把钟头后,再用木棍把"窑"熟透了的番薯一个个掏出来吃,嘿!那香那甜,令人回味无穷!

俗话说,穷人的孩子早当家。我6岁时,有了第一个妹妹。乡下没有托儿所、幼儿园,大人下地干活,只好由我照护妹妹。常常是父母出工前就用一条宽布带把妹妹绑在我后背,让我"背"去村头巷尾玩。妹妹哭,我就扭着身子摇她、哄她；妹妹饿，我就背她到地里田头找母亲喂奶。因"背负重任"，我自然不能像其他"一身轻"的小伙伴那样疯野地蹦跳、颠跑、打滚、爬树。从念小学一年级起，我就开始帮父母干农活。放学回家，立即操起农具下地。不用上学的日子，更是成天跟着大人在农田里忙乎。10岁那年，我的名字正式列入生产队的劳力工分册。暑假寒假农忙假，我都像模像样地与生产队的叔叔伯伯阿婶阿姨们一起出工，拔草、除虫、浇水、施肥、插秧、割稻、锄地……样样学着干。重的活干不了，就给大人打杂当"下手"。身强力壮的汉子们每天记10分工，我这"小不点"每天挣3分工。

在本该快快乐乐无忧无愁的少年时代就过早地品尝生活的艰辛，这是谁也不希望的。但"事有正反，物有阴阳"，正是小时候的这段生活，在人生伊始就磨炼了我的意志和毅力，教我懂得了好多质朴的做人的道理。

少年时代最令我入迷的科学启蒙读物是砖头那么厚的《十万个为什么》。它如旋转的万花筒，向我展现一个五彩缤纷的大千世界；它如一位无所不知的知识老人，告诉我许许多多大自然的奥秘；它如一把"万能锁匙"，帮我开启了一个又一个的智慧之"锁"；它如强力磁场，紧紧吸引着我的好奇心和求知欲。我对它如痴似醉，爱不释手。农村的夏夜屋里闷热屋外凉，当小伙伴们三五成群在村口纳凉或东躲西跑玩捉迷藏的时候，我常常就在我家那间热得像个蒸笼的房子里，就着煤油灯，津津有味地咀嚼着一个又一个的"为什么"。

说句不谦虚的话：尽管家境贫寒，但我在学习上可一点不含糊！从小学到中学，我门门功课全优，而且"野心"太大，从不"让"人，数学、物理竞赛要拿第一，征文比赛也要拿第一！

——这就是少年的我。

岁月悠悠。"少年的我"转眼间已有了一个戴着红领巾的儿子。这篇短文，就献给我儿子的同龄人——《广东第二课堂》的千千万万小读者吧！

(原载《第二课堂》，1993年第12期"我的少年时代"专栏)

# 一个小数点的故事

斗转星移。我告别红领巾整整20年了。少年时代的许多事情，有的忘了，模糊了，但有一件小事我至今记忆犹新。

读小学五年级时，一次数学考试，才半节课我就做完了试题。把试卷往老师手里一塞，我就一蹦三跳冲出课室去玩耍。第二天发试卷回来，我边看边叫倒霉。唉！那道占分最多的"大题"，答案点错了一个小数点，被老师打了个刺眼的大红"×"。看着几位考满分的同学那得意劲，我撅着嘴气鼓鼓地闯入老师的房间去"讲理"："这道题我懂做！不就点错一个小数点嘛……"

大概是看我满脸委屈的样子，老师的目光中流露出些许怜爱。他摸了摸我那"刺猬头"，问："你觉得点错一个小数点没什么了不起，是吗？"见我不吱声，他温和而又严肃地说："不要小看一个小数点，会计师点错一个小数点，大把钞票就可能付之东流；气象员点错一个小数点，就可能因误报天气而使轮船遇上台风，飞机碰上雷电；医生开配药方点错一个小数点，就可能断送人命；工程师点错一个小数点，就可能使耸立的大厦倒塌，架起的大桥崩溃，上天的飞机坠毁，建成的反应堆爆炸……"

末了，老师拍拍我的肩膀："要想长大后在工作中不点错小数点，就要从小养成细致严谨的习惯。"

这件小事对我的教育好大。从此，我自觉与自己粗枝大叶丢三落四的毛病作斗争，注意克服浮躁，逐步培养起一丝不苟的良好习惯。这使我少犯了许多"点错小数点"之类的过失。

"少年若天性，习惯如自然。"细心严谨要从红领巾时代做起。

（原载1993年第7期《少先队员》）

# 我的假日非"业余"

甘草甜黄连苦青杏酸老姜辣花生香橄榄涩，我都来者不拒，但又都浅尝辄止，唯独"慢吞烟圈细品茶"积习生瘾遂成嗜好。轻歌曼舞郊游踏青棋友对弈茶座闲聊，我都视为雅事，但只限偶尔为之，唯独对"爬格子的干活"情有独钟乐此不疲。

假若正业副业都算"业"，那么我的假日绝非"业余"。

在多数情况下，一支香烟一杯茶，一叠稿纸一杆笔，或快或慢爬格子，就是我的"假日模式"。

爬格子之于职业作家天经地义，之于我却近于"不务正业"。

我的本职与文学远缘。在法定工作时间，我必须在伽利略牛顿爱因斯坦们开创先河如今又"每天都有新太阳"的那个重实证重逻辑重操作的理性王国尽心尽力不敢懈怠。只有在可以"依法休息"之时，我才是所谓的"作家"。此时不爬格，哪有爬格时？把假日交给格子，没有闲适没有逍遥没有油腻没有实惠，但绝非单调绝非无聊绝非枯燥绝对充实！

格子成"网"，可包罗天人之际古今之变天地造化日月玄机。

写游记，可重温漠北踏雪江南赏梅西域骑驼东海滑浪之梦；写史实，可找到昨夜星辰前人踪迹鉴往知来；写市井，可扫描芸芸众生光怪陆离街头百态。写到江河有清风水气，写到树木有绿荫生凉，写到暴雨有电闪雷鸣，写到花圃有米兰幽香百合纯洁秋菊高雅，写到田野有露珠晶莹小溪清澈五谷飘香，写到宴席，还有燕窝鱼翅熊掌猩唇驼峰鲤尾蛇羹鼠脯猴头蚂蚱聊以充饥——格子中的世界真多彩！

假日是生命的部分。用假日填充的格子，涵纳的是搏动的生命音符！

（原载《现代画报》，1992年第2期"名人假日"专栏，1992年2月8日《语文月报》）

# 我的"角色观"

有朋友在评论文章中这样抬举敝人：

"……他像个'变形金刚'，作家？学者？教师？科技人员？社团领袖？管理干部？……都可算是，又都不完全是，不仅仅是。魔方般的人物，魔方般的角色转换……"

嘿！不好意思。如此不安分，够讨人嫌的吧？

记得念完大学的时候，我尊敬的导师在我的毕业留言本上赠言："物理学是个魅力无穷的姑娘，值得你对她情有独钟，专一不二。"

只可惜我是一个容易"移情"的人。我爱物理学，但我不满足只有物理学一个"恋人"。我四面出击，"情"分多处，十几年来"多角恋爱"，竟周旋得不亦乐乎。

作为物理学者，我领课题找项目，做实验搞科研，在那个重逻辑重实证重操作的领地里，不断折腾不断鼓捣不敢懈怠，先后弄出了几部公式符号图表多于方块汉字的被称为专著的东西，而且居然多次获得成果奖。

作为教师，我自我感觉良好。"三尺讲台天地宽。"台上痛痛快快"批发"，台下认认真真"零售"。七八年下来，头上竟罩着"全国优秀教师"的光环。

作为业余"爬格子动物"，一不小心，又"爬"进了作家协会，"爬"入了多部《××作家辞典》。作为"双肩挑"的角色，工作需要，身不由己，我还戴着一顶令人眼热的"乌纱帽"……

——我对哪个角色都说不上"专一不二"。

这或许是成就事业之大忌。但我劣性如此，乐在其中：做实验搞科研时品味艰涩的深刻美；写科普写散文时享受深入浅出的通俗美；走上讲台有口若悬河的快感；理起"官"事来又进入另一番微妙境界。

"你就不能选择专一的事业吗"？

我能，但我不。

非彼非此亦彼亦此也是一种选择，一种"专一"。而且我还颇为此而洋洋自得：东方不亮西方亮，过了这村有那店，不在一棵树上吊死。

"一个人四面出击，就一处也得不到美满的结果。"达尔文此语不失为至理。但我为什么非要那"美满的结果"不可？得到"美满的结果"之后又干什么去？

人生如光。有人喜欢聚焦，有人喜欢辐射。聚焦也好，辐射也罢，都是寻求生命潜能的最佳释放。我欣赏别人的聚焦，但我更喜欢辐射。

（原载《当代文坛报》，1994年第4期）

# 我的"文学观"

　　文学即人学。文学是殿堂。文学神圣。
　　文学有坛。文坛高手林立。文坛人满为患。
　　文学之路，荆棘丛生飞砂走石沟沟坎坎坑坑洼洼；千军万马摩肩接踵熙熙攘攘推推搡搡跌跌撞撞。
　　有人腰酸腿疼鼻青脸肿心力不支急流勇退回头是岸。
　　有人皮开肉绽伤筋损骨百折不挠一往无前一路悲歌。
　　有人万分纯洁万分虔诚敲开文坛"圣门"挤将进去，不由倒抽一口冷气——天！悲凉惨淡窘态百出高处不胜寒！
　　于是感慨万千长吁短叹。
　　于是痛心疾首粗口骂娘。
　　于是后悔吃错药走错路搭错车入错庙拜错佛早知如此何必当初。
　　感谢命运之神的一次显灵，把我从"文学青年"的人山人海中拉将出来，推入伽利略、牛顿、爱因斯坦们开创先河的那个远离文学的理性王国。定律、公式、数据、符号；演算、推理、思辨；设计、试验、证实、证伪；迷惑、困扰、求索、顿悟……"格物致知。"永无终极的艰涩的美，永无终极的美的艰涩，够我品味十辈子。
　　我不再视文学为上帝。
　　我不再对文学走火入魔。
　　我与文坛艺圈保持距离。
　　至于写了一些非驴非马的东西，多属茶余饭后，即兴为之。
　　至于发了一些或长或短的篇什，多属无心插柳，得失淡然。
　　至于出了一些或厚或薄的本本，多属粗品拼盘，难登大雅之堂。
　　既然不是职业作家，自然可宽容自己。写少了，没有丢饭碗之忧。写臭了，亦无砸牌子之虑。想写时，没有约稿也写个天昏地暗。不想写时，约稿信再多也置若罔闻。偶尔有文字问世，不论长短优劣，全当额外收获。

这德性哪是搞文学的料！

但如我之辈，沾沾文学的边自有妙处。套改一位老革命家的幽默——见了物理学界的朋友，我就说我弄了点文学；见了文学界的朋友，我就说我一直在侍弄物理学。

请明眼人多多包涵。

(原载《当代文坛报》，1994年第4期)

# 圆我"博士梦"

## ——《时域参数介电谱学》后记

  这部专著以我的博士论文为主体补充而成。

  攻读博士学位是我多年的心中之梦,历史的原因、工作的境况、组织的安排、个人的际遇……诸多因素的共同作用,使我走上了在职攻博这条必须承受工作和学业双重负荷的圆梦之路。

  此时此刻,当我在这章专著上写下最后一笔之际,掩卷回顾在职攻博的历程,我从心底深处感谢我的导师李景德教授。他近乎苛刻的严格所折射出的热切期望令我不敢懈怠;他严谨严密的学术风范的无声熏陶使我终身受益;他授业解惑言传身教的辛劳换来了我学业上的点滴进步;这部专著的完成更是凝聚着他的殷殷心血,只言片语的"致谢",难以表达我对导师敬重和感激的心声。

  衷心感谢范仰才、李小玲、邓颖宇、唐新桂、何艳阳、曹万强、陈敏等师兄师弟师姐师妹在攻博期间的密切配合、支持帮助和有益讨论。

  衷心感谢王小涓老师不辞辛劳地帮助打印这部艰涩冗长的专著的大部分内容。

  最后要提及的是我的妻子李建苹,是她多年如一日默默无怨地承担了几乎全部的家务琐事和管教孩子的责任,使我得以全身心投入工作和学业的拼搏冲刺,我的感激和不安,又怎是一句"理解万岁"所能达意!

# "天书"的再版
## ——序《基本物理常数论》修订版

1989年，新中国历史上极不平凡的那一年，承蒙设于北京的学术期刊出版社厚爱，赔本推出了"一位青年讲师"的"处女作"——《基本物理常数论》。那是敝人1982年至1988年7年研究心血的结晶，书中融入了我在这一时期发表的关于基本物理常数的一系列研究论文。

1990年3月，正好是该书出版1周年之际，又承蒙我所在的大学厚爱，专门组织了一场成果鉴定会。来自中国科学院广州分院、广东省科学院、华南理工大学等院校的学术权威们，用深邃而挑剔的眼光对拙作好生琢磨，最终作出这样的鉴定结论：

"基本物理常数研究是物理学前沿的一个研究领域。《基本物理常数论》这项研究成果，填补了我国基本物理常数研究领域的空白，具有较高的学术价值，达到了国内先进水平。它对基本物理常数进行了较全面的、系统的科学论述。成果立论正确，论据充分，有独特见解，逻辑性强，文字流畅，是我国第一部关于基本物理常数的专著，是物理学工作者、高校物理教学师生的重要参考书……"

于是，这本小书被作为"广东省重大科学技术成果"登记，并被录入中国科学技术文献中心的《重要学术论著目录索引》，后来又获科技进步奖……我，当时学界的小字辈，受宠若惊之余，暗暗为自己讨巧选了个"冷门"领域而洋洋自得。

斗转星移，时间飞逝。当年的"青年讲师"，后来成了"中年教授"，成了该大学的副校长，再后来又到地方党委政府任职由物理学者变成党政官员。一下子换了一种"活法"，使我与物理学几近"绝缘"。

尽管我仍然在视野所及范围内关注着物理学尤其是基本物理常数研究领域的动态，并对有关的问题花了一些工夫，积累了一些资料，但十几年中我从未想过要对已成为历史的那本小书进行修订、扩充和再版。

许多事情往往是外部因素促成的。

2002年元旦，读2001年12月30日的《人民日报》，一篇新华社电讯稿《六大科技领域值得关注》使我眼前一亮——"光学钟和基本物理常数"被列为"六大热门研究领域"之一！

该文特别指出：

"由于光学钟以高频不可见光波而非微波辐射为基础，因此光学钟比此前的仪器更精确。这一测量手段的进一步研究将促使更精确的全球定位系统诞生，并引发新一轮实验来验证物理上的基本常数。"

经查核，此文内容源自当时刚刚出版的美国《科学》杂志的预测。

十几二十年前我曾经卖力的"冷门"，如今竟成了"热门"！我不由有些许激动。

说来太巧，第二天，我突然接到一位断了十年音信的朋友的电话。他顾上不上寒暄，开口就问："看到《人民日报》那篇文章没有？可以重整再版《基本物理常数论》了吧？"

他叫刘胜松，原是新疆石河子一家科技机构的高级工程师，后调回广东工作，即将退休。他是《基本物理常数论》最忠诚、最认真、最负责的"铁杆读者"，是为数不多的真正"吃透"了这本书的我的"学术知音"。我记忆犹新的是，十年前，准确讲是1991年3月2日，他专门到我所在的大学探访素不相识的我，与我谈《基本物理常数论》，并递给我一页清单，是他"挑"出来的书中的印刷错误。3月14日，他回到新疆的第4天，又给我写信，建议我继续进行跟踪研究，适时再版《基本物理常数论》。至今我的"私人档案柜"中还保存着他的那封信。

转眼十年过去了。难得他还惦记着那本小书，而且旧议重提，力主再版；而且那么坚决，那么执著。

我从书架上取下13年前问世的那本"处女作"，拂去岁月的尘埃，那些我熟悉而又久违了的公式、符号，一个个争先恐后跳入我的眼帘……

我动心了。

资料文献联机检索的结果：13年来，国内迄今未见同名同类专著。这姑且被我作为旧书修订再版的理由。

——这就是《基本物理常数论》再版的前因后果和来龙去脉。

此版与原版相比，内容有所增删，数据有所刷新，提法有所不同，篇幅有所拓展，大构架不变，小调整不少。这些，自不待言，也不赘言。

因原来的学术期刊出版社已关门大吉，只好另奔别的出版社，绝非"过河拆桥"，望读者明鉴。

我衷心感谢刘胜松同志。他为本书的修订、扩充、再版提供了宝贵资料，付出了殷殷心血。没有他的极力怂恿和热心帮助，就没有摆在读者面前的这本新书。

任何"新"书都将变"旧"。再过一两个13年，基本物理常数研究领域又将是怎样一幅"旧貌换新颜"的图景呢？

马克思列宁主义尚且"与时俱进"，更何况基本物理常数研究乎！

2002 年 3 月 19 日
于广东湛江市政府大院

# 来点"庸人哲学"又何妨

## ——序《科学的咏叹》

记得几年前在一本小册子的"自序"中说过,这些年出了一些或厚或薄的本本,多属"粗品拼盘"。

"粗品",及质量概念,自然是相对"精品"而言。"拼盘",结集之意。

这本小册子,还是"粗品拼盘"。

为什么尽出"粗品"?"精品意识"哪里去了?

这不难找到"说法"。敝人十几年来一直侍弄着物理学,至今仍在这个领域里折腾。偶尔给报刊写些"豆腐块",只当是放下重活干点轻活忙里偷闲松弛神经调节身心自得其乐!古训云:"玩物丧志。"我倒有点担心"玩文(学)丧物(理)",生怕怠慢了赖以谋生立足养家馃口的正业,哪还敢在这上头多花心思千锤百炼精雕细刻。

但如此自我辩护,怕是糊弄不了行内明眼人的。

说穿了,是本事和能耐问题。对科学,我粗知而已;对文学,顶多算个大致通顺词可达意。这般功底,"精品意识"再强也白搭,苛求自己出产精品岂非不自量力?

庸人一个,来点"庸人哲学"又何妨。

既然自知自认自言"粗品",何苦还要"拼盘"端出?

这可就理由多多了:

一曰敝帚自珍。别人管得着?

二曰各有所好。粗有粗的用场。比如粗粮益寿。精品细粮早已把现代人喂得缺钙软骨肠胃退化毛病百出,君不见时下高粱苞谷糙米粗面地瓜窝窝头日趋走俏?

三曰有书为证。万一以后哪一天自己文章长进了,回头比对比对年轻时的"粗品拼盘",也可有个参照为自己的寸进而得意扬扬。

四曰一劳永逸。花二三假日,剪刀糨糊,把已成铅字的东西编成一本,厚颜塞给出版社，总比长年累月保存一堆乱七八糟破烂不堪又黄又霉又蛀又皱的样报样刊要省心省事得多吧？

……

书中的篇什，长短参差不齐，体裁杂乱不一，内容东鳞西爪，好不容易才勉强找到一个共同点：它们或多或少或浓或淡带点"科学味"。于是用了《科学的咏叹》这个书名。书虽属粗品，幸好"科学味"对读者绝无毒副作用。

时过境迁。彼一时，此一时。书中的八十来篇东西，时间跨度近十年，有些事早已过去，有些话早已过时，有些问题早已不成问题，有些谬论谬见现在看了令人汗颜。本来，也可乘结集出版之机做些"手脚"遮遮丑。但改的就是改的，原报原刊黄纸黑字不容抵赖。宁要面貌依旧的粗品，不要动过"美容术"的"精品"。偷修偷改不如偷懒不改。

自序也不妨偷懒——短点，就此打住。

1995 年冬于香港铜锣湾

# 象征暂停

## ——序《逗号集》

曾气壮如牛气冲霄汉雄心勃勃壮志凌云地在一个圈子内口出狂言：这辈子要写一百本书！

1997年，"四十而不惑"。回首算一算，已出版了二十来个或厚或薄的本子。

不由窃喜：按此"进度"，只要活个"平均寿命"且老当益壮眼明耳聪，兑现狂言应当不在话下。

只是，人生有太多的偶然性。1998年，春回大地之时，组织上一纸任命，给我戴上了一顶不大不小的乌纱帽。

一下子换了一种"活法"，倒也激情满怀。开初还"文心不死"，妄想"鱼与熊掌兼得"。"铁腕行政，妙手文章"，想得很美妙。就是没想到会就此与文坛"绝缘"。

但想不想由你，结果却不由你。

虽说从政兼而从文，理论上并不相互排斥，有的作家为写出好东西还专门去戴上乌纱帽体验生活积累素材哩！哪个时代没有几个政绩不俗而又佳作迭出的"官员作家"或"作家官员"？可别人是别人，鄙人是鄙人。"官事"已经够累人烦人心不由己的了，还要强求自己硬挤出写文章的闲情逸致，是不是活腻啦？

想开些，暂停吧。退休后再操旧业，爬格子的时间大大的有。

于是，释然。

转眼过了两年。又是春回大地之时。万家灯火合家团圆过春节，泡在久违了的书房里，翻箱倒柜，把散见于报刊而又未结集的旧作统统剪下来；不管体裁异同，不顾类别不一，不问长短参差，生"编"硬"辑"一番，勉强弄出了这本小册子。算是暂时了却爬格子留下的一点"手尾"，给十几年的笔耕生活画上个象征着"暂停"的"逗号"。

因此，名曰：《逗号集》。

是为自序。

2000 年春节于广州

# "文心不死"

## ——序《绿色GDP》

2000年出版过一个小册子，名曰《逗号集》意为给十几年的笔耕生活画上一个象征着"暂停"的"逗号"。

殊不知劣性难改。还真是"文心不死"，"暂停"得并不完全彻底。

真正"暂停"的只是十几年来写惯了的散文、杂文和物理学论文。至于某类"格子"，还是少不了"亲自爬"。

转眼到了2002年春节假，又是泡在小小书房里。这回是整理清理几年来先"口头发表"后见诸报刊的讲话、报告之类——一大堆的"官样文章"。翻着阅着，神差鬼使，一下子又不谦虚谨慎，竟然感觉一些篇什有点"意思"，有点"学术味"，甚至有点像经济技术类"论文"！

既有"感觉"，权且"跟着感觉走"一回。挑出其中十篇，稍作编排、处理，凭一把老脸，厚颜塞给出版社的朋友。也算满足一下自己的"出版欲"。

想不出也懒得去想一个好书名，只好取其中一篇的题目《绿色GDP》冠之。

以前在大学工作，喜欢咬文嚼字，文章多少有点"微酸味"，被人划入"学院派"。现今在地方政府干活，大量的是真刀真枪见血见肉的操作，对一些无关宏旨的文字表达的严格性准确性不太在意。书中有些"说法"，我姑且称之为"宽的学院派概念"，望读君宽容待之。

老实交代，权当自序。

2002年春节于广州

# 铭刻忠心和赤诚

## ——序《国徽闪亮》

国徽，象征正义和尊严，代表法规和权力，铭刻忠心和赤诚。

一种职业，一种工作，一旦与国徽联系在一起，就平添庄严，平添凝重，平添神圣。

工商行政管理就是这样一种职业，一种工作。

国徽在工商行政管理人员头上闪亮，更在他们心中闪亮。

改革开放以来活而不乱的城乡经济，融汇着广大工商行政管理人员可歌可泣的业绩。他们开拓进取，励精图治；秉公执法，铁面无私；捍卫法规，坚持原则；勤恳工作，廉洁奉公；一身正气，两袖清风多不愧为工商行政管理的一代风流！

他们为国徽增添了光彩。

为了对广大工商行政管理人员的功勋予以历史性记载。也为了让更多的人理解他们的职责与重负，欢乐与苦衷，辛勤奉献和工作意义，记者和作家们在社会的呼唤和自身责任的驱使之下走向工商行政管理部门，于是有了这本《国徽闪亮》。

一本书就像一个窗口，展现一片天地，一派风采。

这本书作为一个窗口，展现的是南粤工商行政管理的广阔天地和工商行政管理人员的动人风采。

透过这个窗口，窥视正义与邪恶的《魔道斗法》，眼观《峡谷风云》，目睹《惊心动魄的搏斗》，工商行政管理人员《穿行在风口浪尖》的英姿，令人肃然起敬。

通过这个窗口，工商行政管理人员《铮铮硬骨，两袖清风》，《心有防线不湿鞋》的高风亮节，容易使人联想起《荷花高洁，松树倔强》，感受到《廉政清风扑面来》。

通过这个窗口，映入读者眼帘的有《"同益"丰阜》，有《南华商泉》，有

《"平山"之光》，有《"进贸门"风采》……一群《高扬生命之帆》，用心血和汗水和《培育市场的人们》，活龙活现。

通过这个窗口，听一听《鹤鸣"新华"》，听一听《红土高坡的咏唱》，听一听《来自"南菜基地"的报告》，无不是以《我为工商添光彩》为主旋律的《奉献咏叹曲》。

通过这个窗口，喜看《螺河流春》，《明珠耀耀耀西湖》，《一花引来百花香》，《流沙成玉百业兴》，真真可谓《物华天宝，俊采星驰》。

通过这个窗口，那《情暖个体户》的故事，那《奉献一片丹心》的公仆意识，那温暖千家万户的《爱的结构》，那《乐为鱼米之乡添春色》的工商人，为"寓管理于服务"作了最鲜明的注解，从中观照出南粤工商行政管理工作的《深度·广度·力度》……

当然，窗口毕竟只是窗口。一含窗口难穷千里眼。这本书不可能展现南粤工商行政管理工作的全貌，更不可能写尽南粤工商行政管理人员的辉煌业绩。

相信人们对此会予以宽容。因为先哲早有论断：

"任何一本书都只是写了一半，另一半在读者心中。"

1991年2月3日凌晨于广州

# 为时代而闪光
## ——序《闪光的轨迹》

时间：无始无终。

空间，无边无际。

大千世界，生灵万物，无不在一不定期的时空范围留下其生存和消亡、演化和发展的有形或无形、瞬或永恒的轨迹。

行星有行星的轨迹。

人生有人生的轨迹。

企业家的人生轨迹不仅属于他个人，也记载着企业的希望、努力、挫折、成功和发展。因此，企业家的轨迹与他为之呕心沥血的企业的轨迹是同步共趋密不可分的。许许多多改革时代的企业和企业家的轨迹组合起来，就为我们展现出一场以国富民强为现实目标的大进军的步伐，展现出中华民族为实现"四化"而奋进的信心和力量。

这种轨迹是闪光的轨迹。

编入这本书的这些文章，记载和展示了一批优秀企业和企业家的闪光的轨迹。这些轨迹是一个个脚印铺设构成的，虽然在前进中不可避免地有迷茫，有曲折、有八面来风，但这条条轨迹的走向都是坚定而明确的。它们有一个共同的主旋律：为时代而闪光！追踪这一条条轨迹，我们看到了这些企业和企业家们艰辛而光辉的奋斗历程，看到了中国的企业和企业家正在走向成熟。

中国是一个古老的农业国家，多少年来工业的发展非常缓慢。在沉甸甸的历史重负下，企业家一直未能形成一个独立的社会阶层。新中国成立以后，由于政治体制、经济体制等诸多错综复杂的因素的制约，企业家们仍然未能充分、尽情地发挥应有的历史作用。

这种沉寂终究被改革开放的浪潮冲破了！

改革开放的春风不仅吹活了神州大地，更为企业家们提供了大显身手的环境和氛围，共和国的企业发展史上从此掀开了新的一页。人们对于企业发展的思维和视角，由过去的只着眼于硬件到明白科学技术也是生产力，到"向管理要效益"，而处于企业中心位置的企业家正是企业管理的集中的体现。

我们从这本书里可以看到，作为一个优秀的企业家，他的胆识，他的才智，他的气魄，他的眼光，直接张扬着一个企业的生命，推动着一个企业的拓展。没有优秀的企业家，就不会有企业的活动，也不会有整个国家经济的振兴和腾飞。

但企业家的作用并不仅限于此。

企业家们的追求和探索除了引导企业前进之外，还将为经济体制和政治体制的改革提供借助决策依据。他们以他们的实践，以他们的经验和教训，以他们在经济结构中举足轻重的地位和作用，对社会的发展趋势施加影响，推动着现代化的进程。从这个角度看，企业家阶层的崛起还具有浓烈的精神色彩和深远的思想意义。

当然，企业家们要肩负起如此重大的历史使命，就必须不断自我完善。

当企业家难。当优秀的企业家更难。

有人说，在中国当个好的企业家必须有哲学家的思维，政治家的手腕，军事家的胆魄，外交家的纵横，谋略家的智慧。

有人说，改革年代的企业家，必须有"开拓的精神，开通的思想，开明的态度，开阔的眼界，开动的脑筋，开放的路子，开朗的性格，开发的干劲，开导的方法，开诚的友谊，开创的局面，开心的情绪"。

我们今天还不能说我们的企业家已经达到了理想的高度。即使是走进这本书的形象闪光的精干家们，也还有一个不断完善自身的任务。

摆在读者面前的这本书，可以说一定程度上展现了一批企业家的奋进历程。但展现不是目的。通过展现而总结，而思考，而更好地奋进——这才是这本书真正的内涵和编者的初衷。

愿有更多的企业家通过这本《闪光的轨迹》进行一番思考和总结，使自己和自己为之奋斗的企业的轨迹，闪烁出更加灿烂的时代之光！

1989 年 5 月 20 日于广州

# "灵光一闪"般的"对接"
## ——《1.5次产业论》后记

2003年，组织上安排我到中央党校参加为期一年的第19期中青班的培训。在党校系统约定俗成简称为"马基本"（即"马克思主义基本问题"）的学习中，我重温了《共产党宣言》、《资本论》等马克思主义经典著作。"啃"原著的收获之一是，马克思主义经典著作的许多精辟论述，与我本人多年来在地方党政工作实践中的所见、所闻、所思、所感产生了"灵光一闪"般的"对接"，于是有了认识上的升华，于是有了把一些东西写下来的"写作冲动"。

摆在读者面前的这本《1.5次产业论》，就是这种写作冲动的产物。

在《共产党宣言》中，马克思、恩格斯在论述无产阶级夺取政权成为统治阶级之后变革生产关系和生产方式所要采取的对策时，提出了10条措施，其中的第9条措施是："把农业与工业结合起来，促使城乡差别逐步消灭。"

无独有偶，一脉相承，列宁也论述过农业与工业的结合问题："社会主义的物质基础只能是同时也能改造农业的大机器工业。"

革命导师的思维"脉冲"使我茅塞顿开。我多年来与同事们关于"1.5次产业"的研讨、探索和实践，一下子在认识上变得清晰起来——

从某种意义上讲，1.5次产业，就属于马克思、恩格斯所说的"把农业与工业结合起来"的产业；就属于列宁所说的那种"同时也能改造农业"的产业。

以1.5次产业为题目为内容的书，在林林总总的经济学著作中恐怕迄今未见。我深知，本书对1.5次产业所作的理论阐述和概括肯定存在这样或那样的不足、欠缺、偏颇和不妥。我以前在大学工作，喜欢咬文嚼字钻钻"牛角尖"，被人划入"学院派"。如今在地方从事党政工作，大量的是真刀真枪的操作，对一些无关宏旨的表达的严格性、严密性、准确性，实在无暇也无耐心进行过细的研究和推敲。因此，本书中的有些"说法"，我姑且称之为

"宽泛的非学院派概念"。望读者明察,宽容待之。

最后,衷心感谢广东省委副书记欧广源同志热情为本书作序;衷心感谢庞竹友、郭明章、郑土华、陈济华等同志在本书编撰过程中提供的支持、帮助和付出的辛劳。

(《1.5次产业论》是本书作者的一部经济学方面的专著,中共中央党校出版社 2003 年 9 月出版)

# V　"黑"话连篇

本章节文章于诙谐幽默的调侃中为读者轻松道出一个个科学道理,故曰"黑话"。

# "黑"话连篇

无巧不成书。在同一天里，竟有两次"黑"的强信息输入我的大脑，诱发了我对"黑"的思索和遐想……

## 黑米与"黑"诗同来

假日，从邮局领回陕西一位文友寄来的包袱，打开一看，啊！一大袋粒粒墨黑——名闻中外的陕西特产——黑米！

过去，我对这种黑皮灰心、质地细腻的米中一奇，已略有所闻。相传，黑米起源于公元前西汉时期，从汉武帝起，一直到清朝末年，均被列为贡品。八国联军入侵北京，慈禧太后仓皇逃到西安，仍念念不忘黑米，下令要汉中知府进献。报刊上曾介绍，黑米具有很高的营养价值，它的蛋白质含量达11.4%；比一般稻米多6.8%，脂肪含量3.8%，比一般稻米高20%；8种人体必需的氨基酸含量比一般稻米高15.9%。据说，黑米还有"药米"之称。李时珍在《本草纲目》上记载：黑米有滋阴补肾、健脾暖肝、明目活血之功效，可治头昏目眩、白发贫血、腰膝酸软等症，对肝病也有一定的疗效。因此，黑米身份颇高，在香港市场上售价每市斤76港元。

但这都只不过纸上"读"米。正愁不知道怎样享用这袋黑米，忽从米堆中发现一纸文字。哈！是文友写的"黑米食用指南"：

"黑米的营养成分大部分在表皮，所以打米时不宜过精，以免营养损失。黑米一般煮沸30分钟就很稠胶，且有香气。黑米加红枣做粥，称'红黑双绝'滋补价值更高。黑米炖子鸡，加元肉、莲子、百合、白术、芝麻、冰糖等，称'八宝汤'，长年食用，可延年益寿……"

于是，我来个黑米红枣一锅煮。生好火，坐等黑米粥飘香。无事可做，拿过一本诗集翻看。突然，一首"黑"诗跳入我的眼帘：

黑色，黑色，
最美丽的颜色；当你失去一切，
只有黑色，黑色，
才是最美丽的颜色。
……

慢慢细看，这是俄国一位女诗人的杰作。

好一首黑色的赞美诗！

后来，我还知道，花城出版社出版过美籍华人女作家聂华苓的一本散文集，书名就取自"黑"诗中的诗句，叫做《黑色，黑色，最美的颜色》。

可是，黑色真的是"最美的颜色"吗？

## 饮食的"黑浪"

一锅"红黑双绝"黑米粥，使我联想到西方国家方兴未艾的饮食"黑浪"。

近年，欧美各国突然掀起了一股"吃黑"的饮食新潮流，黑色的食品一时间成了一大时髦。黑饭、黑豆、黑面包、黑蛋糕、黑面条、黑蘑菇、黑紫菜、黑橄榄、黑海带……"黑浪"汹涌，风靡酒楼餐馆。

芝加哥一家餐馆的厨师约霍，几年前别出心裁，在威尼斯率先推出了黑面包和黑煨饭。此举大受顾客欢迎，一发而不可收。

佛罗里达州一家饭店推出的"黑色粉蒸肉"，深受食客垂青。

华盛顿一家面食店，还给黑面条起了一个有趣的名字——"午夜面条"。

甚至还有"黑珍珠爆米花公司"，专门生产黑色爆米花……中国陕西的黑米之黑，毕竟是大自然赐予的。风靡欧美的那些五花八门的黑色食品，又是怎样"黑"起来的呢？

当然是染料起的作用。一位饮食界人士声称：某些甚为叫好的黑色菜式，如果透露其染色原料，恐怕会令食客们退避三舍。

看来，欧美国家的饮食业的"黑色旋风"，显然是为了满足食客视觉上的刺激。

如今为什么竟然对食品是否黑色计较起来呢？

这恐怕与近年的国际流行色不无关系。

## "黑色时髦"与"乌鸦派"

过去，在人们的心目中，黑色并不是很受宠的。在中国，"黑"常被当作贬义词使用：黧民、黥首、黑话、黑帮、黑手、黑社会、黑市……这些与"黑"沾亲带故的，都绝无褒意。甚至一个人死了，其后代、亲友都要戴上黑纱，久而久之，黑色甚至与"不吉祥"联在一起，以致黑色的乌鸦也被视为"灾星"。在世界上许多国家的传统文化中，黑色也长期被认为是严肃古板的甚至是"不吉祥"之色。

但近些年来，许多国家的年轻人，却把追求黑色作为"时代新潮流"。黑色时装身价百倍。比如在新加坡，男青年穿着阔大的裤子及起皱纹的衬衫，女青年则穿又长又窄的裙子或宽松的裤子，在颜色上的最高选择就是黑色。每逢周末，这些穿黑色服装的青年男女，都喜欢聚集于戏院，购物中心等场所，以显示时髦。

日本是个领导"黑色新潮流"的国家。进入80年代后，黑色时装就开始"露峥嵘"，1982年出现了穿黑色时装的"乌鸦派"，1983年就迎来了黑色套装的全盛期。如今，黑色时髦已波及到日本的其他生活用品上。在日本市场，百货商店里摆卖的衣服物品，几乎近半是黑色的。街上行人，穿黑色套装者更是触目皆是。

为何黑色会成为一种时兴？

日本流行色协会的专家认为，这和人们对颜色的观念变化有关。以前，人们视黑为不祥，而今天的人，特别是年轻人，反而把黑视为美。

这样的"解释"等于没有解释。

有些专家则认为，黑色易与其他颜色相配，另外稍微脏了也不显眼，这也是黑色流行的一个因素。

也有人说："黑色之所以成为国际流行色，有更广阔更深层的背景。"

大概是西方社会成员普遍存在着对未来的种种不确定感，才趋向于流行一种怎么解释都可以的颜色吧。

## "功利"战胜了"美"

在对同一事物进行审视和权衡的天平上，美学标准与功利原则往往难以和谐统一。而且，当两者相悖时，很难担保人们不会选择后者而"割爱"前者。

即使在"黑色时髦"的潮流中，黑色也有受到冷遇的时候。日本某厂家不久前生产出两万部手推车，其中一万部涂以黑色，另一万部涂以绿色。原以为涂以黑色的车会抢手一些。不料投放市场后，绿色手推车大受欢迎，供不应求，而黑色手推车却受到冷遇，出现滞销。何故？工厂领导人亲临某施工作业现场了解情况，才解开了其中奥秘。该作业场为搬运工人准备了黑、绿两种手推车，供工人使用时自由选择。观察和统计结果表明，几乎所有的搬运工人都喜欢用绿色手推车，只有当绿色手推车不敷使用时，才有人不情愿地去用黑色手推车。问工人们为什么，回答是："绿色车比黑色车轻快。"这回答使厂家哭笑不得——其实，这两种不同颜色的手推车的质料、容量，设计完全相同！

工人们为什么有此"偏见"呢？完全是黑，绿两种色彩影响人的心理而引起的不同轻重感所致：黑色给人凝重感，绿色给人轻快感。

看！在"轻快"的实惠面前，黑色的时髦简直不堪一击！

这并不奇怪。假如你是推车工人，你会弃"轻快"（尽管只是颜色效应造成的错觉）的绿车不用而去选择那时髦却"沉重"（尽管也只是颜色效应造成的错觉）的黑车吗？

颜色的选择和应用，当然应该考虑美学因素，但更应遵循人体工程学原则。

## 委屈了"黑衣球队"

即便是在黑色服装大行其道，人们对黑色情有独钟之时之地，也有因换上了黑色服装而倒霉的。

比如球类运动员吧，假若可以选择，比赛双方谁也不愿意穿黑色服装，哪个队也不情愿当"黑衣队"。

这当然是事出有因。

据美国科耐尔大学的心理学家研究发现，穿黑色球衣能使足球、曲棍球运动员比赛时的动作显得更加粗野。注意！这里使用的是"显得"。

心理学家们研究了从1970年到1986年间28个全国足球联赛队的罚球记

录，发现在 12 个被罚得最多的队中有 4 个队穿黑色球衣。而在这 17 年，在全国曲棍球联赛中，3 个被罚得最多的队全是穿黑色球衣。

球类运动员一穿上黑色衣服真的就会"粗野"起来吗？

这里头极可能"冤案"。

研究者曾就此问题做过实验。他们把一些球迷和裁判分成若干组，分别给他们看两盘模拟足球赛的录像带。其中的一盘录像带中的防守队员穿黑色球衣，另一盘中让该队防守队员穿白色球衣。注意：两者仅仅是着装不同而已。但结果观看者都认为：穿黑色球衣的队动作远比穿白衣的队要"凶狠"和"卑鄙"！

虽然实验尚未进一步深入，但有一点已可肯定：颜色效应"欺骗"了球迷和裁判，使黑衣球队蒙受了"不白之冤"。

## 危险的"黑色诱惑"

黑色，被人誉为"最美丽颜色"，但有时却又是"最危险的颜色"。

英国伦敦有一座著名的黑修道士桥。到这座桥上投河自杀者出奇得多。为什么那么多的自杀者偏偏选择黑修道士桥作为自己生命历程的"终点站呢"？

伦敦的侦破专家们和医学、心理学权威奉令来到黑修道士桥进行了研究和实验，最后得出了一致的结论：自杀和桥的颜色有关，黑色导致那些想死又不想死的人最终选择死亡的道路，结束自己的生命。

黑修道士桥的"自杀之谜"的真相公布之后，伦敦当局将桥改刷成绿色，于是，来这里自杀的人数锐减。这当然归因于颜色效应的魔力。现代科学研究已经证明，颜色通过人的视觉神经这个感受器，从外部世界进入中枢神经的各个部门，影响人的情绪、情感和思维。

看，"美丽"黑色，涂在修道士桥上，是多么危险的"黑色诱惑"！

由此看来，黑色的所谓"美"，在不同的时空领域，在不同的民族、国度，在不同处境、情感、情绪的人的观念中，实在是标尺有异的。

## 橙色或黄色的"黑盒"

每逢发生空难事故，人们总要议论到"黑盒"。飞机坠毁后，调查人员要做的第一件事就是尽快检获机上的"黑盒",从而透过"黑盒"记录的资料而得知飞机失事前的飞行情况。"黑盒"的正式名称叫"飞行记录器",大部分民航飞机都装配了这种仪器。它防火防水又防震,耐高温又耐高压。当飞机失事后,如无人生还,这个"盒"便成了一个"活证人"。

有趣的是,现代飞机的"黑盒"并不是黑色的,而是鲜艳的橙色或黄色的。这可能是利用色彩的反差为了方便寻找吧。

给或橙色或黄色的飞行记录器冠以"黑盒"之名,大抵是因其象征灾难与不祥的缘故吧。

## 黑海之"黑"小考

在欧亚两洲的交界处,那个深沉、凝重的广阔内海,就是知名度颇高的黑海。

黑海为什么以"黑"字命名?

长期以来人们一直认为,那是因为它的水是黑色的。有人还列举过"黑海的冰之所以是黑色"的多个原因:是海水深,对太阳光的反射率低;黑海是个"海盆",海水流通不畅,积淤成黑;注入黑海的多瑙河的发源地盛产褐煤,河水夹带煤沙流入黑海染黑了海水……

其实不然。黑海不黑。黑海的海水,只有当海上刮起六级以上的大风时,其颜色才显得昏暗。可是,平均而言,在每年当中,这样的日子只有十七天。

有人又认为,既然黑海不黑,那么,"黑"字可能源于黑海的海底那可以治病的黑泥。据说,黑海底的黑泥颇为神验,富含多种化学元素,敷在身上,可治风湿关节性疾病,如用"曝光疗法",还可治肺矽病,以致在黑海的南福利亚旅游区,有人办起了"黑泥涂身裸晒疗养站"。黑海是否因这神奇的黑泥而得"黑"名呢?

这也不太可能。黑海之"黑"名,古已有之。在科学技术很落后的古代,人们不可能知道黑海海底淤泥的颜色,更未有人用黑泥治病。

那么,黑海之"黑"各究竟从何而来呢?

据古代文献记载,最早使用"黑海"这个名字的是该海南岸的希腊人、波斯人和土耳其人。而这个地区的许多民族,自古以来就有以不同的颜色标志东南西北方向的习惯:黄色代表东,红色代表南,蓝或绿色代表西,黑色代表北。由于黑海位于希腊、波斯和土耳其的北部，所以那里的人们就把它叫做"黑海"。

这可能是关于"黑海"名称的一种比较令人信服的解释。

## 比弧光灯还亮的"黑子"

在现代天文学和宇宙物理学中。有个人们熟知的术语——"太阳黑子"。

太阳光芒万丈，通身"白热化"，何来"黑子"？

如果你用一片全曝光的照相底片隔眼观察太阳，便可以看到太阳表面确有一些或大或小的斑点。这就是科学家们所说的"太阳黑子"。

但太阳黑子并不黑。它只不过是太阳表面的一个低温区域，说是"低温"，却至少还有4000摄氏度，比弧光还要明亮得多，你说它"黑"？

可是肉眼看到的太阳为何有黑色的斑点呢？那是视觉错误所致。太阳表面那些正常区域的温度约6000摄氏度，比其"低温"区亮很多，这样，两相比较，低温区在人们眼里就是"暗淡无光"的"黑子"。

颜色说到底是一种光学效应，眼见未必为实，我们不能过于相信自己的眼睛，视觉错误常常欺骗人。但这并不是坏事，没有这种"欺骗"，我们就不能大享电影电视的眼福。

## 造物主并不偏爱黑色

大千自然界，花儿五彩缤纷。白花、红花、绿花、蓝花、黄花……可谓百花争艳，唯有黑花却极为罕见，因而也就稀为贵。荷兰的花卉爱好者协会曾重金悬赏：谁能培养出黑色郁金香，可得10万盾的奖金。

黑花为什么这样少呢？

此乃自然法则使然。

万物生长靠太阳。花儿生长需要的阳光是由红，橙、黄、绿、青、蓝、紫七种基本的色光组成的。这七种光的波长长短不一，热力不同。野生的红、橙、黄花都是生长在日照强烈的地方，因为它们能反射阳光中热力较强的光波，花的组织不致被灼伤。黑花则不同，它对各种波长的光都只吸收不反射，所以在强烈的日照下温度上升快，所以花的组织尤其是柔嫩的花瓣容易被灼伤，因而逐渐被自然淘汰，只有黑菊、黑牡丹、黑玫瑰等少数品种，经过长期的自然选择和人工选择得以生存下来。

优胜劣汰，适者生存。大自然的法则无情而严峻。公正的造物主没有"时髦病"，从来未曾偏爱黑色。

(原载1989年12月5日《现代人报》)

# 谈"笑"风生

笑，可以成为一门科学吗？

答案是肯定的。"笑学"不仅源远流长，而且方兴未艾。

从"学问之神"亚里士多德、"哲学之王"黑格尔、"进化论之父"达尔文到当代各个领域的专家学者，致力于笑的研究者不计其数。《大百科全书》用一百六十七厘米的纵栏篇幅解析"笑"，仅法国国立图书馆就有二百多种研究笑的专著。

## 有趣的命题——"笑是什么"

"笑是什么呢？"古往今来，众说纷纭："笑近似于怪诞。""笑是短暂的丧失理智。""笑就是拒绝思考。""笑乃是神经系统通过一种新途径突然表现出来的消遣。""笑是人类征服忧虑的能力。"

其实，为什么非要给"笑"下定义不可呢？有些东西本来就是难以定义的。笑学研究者们认为，纵使难给"笑"下个定义，但这并不妨碍人们对笑的研究。

## 信不信由你——笑有一百八十多种

笑学家们认为，正常的笑是由各种不同的刺激引起的。物理刺激、快乐、宽慰、满足，以致气恼都会引起笑；而这种种因素能否起作用，往往还取决于个性、情绪，文化水平以及周围环境等。例如在检查身体时，医生的手触及病人的胸腹部器官，病人有时会因痒不可支而发笑；但要是病人听到自己患了绝症，哪怕他再怕痒也笑不出来。人的笑是受大脑控制的，出于某些心理，本来想笑却能忍住笑，本来没什么可笑却能装出一副笑脸。当人脑某些部位发生病变时，也会出现无法控制的笑——病理笑。六十年代初，中非大湖地区的少女中曾蔓延一种笑病，许多女子笑到力竭而死。

据科学家们研究，每个人笑的物理过程和化学过程基本相同，而在心理方面却千差万别。统计表明，笑有一百八十多种。欢笑、傻笑、冷笑、苦笑、狂笑、媚笑、狞笑、窃笑、讪笑、抿嘴笑、尴尬笑……人们在不同的情况下会出现不同的笑。

## "笑联盟"与"笑比赛"

"笑一笑，十年少。"笑对心理活动的影响甚大，它能驱散愁闷，消除压抑感，帮助人们从紧张的工作和沉重的思想负担中暂时解脱出来。笑还能克服羞怯和寂寞心理，纠正个性中的孤僻内向倾向。美国心理学家列文甚至认为："会不会笑是衡量一个人能否对周围环境适应的标准之一。"

也许正是上述原因，近年来，西方社会各种"笑赛"、"笑晚会"此起彼伏，"各种各样为人们提供欢笑环境的'乐园'和组织应运而生。"在原西德，有一个专门从事笑的俱乐部——德国笑联盟。其宗旨是：通过组织笑、引导笑的活动，丰富生活，增强体质，陶冶心灵，使人从烦恼中暂时解脱出来。这个笑联盟。每年都要举办各种"笑比赛"，有"规定笑"、"自选笑"、"短时笑"、"持续笑"、"间歇笑"等等，比赛往往引得全场捧腹。人们观看"笑赛"的瘾头，不亚于观看足球赛。

## "笑是良药"与"大笑生祸"

笑学研究表明，愉快、适当的欢笑对促进身心健康大有裨益。

笑会引起一系列的生理反射，刺激许多腺体分泌激素，并能使血流加速，抗体和干扰素生成增加。笑还可以对神经系统的功能起良好的调节作用，阻断疾病的恶性循环。美国有位名叫卡森的作家。患了一种脊椎病，医生预言他活下去的希望只有五百分之一。卡森决定用笑来进行自我治疗。他每天阅读幽默小说和看滑稽电影，一段时间后，他发现每次笑完总可以沉睡两小时。经过几年的"笑疗"，他竟完全康复了。难怪有人说，"笑是良药"。

但也有人警告说：笑会生祸。并非危言耸听。"笑死人"之说，总不会凭空而生吧。笑学家们认为有几种人不宜大笑。第一种是高血压病人,如果放纵大笑,会诱发脑出血;第二种是孕妇,大笑时腹部猛烈抽搐,容易造成早产或流产;第三种是患心肌梗塞,脑血栓,脑溢血症的人,在恢复期内不宜大笑;第四种是曾接受过胸腔、腹腔、血管、心脏等外科手术者,在术后不久放声大笑会影响刀口愈合,加剧疼痛。

笑学的研究成果目前已被应用于医疗和保健。国外许多医院都相继设立了"笑疗科",通过各种幽默和滑稽激发人们的笑声,从而进行生理和心理治疗。当然,笑并非万能,企图用笑声完全取代药物和其他保健措施,显然是不可能的。

(原载《黄金时代》1987年第2期)

# 钻钻"孤独"的牛角尖

## "孤独专家"?

一位自诩"孤独专家"的才女感慨道:我从 15 岁开始便觉得孤独。读书时孤独,考试时孤独,与父母住一起孤独,搬出去一个人住更孤独,工作时孤独,假日里也孤独,外出时孤独,回家来又孤独,有男朋友孤独,找不到伴孤独,太阳底下是炎热的孤独,月亮底下是黯然的孤独……"

我相信这位才女是有感而发。但"从 15 岁便觉得孤独",实在算不得"大器早成"。人的孤独感甚至"孤独症",是从娘胎里一出来就有的。精神医学的研究发现,4 岁以下的婴幼儿,发生以"情感接触中极度孤独"为特征的"孤独症"的,为数不少。

至于"孤独专家"之说,我也有些疑问。孤独感作为一种内心体验,并不是谁的专利。人类有多少个成员,就有多少份孤独。何谓"孤独专家"?是占有最多的孤独?是孤独得高人一筹?还是孤独的研究深有造诣?茫然。

## 有 50 亿个伙伴还孤独

理性的人却是难以理喻的怪物。在我们居住的这个星球上,已经密密麻麻地"挤"着 50 亿芸芸众生。人们一边惊呼"地球人满为患",一边又在大叫孤独。拥有 50 亿个伙伴还孤独?岂有此理!

理还是有的。50 亿人毕竟不是 50 亿个物理学中的"全同性分子"。毕竟找不到两个完全相同的人。从这个意义上讲,每个具体的人都无法在 50 亿中找到另一个自我,你说不孤独?

其实,在苍茫宇宙中,人类本身本来就是孤独的。宇宙心理学理论认为:

人类的孤独感来源于宇宙,这是不可避免的。人类是宇宙中的唯一(就迄今已知而言)智慧生物。随着宇宙天体的演变,人类的进化和发展必然受其客观宇宙的制约。地球的独居性,必然赋予人类孤独的心理状态。在没有找到第二个"地球",发现第二个"人类"之前,人类是无法从根本上消除孤独感的。

## 孤独=寂寞

香港青年女摄影家李乐诗,背负背囊睡袋,独自漫游世界。一位记者问她:"旅途漫漫,你形单影只,就不怕孤独或者说寂寞吗?"这位记者犯了一个不易觉察的错误:把"孤独"和"寂寞"相提并论。

但李小姐却听得真切,答得严谨:"我孤独,但没有时间寂寞。"她还说:"孤身走我路才能专注,专注才能捕捉摄影契机。"

看来,李小姐的"孤独"是自寻的。试想,当孤独的她用镜头和心灵去发现美、审视美、挖掘美、感受美时,她会寂寞吗?

相信不少人有这样的体验:有时候置身于热闹的朋友沙龙之中,会感到周围的原来熟悉的脸孔是那样的陌生,欢声笑语是那样的逆耳;而有时候,一人独处无边无际地遐思,倒毫无孤独感。甚至,有时候父母夫妻儿女"三代同堂"厮守在一起,也会感到简直比"一人吃饱全家不饿"的天马行空式的生活还孤独。

孤独未必寂寞。热闹未必不孤独。

## "具体的孤独"和"根本的孤独"

孤独似还应有层次之分。

一般意义的"孤独感"从心理学角度来看,是人的社交动机和好群行为得不到满足的一种内心体验。当你离群索居,漂泊异乡,你会因为对陌生环境的把握不定和自身的失落而产生孤独感;当你与家人或同事产生隔阂,也会感到孤独。

但这孤独是"具体的孤独"。或曰"表层的孤独"、"外在的孤独"。它具有明显的机缘性,只要改变、克服来自自身的或外界的种种诱发因素,这种孤独感便会烟消雾散。

还有一种孤独是"根本的孤独"。或曰"深层的孤独"、"内在的孤独"。这是一种心灵深处寂寞怅惘的体验。你对人生对社会具有独到的见解、抱负和使命感，这种孤独感便会缠绕着你，即使你身处人群之中，或在儿女情长的包围之中，也"在劫难逃"。爱因斯坦这样说过："我实在是一个'孤独的旅客'，我未曾全心全意地属于我的国家，我的家庭，我的朋友，甚至我最亲近的人；在所有的这些关系面前，我总是感觉到一种距离，并且需要保持孤独——而这种感受已与年俱增。"许多杰出人物都有与爱因斯坦类似的这种体验。他们超越自我和客观现实的局限，对全人类投以深切关注和思索。他们感受到的是具有哲学意义的根本孤独，使他们全身心投入事业。由此看来，孤独似还可以认作一种驱动力。

执迷于外在孤独的痛苦，会使人走向心灵的寂灭，而若能将小我的孤独消融于全人类普遍的根本孤独感受中，往往又会使人亢奋地走向新的征途。

## "理解万岁"但孤独长存

缺少朋友，孤家寡人，是一种孤独。

高朋满座，知吾者少，是另一种孤独。

于是，"理解万岁"的心声震天价响。

但"理解"就能消灭孤独吗？存疑！

理解当然崇高而伟大。理解，在于寻求交叉的感情点。然而，每个人的心灵都是一座牢，谁也不掌握彻底打开它的钥匙，而孤独却深藏在这牢房里。这论调可能灰暗了一点，但人与人之间，确实有不可超越的不理解。

真正的、可能的和有意义的"理解"，只能是寻找一种对差异的宽容、尊重和默契，而不是寻求一种认同。假如 50 亿人人人互相"理解"，而共有一个心灵，那实在是"理解"的悲哀。

孤独是一种单方的内心体验。理解是一种本质上存异而非认同的双边（或多边）精神活动。理解赶不掉孤独。

## 享受孤独人生

孤独并不可怕。善于孤独，恰可在心灵上筑起"世外桃源"，这与中医提倡的"养心莫善于寡欲"的养生法不谋而合。不久前，美国科学家调查表明，善于孤独的人，往往能承受住生活的冲击和磨难，并且患心脏病、高血压病和癌症等与精神有关的疾病的几率比一般人要少三分之一。

　　信不信由你，孤独还有利于自我塑造。埃里克·斯隆说得很深刻："孤独是生活中的一个危机，也是自我深思自我完善的一个良机"。如果你能感受到"根本的孤独"，或把"具体的孤独"升华为"根本的孤独"，那实在是一大幸事。超越自我，超越时空局限，投身于人类科学和文化创造，就会体验到一种深刻的、高尚的、永恒的充实和快乐，孤独也是一种幸福。因为，它赐予你广阔的空间，去思考，去追求，去探索……

　　（原载 1989 年 9 月 5 日《现代人报》，转载于《青年文摘》1990 年第 1 期）

## 新春话"挑战"

"年年岁岁花相似，岁岁年年人不同。"岁岁不同的人总不满足于年年相似的"花"。于是辞旧迎新之时，总要说一些展望未来的话。

新年的"未来"说来就来，几近现实反难以憧憬。下个世纪的"未来"只有"站在巨人的肩膀上"才能远眺。唯有本世纪最后十年这"未来"不远不近，实实在在，对我们这个国家这个民族"生死攸关"。

前十年改革开放国门洞开，"迎接挑战"成了使用频率最高的时髦用语；先是"迎接新技术革命的挑战"，后有"迎接新的产业革命的挑战"，再后来，连"祖传"的中医、"红学"、《孙子兵法》研究也"迎接挑战"。为什么我们总是"迎接挑战"而不能主动出击呢？

"挑战"一词，《辞海》解释为："激使对方出来应战"，属"主动态"；而"迎接挑战"，既有"本来老子天下第一，今天始知有对手"之嫌，又容易使人产生"被动感"。难道我们连诸如中医、"红学"之类也要等别人"挑"而"激"之才"迎"而"战"之？

当今"地球村"，时空收缩，瞬息万变，各行各业各领域的竞争，都将是跨地域跨国界的竞争。不在竞争中崛起，就在竞争中沉沦。虽然说我们在许多方面还比较落后，但我们毕竟是个已积累了一定综合国力又独具政治优势的泱泱大国。我们固然得"迎接挑战"，但我们没有理由仅仅是"迎接挑战"。

未来十年，中华民族由"迎接挑战"逐步走向"主动竞争"。

我对此充满信心。

(原载 1991 年 2 月 26 日《现代人报》"新春寄语")

# 创新之"意念"

翻开科技史,杰出的科学家、发明家宛如夏夜的群星,璀璨夺目,交相辉映。值得人们注意的是,有幸跻身于科学星群之中的,并不是那些饱读万卷书、满腹学问而墨守成规的"活辞典",而是那些驰骋不拘、勇于创新的探索者。这是理所当然的。因为科学技术活动作为人类活动的一种特殊形式,是从已知到未知的探索过程,创新是它的显著特点,它的灵魂,它的生命力所在。没有创新,科学技术活动就将枯萎。

任何创新,都直接或间接地始于创新的意念。创新意念是发明创造的萌芽。它的产生不拘一格,千差万别,自然无法包罗尽致。但采摘几朵产生创新意念的花苞,却能给人以有益的启迪。

需要,产生创新意念。这是常识。例子比比皆是,不胜枚举。听诊器的发明就是一例。1816年,年轻的法国医生雷奈克出诊去给一位年轻姑娘看病,那姑娘十分肥胖,雷奈克不好意思按当时医生们的惯例,把耳朵贴近她的胸部倾听心跳。后来实在不得已,硬着头皮俯下身去听,也因姑娘胸部肌肉过厚而听不清楚。这件事使雷奈克迫切感到需要一种倾听病人心音的仪器。有一天,雷奈克到公园去,看到有两个孩子在跷跷板旁边玩,一个孩子用钉子刮擦木板的一端,另一个孩子把耳朵贴在木板的另一端听,他们对声音穿过木板传播感到好玩。这使雷奈克顿受启发。刚好第二天又有一个年轻的胖姑娘来看病,雷奈克就拿了一叠纸,卷得紧紧的,把纸卷的一端顶在姑娘胸上,另一端靠在自己的耳朵上。使他惊喜的是,他用这种方法听到的声音比把耳朵直接贴在病人的胸部所听到的要清晰得多。后来雷奈克做了一根木管,将一端挖空。挖空的一端放在病人胸部,另一端接在自己的耳朵上,这样心音就听得格外清楚。这就是世界上最早的"听诊器"。现代的听诊器正是根据这一原理制成的。

好奇,产生创新意念。爱因斯坦说:"我没有特别的天赋,只有强烈的好奇心。"居里夫人的女儿说："好奇心是学者的第一美德。"几乎所有的大科学家都有超出一般人的好奇心。因为好奇是求知欲的具体表现，是潜在的创造因素。许多发明、发现、创新的意念，来源于科学家的好奇心。有一天，年方十八岁的比萨大学学生伽利略来到庄严肃穆的比萨教堂做礼拜。人们都在虔诚地祈祷，唯有伽利略全神贯注地观察教堂顶棚垂吊着的油灯。吊灯来回有节奏的摆动引起了他的好奇心。伽利略注意到，尽管灯摆动的幅度不同，但往返的时间似乎相同。伽利略的好奇心并未就此满足，回到家里又反复研究，继续实验，终于发现了摆的等时性原理，并据此制成了摆钟。可见，正是好奇心诱发了伽利略创新的意念。难怪法国作家法朗士说："好奇心就是科学家和诗人。"

质疑，产生创新意念。"不怀疑不能见真理"这是李四光的名言。从创新的角度来说，提出问题往往比解决问题更为重要。许多科学上的发明和创新，就是通过对周围事物的质疑而萌发的，当十九世纪末物理学面临"危机"的时候，爱因斯坦对多年来人们从不怀疑的"同时性"问题提出质疑，从而打开缺口，独树一帜，运用他非凡的创造才能建立了狭义相对论，掀开了近代物理学崭新的一页。在爱迪生发明了电灯之后，很长一个时期人们都认为电灯似乎生来就是如此：灯丝通电发光。在改进的过程中，成为光源的灯丝似乎就是关键。但有些发明家则对此提出质疑：为什么一定要灯丝发光？难道就没有其他的光源途径了吗？仅此一疑，终于使我们的生活中出现了各种各样的照明灯具。可见大胆的质疑可以使人萌发创新的意念。

爱，也会产生创新意念。美国人邵尔斯发明打字机的意念就产生于恋爱之中。邵尔斯原来是一家卷烟厂的职工，那时他正热恋着一位姑娘。这姑娘在一家公司当秘书，经常抄写文件到深夜，工作十分辛苦，以致在谈情说爱中也常常表现出疲倦不堪的神色，邵尔斯担心累坏了心上人，便产生了要研究制造一部打字机的念头。他请教了老技工，学习了机械知识，废寝忘食地试验，经过六年的努力，终于把一部打字机捧到恋人面前，作为向她求婚的礼物。不是恋爱的爱也能触发人产生创新意念：法国人波尔列发明复印机是出自儿子对父亲的爱——他想使当铸工的父亲工作起来方便些；勃列日发明汇总机也是出于儿子对父亲的爱——他看到烦琐的账务使父亲非常疲劳，于是决心制作一种计算器帮助父亲工作。类似的例子还有很多。人们常说："爱是进步之轮"。"爱有神奇的创造力"。大概就是这种意思吧！

茶余饭后，也可以产生创新意念！这不是胡编瞎吹，电炉的诞生就是明证。电炉是美国人休斯发明的，他发明的意念来自吃饭。那是在一个星期天，休斯应邀到一个朋友家里吃晚餐。他发觉菜里有一股很浓的煤油味，心里直想吐，但碍于情面和礼貌，只好紧皱眉头把菜强咽下肚。主人也觉得味道不对头。原来，女主人做饭炒菜时摆弄煤油炉，不小心把煤油弄到菜里去了。男主人狼狈不堪地抱怨说："这种鬼煤油炉真讨厌！三天两头出毛病，要修它又沾上一手油，真不是个玩意儿！"这番话启发了休斯的思路，使他产生了发明一种电炉的意念。此后，他不断研究，反复试验，不知失败了多少次，也不知被"电老虎"咬了多少次，终于于1904年成功地研制出第一个电炉。后来，休斯还推出电锅、电壶等家用电器，在芝加哥设立了著名的"休斯电气公司"。

创新意念是点燃创新之火的火花，但它只与有准备的头脑结伴，而与思想懒汉无缘。你想有所创新吗？做个"有心人"吧！

(原载《智囊》1986年第1期)

# 聊聊"有意识聊天"

聊天，一般理解为闲谈。有的人在聊天中消磨时光，有的人在聊天中得到启迪。会不会聊天，可是大有学问。

聊天，有"有意识聊天"与"无意识聊天"之分。有意识聊天往往会给人以新鲜的信息，有益的启示，甚至启发发明创造。纵观古今中外，许多著名的学派和科学家，都十分重视有意识聊天这种非正式交流。古代的亚里士多德学派，喜欢在花园里悠闲地散步聊天，被称之为"逍遥学派"。现代物理学界的"哥本哈根学派"，提倡"快活的乐天主义"研究风格，经常举行聊天会、聚餐会，在聊天中互通情报，交换信息。著名流体力学家卡门的寓所里，经常宾客满座，同行们无拘无束地闲聊，甚至任何人可以随手把方程式、定理和示意图画在地板上。第一次世界大战后，由萨默费尔德领导的一批世界各国年轻物理学家在慕尼黑学习，他们经常到附近一家咖啡馆聊天，而且还与服务员订下"君子协定"：未经允许，不得擦掉他们在聊天时随手写在桌子上的东西。这些青年人后来大都成就卓著。他们认为参加这样的聊天大有裨益。

聊天需要付出一定的代价——时间，但在生活节奏、时间观念很强的现代社会，许多科学家还是不惜挤出宝贵的时间，忙里偷闲，参加自己感兴趣的聊天活动。美国华盛顿至今还有一个著名的"拼盘俱乐部"，专供科学家们自由聊天，开些温文尔雅而又富有学术意味的玩笑，诱发各种千奇百怪的念头。有一次，俱乐部的热门话题是如何将南极冰山移至太平洋沿岸融化，以灌溉内陆沙漠。海洋地理学家牟克听着听着，突然灵光一闪，提出一个"魔洞计划"：在海底钻一个深约三英里的实验洞，帮助人们了解地球、海洋与大陆形成的过程和进化的年代。拼盘俱乐部立即把这个"魔洞计划"移交给国家科学基金会。后来美国政府果真拨出专款，实施了"魔洞工程"。聊天对创新意念的触发，由此可见一斑。

当今，人类正处在"知识激增"的时代，知识正在向信息化发展。虽然，计算机科学的崛起为人们进行学术交流提供了先进和有效的手段，例如查阅卫星检索，查阅电脑资料库等，但聊天作为一种人际非正式交流，作为情报、信息来源的一种补充，仍然具有重要意义。聊天作为一种社会生活现象，也将长期存在。亲爱的朋友，如果你希望在聊天中有所收获，那么，就请你做个有心人，学会"有意识聊天"吧！

(原载 1986 年 11 月 7 日《南方周末》)

# 原型启发

纵观科学史，不难发现一个有趣的现象：许多科学发明和科学创造，常常不是产生于研究者主攻的"力点"上，而是来自某种意外的途径。某个研究项目，往往进行很久还是一团迷雾，无从突破，而忽然受到某一事物、某一情境、某篇文章甚至旁人某句话的启发而获得成功。在心理学上，把起到启发作用的那个事物叫做原型，把因某事物而得到的启发称为"原型启发"。

原型启发不同于灵感。灵感一般表现为一种突而其来的顿悟、颖悟或理解，而原型启发是由原型触发而引起联想，从而使问题迎刃而解。

在科学发展的历史长河中，许多出自原型启发的发明可以给我们以有益的启迪。

在物理学中，X射线光栅的发明及X射线晶体学的诞生，颇能说明问题。1912年前后，许多物理学家都在研究：X射线到底是一种什么东西？好多人猜测它是一种光波。可是它为什么没有光波特有的衍射性质呢？德国物理学家劳厄经过周密思考和分析，认为原因在于X射线波长很短，需要极精细的光栅才能衍射。而要用人工制造可供X射线衍射那么精细的光栅，不要说当时，就是现在的技术也是不可能的。怎么办？劳厄长期冥思苦想，束手无策，似乎到了"山重水复疑无路"的境地。可是有一天，劳厄无意中从一本旧杂志得知这样一件事：一百多年前，法国人文学家奥伊有一次到朋友家中做客，不小心打碎了主人的一块方解石晶体，奥伊发现方解石的断裂处很整齐，于是提出一个假设——晶体中的原子作有规则排列，形成空间点阵，可是这个假设一直没有得到实验证明。这个事件使思想敏锐的劳厄顿受启发：晶体如果真的具有原子空间点阵，不正是一种极为精细、极其理想的光栅吗？劳厄立即将这一想法付之实验。果真！X射线衍射出现了！实验结果无可辩驳地证明：X射线是一种电磁波，晶体是理想的X射线光栅。一门叫做X射线晶体学的新学科因此而诞生！这个重大的科学进步不能不归功于

"原型启发"。

冷冻机的发明是原型启发的另一个典型例子。美国科学家白斯埃1925年发明带式冷冻机，起因于一条小鱼对他的启示。那是一个隆冬，室外滴水成冰。白斯埃的夫人开玩笑地对丈夫说："亲爱的发明家，你就想不出一个办法来，使青菜保存得久一点吗？"恰巧，当天白斯埃有事到屋外去，偶然发现低洼地冰块中冻住的一条完好的小鱼竟是自己一个星期之前丢在那里的。白埃斯灵机一动，回到家里就把青菜冻在大水桶里、过了几天青菜依然新鲜如初。这给白斯埃很大的启发。从此，他开始研究鱼货速冻法。后来终于成功地研制出带式冷冻机。冷冻机的出现是渔业走向现代化的一个起点。

说来有趣，原型启发有时还能在梦境中发生。1865年，德国化学家凯库勒在潜心研究苯。苯分子 $C_6H_6$ 具有怎样的结构呢？他好长时间不得其解。一天晚上，凯库勒在家里写教材，心情不太好，因此停下来坐在靠椅上烤火。不知不觉，他昏昏沉沉进入梦乡。在梦境中，他看见，六个C原子和六个H原子在他眼前欢快跳跃，翩翩起舞。突然，十二个原子连成一串，变成一条蛇，一会儿弯曲，一会儿翻蜷。刹那间，这条蛇咬住了自己的尾巴，形成一个环，滴溜滴溜地转了起来，凯库勒像被电击般地陡然醒来，顿时领悟到 $C_6H_6$ 是有环状结构。这个梦中的原型启发，使凯库勒提出了苯分子的结构理论。

如何解释原型启发的作用呢？原型之所以有启发作用，主要是由于原型与所要发明创造的事物之间有共同和相似点，使人由此产生联想，使解决问题的思维得以开拓和深化，导致发明创造的成功。

原型启发成功与否，很大程度上取决于发明者的主观因素。只有发明者处于积极思维状态时，原型才能发挥启发作用。长时间思考一个问题，大脑中便会建立起许多暂时的联系，架起许多临时"电线"，把所有有关信息保存着、联系着，使思想处于一触即发的状态。一旦接触原型，受到启发，就像打开电钮一样，全部线路突然贯通，立即大放光明，如现"柳暗花明又一村"。相反，对于一个毫无准备的头脑，即使原型就在眼前，也不可能得到启发而作出发明来。

可以成为原型的事物数不胜数，千姿百态，常常蒙着扑朔迷离的面纱来到人们面前。观察迟钝者往往熟视无睹，失之交臂，只有观察力敏锐的人，才能透过面纱,抓住它与自己所要发明创造的事物的相似之点,使之茅塞顿开。因此,由原型启发导致发明,还要求研究者必须独具慧眼,具有深刻的洞察力和敏锐的观察力。

(原载《智囊》1986年第2期)

# 暗示的魔力

心理学家曾做过"人工印记"实验，用邮票大小的湿纸片贴到被试者的皮肤上，告诉他贴上之后这块皮肤就会发烧。过一会儿，揭去纸片，皮肤果然变红。还有人将一枚金属硬币放在被试者的手臂上，暗示说硬币刚在火上烤过，会把皮肤烫起水泡。没过多久，手臂的皮肤果真"烫"起了水泡。

有人偏头痛发作，到医院就诊。医生郑重地开了处方，再三叮咛按时服药。病人配得白色粉末数包回家，服后顿感头痛消失。后来他才知道，这粉末毫无药效，然而，竟使这位病人的头痛霍然而愈。

印第安人某部落曾经用十分奇特的方法处死一位强盗。他们把强盗绑在柱子上，蒙上他的眼睛，扬言要割开强盗手腕上的动脉血管。然后他们巧妙地在强盗手腕绑上一根橡皮管，让水通过橡皮管一滴一滴流过强盗的手腕。强盗因为眼睛被蒙住，以为自己真的被人割开了血管。因此他在极度恐慌中号叫挣扎，几小时后便一命呜呼。

这些难以置信的现象，其实就是神奇的暗示魔力。暗示是一种很普遍的心理活动，是指人们通过思想、表情、语言等对人施加影响的过程。科学研究表明，暗示能够激发人的生理和心理潜力，从正反两个方面对人的生理和心理功能产生巨大的影响，有时甚至能产生神奇的力量。上面所列举的几个事实，就是人们妙用暗示的例子。

暗示可分为外界暗示和自我暗示。外界暗示是通过外部音响、光线、接触、语言、表情、姿态等等所引起的心理活动。自我暗示则通过思想、语言等，用心理预防、心理治疗等心理活动，对自己的机体施加影响，以达到调理自己的心境、情绪、感情、爱好、意志及工作能力等目的。自我说服就是自我暗示的一种。

暗示就其产生的效果而言，有消极暗示和积极暗示之分。消极的暗示使机体处于被动状态，积极的暗示却能使机体在困难的时刻增加克服困难、取得胜利的力量和信心。曾经有过这样一件事：一个人偶然被关在冷库之中，虽然冷冻机并没有开动，但他却被"冻"死了。原来，这个可怜的人被关在冷库里，就感到极为恐惧，不久便陷入绝望之中。他感到全身越来越冷，认为自己已无生还的希望，于是，他的身体发生了急剧的变化，神经系统的机能严重失调。就这样，消极的暗示使他被意识中的"冷"冻死了。作为一个鲜明对比的例子是，美国加利福尼亚州的一个年轻人，在严冬之夜驱车经过一个大森林，不料车子陷入了雪堆，进退不能，又无人救援。阴森森的森林里，寒风刺骨，阵阵恐惧向年轻人袭来，他预感到自己将死于此地。难道就这样坐以待毙吗？年轻人暗示自己："如果真的必死，害怕又有何用。我应该脱离险境。死里逃生！"这么一想，他受到了鼓舞，精神大为振作。他开始奔跑，拼尽全身力气，一口气跑了40分钟，终于找到了一户人家，捡回一条性命。这两个例子告诉我们，消极的暗示带来恶果；积极的暗示却使人转危为安。

　　古人对于暗示的作用和力量，早就有所认识。曹操在征讨张绣的路上，就曾利用"望梅止渴"的暗示，使口燥舌焦的士兵听到"前有梅林"之后，顿时口生垂涎精神振奋。东晋时，前秦国君苻坚的军队淝水一战被晋军打得狼狈不堪，逃至八公山上，看见山上树木，以为是东晋的士兵，听到风声鹤唳，也以为是晋军在追击。这种"风声鹤唳、草木皆兵"也是暗示的作用。

　　在日常生活中，暗示的例子也俯拾皆是。比如说，你夜里睡得不好，早上从镜子里看到自己面色苍白，眼睛下面有黑圈，如果你怀疑自己患病，可能真的觉得浑身不舒服，甚至决定服药或上医院，这是有损健康的消极暗示。但如果你用意志的力量克服不愉快的感觉，做做体操，伸伸臂，暗示自己不是那种精神不振、易受情绪左右的人，也许就真的什么事也没有，这是有益健康的积极暗示。

　　懂点暗示心理，了解暗示的作用和对人体的影响，对于人们的工作、学习、身心健康等将会大有裨益。随着科学的不断发展，人们对暗示的认识和研究也在不断深入。自从1917年保加利亚的洛柴诺夫博士发表了《暗示学》一书以来，暗示学已成为一门新兴的学科，各种暗示技法的运用已经受到人们的高度重视。暗示学的研究和暗示技法的运用推广，必将不断地发掘蕴藏在人身上的生理心理潜力，不断地优化人类的生理心理素质。

（原载《旅潮》1988年8月号）

# 机智的幽默与幽默的机智

据说，古希腊大哲学家苏格拉底的妻子任性暴躁，缺乏文化教养，经常当众给丈夫难堪。一次，苏格拉底正在给学生上课，这位夫人破口大骂着闯进课堂，把一桶水泼在正在写板书的苏格拉底身上。全班学生目瞪口呆，个个愕然，不知所措。作为教师的苏格拉底，此时的难堪和尴尬可想而知。可是，只见他愣了一下，随即诙谐一笑，幽默地说："打雷之后，一定会下雨的。"一阵笑声使这个"突发事件"造成的窘迫气氛烟消雾散，学生们被老师非凡的修养、机智和幽默所折服，赞叹不已。

钢琴家波奇自我解除尴尬的故事也很有意思。有一天，这位钢琴大师到美国密执安州福林特城一家剧院演奏。快开场时，波奇发现听众零零落落，全场座位坐不到一半。换上另一个人，面对此情此景可能会感到难堪和尴尬，情绪一落千丈。然而波奇毕竟是波奇，只见他风度翩翩地走向舞台的脚灯，彬彬有礼地对听众作了"开场白"："先生们，女士们，住在福林特这个城市的人一定很有钱，因为你们每个人都买了两三个座位。"顷刻，原来沉闷冷清的大厅里充满笑声和掌声，演奏在热烈的气氛中开始……

一个人生活在大千世界上，周旋于茫茫人海、芸芸众生之中，难堪、尴尬和窘境，可以说是家常便饭，人人有"缘"，就看你是否善于妙用自己的机智和幽默，获得自我解脱。

假如有人不怀好意，有计划有预谋地置你于尴尬难堪的境地，你大可来个"逆境反转"，把尴尬和难堪"奉还"对方。阿凡提就精于此道。在一次盛大宴会上，皇帝向每位王公贵族赠送了华丽贵重的新衣，却把毛驴背上的麻布送给阿凡提，有意羞辱他。阿凡提不动声色，极其虔诚地接过麻布，说："贵客们，皇帝赐给你们的衣服，虽然都是绫罗绸缎的，可都是在集市上买的。而他却特别敬重我，你们看，他连自己的皇袍都赐给我了。"又有一次，阿凡提害眼病，国王得知了专门召见嘲笑他："你不论看什么，都把一件东西看成两件，是吗？你本来穷得只有一头毛驴，现在可有两头了，阔起来了。哈哈！"阿凡提平静地回答："真是这样，陛下，比如现在我看你就有四条腿，和我的毛驴一模一样呢！"这种"逆境反转"法，真可谓"以其人之道，还治其人之身"。

　　假如你不想在某个场合发言或演讲，而又受到主持者临时即兴的邀请，你不妨学学莱特兄弟，用机智和幽默搪塞过去。莱特兄弟是飞机发明家，有一次参加一个盛宴，酒过三巡，主持者便请大莱特发表即席演说。"这一定是弄错了吧？"大莱特期期艾艾地说，"演说向来是归舍弟负责的。"主持者转向小莱特。小莱特便站起来说道："谢谢各位，家兄刚才已经演讲过了。"这样的搪塞，委婉、机智、幽默、得体，令人拍案叫绝。相比之下，受到热情邀请而又硬着头皮赖着不开金口，于人于己都难堪尴尬。

　　假如你必须在某个特殊场合谈论会使自己难为情的事，用机智和幽默应急更是难得的本事。就说婚礼晚会吧，对于新郎和新娘来说，"介绍恋爱经过"恐怕是最难对付的一"关"了。有的人说也不是，不说也不是，面红耳赤；有的人结结巴巴，语无伦次，洋相百出；有的人装聋作哑，任凭贺客一催再催，不开金口，致使热烈的气氛"冷"了下来。但也有机智、幽默的新郎新娘，却从从容容，坦然得体，顺利"过关"。笔者参加过许多婚礼晚会，听过不少的"恋爱经历"，最为精彩机智的，首推新郎小张的介绍，现"录音"如下，公之于众：

　　"本新郎姓张，新娘姓顾。我俩尚未认识时，我东'张'西望到处找，她在家中'顾'影自怜。后来我'张'口结舌去找她，她左'顾'右盼等着我。到认识久一点，我便明目'张'胆，她也无所'顾'忌，于是我便请示她择日开'张'，她也欣然惠'顾'……"。这篇"恋爱经过"，短短几句，有开头，有发展，有结果，避"实"就"虚"，妙趣横生。贺客听了，掌声雷动，婚礼气氛更加欢快热烈。

　　假如你已在台上演讲或作报告，台下有人捣乱，给你难看，你大可不必一本正经斥责，那样会显得苍白无力。最好的办法是幽默制胜。动物学家科瓦廖夫斯基有一次正在演讲，突然听众席一角响起了鸡叫声，引得哄堂大笑。科瓦廖夫斯基也和大家一起笑，然后他掏出怀表看了看，说："我的表太慢了。看我的表，现在是傍晚七点；听鸡叫，应该是凌晨三点才对。我相信，低级动物的本能不会有差错。"两句幽默，说得捣乱者无地自容。

假如你当众受到强敌挑战,你不想应战而又得保持体面时,机智和幽默也可帮你大忙。十九世纪法国医学家巴斯德的医学理论遭到保守势力的围攻。在一次辩论会上,被驳得理屈词穷的一条汉子,吼叫着从椅子上跳起来,野蛮地提出要与巴斯德决斗。巴斯德身体文弱,真与这条蛮牛决斗,肯定吃亏,也值不得。但在当时当地,一个男士不敢与人决斗或自己认输,是不体面的事。怎么办?巴斯德轻轻一句:"医生的职业是治病,不是杀人。"这机智和幽默的回答,既拒绝动武决斗,又维持了自己的尊严和体面。

总之,在处理复杂的人际关系时,外谐内庄、举重若轻的机智和幽默,是你摆脱难堪和尴尬的良方和利器,是一种自我解围的能力和艺术。愿你学会机智的幽默和幽默的机智。

(原载《新世界》1988 年第 2 期)

# 技术的危害

技术会带来危害？也许，看到本文的标题，你会大吃一惊。是的，科学技术是生产力，在这一认识越来越深入人心的今天，谈及技术的危害，似乎有点耸人听闻。而事实是，技术令人吃亏的例子在世界上并不鲜见。

你一定知道伊朗，这个在世界性能源危机中依靠丰富的石油资源发了"石油财"的国家，在步入世界富国前列之后，企图用购买先进国家大型工业技术的办法进一步跨入现代化工业强国的行列。于是一下子引进了5座大钢铁厂，20座核电站，花掉了近1000亿美元，但结果收效甚微。他们还耗费巨资，请美国人建了一个机械化、自动化程度很高的农场，这不但没有给国家带来好处，最后，这些农场都差点荒废了。

为什么？是因为引进的技术不先进？非也，而是在引进这些技术时，没有充分考虑到伊朗的国情。比如那些农场，虽然是第一流的西方现代农业，但与伊朗的教育基础，科学技术水平和社会经济结构不相适应。

伊朗人掌握不了这些先进技术，只好高薪聘请美国人帮助经营。1979年美国技术人员全部归国后，这个现代化大型农场便几乎要"执笠"（收摊）了。

可是，并不会有人因此而抹杀科学技术对人类生产力进步的巨大作用。历史这样记载：

十八世纪末，牛顿力学、热力学帮助英国产业革命把劳动生产率提高28倍，十九世纪末二十世纪初，电磁学又帮助美国在五十年间把工业总产值翻了18番。日本从1945年开始，买进了1500多项专利发明，通过吸收和改进，增加了将近70亿美元的利润。历史记载证明：科学技术具有巨大的馈赠性。

为什么同是科学技术，有时会产生危害，有时却慷慨地馈赠？因为，科学技术对人类的馈赠是有条件的，这个条件就是"适用"，由"适用"二字产生了"适用技术"。

所谓"适用技术"，就是根据本国、本地区、本部门的历史、现状、科技水平、文化环境、市场容量、生产能力等众多方面加以综合考虑和系统分析，从实际出发，引进和应用最适合的新技术、新设备、新方法，最大限度索取科学馈赠，力求获得最佳效益的决策性技术。与焊接、激光、遥控、通信、育种等非常具体的"硬技术"相比，"适用技术"是更高层次的决策性的"软技术"。它是科学学、未来学、系统工程学等软科学技术范畴中长出的一枝新秀。由于"适用技术"对国计民生的影响非常重大，因此有人把它称誉为软科技的"明星"。

任何一个希望起飞的国家、地区、行业、部门，无不重视引进先进的科学技术和设备。但怎样引进？引进什么却是非同小可，大有学问。

有些技术，应该说是先进的，但对于某些有特定社会经济状况的国家，就不一定能产生好的经济济益；相反，有些技术并不太先进，但被某些国家、地区和部门引进后，却能获得巨大的科学馈赠，强有力地推动社会经济的飞速发展。可见，技术的"先进"必须与"适用"相"匹配"。正如"量体裁衣"才能使衣服合身，"量力而行"才不至于负荷过载一样，先进技术只有适用，才能产生效益。所以运用技术高明的决策者的高明之处之一，就在审时度势，采用适用技术，向科学索取最大限度的馈赠。

瑞士是一个实行适用技术而获益匪浅的国家。它的天然资源极为贫乏，因而它的政府不盲目引进发达国家大型的工业技术，而是采用适合国情的适用技术，根据本国资源紧缺的特点，选择消耗原材料不多的钟表和精密仪器作为发展工业的基础，在整个国土上，小型钟表厂和作坊星罗棋布，由于有高超的精密机械工业为后盾，瑞士的手表誉满全球，成为"钟表王国"，国民年平均收入曾居世界第一位。

按照"适用技术"的思想，发达国家资金充足、知识密集、劳力缺乏、购买力竞争力强，而发展中的国家则资金不足、劳力过剩、科学技术和文化教育比较落后。因此，发展中国家绝不能盲目照搬发达国家那一套，而应该从自己的实际出发，选用适当的技术（包括管理技术），才能较快地发展本国的经济。

我国目前正处于对外开放、对内搞活经济的建设时期，弄清"适用技术"与先进技术的辩证关系，实行"适用技术"，将会使我们在引起外国科学技术和进行经济建设方面，少吃些亏，少交些"学费"，多得些科学技术馈赠。

（原载《致富时代》1988年第4期）

# 知没自身

世界著名科普作家阿西莫夫说：我们已经开始向宇宙进军了，但不要忘记，人类最不了解的还是人脑这个小宇宙。这话不愧为真知灼见。

近些年来，没有哪一门科学比探索宇宙更令人神往的了。但有一小部分人却在默默无闻地探索着另一个宇宙——那装有词汇和想象力的人类思想宇宙。这些为数不多的探索者，现在已经成为"认识科学"这门引人注目的新学科的开拓者。

认识科学以人的大脑和思维活动作为研究对象，是一门涉及心理学、心理语言学、计算机科学、人工智能、生理生物学、人类学和哲学的综合性学科。它研究人的大脑如何构词造句，如何归纳整理，如何调整思考，如何认识客观世界。简而言之，认识科学是探索人类思维王国和思想活动的奥秘的一门科学。

认识科学的研究者们认为，人的思想是高度复杂的，极其深奥的，不了解思维过程就不能理解行为。但人的思想如电光石火，稍纵即逝，怎样才能探索到人的思维秘密呢？认识科学专家运用"交谈分析法"寻找大脑解决问题的思路，推断大脑怎样履行思维的职责。"交谈"的主题海阔天空，无所不至。可以讨论数学难题，可以推理破案，可以琢磨象棋残局，可以讨论医生诊病的过程，可以猜谜或进行其他智力游戏和智力活动……认识科学家们对有关的谈话和活动进行记录（录音录像等）分析，寻求主观意识怎样导致不同推论的答案。

认识科学也是关于人类思想信息处理过程的科学。从本世纪中叶以来，心理学家、逻辑学家、语言学家对人类的想象能力、逻辑推理能力和创造能力虽然有不少新的认识，但缺乏统一的理论加以说明。人工智能和信息科学的发展，促使人们从信息角度去研究人脑，把思维过程当作信息处理。研究表明，人的思想在错综复杂的神经网络中进行整理分类，通过实践，任何语言、想象和不同的记忆都能从众多的起点中的任何一点经过浩瀚的思想航线到达结论的终点。人的思想过程是百万、亿万个神经细胞高度组织的结果，而认识科学正要研究产生这些高级结构的原理。现在，专家们正在研究用计算机模拟人脑的信息处理，以期论证人脑的信息处理机制。

　　近些年来，认识科学已取得不少重要研究成果。比如，对于"人的思想是先天的还是后天的"这个古老的命题，先验论者主张"天赋说"，经验论者主张"白板说"，而认识科学的研究则表明，人的思想是人的本能与环境因素相互作用的结果。认识科学的研究还表明，认识真理不仅依靠逻辑推理，也依靠直观形象。

　　古希腊阿波罗神庙的大柱上铭刻着四个大字："知汝自身"。但纵观人类认识史，人类却是先认识外部世界而后才思考自身的。可以预期，认识科学崛起和发展，一定会使人类在认识外部世界的同时，更好地了解自己，揭开蒙在人类思维王国上的神秘面纱，进一步发掘自身的能，真正做到"知汝自身"。

（原载 1987 年 11 月 19 日《广州青年报》）

# 大科学：孤军作战时代的结束

听留美的朋友说，美国选拔高级科技人才的考试，一共有 100 多项测评指标。除了考基础理论、专业知识、动手实验能力之外，还有几项指标专门测评应试者与他人协作的能力和精神。在美国，已经把善于协作视为当今科技人才构成重要素质之一了。

在科学还不发达的古代，科学研究都是"小生产"方式的。哥白尼观察天体、伽俐略从事实验、牛顿研究力学，甚至居里夫人发现钋的年代，科研活动也还多为"手工作坊"式。那时的科学家大都"人自为战"，即使个性孤僻、不与他人协作，也可照样出成果、成巨匠。但科学技术的发展，特别是大科学时代的到来，从根本上改变了这种状况。那种各自为战、我行我素、靠一张纸一根笔或一台仪器去攻关的时代已经过去。美国女科学家朱克曼作过统计，在诺贝尔奖金设立的第一个 25 年，合作研究获奖人数占 41%；第二个 25 年占 65% 多；第三个 25 年这一比例上升到了 79% 多，到了近十几年，已极少单人夺魁的了。这表明，科学工作者之间的协作日显重要。

里根的科学顾问基渥斯博士来华访问时对中国科学家说："当今科技发展的关键不仅在于要有天才，更重要的是要有协同工作。"这不失为真知灼见。该协作而不愿或不善于协作，只会贻误科学大业。美国著名火箭专家罗伯特·戈达德对此有过惨痛教训。他早在 1926 年就研制出世界第一枚液体燃料推进火箭。但他只愿单干，不愿与其他科学家合作，结果，比戈达德动手迟 11 年的德国火箭研究所集体研制成了有实用价值的 V－2 火箭，而戈达德却还在实验室阶段搞"单干"。

善于协作是大科学时代对科技工作者的要求，也是大科学发展的必然。美国的"阿波罗登月计划"共耗资 250 亿美元，直接参与工作的科技工作者达 42 万人之众，可以说"阿波罗"是 84 万只手烘云托月送上月宫的。试想，各自为战，没有协作，能有阿波罗登月的壮举吗？

有人说："二十一世纪没有著名科学家，只有著名的科学家团体。"这话可能说得绝对些，但在大科学时代，科学家群体的协作显得越来越重要，是肯定无疑的。

(原载 1987 年 9 月 22 日《现代人报》，转载于 1987 年 10 月 6 日《科学报》文摘副刊)

## "稚化"你的思维

成熟是美。天真幼稚也是美。"姜"还是老的辣，但就想象力和创造而言，思维之"姜"还是"稚"些好。

一位心理学家曾在白纸上涂一个点，然后问几千名中老年人："纸上是什么？"回答几乎异口同声："一个黑点。"但幼儿园的小朋友的答案却是多种多样，有的说是"一顶草帽"；有的说是"一块烧焦的干肉饼；"有的说是"一只被压扁的蟑螂"……显然，"一个点"对成年人来说太熟悉了，回答起来也就别无选择；但对儿童来说，它还有一定程度的陌生感，因而他们审视的眼光比成年人多元，想象和思维也比成年人自由。这里边，是"陌生原理"起作用。

"陌生原理"是个创造学术语，说的是人要最大限度地开发自己的想象力和创造力，必须带着陌生、好奇的眼光去审视世界，即使是熟悉的事物也不例外。这是很不容易的。对客观世界的陌生和好奇，乃是儿童的天性；而对一个成年人来说，要求他对司空见惯、习以为常的东西保持陌生，对"本来就是如此"的事物充满好奇，实非易事。一般地说，随着年龄的增长和知识的积累，本能的惊讶力，和好奇心将逐渐减退或消失。况且，好奇心这玩意儿很难持久。一个在深山沟里长大从未见过火车的人，一旦进城见到火车，其惊讶和好奇是可想而知的。但假如他在城里住久了，天天在火车旁边生活，他又能好奇多久呢？

那么，怎样才能激发和维持你逐渐减退的惊诧力，重新点燃你那日见暗淡甚至已经熄灭的好奇之火呢？"诀窍"是："返老还童"，"稚化"你的思维。具体说来，思维的"稚化术"包括下面几点：

一、多点"童稚"，不断地自我设问。比如前面提到的那个山里人，当他对火车的好奇心随着时间的推移消失以后，假如他能进一步问自己：火车为什么能开动？它的发动机原理如何？转动装置又怎样？它是怎么制造出来的，有什么可以改进的地方吗？还可以制造出别的新型的火车吗？那么，他就可以对火车不断产生新的好奇心，而事物向横的或纵的方向发展以后，问题总是无穷无尽的，这样就可以长久地保持好奇和兴趣。许多学者之所以能一辈子钟情于某一研究课题大概与此不无关系吧！

二、有意识地制造一种"陌生感"。把已经有所认识的对象当作并不认识而需要钻研的，即使是自己习以为常的东西，也不妨想一想："它为什么只能是这样的而不能是那样的？"

三、减少"心理年龄"。多与少年儿童交往，不"倚老卖老"，也不"倚中卖中"或"倚青卖青"下意识地进入儿童天真的思维状态，多一点"异想天开"。使自己的思维摆脱一些不必要的"定势"和"晶体"，走向"扩散"和"液化"。

四、多读几本童话。

假如你能运用这些"稚化术"，"稚化"自己的思维，那你一定能对许多司空见惯的事物产生新的惊诧、新的好奇，从而导致新的体会、新的认识、新的创见。不信，无妨一试。

（原载 1987 年 10 月 20 日《现代人报》）

# 液化智力

最近，一些心理学家提出：人的智可分为"液化智力"和"晶化智力"两大类。所谓液化智力，是指比较直接依赖于生理结构的智力机能；青少年就具有得天独厚的液化智力。所谓晶化智力，是根据心理经验总结升华的智力知识；人到中年以后，知识开始浓缩结晶，思考问题就常常用"晶化"了的智力进行。

液化智力和晶化智力各有千秋。但在反应速度、知觉操作、直觉能力、思维自由度等方面，液化智力却大有优势。

心理学家们做过一个实验，让一组成年人和一组少年分别回答同一道智力测验题。题目是："一个气球载着一位物理学家，一位化学家和一位遗传学家，三个人作横渡海峡的飞行。途中气球发生故障，三位科学家共同研究认为，除了扔掉所有衣物之外，还必须抛下他们中的一位以减轻载重量，才能渡过难关。问：按最佳选择该抛弃哪一位科学家？"对此问题，成人组见仁见智，众说纷纭，着重从各个科学家有什么本领，能起什么作用去争论应该抛下谁。而少年组则几乎异口同声地回答："把最重的那一位抛下！"少年组的见解被认为是最佳答案。

为什么少年组与成年组对这个问题的解答会有这般差异呢？心理学家认为，这是液化智力与晶化智力的差异造成的。

众所周知，"液化"、"晶化"都是物理学术语。液体并无固定形状，而晶体的形状态势却是相对稳定不易改变的。液化智力与晶化智力的差异与此类似。前者框框少，后者往往受思维定势的束缚。因此，少年组容易摆脱已知条件对思维的干扰，抓住"减轻载重量"这问题的实质，而成年组却容易按照"定势"了的思维，去根据已知的条件讨论哪一个科学家作用大。

具有液化智力的青少年比以晶化智力为主的中年人更富于想象。一位心理学家曾在白纸上涂一个点，然后问几千名中老年人："纸上是什么？"得到的回答几乎异口同声："一个黑点。"但幼儿园的小朋友的回答却多种多样，有的说是"一顶草帽"，有的说是"一块烧焦的牛肉饼"，有的说是"一只被压扁的螳螂"。可见，液化智力较之晶化智力，更有利于多元自由思维。

"创造包括发现人所共见的东西和思索无人想过的东西"。一般说来，青少年的阅历学识和经验积累不及中老年人。但他们如能充分发挥液化智力的优势，则可以成为发明创造活动中的佼佼者。

(原载 1987 年 8 月 7 日《南方周末》)

# "白痴天才"

"白痴"与"天才",对于同一个人来说,似乎势不两立,无法兼容。但集白痴与天才于一身者,并非绝无仅有。当然,"白痴天才"的"白痴",是指智能低下或精神发育不全,并非真正的白痴;而"白痴"者的"天才"则是指只孤立存在于智力的个别方面的某种特殊才能,也非通常意义下的真正的天才。

"白痴天才"在历史上并不罕见。法国的弗洛科,出生时被医生断定为"心智极度迟钝",并且是个瞎子,于是成为弃婴,后被人送入精神病院。这样一个在精神病院里度过一生的白痴,竟然有令人瞠目的计算天才。有一次,一群数学家给他出了一个题目:你有64个箱子,在第一个箱子放入一粒米,第二个箱子放的是第一个箱子的二倍,如此类推下去,到第64个箱子,你应放入多少粒米?不到半分钟,弗洛科就答出了正确的结果。瑞士人葛富葛曼特,连生活都不能自理,一生全靠他人照料,但却有超常的艺术天赋。他37岁时就成为极负盛名的艺术家。他手绘的《群猫嬉戏图》,曾被收藏于英国皇宫内。现今在日本最受欢迎的画家山下也是一个白痴。他自12岁进了精神病院,至今仍需一个监护陪伴终日。

除了"白痴天才",还有一类智力异常的人。最近,我国上海就发现一名"拙于简单算术,却知未来岁月"的智力异常儿童。他连"7减2等于多少"这样简单的题目都回答不出,但对未来五六年内某年某月某日是星期几之类的问题反应却极为敏捷,几乎是脱口而出,对答如流。这使教师、家长大为诧异。虽然,"巧算星期几"有一个固定公式,科技报刊、科普书籍都介绍过,但个连"7减2等于多少"都算不出来的6岁儿童,不可能掌握那样复杂的计算方法。这就更使人感到这个孩子智力的畸形和异常了。

"白痴天才"和智力异常出现的原因,特别是一些智力低下的人为什么能在某一狭窄的智力活动领域形成超人的特殊才能，至今仍是一个引人入胜的心理学之谜。探索这个问题，对心理学、精神病学、脑科学、教育学和哲学，无疑都有重大的意义。

(原载 1987 年 8 月 21 日《南方周末》)

# 第三个"苹果"

以研究科研实践和思维技巧而闻名的英国剑桥大学教授贝弗里奇说过:"多数科学家在孤独一人时停滞而无生气,而在群集时就相互发生一种类似共生的作用,这正如培养细菌时需要有好几个有机体,生火时必须有几根柴一样。"

萧伯纳说得更生动:"你有一个苹果,我也有一个,交换之后还是一人一个。思想和苹果不一样;两人各有各的想法,一交换就丰富了,每人都有两种想法了。"

这些话不失为真知灼见。科学史的种种迹象表明,学术交流确实能产生"第三个苹果"。

1774年,英国化学家普列斯特列在氧化汞加热实验中分解出一种能助燃的气体,但他信奉燃素说,对此不加深究。同年十月,化学家拉瓦锡在与普列斯特列交流科研情况时得知此事,很受启发,回去马上重复普列斯特列的实验,结果发现了新气体——氧。作为鲜明对比的是,法国物理学家约里奥·居里忽视学术交流而失去了发现中子的机会。中子是英国物理学家查德威克发现的。但在查德威克之前,约里奥·居里就进行过有关实验,并打出了中子,可是他没有认出来,本来,英国物理学家卢瑟福到法国讲学时就提到,这种实验可能打出中子。可惜约里奥·居明里认为听别人作报告没有什么意思,就没有去。相反,查德威克却从卢瑟福的报告中得到启发,起步虽晚却捷足先登。

古人早就说过:"独学而无友,则孤陋而寡闻。"在人类科学知识激增的今天,学科分支日多日细,而且学科之间左联右挂,彼此交叉,这使得交流切磋、互相启发显得尤为重要。大凡杰出的科学家,其成功之处往往就在于善于与别人交流、接触、切磋,分析别人怎样选择研究课题,怎样寻求解决问题的途径,从中得到启迪,活跃思维,开阔思路,从而使自己的研究工作不断迈出新的步伐。因此，摒弃门户之见，互相交流，将会得到第三个、第四个、乃至更多的"苹果"。

(原载 1987 年 3 月 27 日《南方周末》)

# 真理面前无权威

本世纪五十年代，几乎全世界所有的生物化学家都参加了关于"树"与"森林"的大论战。"树"派的领衔人物是名声显赫的世界生物化学权威、美国哥伦比亚大学教授谢尔加夫，"森林"派的旗手却是名不见经传的"小字辈"华特和克涅克。"树"派指责"森林"派搞分子生物学是"只见森林不见树"；"森林"派则指出谢尔加夫只见分子化学这棵"树"，却看不见分子生物学的"森林"。

当时，华特和克涅克正在研究"DNA双螺旋模型"。它是后来震动全球科学界的伟大发现。这个模型奠定了分子生物学的基础，并由此产生了遗传工程学和量子生物学。华特和克涅克等人因发现"DNA双螺旋模型"而获得1962年诺贝尔医学生物学金奖。但谢尔加夫从一开始就对华特、克涅克的研究采取粗暴的否定态度。五十年代，谢尔加夫曾经到英国讲学，当华特和克涅克毕恭毕敬前来向他请教时，他却很不友好地考问他们："A、T、G、C四种碱基有何区别？"两个年轻人面对世界权威，一时紧张得哑口无言。谢尔加夫得意扬扬地讽刺说："连这都不懂，却妄想搞什么DNA模型，太可笑了！"

其实，可笑的恰恰是谢尔加夫自己。他只知道一切生命现象应在"物质水平"上作化学的阐明，却没能前进一步进行"分子水平"上的研究。一树，遮住了他的眼睛，使他看不到分子生物学的"大森林"。更为可悲的是，谢尔加夫还一直顽固地反对以后发展起来的遗传工程学，成为科学发展的绊脚石。最后，谢尔加夫落得个兵离将散、"众叛亲离"的结局，连他自己创办的研究所也散伙了。

这一科学史实，能给我们什么有益的启示呢？

本来，学派论争是科学研究中的正常现象。"灯不拨不亮。理不辩不明。"科学总是在学术争论中大踏步前进的。作为科学家，在科学上都有自己的见解，无妨各抒己见，百家争鸣。问题在于，参加论争的双方，尤其是地位、威望上占优势的一方，应该有点雅量，多一点学者风度，少一些学阀派头，建立起"论敌良友"的人际关系，特别是对于地位、威望都远远不及自己的"小字辈"更应平等待人。在科学史上，有许多关于权威闻过则喜的美谈佳话，也有不少"权威派"向"小字辈学派"坦然认输的记载。但遗憾的是，像生化权威谢尔加夫这样缺乏雅量，对小字辈冷嘲热讽粗暴否定的学阀，不仅过去有之，今天也远未绝迹！

　　本来，权威犯错误并不值得大惊小怪。人不是神，权威也不是神。面对广阔的未知领域，在探索真理的道路上犯点错误在所难免。权威承认自己错了，恰恰证明他是真正的权威。著名物理学家卢瑟福曾经宣称："那些指望通过原子衰变而获得能量的人都是胡说八道。"后来，他一旦看到原子能利用的曙光，立即发表文章公开认错。"原子反应堆之父"费米曾态度坦然地向全球物理学界声明：他发现的所谓"超铀元素"，其实只不过是两种已知元素的混合物。就连名震世界的爱因斯坦，也曾多次表示过自己关于"不存在引力波"的论断是错误的。这些明智的权威的坦率和雅量，不仅无损于他们的形象，反而增添了他们的声望。然而，并非所有的权威都有公开认错尤其是向"小字辈"认错的勇气和胸怀。

　　本来，在真理面前是不应该有权威的。权威不承认的真理仍然是真理。"在真理和认识方面，任何以权威者自居的人，最终必将在上帝的戏笑声中垮台！"谢尔加夫落得个兵离将散、"众叛亲离"的结局，不是又一次印证了爱因斯坦这一至理名言吗？

　　　　　　　　　　（原载1989年10月5日《南方日报》）

# 在科学"群落"中选择最佳"坐标"

周镇宏 散文 杂文

　　河里的鲤鱼看到蓝天和白云映在水里的美景，自信自己去天空生活一定更痛快；天空中的老鹰看到自己在河水里的倩影比在空中还美，也自信到河里去更有出息。于是，鲤鱼与老鹰一拍即合互换领地。半分钟后，鲤鱼跌在河岸上喘粗气翻白眼，老鹰在河里挣扎……

　　这是一则寓言。鲤鱼和老鹰的悲剧就在于没有认清各自在群落中的位置坐标。

　　"群落"是个生物学术语。在自然界中，生物与环境协调进化得最为完善的群落首推热带雨林。在那里，遍布各个层次空间的动植物对太阳能和土壤资源各取所需，互利共生，使得整个群落达到最佳境界。这便是"群落效应"。

　　作为人类社会一部分的科学界，也是一个群落。社会固然有责任创造条件，使科技工作者在"科学群落"中得到充分的发挥，以求得最佳"群落效应"。而每一个已经步入或即将步入科学王国之门的人，也应正确认识自己；根据自己的个人素质、知识结构、学识层次和所处的学术环境与研究条件，寻找自己在科学群落中的合适位置坐标，才能扬长避短，最大限度地发挥自己的优势。杨振宁早年赴美深造，起初是把"坐标"定在实验物理领域，投到艾里逊的实验室门下。但二十个月之后，杨振宁感到自己"笨手笨脚"，动手能力差，不是搞实验的材料。别人轻而易举就能完成的操作，他却困难重重，而且经常出实验事故，以致同事们取笑说："凡有爆炸的地方就有杨振宁。"于是，他清醒地重新分析自己，及时地把"坐标"移到理论物理领域。结果，杨振宁转向后如鱼得水，仅用两个月就完成了两篇有创见的理论物理文章。此后，他发挥自己理论思维的优势，驰骋于理论物理领域。终于提出了"在弱相互作用下宇宙不守恒"的著名理论，荣膺诺贝尔物理学奖。在科学史上，类似的例子不胜枚举。达尔文研究数学和医学，显得"呆头呆脑"，十分平庸。但他却有特殊的观察力，一摸到动植物就灵感出现。于是，他毅然把自己的"坐标"移到生物界，结果从一个"平庸者"变成一个"进化论之父"。要是杨振宁、达尔文不是及时调整自己的"坐标"，很难设想他们会成为科坛上的佼佼者。

虽有名言曰："终生努力便成天才"，"有志者事竟成"，但终生努力而不能自我实现者却大有人在，原因固然千差万别，无法论定，但对有些人来说"坐标"选择不当恐怕是不能忽视的重要因素之一。

是鲤鱼，就该去江河里畅游；是老鹰，就应到天空中翱翔。这或许对奋斗在成才之路上的朋友们多少有点启迪吧。

（原载 1987 年 10 月 16 日《南方周末》）

# "读书破万卷"别思

唐代"诗圣"杜甫说:"读书破万卷,下笔如有神。"清朝"扬州八怪"之首郑板桥却高唱反调:"读书破万卷,胸中无适主;便如暴富儿,颇为用钱苦。"多少年来,人们对杜甫"读万卷书"的教诲奉若信条,对郑板桥的反调却多有避讳。"开卷有益"一直是做学问者的金科玉律。

信息时代的到来,不能不引起人们对这种世代相承的读书观的重新审视和思考。

著名学者卡莫·洛姆指出:"在任何时代,处于突出地位的总是符合时代社会要求的学习方法"。那么,怎样的学习方法,怎样的读书观才符合当今信息时代的要求呢?众所周知,信息的不断"爆炸",知识的加速陈旧,给人类的学习和求知提出了新的难题。今天的读者至少面临着三大挑战:一是无限的读物对有限的阅读时间的挑战;二是呈几何级数膨胀的信息对人们的接收能力的挑战;三是大量新知识对人们的理解能力的挑战。这样的时代,书山茫茫,书海无边,即使你"读书破万卷",也不过是高山抔土,沧海一滴。更何况,若按传统的读书方式,等你读完万卷书,虽然获得了不少知识,但这其中可能有相当一部分已是"过时货"。纵然是"开卷有益",有益的也未必就是需要的。倘若大脑接受的尽是旧知识旧信息,可能书读得越多,离科学前沿就越远。也可能"下笔如有鬼",笔下尽是"老古董"。

因此,我以为,作为信息爆炸时代的求知者,崇尚的不应该是单纯的"开卷有益","见卷就开",而应该是"择卷而开","择章而读";自豪的不应该是有根勤劳的"烂笔头",而应该是具有高效处理(包括搜集、浓缩、筛选、储存、调用)信息的本事。假如一个人能以最小的阅读量获取最大的有效信息,那他就是信息时代读书人的佼佼者。

当然,"以最小的阅读量获取最大的有效信息量"并非易事,必须改变传统的阅读方式。80年代的畅销书《第三次浪潮》长达40万字;若按常规阅读,少不了十天半月。但假如去"读"该书作者托夫勒亲自讲解的电视录像,则只需两个钟头,这种阅称为"电读"。著名"材怪味作家"祖慰推崇的"读别人的大脑",也不失为一条"捷径"。学有专长的人,其大脑就是一个浓缩有序的信息源。"与君一席谈,胜读十年书"!此外,阅读专题磁盘资料,查阅电脑终端,问津卫星检索等,都是现代人少读多得事半功倍的新招。

"未来的文盲不再是不识字的人,而是没有学会学习的人。"托夫勒这句名言耐人寻味,我们必须更新传统的读书观,掌握适应信息时代要求的读书、求知方式,才不至于读了不少书而不能得到新知识解决新问题。

(原载 1987 年 11 月 13 日《南方周末》)

# "共振"出奇迹

英国著名学者贝弗里奇在其畅销全球的《科学研究的艺术》一书中，把"在实验室三五成群共进午餐或共用午后茶点"列为科学研究的艺术之一。这是颇有见地而又引人深思的。

纵观科学发展史，不难发现这样一种现象：一群科学家凑在一起探讨问题，经过智力的相互碰撞、相互干涉和跌宕重组，其整体的科学创造力就不再是各个科学家智力的简单代数和，而是爆发出群体的"聚变能量"，出现一加一大于二的"智力共振"奇迹，往往就在这种"智力共振"中产生。

智力共振现象在创造学中称为"集团效应"。它是科学创造过程中的一种智力激发。创造学研究表明，创造性思维火花的喷射需要达到一定的"智能阈值"，达不到这一阈值，就不会产生新的知识单元。这正如培养细菌时需要有好几个有机体，生火时必须有几根柴一样。

智力共振的出现是智力互补的结果。不同的科学家，其科学经历、个人素质、思维习惯、知识结构、研究风格各不相同，有的人是"猜测型"头脑，善于运用演绎法先于事实敏锐地提出假说和判断；有的人是"积累型"头脑，长于运用归纳法从杂乱无章的一大堆事实中概括出新定律、新原理；有的人崇尚"直觉型"，有的人崇尚"逻辑型"；有的人属于"古典型"，有的人又属于"浪漫型"……不管哪一类型的科学家，在科学创造方面总是有其所长，又有其所短。即使是最杰出的科学家，在单独进行科学创造时，也常常在一些具体问题的研究上出现"智力饱和"，受阻停滞，陷入"山穷水尽疑无路"的窘境。而科学家们在群集时，智力的碰撞则容易打破某种智力饱和，出现"柳暗花明又一村"。控制论之父维纳在建立控制论早期，曾组织过一个科学方法讨论班，参加的人有数学家、物理学家、工程师、医生等。他们分别从数学统计学、逻辑学、电工学、通信工程、神经生理学等不同角度，对新提出的理论发难、质疑、补充、完善。

结果，许多原来半通不通的思路，在一系列思维脉冲的撞击下，逐渐贯通。智力互补使维纳和他的同事们获益匪浅，终于，智力阈门大开，智力共振出现，控制论横空出世！

通过智力互补——达到智力阈值——引起智力共振，这种集团效应并不是科学家们的"专利"。正处在学习、求知阶段的青少年朋友，也可以在班组、沙龙、协会中创造这种效应，领略它的奇妙之处。

(原载1987年11月27日《南方周末》)

# 科学需要"贝尔纳效应"

科学史上不乏这样奇怪有趣的现象：一些众人公认的科学天才，提出一个又一个开拓性的课题，指引别人登上科学高峰，而自己却在这个科学领域里急流勇退，销声匿迹；不久，他又在另一领域里抛出一个又一个充满魅力的研究课题，等到别人蜂拥而上，他却又突然"改行"……结果，一个个硕果被别人摘取了，而最先提出科研思路的人却有始无终，半途而废。科学界把这种现象称为"贝尔纳效应。"

贝尔纳早年曾从事结晶学和生物化学方面的探索。他的同事估计，按他的天赋，只要坚持自己的研究方向，很可能会不止一次地获得诺贝尔科学奖。然而，诺贝尔奖金始终未曾垂青贝尔纳。何故？原因是他涉猎太广而没有在某一具体的科学领域作出特别重大的突破。他总是在找到一个很有前途的研究课题之后，自己先涉足一番，然后就留给别人去完成。许多萌芽思想源于贝尔纳，本该由贝尔纳取得的重大成果，却一个个归属他人。对此，别人为之感叹，可是贝尔纳却坦然处之，无动于衷。

通常，人们谈论"贝尔纳效应"，总是贬多褒少，把它作为"朝三暮四"、"见异思迁"的同义词，批评贝尔纳式的人物"常立志而无立恒志"。对这种评论，笔者未敢苟同。

诚然，对于某个科学家个人来说，频繁改变目标，本来能登上去的高峰却没有登上去，不能不说是一种遗憾。但对人类科学的领域，对整个科学家群体而言，实在不该对"贝尔纳效应"存有诸多非议。像贝尔纳那样，乐于充当"科学萌芽思想的发动机"，无私地把宝贵的创造性科研思路和难得的思维"脉冲"奉献给同行，不是很值得大大褒奖的吗？贝尔纳虽然没有获得诺贝尔奖金，但他作为"科学萌芽思想的发动机"，作为科学的开拓者，对整个科学发展所起的推动作用，绝非在诺贝尔奖获得者之下！

提出问题往往比解决问题更重要。科学需要"贝尔纳效应"。

(原载1987年1月3日《南方周末》)

# "外行"的优势

"隔行如隔山。""那不是我的专业。"这是被人说"烂"了的两句话。然而,翻开科学文明的史册,却不难发现一个奇怪的现象:一个学科或一项研究,长期处于停滞状态,虽然许多科班出身的内行苦苦求索,但见效甚微,似乎到了"绝境"。忽然,从外领域闯进一个"不速之客",居然一下子打开了局面。

这就是外行的优势。

科学技术的不少重大成果,都记载在"外行"的"功劳簿"上。电报的发明就是一例。1832年美国画家莫尔斯在去纽约的船上巧遇电学专家杰克逊。一天午饭后,杰克逊为乘客表演了一个电学实验:他把导线绕在一根铁棍上并通以电流,铁棍立即变成了能吸铁的电磁铁。莫尔斯问他:"电流是以多快的速度流动的?"杰克逊答:"那可快极了,简直快得难以测量。"当晚莫尔斯独自待在甲板上,望着皎洁的明月,脑中浮现着杰克逊的表演。不知过了多久,突然他脑中灵光一闪:"假使让通过导线的电流有规律地间断,或许可以把文字变成信号很快地传送出去……"他抓住这一思想火花,做了一系列实验,终于发明了电报。画家莫尔斯的名字从此载入技术发明史。说来有趣,"生命之谜"这样尖端的探索,竟然也由"外行"开创了先河。1834年2月,奥地利物理学家薛定谔在爱尔兰柏林学院作了一次出人意料的演讲,题目是"生命是什么?"后来,他又以这个命题发表论著。这位生物科学的"外行",首先用热力学、量子力学的理论来解释生命的本质,并把"负熵"、"密码传递"、"量子跃迁"等概念引入生命科学,从而开创了分子生命学和量子生物学研究的新纪元。

如何解释这种"外行"的优势呢?可以作这样一个比喻:精通自己专业细节的内行,好比攀上棵根深叶茂的大树,左右纵横的枝枝叶叶常常挡住了他的视线,使他看不清方向;而"外行"的长处就在于,他站在树下,有时更能看清科学之树的主干和树杈的生长趋向。记得一位哲人说过：发现真理的障碍不是未知的东西，而是已知的甚至是熟知的东西。知识可以使人高瞻远瞩，也可能使人思想僵化。

"外行"的思想没有框框，能采取全新的思路、全新的方法，取得让内行人目瞪口呆的突破。

当今，自然科学日趋综合化、整体性，相邻学科的界限也已经越来越模糊不清，那些"边缘地带"往往成为"外行"者的用武之地。如有更多的"外行"闯入各个领域，这对于科研队伍创造力的"互补"和科学事业的发展，意义不可低估。

（原载 1987 年 4 月 17 日《南方周末》）

# 科学就像一把琴

1780年，英国国王佐治三世下了一道令人瞠目的命令：把王宫、火药库、高楼大厦等建筑物上的尖头避雷针统统砸掉全部换成"英国式"的圆头避雷针。

众所周知，避雷针之所以能避雷，正是利用了尖端的放电作用。对电学一窍不通的佐治三世，为什么硬要把避雷针的尖头换成圆头呢？据说，这是出于"维护大英帝国的尊严"的"政治需要"。因为，避雷针的发明人富兰克林既是科学家，又是政治活动家，曾被推选为旨在摆脱英国殖民统治的美国独立运动的领袖，参加过美国《独立宣言》的起草，与大英帝国殖民主义进行过坚决的斗争。很自然，富兰克林本人受到英国政府的敌视。但可笑的是，就连他发明的避雷针这种"无国界"的科技成果，竟然也成为英王的"眼中钉"！

佐治三世为了使砸掉的尖头避雷针的命令带上一点"科学"的色彩，授意当时英国科学界的头面人物、皇家学会会长普林格尔，要他向国民"证实"圆头避雷针比尖头避雷针更安全可靠。但尊重科学、不畏权势的普林格尔坚决拒绝。他说："陛下，许多事情我都可依从您的旨意，可是自然和科学并不遵旨而行。违背自然规律，从来都要遭受惩罚。这件事我不能照办。"专横跋扈的佐治三世哪肯善罢甘休？他施加重压，逼使普林格尔辞职，强令全国砸掉尖头避雷针，换上圆头避雷针。结果，在一次暴风雨中，克攸王宫和许多建筑物遭到雷击，损失惨重。对此，有位作家讽刺道："避雷针竟把尖头换，原来佐治大王想找安全，举国上下乱成一团。"

一位苏联科学家说得好：科学就像一把琴，你要弹它，玩弄它，你就必须是弹琴的好手，否则，它就会向你发出抗议的噪音，在科学面前，世间一切权贵和主宰者，都得俯首称臣，谁敢恣意冒犯，谁就会遭灾受惩。科学总是嘲弄那些蔑视科学的蠢人。佐治三世对待避雷针的态度及其得到的报应，又一次说明了这一点。

（原载1987年6月26日《南方日报》）

# 信任和期待产生"皮格马利翁效应"

希腊神话中塞浦路斯王子皮格马利翁热恋着自己雕刻的少女像,终日守在雕像旁,一心期待着能娶这位美丽的少女为妻。他真诚的期待终于感动了"爱与美之神"阿弗洛狄忒,他使雕像变成一个活生生的美丽少女,与皮格马利翁结为夫妻。

这则神话故事的寓意,与学习、求知、成才中的某些现象有着异曲同工之妙。

著名心理学家罗森塔尔在研究学生智力发展的因素时做过这样一个有趣的试验:他在某校对几个班的任课教师和学生宣布,通过调查、分析和心理学测验,他预测到每个班都有几个学生将在一年内大幅度提高学习成绩,并当众公布了这些学生的名单。但实际上,罗森塔尔这份"将有显著进步"的学生名单,完全是按照学生坐号的5、7、9、18……随机选取的,根本没有进行预测。然而,8个月后的考试结果,却使人惊讶不已:随机选取列入名单的那些学生真的有了明显的进步!

为什么会这样"灵验"呢?心理学家认为,这是信任和期待的力量在起作用。事实上,当这几个班的教师得悉了罗森塔尔的"预测"后,就开始对列入名单的学生投以信任的眼光和寄以厚望,将暗含的期待微妙地传递给学生;加上学生对心理学家的"预测"深信不疑,于是,这些学生的自信心、进取心和责任感迅速增强,实现理想、不负师长厚望的决心迅速转化为奋斗进取的学习动力,终于在学业上取得了显著的进步,而印证了心理学家的"预测"。罗森塔尔借用希腊神话,将这种由信任和期待产生的效应命名为"皮格马利翁效应"。

"皮格马利翁效应"作为一种心理学现象,完全符合行为科学的层次理论。行为科学把人的需要分为低级需要和高级需要。低级需要主要是生存需要,高级需要则指尊重和自我实现的需要。信任和期待的力量,正是源于人们渴望信任、尊重和自我实现的精神上的高级需要。

"皮格马利翁效应"对我们不无启迪意义。对于未露头角的平平之辈来说,信任和期望实在是一种难以估量的推动力。他们一旦体验到师长的信任和期望,会尽其全力以证明自己受之无愧。反之,就可能"破罐子破摔"。有一位自杀的中学生在遗书中就这样写道:"……老师和父母都不理我,还说对我完全失望,我伤心透了,觉得活着实在没有意思……"

我认为,无论是父母、师长还是学生自己,都应当充分利用"皮格马利翁效应",最大限度地开发期望和信任中蕴藏着的进取潜力。

(原载 1987 年 7 月 24 日《南方周末》)

## 谨防"信息污染"

"信息就是资源"。"信息是比能源更重要的资源"。"信息、材料、能量构成现代文明社会的三鼎足"……生活在信息时代的人们对信息不乏赞美和讴歌之词。

诚然，人类自诞生之日起就与信息攀亲结缘；现代人更是与信息生死相恋。然而，在有"信息爆炸"（也称"信息激增"）之说的今天，信息之于人类，并不全是"福音"。

自从"第四产业"——信息事业登台亮相以来，不计其数的电话、电台、电视、报刊、杂志、书籍、录音带、电脑软件、缩微资料……铺天盖地地向人类袭来，各种信息以声、光、电、磁、热等运动着的物质形态为载体，借助各种传播媒介飞遍全球。这本是社会的进步，但始料不及的是，随之而来的是一种危及人类的新灾害——信息污染。

处在信息时代的我们，不管你愿意不愿意，每天都要受到来自各种渠道、各种途径、各种媒介的信息波的辐射。由于信息来源错综复杂，信息内容或真或伪，虚实相混，杂乱交错，因此常常给人以错觉，使人真伪莫辨，无所适从，影响人们的正确思维，扰乱人们的判断能力，引起人们的心理困惑和心理变态，使信息接受者出现烦躁不安、神经紧张、遇事惶惶然不知所措等征象。严重者可导致紧张性休克、精神分裂症等疾病，甚至能诱发自杀和犯罪……医学家们将这一组由信息污染引起的症候群称为"信息污染综合症"。

信息污染不仅危害人的心理生理健康，而且还会危及事业。读者也许还会记得，前些时某些报纸曾刊出一条"信息"，说"地龙（蚯蚓）出口供不应求"，"地龙饼干营养丰富"，"养地龙可以致富"云云。一些农民信以为真，结果花光血本，只留下一堆堆求售无门的地龙干。还有一些报刊，只得到一鳞半爪很不确定的"信息"，就轻率地冠以"科学预测"的标题，动辄归纳出什么几大"热",弄得一些厂家转产赶"热",到头来产品出来了,市场却"热"不起来。

信息污染的"元凶"是"伪信息"。伪信息大致可分为两类:一类是出于某种目的而人为制造的,如某厂家为了打击竞争对手的销售市场而捏造的"×××饮料含致癌物质"的信息,另一类是出于辗转抄摘,以讹传讹,或在传播过程中添油加醋,越传越走样。除伪信息之外,信息密度过大,信息辐射过强,信息成分过于复杂,也是导致信息污染的重要原因。

广义而言,信息污染也是一种环境污染,其危害不可低估。对于社会来说,防治信息污染最根本的办法,就是利用新兴的信息技术,加强信息管理,强化传播媒介的"滤波"功能,使泛滥的信息系统化、有序化。对于生活在信息密集区的人来说。一方面应提高识辨、筛选、处理信息的能力,掌握接受信息的主动权;另一方面要锻炼自己的意志,增强对信息的心理承受力。唯有这样,才能既充分开发利用信息资源,又能有效地抑制信息污染这种"副作用"。

(原载 1987 年 9 月 29 日《现代人报》)

# "人生三十"与"人生八十"

我的朋友A君和B君，都是喜欢议论社会和人生的"业余评论家"。那天晚上，两位仁兄又双双来到敝人陋室神聊。A君在发了一通关于"年龄与成才"的滔滔宏论之后，忽然谈锋急转直下叹起气来："毕业分配一次'错位'使我这五年黄金年华'颗粒无收'，再过两个月零一十七天，本人就是三十'大寿'了，成就和创造只能指望下一辈子啦！"B君不愧为"乐天主义者"，闻言立即发表高见："老兄何必悲观。洪德堡75岁才开始撰写《宇宙》，完成这部五卷巨著时已是九十余岁；爱迪生81岁时还取得第1032项专利哩！'大器晚成'嘛。"

我破例地没有立即发表个人意见。因为A君和B君的话，引起了我对国外两个针锋相对的人才学命题的思考。

与我国古籍中的所谓"大器早成"、"诗人早慧"之说相似，国外有一个所谓"三十决定论"，其代表人物是青年得志的诺贝尔奖得主，英国物理学家狄拉克。他写过这样一首诗："老年是一种令人战栗的热病，每个物理学家都为此心惊。一旦度过了三十年华，他与其苟活，不如轻生！"值得玩味的是，代表另一种观点的科坛一位元老，却写下了一首与狄拉克"对着干"的诗。笔者一时查不到该杰作的全文，只记得其"主旋律"是两句："夕阳更比朝阳美，人生八十最风流！"

我很难理解，崇尚辩证法的这两位科学大师为什么会有如此片面、如此偏颇、如此极端、如此缺乏辩证思想的观点。

"三十决定论"？不！尽管狄拉克们可以列出一串长长的名单，举出许许多多的例子，历数三十岁之前成就卓著而过了三十年华就平庸无为的个体和案例，作为他们的论据。但例证并不是规律，案例并不能代表全体。有人统计过1901年以来诺贝尔奖金获得者的得奖年龄，30岁以下得物理奖的只占总数的16%左右；30岁以下得医学奖的只占约5%。有什么理由和根据把30

岁看成一条神秘的界线呢?

"人生八十最风流?"也不,夕阳虽美,毕竟也仅指其认识能力和创造活力,却不能不受到生理状态的一定制约。认为"人生八十最风流"者与"三十决定论"者犯了一个同样的错误,那就是缺乏统计概念,过于绝对化。

那么,年龄与成才、成就或贡献之间的关系,是否有一定的规律性呢?回答是肯定的。这"一定的规律性"就是存在着一个"最佳年龄区"。人才学研究者们对成千上万的科技工作者作过统计和数据采集,并以年龄为横坐标,以成就和贡献为纵坐标,借助计算机绘出一条分布曲线,结果发现科技人员的"最佳年龄区"在25岁至45岁之间。

不过,话说回来,这种"最佳年龄区"也只是在统计意义上有效。它既是规律,又有例外,而且对不同的专业、学科和领域,最佳年龄区也不一样。更何况,人才的成长跌宕多姿,对每一个具体的人来讲,天赋、经历、境遇千差万别不能一概而论。因此,假若你落在此"最佳年龄区"之外,也完全不必悲观叹气——因为统计规律对某些个体无效!

少年崭露头角者,可喜可贺,仍需恒志;中年起步者,未迟未晚,但需有紧迫感;老当益壮,也可智力复苏,进入创造的"第二黄金时代"。"三十未可定终生","人生八十也风流"!

这就是我那天晚上来不及在 A 君和 B 君面前发表的"本人浅见"。

(原载 1988 年 1 月 26 日《现代人报》)

## 还是顺境成才好

"自古雄才多磨难"。

"逆境造英才"。

"逆境也是成才的一种良机"。

……

诸如此类的文字，充斥于各种人物传记、报告文学和青少年读物之中。在一些记者的笔下，饥寒交迫、身陷囹圄，十年浩劫、残废失恋……各种各样的逆境都是英才的"摇篮"、成才的"良机"。于是乎，"逆境成才"似乎也成为一条"规律"，一些天真的青少年竟然感叹自己没有生长在"逆境"之中……

这使笔者感到茫然，于是有了对"逆境成才"的一点思索。

诚然，古今中外，逆境成才者不胜枚举。逆境造就强者，吞噬弱者。能在逆境中崛起成才，确属难能可贵，值得讴歌。鼓励青少年在挫折、失败、厄运中发愤图强，也完全正确。对于科学工作者那种百折不挠的精神，今后还要大力提倡。

然而，"逆境"之于"成才"，毕竟是一种不幸和障碍，实在不必过分美言。应该说，逆境可以成才，而顺境更有利于成才。科学的发展，人才的成长，需要的应该是顺境而不是逆境。人才学研究者们的统计调查表明：美国著名科学家大多出生在中上层的富裕家庭；中国的富裕省份人才也比贫穷省份更多。

有人说，顺境可以成才，但出不了大才、英才。这种说法未免过于武断。"进化论之父"达尔文不就是在优越的顺境中成为科学巨人的吗？达尔文出生于财产万贯的富豪家庭。他可以不惜重金雇用别人帮他制标本，可以随心所欲外出游历考察，可以自己掏钱出版著作……婚后，他花巨款买下达温宅小庄园，这座幽静幽美的新居成了他几十年科学创造的基地。富足的生活，美满的婚姻，舒适的环境，使他能够专心致志于科学研究，而没有后顾之忧。正如达尔文在自传中所说，"不必谋生觅食和拥有充分的科研时间"，是他取得巨大成功的重要因素。

　　石缝中的松子固然也能长成树，但沃壤中的松子更能长成根深叶茂的参天大树。良好的教育，宜人的学术环境，浓厚的科学氛围，齐全的研究设备，足够的实验条件，尽可能少的后顾之忧……这样的顺境，难道不正是科学工作者和有志成才者所期望、所追求的吗？唯其如此，我们绝不能忽视为科学工作者提供良好的工作条件。

（原载 1987 年 6 月 12 日《南方周末》）

# 少谈"苹果落地"的老调

1901年,美国著名物理学家密立根因成功地测量了电子的电荷而荣获诺贝尔物理学奖,这件事使曾经也从事过此项研究的奥地利物理学家爱伦加夫特十分懊丧。他向德国气体动力学专家卡尔曼抱怨道:"我不该失去这次获得诺贝尔奖金的机会。我缺乏密立根那样的细致和耐心,没能矫正自己的测量工作。"卡尔曼听了,不以为然地说:"依我看,你不必过多地抱怨自己。这件事的根源恐怕与你们两位的父亲有关。"见爱伦加夫特不解其意,卡尔曼解释说:"密立根的父亲是一位虔诚的牧师,从小就教育自己的孩子应当规规矩矩、老老实实地工作,不搞投机取巧;而你的父亲却是一位高傲的、目空一切的投机商,从小就灌输给你一种思想——混乱的大自然里充满着偶然性!"

卡尔曼的高见值得玩味。这使我联想起一件事。一次,我到朋友家串门,这位朋友的小孩对我说:"爸爸要我长大当画家,我偏不!我一定要当科学家!"我问他为什么想当科学家,这小孩居然说:"当科学家很容易,只要运气好就能成功。"见我满脸茫然,他从书包里掏出一本少儿科普画刊,指着里边几幅画对我说:"你看,牛顿躺在苹果树下乘凉,一个苹果砸到他头上,他马上发现了万有引力定律……"

卡尔曼的高见和这位小朋友的话引人深思。我们的科普宣传和科普教育,有时不就是在无意中向少年儿童灌输着种种"偶然性"吗?就说"苹果落地"这个故事吧,它不仅充斥于各种少儿读物,甚至曾被编入我国的小学语文课本,可谓家喻户晓,老幼皆知,可是,正如华罗庚指出的,这个"科学故事"与其说是宣传科学,不如说是胡说八道。稍有科学史常识的人都知道,万有引力定律的发现不是牛顿一个人的功劳,而是一个时代的科学成就。开普勒行星运动三定律的提出、吉伯关于行星磁力的设想、波勒利对离心力和向心力的研究、胡克提出的引力概念等等,都为万有引力定律的发现奠定了基础，牛顿只不过是"站在巨人的肩膀上"作出概括和总结罢了。怎么能把许多人"接力"完成的整个时代的发现，归于一个"苹果落地"的诱发呢？

科普宣传和科学史教育具有潜移默化的作用，不能忽视其社会效果。我们不应学习爱伦加夫特的父亲，也不该再谈"苹果落地"之类的老调。

（原载1987年2月23日《南方周末》，转载于《科技辅导员》1987年第6期）

# "摇篮"前的思考

我们一直津津乐道，中国有四大发明：指南针、印刷术、造纸、火药。最近有人又提出，中国古代的伟大发明不只四项，而是五项，人体经络现象也应算一项。其实，有过"领导世界科技新潮流"辉煌历史的中华民族，值得骄傲的发明又何止四五项？英国学者罗伯特·坦普尔在新书《中国——发现与发明的摇篮》中指出："现代世界赖以建立的基本的发明创造，有半数以上源于中国。"除了人所共知的四大发明外，书中还列举了中国古代在农业、军事、交通运输、石油工程、气象观测、音乐、十进制数学等等领域的一百来项重大发明。

我们当然可以为此而骄傲、而自豪。但骄傲自豪之余，似乎也应该来些深沉的反思。比如，为什么欧洲在文艺复兴后产生了现代科学，而中国在14世纪后却停滞沉默？为什么科学技术曾处于世界领先地位的中国现时却不再居世界前列？为什么中国近代出不了牛顿，现代出不了爱因斯坦？

这么大的命题，似乎不会有"标准答案"，更非区区小文所能全面回答。但我想，除了社会、经济结构和外侵内乱等等重要原因之外，中国人的传统思维方式恐怕也是原因之一吧！

中国人的传统思维方式，可通俗地称为"点头思维方式"。它的重要特点之一是封闭性和保守性。它的突出表现是思考问题时唯上、唯师、唯书，崇尚权威，缺少独立意识。这与传统文化有关。东汉时就有过规定，知识分子发言、演讲、写文章、著书立说，不能超出师长教授的范围，这叫"师承"。如敢越雷池一步，不但学说不被承认，还违犯法条。这种社会文化环境能孕育出大批开拓性、创造性人才吗？即使是今天的科学文化界，唯权威的好恶和旨意也远未衰绝。年轻人以导师的观点为自己的观点者，多被誉为"谦虚好学"；敢与权威唱几句反调者，运气好的尚可以得到"后生可畏，欢迎商榷"的礼遇，倒霉些的往往招来一片"狂妄自大"、"目空一切"的指责之声。

更有甚者,论文"背叛"导师的观点而拿不到学位的,著作与某权威理论相悖而打入"冷宫"的,也非绝无仅有。尽管这不是当今科学文化界的主流,但这种遗风不能不说是扼杀创造性的元凶,孳生奴性的温床。

有一则小幽默很值得玩味。美国某校举行考试,教师要求学生,"用一个气压计得出教学楼的高度"——意思是指用气压测量高度,但教师未加说明和限定。有一位学生用好几种方法得出结果,却偏偏不用气压测量法。此事惊动了校长。校长问那位学生:"你还有其他方法吗?"学生答:"当然。还有许多。比如,我可以用绳子把气压计从楼上吊下来,再量这绳子的长度,就知道楼有多高了。再如,我还可以找到这个楼的管理人员,把气压计送给他让他告诉我此楼有多高。"校长听完,当即让教师给该生打了满分。试想,我们的学校、校长或教师,能赏识思路开阔得这样"邪门"的弟子吗?

科学的生命在于怀疑、探索、创新、异想天开,在于突破常规,否定权威。曾是发明创造之摇篮的中华民族,要造就出自己的牛顿和爱因斯坦,要重振昔日的雄威,再次领导世界新潮流,非改变"点头思维方式",扫除唯上、唯师、唯书、唯权威是从的遗风不可!

(原载 1987 年 12 月 25 日《南方周末》)

# 假如爱因斯坦当总统……

"犹太圣人"爱因斯坦,曾有一次登上总统宝座的机会。那是20世纪50年代初,犹太人占国民三分之二以上的以色列,总统亡故,一时未确定继位人,总理班葛里昂心血来潮,代表当局邀请被犹太人引以为豪的大科学家爱因斯坦出任总统,许多人也从旁极力劝进促成。面对着"总统"这个千万人梦寐以求的俸高荣殊的职位,爱因斯坦近乎冷漠地谢绝了。他说:"我一生都在同客观事物打交道,对自然界了解不多,对人更是一无所知。我缺乏天生的才智,也缺乏经验去履行官方职务和适当地与人们交往。为此,我不能接受这高官重任。"

淡淡几句话,表达了一位科学巨人的淡泊、深沉和明智。仔细想来,在人类知识的浩瀚海洋面前,任何伟人和天才都是渺小的。某一方面的天才和专家极可能是另一方面的低能儿。一个人可以在某个领域里纵横驰骋,叱咤风云,但很可能在另一个领域里束手无策,无所作为。每个人的生活环境、文化素养、知识结构、兴趣爱好各不相同,自己最清楚自己是什么"材料",在哪个方面最能发挥创造性。承认自己在某一方面的无知,也是严肃的科学态度。

古代智者说得好:"骏马能历险,力田不如牛;坚车能载重,渡河不如舟。"宝剑虽锋利,但在木匠手中却不如斧凿受用。假如诸葛亮自己提刀与敌将相拼,难保不会三几个回合就人头落地;假如让关羽、张飞之辈当刘备的军师,后果也不堪设想……假如爱因斯坦真的去当总统,实在难以想象,生性孤僻、心不在焉,常常跑到公园去躲避来访者而如痴似醉地潜心于科学研究的他,如何能成为一个称职的国家元首?更加不敢设想,那颗装满"相对性"、"时空弯曲"、"同时又不同时"等等"古怪"概念的大脑,会向国人发出怎么样的指令。我以为,对于人类来说,如果少了一个作为科学家的爱因斯坦,而多了一个作为总统的爱因斯坦,不能不说是一种不幸。

读者诸君也许会说，古今中外，杰出的科学家成卓越的政治家的并不鲜见。是的。集科学家与"官"一身者实有人在，富兰克林就是一个。笔者并无一概反对科学家当"官"之意，关键在于因人而异。让一批政治思想好、有专长又有领导才能的专家、学者走上领导岗位，委以重任，让"内行"当家，于国于民于四化都大有好处。但毋庸讳言，能治教者未必都能治校，能治学者未必都能理政。管理本身也是一门科学，也有其规律性和"专业性"。即使是富有组织管理才干的专家、教授、学者，也未必什么"官"都能当得好。如果用昆虫学家去当城建局长，让水稻专家掌管钢铁公司，名曰重用科学人才，实则是"乱点鸳鸯谱"。"舍长以就短，智者难为谋"。这句古训有道理。

(原载 1987 年 2 月 27 日《南方周末》)

# 关于"失败奖"

近读《科学报》报上说：河北某标准件总厂，在表彰科研有功人员中，设立"科研屡败屡战奖"为科研工作中的失败者颁奖。同时规定，不准任何人以任何借口和形式对获"失败奖"者讽刺打击，否则将受到厂纪的惩处。

此举的决策者，真可谓有识之士。

翻阅词典，"失败"与"成功"相对，一般解释为工作没有达到预期的目的，这本是遗憾之事。设立"科研屡败屡战奖"。当然不是奖勉失败，而是鼓励百折不挠的科学探索精神，给那些艰难跋涉于科研的崎岖之路上的未来成功者以动力。

俗话说："胜败乃兵家常事"，"不以成败论英雄"。古代智者，早已深明此道。公元前628年，秦国将领孟明视、西乞术、白乙丙奉君主秦穆公之命率兵伐郑国，途经险恶地带时遭到晋军伏击，全军覆没。三名败将抱着"死为本国鬼"之心回到秦国，不料秦穆公亲自出城迎接。有人问："败军之将，理应斩首，为什么还给这样的礼遇呢？"、秦穆公回答：不许武将失败，打了败仗就杀头，哪能安定军心，让将士忠诚效力呢？秦穆公不但没有处罚孟明视三人，反而好语安抚，仍让他们带兵打仗。这种信任败军将领之举，实在是很明智的。

科学探索与其他行业相比，失败就更家常便饭了。科学家面对的是广阔的未知领域，从事的是前人所未涉足的开拓性工作。在科学史上，失败的例子比成功的例子不知要多多少！正因为失败，才有史可言。英国物理学家汤姆生，一生中取得许多卓越的科学成果，但他在总结自己的科学生涯时却说："用一个词可以代表我50多年的科学活动，这个词就是'失败'。"

从某种意义上说，科研的失败也是一种成功，通过总结经验教训，知道哪条路走不通，就能找到通向成功的途径。爱迪生在众多的发明中，耗时最长的是蓄电池，先后进行9千多次实验都未成功，他的朋友就说：您一而再，再而三地失败，算了吧。爱迪生却说："我没有失败，我已经知道有 9 千多种方法是行不通的，这就是成果"爱因斯坦说得更干脆："发现一条走不通的道路，就是对科学的一大贡献。"更何况，失败往往离成功只有一步之遥呢！

　　失败的探索者也是探索者。"不怕百战失利，就怕灰心丧气。"科研的失败者需要的是社会的理解和鼓励，而不是白眼。

（原载 1987 年 5 月 15 日《南方周末》）

## 老九"恭喜发财"又何妨

大年初一,某高等学府举行教职员工团拜会。在"欢声笑语乐融融"的氛围中,竟有人满脸不悦,拂袖而去。询问缘由,此君不满之情溢于言表:"为人师表者,不讲'桃李芬芳'却一口一个'恭喜发财',不像话!"

确实,假如对今年"知识圈"的拜年用语来个统计,使用频率最高的,恐怕就是"恭喜发财"了。多少年来淡财轻利、谈钱脸红的知识分子们,也一个个勇敢地喊出了"恭喜发财"的心声。因此有人说:"知识分子堆里也有铜臭味啦。"这语差矣!这不是什么铜臭味。这是商品经济给"知识圈"吹来的一阵春风!这是一代知识分子价值观的可喜更新!

随着开放、改革的深化和商品生产、商品经济的发展,科学技术商品化,智能知识也逐步商品化。作为科学技术的主人,作为人才的培育者,作为从事复杂劳动的"工人阶级的一部分",知识分子"恭喜发财"或真的发了点财,于情于理于法,难道有什么可以非议的吗?更何况,他们中的大多数人,直至今天还收入偏低,待遇较差,"恭喜发财"只不过是愿望而已。

之所以有人听不惯知识分子"恭喜发财"之声,与人们头脑中的旧观念以及长期以来宣传上的偏颇不无关系。在中国的传统文化中,"君子喻于义,小人喻于利"之类的说教太多了,"两袖清风"的知识分子榜样太多了。日前翻阅一本专谈科技人员道德修养的出版物,其中有一篇《科学家怎样对待金钱》的文章,不厌其烦地罗列了许多科学家"视金钱为粪土"的例子,有了发明不申报专利,拒收合理报酬,不领巨额奖金等等,均在赞颂之列。读完这篇文章,使人得出个印象:似乎知识分子只有躲避金钱,才是正确的处理方式,否则就不那么高尚。

知识分子当然要讲贡献,但同其他社会成员一样需要钱。居里夫人如果身边留有足够的钱,就不至于病危时无力酬谢为她看病的医生;爱因斯坦早年如果不是那么贫穷,也不至于硬着头皮去干自己不感兴趣的杂活还遭到冷遇。我认为，我国的知识分子，近年来，生活水平虽然不断提高，但整体待遇并不算高。因此，党和国家正在千方百计地逐步提高他们的待遇。

"君子爱财，取之有道。"作为知识分子；在此开放改革的年代；要为祖国繁荣昌盛而奋勇拼搏，这是毫无疑问的。但大可不必忌钱，讳钱、躲钱，新春伊始，多说几句"恭喜发财"又何妨？

(原载 1988 年 3 月 8 日《南方周末》)

# 名人效应

一位朋友曾经做过这样的恶作剧:他从一本诗集随便摘抄出目录中的十六个标题,将它们"组合"成两首"诗",并注明是某著名诗人的新作,然后推荐给别人赏析。结果,一个青年文学会的"诗迷"们一致认为:"该诗意境深藏不露,内涵深邃,到底是名家之作。"一位"诗论家"也称"该诗寸幅千里,字字珠玑,评论容量甚大,名家毕竟是名家……"

这种唯"名"是"崇的现象",可以给它一个新名称———"名人效应"。

无独有偶。另一件趣事也颇能说明这种"效应"的威力:一个文学爱好者经常给一家刊物投稿,但屡投屡退,一气之下,他干脆假冒一位知名作家之名,把一个月前被退稿的一篇小说原封不动重新投到那家刊物。结果,"名人效应"起了作用,小说很快就发表了!

朋友的恶作剧不值得称道,冒名投稿的文学爱好者也应受到谴责。但"名人效应"的"魔力"却可由此而窥一斑。

"名气"、"名望"之类,本是社会对名人的一种承认,尊重名人名家也是应该的。问题在于目前社会上许多人崇名心理严重,唯"名"是"崇"成风。办一张文摘性小报,居然弄了个阵容吓人的名人"顾问团";出一套丛书,也要拉一堆既不管"编"也不管"辑"的名人当"编委"。难怪有人讥讽说:"卖凉茶的老太婆也得找几个名人来当茶水开发中心的名誉董事。"值得留意的是,热衷于"名人学"而拉虎皮作大旗的人,除了对名人的盲目拜崇之外,借名人声望提高身价者,借名人之笔之口为自己脸上贴金者,借名人旗号招摇撞骗者,也不乏其人。而且精于此道者,往往如愿以偿。因为名人(特别是手上有权的名人)确有神通——一句话可左右一笔拨款,一张条子,可使一路关卡皆绿灯,一篇序可使一堆平庸的手稿变成铅字,一席话可使众说纷纭之争"一锤定音",一声"好"可使一种产品销路大开……

这种"名人效应"带来的弊端是显而易见的。它一方面使名之"名"庸俗化，于名人本身未必是好事；另方面是对"凡人"的压抑和贬低，不利于无"名"之辈的自我实现；还会给别有用心的人以可乘之机。把"名人效应"的这些消极影响归咎于名人未免不公平，仅仅指责那些沾名人之光的人也还不够。根源在于社会上普遍存在着的崇名心理。唯"名"是"崇"之风气更是孳生这种消极名人效应的温床。

崇尚独立意识的现代人，应当"从我做起"，改变一下盲目崇名的风气和观念。名人，也要敢于抵制那种不负责任的甚或庸俗化之举。

(原载1988年1月8日《南方周末》)

## "鉴定会"之鉴定

科技发展,经济腾飞,鉴定会也层出不穷。眼下又到了一年一度的鉴定旺季,这其中,有许多鼓舞人心的鉴定消息,也有不少发人思考、引人玩味的"鉴定之谜"——

常见报上刊载:"××技术通过××级鉴定"、"××产品国内首创"、"×× 发明填补空白"。为什么从来没见过"××未通过鉴定"的消息?是否只要开个鉴定会就能"通过鉴定"呢?

有关方面披露:某科研单位与一家煤矿合作弄出一种"保健食品",被鉴定为"国内先进水平",但煤矿工人却对其怪味闻而生畏,拒不接受。某"治喉癌新技术"六年前通过"国级"鉴定并获国家发明奖,但临床应用却效果不妙。某医疗仪器被鉴定为"填补空白"原来却是个"只换了外壳装潢的仿制品"……这些"成果"当初是如何"通过鉴定"的?

某产品先后获得"省优"、"部优"、"国优"殊荣,而客户却纷纷投诉使用该产品之"忧"。不知那些诱人之"优"从何而来?

看来,有必要对某些"鉴定会"也来一番"鉴定"!某些所谓鉴定会之弊举其大端有四:

一曰"自我鉴定"。一些鉴定会,虽说科委、科协、经委以至各专业厅局都有权主持,但究实多是由成果所有单位自行张罗筹备,自定评委名单。于是,老熟人、老同学、老朋友、老同行纷纷请来担任"裁判"。于是,有人碍于情面而"多多包涵",有人虑及以后仍要你来我往而"彼此彼此",有人信奉"多种花少栽刺"而替主人"扬长避短"。你说,这样的鉴定会有多少不能"一致通过"?有多少鉴定评语不是就高不就低?

二曰"餐桌鉴定"。一些鉴定会开成"吃喝会",除租高级宾馆、一日三餐高规格款待外,还有"接风","庆功"、"送行"的"三部曲"。"低度酒,高级烟,山珍海味任鉴尝",一吃饱喝足了,名胜古迹也得去"考察考察",

临走还有"红包"相送或产品"试用"。据统计,"六五"期间全国每年用于鉴定会的开支达八亿元之巨。这个"天文数字到底有几分之一真正用于成果的评估之需,天知道"!在"周到"厚待之下,鉴定发言时不愁没人"多多美言",写鉴定意见时也自有人"笔下生花"。

三曰"长官意志左右鉴定"。某一技术实在不成熟而又人命关天,专家们实事求是开"红灯",连续三次鉴定不让通过。第四次,主管部门领导"适时"出面"打招呼","这个项目不容易,能将就凑合灵活一点吧!"于是,专家们只好"贵手高抬"——"一致通过"。

四曰"各路神仙云集鉴定"。本来技术鉴定应是专家们的事,但因鉴定会有光可沾,于是,手握审核权、报批权、立项权、拨款权者,也一一应邀前来当"专家",工商、税务、银行、供电、供水、计量、环保、绿化……各路神仙也云集"指导"。如此鉴定会,真正的专家又能起多少主导作用呢?

把某些鉴定会的不正之风完全归咎于被鉴定的厂家显然有失偏颇,就说"餐桌鉴定"吧,谁愿意花这冤枉钱?可是不由你不花。某单位"清茶一杯"给自己的产品开鉴定会,结果与会者扔下九条意见不予通过。奇怪的是,两个月后,还是这个产品,还是那些参加会议的人,只因东道主掏了几千元腰包用于吃喝和送礼,就"一致通过鉴定"了。你看,厂家能不衡量这"得"和"失"吗?但假若有人笼统地指责参加鉴定的专家们不坚持原则,那也不公平,某大学一位教授到外地参加一个鉴定会,因坦率直言,反对拔高水平,结果连回程车票都没人给买。某成果鉴定专家组负责人由于坚持鉴定标准,竟然遭到被鉴定厂家和当地有关部门的围攻、刁难和威胁。谁乐意交上这等"厄运"?

看来,问题的关键在于改革和整顿现行的鉴定制度。能否有个《鉴定法》并保证其贯彻实施呢?

(原载 1989 年 1 月 20 日《南方周末》)

# 从"糊涂案"看科技立法

报纸曾经报道过这样的一件事：某省一间化学研究所，在转让一项研究成果的过程中，无端受到被让方的控告，致使该所一位工程师精神失常。官司打到法院，前前后后拉了一年还未能了结。为什么？法院回答说："没有相应的法律条款可依。"

曾经轰动一时的"韩庆生案"，更是令人感叹。韩庆生工程师在业余时间里，发挥自己的聪明才智帮助一家濒临倒闭的工厂，使其起死回生。为表酬谢，该厂给了韩庆生六百元钱。结果祸从天降，他被投进牢房，蹲了九个月监狱才被"释放"。为什么糊里糊涂地抓又糊里糊涂地放呢？答案仍然是"没有相应的法律条款可依"。

类似"案件"，在一些地方时有发生。可以预料，随着科技体制改革的深入，随着"科学技术统揽经济大局"新机制的逐步形成，随着国家放宽科技人员政策的全面实施，将有越来越多的科技单位与企业攀亲结缘，将有越来越多的科技人员业余兼职，甚至成为"承包人"，因此这样的"案件"也会越来越多。不制定相应的法律，各种各样的"糊涂案"还会层出不穷，不知还有多少个"韩庆生"要蒙受不白之冤！

实践证明，科学技术的发展、应用和普及，如果没有法律作保障，就必然会给社会、给人民、给科技人员带来许多不稳定的因素。看来，科技立法已是势在必行了。我国目前虽已有《专利法》和《技术合同法》，但还远远不够。要调整和规范与科学技术活动有关的各种复杂关系，要保护科研成果和科技人员的合法权益，要防止科学技术被滥用的潜在消极后果，还必须制定许多其他法律，如《研究所法》、《科技社团法》、《科技人员兼职法》等。

科技立法除了基础性立法、相关性立法之外，还应当有高技术立法。科技革命和高技术的崛起，使法律面临着新的挑战，也给司法实践带来了一些难题。不久前，上海市就发生了一起由人工授精婴儿一事诱发的法律争端。

一对夫妻结婚数年未能生育，不育的根源在男方。夫妇俩闻讯某医院能施行人工授精生育手术，便双双前往。结果，去年四月，一个人工授精男婴诞生了。岂料家中一些人视此婴儿为"野种"而不予承认，连那位"爸爸"也对妻子翻脸。妻子被驱赶出家门后，到法院请求法律保护她和她的儿子的权益。但因我国现行法律中没有关于"人工授精婴儿"的条款，对此案的审理众说纷纭，未能了结。看来，对高技术应用带来的一些新的现象和问题，如器官移植、电脑犯罪、试管婴儿等，也应作出法律阐明和法律规定。

(原载 1988 年 3 月 4 日《南方周末》)

# 另一个"人口问题"

几年前,反映知识分子命运的影片《人到中年》拨动了千万人的心弦,杰出科技工作者蒋筑英、罗健夫英年早逝,使千万人痛心疾首,"中年知识分子问题"成了当时社会舆论的热点。

目前的情形又如何呢?最近一家报纸报道了国家体委对我国11个省市的20余所大专院校、科研机构的10000多名中高级知识分子近期死亡年龄统计,中高级知识分子的平均死亡年龄为58.52岁,其中31.84%死于40—50岁,25.84%死于50—60岁。这个平均死亡年龄比全国人口平均寿命短了近10年!

这是多么堪忧堪悲的平均寿命反差!

更令人痛心的是,在英年早逝的知识分子中许多都是成就卓著的栋梁之才。近两年,仅北京地区科学院系统,就有张广厚、钟家庆等30多位国内外著名的中青年科学家过早夭亡!这个损失到底有多大?有谁能作出定量的估价呢!

产生这种现象的原因何在?一语难以概括。但知识分子负重超荷、经济困窘……一句话——负担重、待遇低,却是众多栋梁之才英年夭亡的共同诱因!

现今有一种流行的说法:"目前国家穷,知识分子待遇差是一时解决不了的问题"。这话不无道理,但它只是问题的一个方面。问题的另一个方面是,一些本来完全可以落实的知识分子政策,却往往是落不到实处。全国就那么一个陈景润,解决他的用车问题该是一国力所能及办到的事吧!可就迟迟未能落实,他外出只得拖着虚弱的身体踩单车或挤公共汽车,直到他被人撞伤,几乎丧失了语言能力,"用车问题"才算真正落到实处。

我们花了几十年的时间,付出了惨重的代价,才认识了中国的人口问题。以笔者之见,当今中国一些知识分子出现早逝的现象,又是另一个严重的"人口问题",需要引起我们的重视。

(原载1988年6月10日《南方周末》)

# 也谈"表现自己"

"这人爱表现自己。""这人爱出风头。""这人喜欢逞能。"在人们的传统观念中,诸如此类的"评语",是应填在"缺点"一栏的。一个年轻人,假如有"缘"得到长辈、老师和同学这样的"鉴定",就会产生不小的心理压力。

其实,所谓"表现自己",也应属于人的心理、行为本能之一。青少年"爱表现自己",大多是进取心和自信心的自然袒露。勇于用正当、健康的方式"表现自己",显示自己的个性特征和聪明才智,不仅无可非议,而且应当提倡和鼓励。

一位出访归来的教育界人士曾经评论说,中国学生与美国学生相比,显得"谦虚过剩,自信不足"。我想,这与传统文化教育的差异不无关系。据说,美国不少中小学都设有一门很受学生欢迎的课程,叫做"自我表现课"。哪个学生有什么特长,都可上台露一手。课堂上,学生们常常争先恐后登台,在众目睽睽之下,各显神通,谁也不会有"出风头"之虑。而我们国内的学校呢?这样的现象不少:当教师提问时,原来并不太安静的课堂往往一下子变得寂静,每个人都把头低低埋下,唯恐与老师的目光相遇。敢于主动举手回答问题者,实为鲜见。究其原因,笔者以为至少有二:一怕那顶"爱表现自己"的帽子;二怕答错了"丢脸",对自己的理解和表达能力缺乏自信。这种普遍存在的心态,不能不说是我们民族思想文化消极面的表现之一。

从心理学和创造学的角度来看,勇于表现自己,对自己充满自信,正是出类拔萃人才的重要素质之一。虽说自信者不一定都能成功,但成功者大都充满自信。大作家巴尔扎克在演讲会上就公开宣称:"世界上将会有四个伟人。第一个是拿破仑,第二个是居维叶,第三个是奥康瑙尔,第四个是我……"几年前,在美国奥斯卡奖发奖仪式上,荣获最佳女演员桂冠的影星发表即席演说时只有两句话,第一句:"我当之无愧。"第二句:"谢谢大家。"这些充满力量的勇敢表白,这些对真实心态的坦然流露,这些对自己才华的高度自信，难道有什么可以非议的吗？

　　自信是成功的前提。有了自信，勇于表现自己的才能，才会激发创造精神和进取锐气。青少年是时代的希望，是科学的弄潮儿，应该提高自己的"自信度"，勇于冲决千百年来形成的禁锢和压抑锐气的罗网，勇敢地展示自己个性特征，表现自己的独特才华，最大限度地开发自身的内在潜能。

　　为了创造和进取，何妨"表现自己"！

（原载 1987 年 9 月 4 日《南方周末》）

# "马太效应"与"势利眼"

日前参加一个科技工作者座谈会。会上,一位不久前出了大名的中年科学家不无感慨地做了"现身说法":"一年前的我与现在的我,境遇可谓天壤之别——以前某学会拒我于门外,现在却硬拉我当常务理事;一年前,我想参加的会议不给参加,现在我不想参加的会议硬要拉我去坐主席台;一年前我连复印费都无处报销,现在没出声就有人给我弄来几万元的仪器……每当想起这些,我心里就有种说不出的滋味。"

这番"现身说法",给"马太效应"作了精彩的注解。

世上往往有这样的事:一个人倒霉失意时,"屋漏偏遭连夜雨","喝白开水也牙痛";一旦他成名得意了,马上有人来"锦上添花","众星捧月"。这种社会现象心理学家称之为"马太效应"。

"马太"是希伯来语,意为"礼物"、"礼品"。"马太效应"一词,出自《圣经·新约全书》,其核心含义是:有的,还要多多送给他,让他绰绰有余。没有的,连他可怜的一星半点,也要夺个精光。这是一种"劫贫济富"、"扶强压弱"之道。

"马太效应"与"势利眼"是一对孪生兄弟。社会上的一些人,生有一双"势利眼",其眼光只"聚焦"于功成名就者。望大树,必赞"此真栋梁之才",对幼苗小树,往往不屑一顾;遇名人名家,极尽褒奖之词;对无名之辈,却常常嗤之以鼻。殊不知,大树当年也是小苗,名人皆从无名来。

"马太效应"作为一种广泛存在的心态,其产生的社会效果是消极有害的。它不利于造成平等竞争、万马奔腾的社会环境和氛围,不利于有才能而无名气的"小人物"拱开地表破土而出,也不利于成功者"更上一层楼"。

与其给得意的成功者锦上添花,不如给艰难的奋斗者雪中送炭!

(原载 1988 年 2 月 5 日《南方周末》)

# 小议"让名"

1858年夏天,达尔文将自己近30年的考察和研究成果写成巨著《物种起源》。这时他获悉年仅31岁的英国科学家华莱士也正在探索同一课题并已写出论文初稿。如果华莱士的论文"捷足先登",达尔文近30年的潜心研究将被别人先着一鞭。达尔文的朋友们都替他着急,力陈利害,劝他抢先发表论著,而达尔文却认为,为了优先权而匆匆发表自己的著作是不光彩的,并表示"宁愿把自己的著作烧掉,把一切荣誉都归于华莱士。"后来,达尔文的两位老朋友赖尔和胡克闻讯从伦敦专程赶到达尔文居住的唐恩村,费尽唇舌,死劝活劝,最后才采取一个折衷方案:由赖尔和胡克想方设法,把达尔文和华莱士的论著一起同时发表。

科学史上这则以"让名"为主旋律的"佳话"曾被人无数次地引用和赞扬过。于是,"让名"成了广为宣传倡导的美德。当今科坛,也有不少"让名"的美谈:"×××与中青年教师合作研究不署名","×××自立了让名的'约法三章'","×××主持研究项目并作出最大贡献,但坚持把名字署在别人后面"。诸如这样的事迹,在报端上时有所见。让名者,多是出于真诚的谦虚和高姿态吧,但对此是否都要报道宣扬,却要作具体分析。我认为,不必要的"让名",也未必就是好事。

"名"者,誉也,主要是精神方面的声望;是社会对某人某贡献的承认和尊重。每一个科技工作者在从事科技活动时都有一种自我成就感,对于他们,没有什么事情能比看到自己的科研成果被社会所承认更高兴的了。无私让名者,精神固然高尚,但笔者认为,对待研究成果的归属和署名,也应像对待其他事物一样,坚持实事求是的原则,该谁的就是谁的,谁主谁次得看贡献。试想,达尔文比华莱士早十来年得出"自然选择"理论,只是由于谨慎,迟迟不愿发表,如果到头来真的拱手相让,使华莱士独享荣誉,这能说是实事求是和公平吗?

还有另一种"让名",更不可取。某杂志曾经透露过,一位讲师在某大学进修期间,写出近十万字的专论,但苦于发表无门,于是灵机一动,把第一作者的署名出让给一位名家,自己屈居第二,这样一来,专论很快就变铅字了,这样的"让名",不是很发人深思吗?

不必要的让名及其赞美诗,还是少些为好。

(原载1987年9月18日《南方周末》)

## "六〇六"、"六六六"之类

时常翻阅科普读物和科学史料，久而久之，发现许多众口一词的东西，原来却是"身经百战"、以讹传讹的假货。

在众多的科学方法论文章和科普书籍中，充斥着不少令人啼笑皆非的趣闻。信手拈来几则，"恭录"如下：

"药品'六〇六'的命名来自试制失败了605次，第606次才成功……"

"农药'六六六'是665次失败后的成功之果……"

"汞溴红'220'是经过220次试验才制成的……"

科学家不畏失败、百折不挠的精神当然是值得赞颂的。但值得赞颂不等于可以杜撰。上面"恭录"的"趣闻"，都属子虚乌有。"六〇六"即砷凡纳明，其命名完全是因为它是砷的第六〇六号化合物。而"六六六"即氯环己烷，其分子式为 $C_6H_6Cl_6$，由于它含6个碳原子，6个氢原子，6个氯原子；故简称"六六六"。至于"二百二十"，不过是一种注有220编号的红药水，220是化学反应标记，并无其他意思。

由此，很容易使人联想起另外一些趣味盎然的"科学故事"。诸如"少年瓦特看到开水壶盖被蒸汽冲开而灵光一闪发明了蒸汽机"，"牛顿看到苹果落地而颖悟出万有引力定律"等。这些"科学故事"确实脍炙人口，可惜的是违反了科学史实。据科学史家考证，远在瓦特之前50多年，就已有纽可门发明的蒸汽机被广泛应用。瓦特是由修理纽可门的蒸汽机才对蒸汽机发生兴趣的。后人臆造的瓦特的"壶盖故事"开始流传时，已离少年瓦特时代有50多年了。至于"苹果落地"之说，我不相信牛顿躺在苹果树下乘凉，看到一个苹果落下就能颖悟出万有引力定律，但我相信牛顿肯定思考过："熟透的苹果为什么只落到地面而不会飞上天空？"

想象力无疑是可贵的。无论是诗人、小说家还是科学家、科普作家，往往都需要展开自己"想象的翅膀"，但假若为了炮制"趣闻"而用"想象"来打扮科学史实，杜撰"科学故事"，哪就不能不说有违"科学"二字的内涵了。

# 科学"打架"

工作之需,爱好所系,笔者订有几十种报刊。但翻阅之中,却时有"人生糊涂读报始"之感。何故?科学在"打架"!对同一个问题,往往是"公"这样说,"婆"那样道,结论大相径庭,甚至截然相反。而"公"和"婆"又都穿戴着"科学"的衣冠,令人难以取舍。现信手拈来几例,供读者诸君赏析:

"公"说:"喝隔夜茶有害健康。""婆"道:"劝君莫弃隔夜茶——因为它富含有益人体的氟类和酸类。"

"公"说:"经常用双手搓脸,能使血液循环加快而减少脸部皱纹,达到美容效果。""婆"道:"经常搓脸会使脸部肌肤松弛,容易产生更多的皱纹。"

"公"说:"铝制饮具是人类生命的窃贼,是少儿先天发育不良、老年后天痴呆的罪魁。""婆"说:"应为铝制炊具平反。人体对铝具有天然的抵制力,对它很少吸收。"

"公"说:"啤酒乃天下第一饮料,堪称液体面包;而且它富含人体必需的几十种氨基酸,长饮可消病除灾,延年益寿。""婆"说:"啤酒本身没有多少营养素,长饮于身体有害,老人和妇女尤须小心,某发达国家癌症发病率与该国啤酒消费量呈正比关系……"

像这样的"官司",真可谓不胜枚举。比如,还有关于"红茶菌治病"、"边吃喝边看书报"、"菠菜与豆腐同烧"、"饭后百步走"、"胖子吃肥肉"、"胎教"等问题的截然不同的解释。

够了!如此"公""婆"争吵,科学"打架",不仅败坏了科学的名声,而且给读者带来了心理的困惑和行动的无所适从。当然,学识渊博而又深知科学者,自可独立分析,不为那些貌似"科学"实则不科学的歪理、假理所动,但对广大的冀望科学指导自己生活的读者来说,恐怕就只好"信不信由你"了。

笔者提出这个问题，并非主张科普文章、知识小品之类必须千腔一调。相反，我认为，对任何一个科学问题，包括生活科学问题，有不同见解大可见仁见智，但应本着"非科学不言，非全科学不言"之态度。如此，上述那样的"官司"定可锐减。就说"隔夜茶"问题吧，凭是否"隔夜"来判断茶宜不宜喝，就很不科学。晚上11点钟泡的茶到翌晨6点才7个钟头，而早上8时泡的茶到下午6时已浸泡了10个钟头，有什么理由说"白日茶"能喝而"隔夜茶"就不能喝呢？

"非全科学不言"就应有点辩证思想，不要以偏概全，不要一味强调事物的一个方面而无视同样重要的另一个方面，力戒孤立地、片面地，极端地看问题。大脑中还应有个"度"的概念——因为"真理再往前一步就是谬论"。

为"宣传生活科学，指导科学生活"计，"公""婆"们行行好，笔下三思，多给读者送真知，少给大众添困惑。

(原载1990年4月13日《南方周末》)

# "不是丑闻"

许多体育项目都带有艺术性，处于体育运动和艺术创造之间，有些其实就是艺术。例如冰上芭蕾舞，表演者是那样自如，就好像活动在真正的自由王国里，这其实也是人的本质力量的一种自我实现，看了不但使人神往，而且还能激发人对人类自身的自豪感。

但读了英国《星期日镜报》不久前发表的一篇文章，却叫人很难产生那种"人对人类自身的自豪感"。这篇文章的标题叫做《一些奥运女明星为获胜而怀孕》，而且声称："有关方面认为这不是丑闻"。

文章说，专家们发现，女子怀孕后头几个月，肌肉力量会大大增强。因此，一些优秀的女运动员，为了提高成绩而怀孕，在获得奥运金牌之后去做人工流产。有些女运动员急于在大型比赛之前受孕，有的采用人工授精，有的不惜低三下四地要求与陌生男子发生性关系，以达到怀孕的目的。东欧一些国家的体育官员，甚至不择手段强迫手下的女运动员接受人工授精。

该文章还披露，在一次奥运比赛期间进行的抽样调查表明，参赛的 26 名苏联运动员中有 10 名怀了孕，几乎所有的保加利亚女选手都怀了孕。日内瓦的雷纳特·奥什教授说："这个问题已经变得很广泛，她们当中有许多人来过我的诊所，询问参加一场比赛前什么时候怀孕最佳，赛后如何做流产。"

芬兰的埃尔克拉研究运动员的情况已有 90 多年。他说："现在既然药物检查已成为大型体育比赛的例行公事，怀孕正成为使女运动员取得优势的最有利的办法。"

这种新的"态势"，着实令人不安。

在体育竞赛中使用不正当的手段，早已有之，例如，在项目安排上设法使自己有利，运动员赛前服用刺激性或抑制性药物，女运动员为提高运动成绩而不惜割去双乳……等等。为了夺取金牌、银牌，锦标主义发展到这个地步，已经逐渐失去体育运动本来的意义，可以说是人的一种异化现象。但为了获胜而"争取怀孕"这类做法，则实在可悲可叹！

人是社会的存在物，也是自然界的最高存在物。人是高于一切动物之上的。但在私有制存在的条件下，人又的确会异化。为了在体育竞赛中获胜而"争取受孕"正是其中的一例。为了"人的价值"，"人的尊严"，这类行为至少应该受到舆论的谴责，如果要说人道主义。那么，反对这种异化也是积极的人道主义态度。

# "猫狗事件"及其他

去年，美国总统大选中曾"爆"出一则令人啼笑皆非的新闻：一条"名狗"被批准正式登记注册，参加总统竞选。某君评论云：这是对西方社会"民主"与"法制"的嘲弄。言外之意：在我们国家是绝无这等荒唐事情的。

殊不知，由此我却联想起上了我国某报的两宗"猫狗事件"。

第一宗是猫住医院的怪事。云南省某家颇有名气的医院，病房床位一直紧张，寻常百姓要住院，少不了求爷爷告奶奶。可是，该院一位负责人的家猫病了，却能堂而皇之独占一间病房，住院治疗；医生护士无可奈何，又给打针，又给灌肠，折腾了三天三夜。

第二宗是狗领工资的奇闻。唐山市政府规定：市区、城郊各单位及居民均不准养狗。一家公司的经理王某为逃避检查，将其女儿养的一条狗藏在公司达半年之久。在这期间，王经理以"狗为值班人员壮胆"为理由，要公司每月给狗支付四十元的"劳务费"。为便于报账，该公司给狗起名"王春生"，让其享受临时工待遇，王经理因此得以月月为狗领取工资。

看来，畜牲"人化"，赋予猫狗以"人权"并非美国的"专利"，敝国也有。而美国那条竞选总统的狗，毕竟还是条"名狗"，美国人毕竟没有让它得逞登上总统宝座；它还未能占社会和公众的便宜；狗的主人还得掏腰包付一笔登记注册费。相比之下，上述那只平平常常的家猫，却能独占病房，享受一般百姓未能享有的"公费医疗"；那条并无"知名度"的"王春生"，不仅逍遥于地方政府的"打狗令"之外，而且有恃无恐"叼"走公款。你说，就倚仗人势侵犯公众利益的"能耐"而言，这对畜生之于美国的那条"名狗"，到底逊色多少？

缺乏监督和制约的权力是危险的权力。那位送猫住院的医院负责人，那位无所顾忌领取"狗工资"的王经理，为什么能够胡作非为而没有受到有效的抵制？那里作为"主人"的群众为什么对这样的"公仆"无可奈何？原因固然难用一言以蔽之，但是，法制不够健全，缺乏强有力的监督体系和机制，恐怕是主要的弊端之一吧！

(原载 1989 年 5 月 26 日《南方周末》)

# 图章轶事

报刊上议论"图章问题"的文章已经不少，笔者亦曾在这个专栏里写过一篇《"盖公章服务公司"考》，本不想就此热门话题再来凑热闹，怎奈最近听一位朋友谈到两则"图章轶事"，顿感如鲠在喉，不吐不快。

某单位有一枚"含金量"颇高的"票子图章"，可以"点纸成金"：烟纸大的油印券经它一"盖"，立即变成购物的"优惠票"、"出厂票"、"内部票"……有一回，掌管图章的那位负责人旧病发作，需住院久治。图章怎么办？此君实在了得——他把那"红椭椭"绑在腰带上，带到病房里。自此，那间病房兴旺空前，求票者络绎不断来到病床前……

是否所有的图章都如此宝贝？不见得。本省某县一个村民委员会的公章，由一位不脱产的村干部掌管。虽说这枚公章"含金量"微乎其微，但使用频率却不低：开证明外出住旅馆的，开介绍信登记结婚的，盖章证明身份领取邮件的……几乎天天有人到地里找掌印人。年长日久，掌印人不胜其烦，于是大胆"改革"——将公章放在菜篮里，吊在大门口，这样群众"方便"，掌印人也"省事"……

这两则"图章轶事"，虽说属于个别现象，但却颇为值得玩味思索。

"票子图章"的存在本身就是一大弊端。不正之风为什么屡刹不住？"关系网"为什么久撕不破？原因固然可以列上十几条、几十条、上百条，但与各种各样的"票子图章"的"特异功能"恐怕不无关系吧？把"票子图章"砸了行不行？难啊！别的单位有优惠的"票子"，我这单位没有，怎样"礼尚往来"？

代表某种权力的图章被人系在腰带上，不失为一则"小幽默"。有些人早已习惯于把姓"公"的权力视为私物，而我们的制度，包括图章管理制度，却不能对此进行有效的监督和制约。谁能担保那位把图章系在腰带上的人不"以章谋私"呢？

至于把堂堂公章放在吊篮里任人"自便"之类的荒唐事可能造成的后果和危害,就不用笔者饶舌了。

(原载 1988 年 5 月 13 日《南方周末》)

# "盖公章服务公司"考

近些时候,盖公章问题再次成为人们议论的"热点"。"承包"盖公章这等差事,目前虽未形成一种"新兴行业",但"盖公章专业户"、"盖公章服务公司"之类,却已初露端倪,大有呼之即出之势。

上海市一个不大不小的合资企业,盖了一百二十六个图章还拿不到"准生证",惹得市长愤怒击案。有人说,"一百二十六个图章"的"纪录",恐怕是最高的吧!不!据我所知,还有比这个更高的"纪录"呢!不信,有见诸报端的例子为证:

例子之一:今年伊始,贵州都匀小围案一个不算大的工程上马,共盖了三百一十个图章,"红彤彤一片大如席","壮观"得令人感慨万千。

例子之二:某省一家企业为引进一个技术项目,让总重量一百八十六公斤的报告、申请、文件"巡回旅游",盖了一千七百六十个公章,手续还未"完备"……

天哪!谁知道还有没有未见报的真正"最高纪录"?我不知道那上千个公章汇成的"红色海洋"是否会造成"视觉污染",使面对着它的人神经紊乱?

盖图章有什么"捷径"和"窍门"吗?有。还是贵州都匀小围案工程的当事人聪明。他们在盖图章"盖"得精疲力竭万般无奈之时使出了"绝招":把这苦差事"承包"给几位神通广大、门路通达的"能人"。于是出现了"高速度":四十天盖回了最后二百七十个红印!于是有些"能人"想当"盖公章专业户",甚至动议张罗成立"盖公章服务公司"。

在改革开放的今天,盖公章问题为什么会成为一个尖锐的社会问题?有人完全归咎于官僚主义和衙门作风,对此我不敢苟同。体制才是问题的症结所在。不合理的机构设置和体制弊病,使得几乎每个问题都成为"边缘问题",哪个部门都有介入之"缘",哪个部门又都无独立拍板解决问题之权,少烧了哪根"香"都不行。这样,一份报告得与千百个图章"结缘"就不足为奇了。因此,要彻底解决"盖公章问题",希望之光就在于体制的改革。

但愿"公章大会师"的"壮举"早日绝迹。但愿改革的浪潮使盖公章的"服务公司"、"专业户"早日失业!

(原载1988年4月15日《南方周末》)

# 如此"严肃处理"

惩治腐败，声势浩大；查处贪官，战果辉煌；从严治党、从严治政……我国廉政建设的主旋律振奋人心。

这主旋律无疑很强劲，而混杂在其中的"不和谐音"却还时有所闻。某些光怪陆离的"严肃处理"，就属这"不和谐音"的怪诞音符。虽说这相对主旋律而言不过是一种"杂音"，但听起来毕竟刺耳，忍不住要来评说一番。

"奸污少女罚款五百元"！这不是"街头文学家"的杜撰，而是一宗有案可查的"严肃处理"的案件。某县人民银行行长晚上因看淫秽录像而兽性大发，在值班室将一少女奸污了，被公安机关查获，因说情者纷至，最后以罚款五百元了事。天呀！如此荒唐绝伦的"严肃处理"，简直就是对法律尊严的公开挑战，要不是颇具权威的某省党报披露，着实令人不敢相信。

某些案件的"严肃处理"，说尖锐些无异于鼓励当事人继续违法乱纪。笔者从手头资料中择出"精彩"的两例，供读者"品味"。例一：某市机关管理科科长倒卖高级轿车，中饱私囊上万元，案件在报纸"曝光"后，受到的"严肃处理"是："罚款一千元，轿车放行。"更叫人目瞪口呆的是，就连这一千元罚款，竟然也由领导批示堂而皇之记在公账上！例二：某公司采用变相涨价手段非法牟利二十二万元，其主管局给予"严肃处理"："没收十一万元，罚款六千元"。人们不禁要问：这不都是天下最划算的买卖吗？这样的"严肃处理"，对当事人有何惩戒作用！

还有一类"严肃处理"，颇似隔靴搔痒，不触皮肉。说是"处理"了倒也不假，就是在"严肃"二字上大大打了折扣，于是难平公愤。某受灾地区的民政局长，置灾民死活于不顾，把上级拨发和各地群众捐赠的几十万斤救灾粮票全部截留卖掉，得款全部被吃喝挥霍和挪作他用，没有一分钱用于救灾。虽有舆论干预和民愤压力，该局长大人也仅仅换了个"行政记过"和"党内警告"处分。这样的"处理"，你说"严肃"何在？还是"一群离休党员"在给有关部门的信中说得一针见血:"这样的共产党员白给都不要,还警告什么?"

惩腐肃贪,严明执法,端正党风政风,推进廉政建设,既是人民群众的强烈要求,也是党和政府的决心所在。对违法乱纪者,"严肃处理"必须真正严肃,惟有这样才能真正达到惩戒效果,实现警示作用。

(原载1990年11月9日《南方周末》)

# 危险：全社会短期行为！

有人养鸡下蛋，有人杀鸡取蛋，谁愚蠢谁聪明？答案本来不言而喻。但如今，"杀鸡取蛋"的可怕幽灵却在中国大地上四处徘徊游荡，"全社会短期行为"正在残杀无数下"蛋"的鸡。

这并非危言耸听，当今各行各业以至社会生活的方方面面，短期行为无处不有比比皆是。读者诸君如若不信，请跟我来：

——企业家身负任期目标责任，心中装着"本届内阁"的"功劳簿"，完成承包指标高于一切，热衷于"立竿见影"、"吹糠见米"之道。什么搞好基础建设促进科技进步，什么优化职工素质提高管理水平，什么增强后劲长远效益，对不起，本人任期有限，"远水解不了近渴"。

——科研界观念更新"热点"转移，立项先算经济账，开题与否看"市场"；推开基础研究的"冷板凳"，迈进实用开发的"热门槛"；基础研究的意义人人知，但谁叫爱因斯坦的相对论没人买？谁叫爱迪生的灯泡可卖钱？为了"脱贫"计，"星期日工程师"何俱"上山下乡"！

——教育界八仙过海"创收"忙。拆除围墙开摊档，操场兼作停车场，电教室放映"武侠"收门票，为了"桃李园烤鸭店"顺利开张，委屈电脑俱乐部收摊让位，虽说教学任务重，兼课"炒更"哪怕"日夜兼程"……谁不知道有篇《神圣忧思录》？但国家有困难，待遇还得靠"自我改善"！

——新闻出版文艺界为维持生存，争广告争"特约"争赞助战犹酣；联合办刊协作出书联办演出创"新路"；选题先"下里巴人"后"阳春白雪"以"通俗"养"严肃"；舞台银幕荧屏有"血"有"肉"有"拳头"有"枕头"常"脱衣"多"洗澡"……"灵魂工程师"们难道不知精神产品应纯洁净化？只因经济的魔力"逼良为娼"。

——农民对责任田奉行掠夺性政策，"种田不上粪，全靠化肥混"。地力衰退我不管，假若划得来，耕地上还可打砖赚钱或卖沙致富。"反正迟早要重新分田另抽签"。

——山民"靠山吃山"。"一把铁锹造林,千把斧子砍树"。哪管"山光石头出","俺们不砍别人也会砍"。

够了!哪个行业没有短期行为?即便是地方政府或政府部门吧,重产值速度轻质量效益;重易显政绩的物质生产"硬件"轻见效周期长的文化教育精神"软件";用行政权力介入产品经济,"无本万利"导致"官倒"成灾,不也都是典型的短期行为吗?

全社会短期行为,折射出的是可怕的"世纪末心态"。而"世纪末心态"则源于人们在现实生活中对未来的种种不确定感。

造成全社会短期行为的原因当然复杂非常。或体制"病壮"作祟生弊,或决策"跟着感觉走",或眼光短视急功近利,或面对困境别无选择,或唯利是图能"捞"先"捞"……不一而足。

"竭泽而渔"终将无可渔。"焚林而猎"终将无可猎。短期行为的实质就在于为眼前而牺牲长远毁灭未来。一个充满短期行为的社会是自绝生机的社会。一个热衷短期行为的民族是自伤元气的民族。

全社会短期行为何日休?

(原载 1989 年 10 月 3 日《南方周末》)

# "龙热"与"蛇热"

看来,中国人很有凑热闹、赶热潮的习惯,虽说国家的信息化程度并不高。宣播媒介也不十分发达,但不少人却不乏"热敏细胞",社会也颇具"传热机制"。如若不信,近些年来各领风骚的"流行热"可以为证:"文凭热"、"外语热"、"留学热"、"公司热"、"经商热"、"剪彩热"、"对话热"、"接待日热"、"一条街热"……热浪迭出,后浪推前浪。

评价这些"流行热"的是非功过、利弊得失,显然不是这篇短文的任务,笔者只想在此议一议人们记忆犹新的"龙热"和极有可能很快出现的"蛇热"。

龙年的"龙热",可谓"全方位"和"多层次",笔者不敢全盘否定,更无意介入"龙文化"的笔墨官司。但对于"热后思热",本人却有几点非议:

一是"热"得畸形偏颇。工农商学兵,报刊、电台、饭店、商场、机关、学校、军营,一窝蜂刮起"龙旋风":学术探讨上有龙的"从蛇说"、"从蟒说"、"从猪说"、"从马说"、"从鱼说"……可谓百家争鸣;文艺界写龙、唱龙、画龙、雕龙,报刊出版"龙专版"……可谓百花齐放;工厂和酒家则推出"龙服装"、"龙领带"、"龙糕点"、"龙酒宴"、"龙拼盘"……更有别出心裁者,邀请生肖属龙的名流发表贺词,给生肖属龙的顾客购物"八折优惠"。

二是"热"出不少伪科学。龙本身就是个"莫须有"之物,却有人在报上大谈用"现代科学手段"得出的新发现:北京市有以天安门为龙头的"陆龙",有以中南海为龙头的"水龙",甚至断定一个某某古代建筑是"龙蛋"。有人则声称采用"遥感技术"可以得出"公龙"、"母龙"、"龙下蛋"的"科学结论",这不能不说是对现代科技的亵渎。

三是"热"得劳民伤财。什么百人"龙年旅游"、高级小轿车"龙征赛",甚至不惜巨款在顶楼铸上"金巨龙"以示"腾飞"……这些挥霍对我们这个还较贫穷的国家来说是不应当提倡的!

四是"热"出个"生育高峰年"。"龙年生龙子龙女"的诱惑,使千万男女"突击结婚","突击生育",弄得计划生育部门叫苦不迭。

龙年将逝,蛇年将至。"龙热"总算过去了,"蛇热"是否又会接踵而来呢?有人说,"你别杞人忧天,论高大,论力量,论完美,论象征,论兆头,龙与蛇都不可相提并论。龙的文章好做,蛇的文章难做哩!"此语差矣!原本不存在的龙尚且能卷起如此"龙热",谁能担保活生生存在的蛇就闹不出个"蛇热"来?至于说"蛇的文章"难做,那也不然。以笔者不才,也能列出一串"选题":

蛇专家可以办"蛇类大展":蟒蛇、盲蛇、锦蛇、游蛇、水蛇……医学家可以介绍蛇伤、蛇药、蛇丹、蛇皮癣……;动物学家可以谈蛇蜥、蛇蝎、蛇颈龟……;植物学家可以写蛇瓜、蛇果,蛇苔、蛇月菊……;语言学家可以阐述"杯弓蛇影"、"画蛇添足"……;历史学家可以重新考证"蛇矛"、"蛇节"……;戏剧界可以打蛇拳、跳蛇舞、演《白蛇传》……;饮食业可以大搞蛇餐、蛇宴、"蛇拼盘"……;旅游部门可以组织"黄鹤蛇山见闻"或"旅顺蛇岛探秘"的"蛇年旅游团"……

与蛇有关的名堂多着呢!这串"选题"乃属"专利",敬请各界切勿"侵权"。但愿蛇年不要刮起"蛇热"旋风,善哉!

(原载1988年12月9日《南方周末》)

# 自费效应

有关方面透露：我国高等学府中的自费生已达近十万之众。

这些掏自家腰包念大学的学子表现如何？权威部门的调查结果令人欣慰：他们中的绝大多数人深知"自费"意味着什么，格外珍惜学习的机会，"不待扬鞭自奋蹄"。这种现象可姑且称为"自费效应"。

但本文所要议论的，却是笔者由此联想到的其他一些"自费效应"。

先看"北京蜂王精"与"维民康蜂王精"那反差强烈的境遇。这两种蜂王精配方基本相同，质量不相上下，但命运却大相径庭——前者积压严重，后者销势甚好。何故？一字之差耳！前者的批文号是"京卫药健字（八三）第七号"后者的批文号为"甘卫药准字（八六）六三五——网号"。按国家规定，前者属"健"字号，须自费购买，后者属"准"字号，可视为普通药品公费报销。你说，需要蜂王精者会有多少人弃"公费"而择"自费"呢？北京蜂王精不因"自费效应"失宠才怪哩！

另一件趣事也颇能说明问题。某全国性会议在合肥市召开，从报到之日起，天天有人提出游黄山。于是，闭会前主持人宣布："根据代表们要求，我们乐意为大家提供游黄山的一切服务……"话音未落，欢声四起。哪知主持人话锋一转："有游兴者请到会务组登记交费，每人预收一百七十元，费用全部自理，"结果只有一人自掏腰包去登记。你看，人们的"游兴"多么"公私分明"！

这种"自费效应"说明了什么？有句话或许可作为注脚：自己"碗"里的，"粒粒皆算计"；公家"锅"里的，"江里洗船不惜水"。

笔者写此短文，并非有何重振世风的高见良策，也非专为责难那些以占公家便宜为乐事的同胞。"自费效应"作为一种社会现象，是有其颇为复杂的社会成因的。只要存在私有财产，只要物质文明还没发展到可以"按需分配"的程度，公与私、个人利益与集体利益、国家利益的关系问题就将永久存在。

特别是在社会主义初级阶段，社会物质文明程度和社会成员精神文明程度还未能达到很高的水平，吃"公"喝"公"、游"公"玩"公"、化公为私、私事公办等现象恐怕很难自行绝迹。怨人怨天于事无补，唯有在政策上制度上堵塞漏洞，才是积极的办法。唯有提高政策、制度本身的严密性和执行政策、制度的严肃性，健全和调动各种监督机制，才能使那些揩公家油水、占公家便宜成癖的人无机可乘，无空可钻。这大概也属廉政建设的范畴吧。

（原载1990年7月6日《南方周末》）

# 大学生"经商热"之我见

高等学府历来就是个"热敏地带",大学生则是传"热"很快的"热敏群体"。大学校园中的"恋爱热"、"留学热"、"竞选热"、"社团热"、"琼瑶热""集邮热"……可以说是一波未平一波又起。如今,"经商热"正在急剧升温,大有方兴未艾之势。

据有关方面透露,北京地区的高校中,约有百分之十五的大学生、研究生从事着各种商业活动。武汉大学参加樱花季节经商活动的学生就有上千人。时下许多大学校园里,五颜六色的经商广告触目皆是。有的高校还自然形成"经商一条街",买者、摆摊者、"穿针引线"充当经纪人者,几乎都是"读书郎",甚至还有勇敢挂出"博士倒爷"大招牌的摊档……

对大学生"经商热",有人赞赏,有人反对,褒贬不一,莫衷一是。究竟应该怎样评价大学生中这种新的"流行热"?我认为,笼统地肯定或否定,鼓励或严禁,都失之于简单化。

商品经济的发展必然要给传统的教育体制和教学模式带来一阵冲击波,也必然要引起人们思想价值观念和行为生活方式的震荡。大学校园的"经商热",反映了商品经济社会大学生价值观念的多元化。大学生们敢于从陈旧迂腐的"轻商文化"中走出来,在观念上是一大进步。它对于大学生自立意识、奋斗意识和竞争意识的形成,对于大学生了解社会,锻炼社会活动能力,学会"推销自己",应该说有其一定的积极意义。

但以笔者之见,经商成为"读书郎"中的"流行热",其弊端和潜在后果却是不能忽视的。

其一,文明社会进步的标志就在于社会分工。今天的大学生或研究生,毕业后所从事的工作千差万别,假若不管学什么专业,不管毕业后搞天文、考古还是当法官或制造原子弹,都"一窝蜂"地用宝贵的时光去念生意经,去强化"经商意识",那实在是教育的悲剧。在北京大学,有高声叫卖彩裤的计算机专业硕士生，有对小生意如痴似醉的物理学博士生。他们本该是十年后中国科学界的学科带头人，现在却……这不能不说是对人才的糟蹋，科学的不幸！

其二，大学生经商不同于勤工助学。他们的主要目的在于赚钱，其主要方式是低进高出，转手买卖。这实质上与社会上的某些"倒爷"行为无异。

其三，大学生经商盲目性很大。经商是一种颇有风险的活动，而在校大学生大多缺乏"生意眼"，也缺乏风险承受能力。他们中的一些人对"生意场"的一些基本规律知之不多，纯属瞎折腾、碰运气。这就难免上当吃亏。北京某大学一个学生就尝尽了转卖彩电的苦头：当他接手经营时，这批彩电已在大江南北周游了一圈，售价早就涨了又涨，结果彩电卖不出，负债累累，只好逃之夭夭，躲避讨债。

其四，大学校园毕竟不是自由市场或交易所，大学生经商也没有履行必要的登记和审批手续，违反了国家工商管理法规，打开了偷税漏税的缺口，还扰乱了正常的教学秩序。

大学生"经商热"的形成，有其特定的社会经济文化背景。商品经济的日益活跃，畸形的劳动报酬与"脑体倒挂"现象，与社会需求严重脱节的高等教育，枯燥的校园生活等等，都是诱因。至于如何对大学生"经商热"进行行之有效的正确引导，如何透过现象去探讨和解决更深层次和更宽层面上的问题，那就不是这篇区区短文的任务了。

（原载 1988 年 7 月 22 日《南方周末》，转载于同月《南方日报》）

# 双向选择与不平等竞争

如果后人要写中国高等教育史的话，那么我敢肯定，现今初露端倪的大学生毕业"不包分配"的改革，将是值得大书特书的一页。

今年已有一些先走一步的高校对毕业生不包分配，试行由学生自由择业和用人单位择优录用的"双向选择"改革措施。国家教委已经决定，从今年开始，新入学的大学生一律"不包分配"。牵住这一高等教育改革的"牛鼻子"，就牵动了千家万户的"敏感神经"，引起了社会各方的极大关注，也带来了震荡、反响和"阵痛"。

首当其冲的是大学生自身。过去一进校门就进了"保险箱"的"天之骄子"，一时间被投入人才市场，成为必须接受社会选择的求职者，其所造成的心理落差、心理矛盾和心理困惑是可想而知的。大学生中的许多人，曾是改革分配制度的积极呼吁者。他们对过去那种"辅导员为我定终身"的分配制度深为不满，早就呼吁"把竞争机制引入毕业分配"。但当改革真正触及自身，竞争摆在面前时，大学生们却感受到了改革的"阵痛"，有的人沉默，有的人愤愤不平，有的人甚至激烈反对，更多的人则带着心理的矛盾和困惑……

其次是为人父母者。他们对"双向选择"表现出明显的忧虑。在一次问卷调查中，有百分之五十以上的学生父母担心他们的孩子在竞争中失败，有百分之十七的高三学生家长放弃了让孩子读大学的愿望。

大学生们的"阵痛"、矛盾、困惑也好，父母们的忧虑也好，都不是无由的。从理论上讲，把竞争机制引入毕业分配，实行"双向选择"，顺应了社会人才需求规律和竞争规律，有利于形成人才分布的最佳组合状态，促进大学生增强自身能力，也可以为作为人才主体的大学生提供更广阔的竞争天地和更多的自我实现的机会。但在实际上，具体到某个院校、某个专业和某个学生，由于种种错综复杂的因素，特别是由于目前新旧体制的交叉摩擦、竞争机制的不健全和尚待改善的社会环境,"双向选择"优越性的发挥受到了严重的制约。

最使大多数大学生愤愤不平的是"双向选择"中的"不平等竞争":

——有"路子"的与没"路子"的不平等。"好天好地不如有个好爸爸"重新成为时髦的牢骚。"靠山"、"门路"、"关系"成了求职至关重要的因素。有的毕业生一个电话就可找到称心如意的工作,甚至可在几个颇有吸引力的单位之间任意选择。但有的人四处奔走却四处碰壁。"关系学"在"双向选择"中大有由暗化明之势。

——"吃香"的专业与"不吃香"的专业不平等。"好学校不如好专业","好成绩不如入对门"。"科技热"那阵子令人眼红的名牌大学某些基础学科的学生,在"实业热"、"经商热"风行的当今,因为"不实用"而受到企业的冷落。而一些应用性强的"短线专业"的毕业生,却很"抢手"。

——男生与女生不平等。在不久前举办的复旦大学毕业生招聘会上,只有一个单位愿意接受女性。有个进出口公司,宁愿要个讲话结结巴巴的男生,就是不要女的。早就存在的"女大学生分配难"的问题,在"双向选择"的竞争中显得更为突出。

——"地利"的不平等。同在一个大城市求职,家在本市的毕业生可以用"自行解决住宿"问题作为筹码,甚至懂得本地方言也成为一种优势,而家在外地或农村的毕业生却无此"地利"。

如何看待"不包分配"、"双向选择"中的这些"不平等竞争"？大学生们要求"在同一条起跑线上竞赛",要求"有一个平等竞争的社会环境",这无疑是合理的。但我们目前还处于社会主义初级阶段,竞争机制和人才市场还不健全,事实上的"不平等竞争"还将在相当一个时期内继续存在。我们不能坐等社会环境的改善,而只能通过深化改革、综合治理来逐步完善竞争机制,逐步创造平等竞争的社会氛围,"双向选择"也正是实现这一目标的过程中的一环。

因此,我认为,作为大学生,特别是那些不具备上述种种"竞争优势"的大学生,应该正视目前这种"不平等竞争"的现实,坚信"天生我才必有用",以积极的态度向社会"推销"自己,勇敢地参与"不平等竞争"！

(原载1988年《南方周末》)

# 贬值的外延

"贬值"一词，经济学教科书的解释是："经济领域中的一种现象，特指货币购买力下降。"这篇短文要谈的是经济领域以外的种种贬值现象，即"贬值"含义的外延。

十年的改革、开放，给我们的社会生活注入了生机活力，这是不容否认的主流。但喜中参忧，成就与困扰并存，也无须讳言。作为支流的社会现象之一，就是"贬值"向社会生活的不少角落扩展和延伸。

略作回顾，贬值外延之所至，文凭可谓首当其冲。选拔干部强调学历，曾使"纱纸"的身价一度"走俏"。但随之而来急剧升温的"文凭热"，某些地方却形成了有买有卖的畸形"文凭市场"。于是乎，仅一九八五年一年间，中国大地上就呼啦啦一下子陡增上百万"大专生"！老天爷，这么多"大专生"横空出世，文凭还能"保值"吗？！

商品经济的春风吹活了城乡经济，也"吹"出了"全民经商"热。于是，"经理"、"公司"满天飞，以致人们不得不在这贬值了的头衔、牌号之前竞相加上一个"总"字。难怪有人戏谑说，挤公共汽车左脚右脚踩到的都是"总经理"，一间小房子"藏"着几个"总公司"。还有各种"中心"之多，令人眼花缭乱。某地级市仅"科技一条街"，就有林林总总的"中心"近百个，如此这般，"中心"能不贬值？好在政府已经下大决心整顿公司（中心），假如还有哪位卖"广东凉茶"的老太太想在茶摊挂上"东方茶水开发贸易中心"的牌子，看来是难以被允许的了。

"名优"称号也在急剧贬值。君不见，商品市场里，这是"国优"，那是"部优"、"省优"；这是"金奖"，那是"银牌"；这是"国内首创"，那是"填补空白"……果真如此，当然是社会的福音。问题是广大的消费者已经受过不少"名优"之"忧"，有些"名优产品"其实是彻头彻尾的"民忧产品"。

"大师"辈出，也是贬值外延的怪胎。"大师"者，理当是公认的具有世界影响的杰出人物吧。笔者不才，虽搜肠刮肚使劲地数古今中外的艺术大师，怎么数也数不够三位数，但我国某部门，去年一下子就命名了九十四位"××美术大师"。我不敢否认该行业有许多杰出人才，但九十四位的"大师"队伍，无论如何也太壮观了。

贬值的外延，甚至连至尊至责的"长"们也难以幸免。几个人的处，不是处长就是科长。有些一二百人的机关，处长足有一个"加强排"。五个人的科室，一正三副，外加一名科级科员，成了名副其实的"五官科"。"长"封得太多，势必就有"长"名而无"长"实，导致职务的贬值。

贬值的又何止这些。选出的"新星"、"新秀"在贬值，林立的"最佳"、"十佳"在贬值，五花八门的"××杯"、"××大赛"在贬值……天哪！堪忧的贬值外延。

"稀则贵滥则贱"。贬值源于泛滥。一般而言，确实如此。但也不尽然。有些贬值现象，却不能作如是观。体现当代高科技水平的"长征四号"火箭飞上蓝天，一等功臣的奖金仅为一百元，比某单位给"麻将赛"冠军的奖金还少，而且还拖欠了八个月才兑现。你说这种分配中的"知识贬值"又是什么"泛滥"所致？泱泱大国第一位兽医博士含泪摆烟摊，难道也是人才的"过剩"或"泛滥"所致吗？

看来，要刹住贬值外延，不仅要堵塞"泛滥"这个"贬值源"，而且要革除扭曲价值观的那些社会弊端。需要治理整顿的，恐怕不仅仅是经济领域。

（原载 1989 年 12 月 8 日《南方周末》）